Ángel García Arjona
www.librosdeaga.es

VOLVÍ A VIVIR

Dedicatoria

A quienes creyeron en mí cuando yo había dejado de creer en mí mismo.

A las manos que me sostuvieron en la oscuridad y a las voces que siguieron llamándome cuando el silencio amenazaba con consumirme.

A cada cicatriz que hoy llevo con orgullo, porque son la prueba de que seguí luchando.

Y especialmente, a ti que ahora sostienes estas páginas: si algo de mi historia te ayuda a encontrar tu propia luz, entonces cada paso de este camino habrá valido la pena.

Porque vivir no es solo respirar, es atreverse a volver a sentir

Preámbulo

Al susurro del sol matutino filtrándose por la ventana de la cocina, un momento tan ordinario que parecía grabado en piedra, hasta el día en que el mundo se inclinó. A la sensación de miembro fantasma de palabras que antes fluían libremente, ahora fantasmas esquivos en un nuevo paisaje lingüístico. A la profunda, a menudo frustrante, comprensión de que el cuerpo, antaño un aliado de confianza, se había convertido en un territorio desconocido, exigiendo una reeducación minuciosa. A los terapeutas, cuyas manos pacientes guiaron a miembros temblorosos y cuyas voces alertadoras devolvieron la vida a funciones olvidadas. A los firmes apoyos de familiares y amigos, cuya fe fue una salvavidas constante y vital en las turbulentas aguas de la recuperación. Al sargento Mayor Davies, cuyo legado de coraje y determinación inquebrantable, se convirtió en un mentor silencioso y poderoso, encendiendo una chispa cuando la esperanza se desvanecía. A Eleanor, cuyo espíritu amable y comprensión compartida, florecieron inesperadamente, demostrando que el amor sí podía encontrar un camino, incluso en los tranquilos pasillos de la incertidumbre. A los residentes de Meadowbrook, cuyas historias compartidas y resiliencia silenciosa pintaron un tapiz de espíritu humano perdurable. A la fortaleza serena que se encuentra al aceptar la imperfección ya la profunda alegría que se descubre en las más pequeñas victorias. Y, finalmente, a la inquebrantable voluntad de vivir, al persistente susurro de esperanza de que, incluso después de la tormenta, puede amanecer, pintando el horizonte con los vibrantes matices de una vida redefinida, una vida recuperada y una felicidad que se encuentra no en la ausencia de cicatrices, sino en la belleza imperecedera del espíritu que las porta.

Capítulo 1. El eco destrozador

La vida, en esta mañana en particular, era un tapiz tejido con hilos de previsibilidad. Cada día transcurría por un camino trillado, que conducía a un horizonte de tareas familiares y rutinas reconfortantes. Había una belleza serena en este orden mundano, una profunda sensación de paz derivada de lo conocido, de lo esperado. Era una calma engañosa, un momento de quietud antes de que una tempestad sin precedentes desgarrara la esencia misma de la existencia. Este martes cualquiera era la respiración contenida antes de la zambullida, el zumbido silencioso antes del eco estremecedor. Cada detalle, desde la veta desgastada de la mesa de madera hasta el sutil patrón de condensación en la ventana, estaba grabado en la conciencia, para pronto convertirse en preciosos, fantasmas de la memoria, apreciados y lamentados a partes iguales.

Tostadas, el desayuno fue sencillo: tostadas, doradas y crujientes, con una mancha de mantequilla derritiéndose en su cálida superficie. El periódico yacía doblado sobre la encimera; sus titulares eran un eco lejano de un mundo que, por el momento, parecía completamente separado de la plácida atmósfera de la cocina. El tintineo de los cubiertos contra la cerámica, el suave suspiro del refrigerador encendiéndose y apagándose, el lejano rumor del tráfico matutino: estos eran los sonidos que formaban la banda sonora de una vida vivida a un ritmo cómodo y constante. No había ninguna premonición, ningún susurro del cataclismo que se avecinaba a pocas horas. El mundo al otro lado de la ventana, vibrante y vivo con la promesa de un nuevo día, participaba involuntariamente en una escena a punto de cambiar para siempre. El aire mismo parecía contener la respiración, ajeno al cambio radical que estaba a punto de ocurrir, un cambio que redefiniría no solo el día, sino la vida entera.

El gorrión que piaba afuera saltaba de una rama a otra, con movimientos rápidos y erráticos, un pequeño estallido de improvisación ideada contra el telón de fondo de una domesticidad intencionada. La forma en que la luz del sol reflejaba el brillo iridiscente de sus plumas, el sonido agudo y claro de su canto: estos eran detalles que, en un futuro no muy lejano, se volverían increíblemente vívidos, resucitados de las profundidades de la memoria con una claridad asombrosa. Eran las pequeñas e insignificantes piezas de un rompecabezas que, una vez roto, se volvería a ensamblar en una imagen completamente nueva. La taza desportillada, con su asa con la tenue huella de innumerables mañanas como esta, reposaba sobre la encimera, testigo silencioso de la naturaleza efímera de los momentos cotidianos. Era un recipiente que había contenido innumerables tazas de café, cada una un consuelo familiar, un signo de puntuación en el implacable paso del tiempo. Ahora, se convertiría en una reliquia, un vínculo tangible con un pasado que se sentía, con una rapidez escalofriante, imposiblemente lejana.

La rutina en sí misma era una forma de rebelión silenciosa contra el caos que podía azotar con tanta facilidad. El vertido preciso del café molido, la cantidad precisa de agua, el paciente espera a que la infusión termine su alquimia aromática: estos eran actos de control, pequeñas afirmaciones de orden en un universo que a menudo parecían indiferentes a los deseos humanos. El acto de untar mantequilla en una tostada, asegurándose de que quedara uniforme, era otra pequeña victoria, un sutil triunfo sobre el desorden potencial. Incluso la forma en que se desdoblaba el periódico, el cuidado plegado de las páginas, hablaba de una mente acostumbrada al orden, a la estructura. Este era un mundo construido sobre patrones predecibles, un baluarte reconfortante contra lo desconocido. Pero lo desconocido, como siempre, esperaba pacientemente, esperando su momento, listo para romper la ilusión de control con una fuerza a la vez repentina y absoluta. La serena calma de esa mañana de martes no era solo un período de paz; era el precipicio de un abismo, un momento hermoso y frágil a punto de romperse irrevocablemente. Cada respiración, cada sorbo saboreado, estaba imbuido de una finalidad inconsciente, los últimos momentos de una vida vivida sin la sombra de lo que estaba por venir. Lo mundano, en su inocente belleza, contenía las semillas de su propia destrucción, una frágil perfección que estaba destinada a romperse, dejando atrás solo los ecos de lo que una vez fue. La luz del sol, tan cálida y acogedora, pronto se sentiría como un recuerdo lejano, un fantasma dorado de un mundo que había dejado de existir. El aroma del café, una vez un abrazo reconfortante, se convertiría en un fantasma agridulce, un recordatorio de la normalidad que ahora estaba irremediablemente perdido. El canto del gorrión, una melodía simple, se transformaría en un eco conmovedor, una banda sonora para una paz destrozada. Esta era la mañana ordinaria, la engañosa quietud antes de la tormenta, un momento de profunda, casi desgarradora belleza, grabado para siempre como el último de su especie. La taza desportillada, las motas de polvo danzantes, el insistente piar del gorrión, estos no eran solo detalles; Eran los fragmentos de una vida a punto de reconfigurarse, cada recuerdo un conmovedor recordatorio de la cotidianidad que pronto sería leyenda, un susurro de un mundo que se había desvanecido con la puesta de sol de aquel martes. La silenciosa anticipación de las tareas del día, el suave desarrollo de un horario predecible, era la calma antes del cambio radical, la paz engañosa antes de que el mundo se inclinara sobre su eje y la mañana ordinaria se convirtiera en el umbral de una nueva realidad extraordinaria y aterradora. La belleza de lo mundano se veía amplificada por su inminente pérdida, un conmovedor recordatorio de que incluso los momentos más anodinos pueden tener un significado extraordinario cuando se observan a través de la lente de un cambio profundo. El aire, tan quieto y apacible, estaba a punto de ser rasgado por un sonido que resonaría para siempre en el silencio.

El primer indicio fue insidioso, un cosquilleo fantasmal en el límite de la percepción. Comenzó como una desorientación fugaz, un momento en el que los contornos familiares de la habitación parecieron tambalearse, como si se vieran a través de una neblina de calor. Fue tan sutil, tan fácilmente descartado como fatiga o los restos persistentes de un sueño, que apenas se registraron. Pero era una semilla de inquietud, plantada en el terreno fértil de una mañana de martes por lo demás anodina. El café, aún caliente en la taza desportillada, ofrecía su consuelo habitual, pero incluso su aroma familiar parecía transmitir una leve disonancia desconocida. Las palabras del periódico, normalmente un desfile predecible de asuntos globales y locales, comenzaron a flotar. No como a veces lo hacen las palabras cuando uno está cansado, sino con una fluidez alarmante, como si la tinta misma se disolviera en el papel. Una sola palabra, «economía», se fracturó en una serie de formas sin sentido antes de recomponerse, dejando un leve temblor de alarma a su paso.

Entonces, el susurro se convirtió en un grito. Comenzó con un pensamiento simple, un fragmento de una frase destinada a la agenda del día, que simplemente se negaba a formarse. Los engranajes del pensamiento se detuvieron, reemplazados por un silencio arrepentido e inquietante en la mente. Era como una vasta biblioteca, meticulosamente catalogada y ordenada, que de repente se derrumbaba en una pila indistinguible de páginas. Una palabra, esencial para el pensamiento, simplemente se desvanecerá del léxico mental. Intentar captarla, recordarla, era como buscar humo. Esto no era olvido; era un borrado. Un terror frío comenzó a subir por la columna vertebral, una premonición de algo profundamente equivocado. La periferia de la visión comenzó a desdibujarse, no de manera uniforme, sino a parches, como pintura descascarada de un lienzo. Los tonos vibrantes de la cocina, el alegre amarillo del paño de cocina, el marrón oscuro de la mesa de madera, todo comenzó a perder su nitidez, su definición se suavizó en manchas indistintas.

Una oleada de mareo la invadió, potente y desconcertante. No era el suave vaivén del mareo, sino una violenta sacudida interna, como si el suelo se hubiera derrumbado. La robusta silla de la cocina se sintió repentinamente precaria, el suelo una superficie engañosa que amenazaba con ceder. El cuerpo, habitualmente tan receptivo, se sentía lento, desconectado, una marioneta cuyos hilos manejaba una mano invisible y caprichosa. Un dolor sordo comenzó a latir tras los ojos, un zumbido sordo que se intensificó con aterradora rapidez hasta convertirse en un dolor abrasador e incandescente. Era un dolor como ningún otro experimentado antes, una corriente eléctrica aguda que parecía fracturar el centro mismo del cráneo. Cada latido del corazón enviaba una nueva sacudida de agonía a través de las sienes, un recordatorio visceral de la traición del cuerpo. El mundo fuera de la ventana, antaño una escena de serena normalidad, comenzó a deformarse y retorcerse. Las ramas del roble, antes tan nítidas, se convirtieron en formas retorcidas y amorfas. El cielo, un momento antes azul pálido, parecía desangrarse en un verde enfermizo.

No se trataba de un declive gradual, ni de un suave avance hacia la inconsciencia. Era una ruptura, un violento desgarro en el tejido del ser. Era como si una falla oculta en el cerebro se hubiera fracturado repentinamente, enviando ondas sísmicas por todo el sistema nervioso. El terreno familiar de la conciencia se disolvió, reemplazado por un vacío aterrador. El cuerpo, ese fiel compañero durante décadas de vida, se convirtió en una entidad extraña, un recipiente de tormento. Cada terminación nerviosa parecía gritar, cada músculo se tensaba en un inútil intento de resistir la embestida interna. La mente, aturdida por la repentina invasión, luchaba por comprender la catástrofe que se desplegaba. Era un descenso a un caos primigenio, donde la lógica y la razón eran completamente inútiles contra la fuerza bruta de la aflicción. El sólido fundamento de la realidad se desmoronó, dejando solo la aterradora sensación de caer, caer sin fin en un abismo de dolor y confusión.

Los sonidos de la mañana, antes de una sinfonía reconfortante, se convirtieron en una cacofonía de ruidos distorsionados. El gorrión piando afuera, su canto antes una nota brillante y clara, ahora sonaba estridente y burlón, su ritmo chocaba con el caos interno. El zumbido del refrigerador parecía amplificarse, transformándose en un chirrido metálico y rechinante que resonaba con el latido en la cabeza. Incluso el suave crujido del periódico al ser girado por una mano invisible, un sonido que había formado parte del suave ritmo de la mañana, ahora parecía amplificado, intrusivo, cada crujido una punzada de dolor. El mundo ya no era una experiencia unificada; Era una colección fracturada de asaltos sensoriales, cada uno más insoportable que el anterior. La capacidad de procesar estos sonidos, de filtrarlos en un todo coherente, se había desvanecido. Eran estímulos crudos, sin filtrar, que chocaban contra los sentidos ya sobrecargados.

Una profunda sensación de impotencia descendió sobre él. El cuerpo, antaño el instrumento a través del cual se experimentaba la vida, se había convertido en la causa de su ruina. No había ninguna causa discernible, ninguna señal de advertencia que pudiera haberlo preparado para esta brutal invasión. En un momento, el mundo era como debía ser, ordenado y predecible. Al siguiente, había implosionado, el paisaje interno convertido en una escena de devastación. La mente, despojada de sus herramientas familiares de comprensión, lidiaba con lo incomprensible. El pensamiento "¿Qué está pasando?" resonó en los espacios silenciosos donde alguna vez residió el pensamiento coherente, pero era una pregunta sin respuesta, un grito perdido en la tormenta. El abrazo familiar del yo físico había sido reemplazado por una alienación aterradora. Era como si el alma hubiera sido expulsada abruptamente de su anfitrión, obligada a presenciar la agonía desde una distancia distante y horrorizada.

El dolor punzante tras los ojos se intensificó, irradiando hacia afuera, oprimiendo el cráneo. Sentía como si una prensa apretara, aplastando la esencia misma del pensamiento. La visión, ya borrosa, comenzó a fragmentarse aún más. En lugar de objetos nítidos, había destellos de luz y color, ráfagas desorientadoras que no ofrecían una forma reconocible. La familiar mesa de la cocina, el dibujo del suelo de linóleo, la suave curva de la taza de cerámica: todo se disolvió en un caleidoscopio de formas abstractas. Era una privación visual aterradora, una pérdida del medio mismo por el cual se entendía y navegaba el mundo. El cerebro, el centro de mando del cuerpo y la mente, parecía estar en rebelión, sus señales distorsionadas, sus funciones violentamente interrumpidas. La sensación de estar a la deriva, desconectado del ancla de la propia forma física, crecía con cada segundo que pasaba.

Surgió un impulso desesperado y primario de escapar del tormento. El cuerpo, impulsado por un instinto de supervivencia, intentó retroceder, huir de la sensación de insoportabilidad. Pero no había adónde correr. La prisión era interna, el tormento se originaba en lo más profundo de la existencia. Se le escapó un jadeo ahogado, un sonido más parecido al de un animal herido que a una voz humana. Era un sonido de agonía pura y sin adulterar, un testimonio de la lucha desesperada del cuerpo contra un enemigo invisible. Las extremidades se sentían pesadas, inertes, como si estuvieran envueltas en plomo. El simple acto de intentar levantar una mano, para alejar la oscuridad que se cernía sobre él, requería un esfuerzo hercúleo, un esfuerzo que finalmente fue inútil. La misma voluntad de actuar se estaba viendo erosionada por la abrumadora angustia física y mental.

El mundo familiar había dejado de existir. La reconfortante previsibilidad de la mañana había sido destruida por una fuerza de poder inimaginable. El yo, la narrativa coherente de una vida viva, se fragmentaba. Había una aterradora sensación de pérdida, no solo de sensación física, sino de identidad. ¿Quién era uno, cuando el cuerpo se rebelaba con tanta violencia? ¿Qué quedaba de la persona cuando la mente ya no podía formar pensamientos coherentes, cuando los sentidos se distorsionaban hasta quedar irreconocibles? Las preguntas no eran intelectuales; Eran existenciales, nacidas del puro terror de enfrentarse a la absoluta fragilidad de la existencia. Lo arrepentido de todo aquello era particularmente desgarrador. No hubo ninguna acumulación, ninguna advertencia gradual. Fue un cataclismo, un descenso abrupto de la normalidad a una pesadilla.

La mente, en su desesperado intento por dar sentido al caos, empezó a aferrarse a imágenes fugaces, fragmentos de memoria, intentando anclarse en algo familiar. La risa de un niño, la sonrisa de un ser querido, la calidez de un sol de verano: estos efímeros jirones del pasado parpadean en la oscuridad creciente, sin ofrecer ningún consuelo real, solo un doloroso recordatorio de lo que se estaba perdiendo. Eran ecos de una vida que, en este presente agonizante, se sentía imposiblemente distante, una narrativa que se reescribía violentamente. La sensación de estar completamente solo, incluso en el entorno familiar del propio hogar, era profunda. No había nadie que pudiera comprender esta devastación interna, nadie que pudiera llegar a la mente devastada y sanarla.

El mundo se inclinaba de nuevo, esta vez con más violencia, y la sensación de caída se volvía abrumadora. Ya no era solo un mareo; era una completa pérdida de orientación espacial. Arriba y abajo, izquierda y derecha, dejaron de tener sentido. El cuerpo se sentía como si girara, dando tumbos en un vacío infinito. El dolor, un compañero constante, se intensificaba, amenazando con extinguir toda conciencia. Sin embargo, la conciencia, aunque fracturada y atormentada, se aferraba, una frágil llama parpadeando en un vendaval. La capacidad de resistencia del cuerpo, llevada más allá de todo límite razonable, seguía registrando la embestida; cada nueva oleada de agonía era un testimonio de su resiliencia, o quizás, de su absoluto imperativo biológico de persistir.

Los bordes borrosos de la visión comenzaron a fusionarse, no en claridad, sino en una oscuridad nítida y aterradora. Era un vacío, puro y absoluto, que se tragaba los últimos vestigios de información visual. Los colores familiares de la cocina, los tonos cálidos de la luz del sol, todo se desvaneció, reemplazados por una negra impenetrable. No era la suave atenuación del crepúsculo, sino una repentina y violenta desaparición de la luz. Los sonidos también comenzaron a desvanecerse, no gradualmente, sino como si fueran amortiguados por gruesas capas de algodón. Los agudos bordes del dolor permanecieron, una presencia brutal e innegable, pero el mundo exterior se volvió cada vez más inaccesible, retrocediendo hacia un reino lejano y olvidado. El descenso se aceleraba, la aflicción se aferraba con una fuerza inexorable.

La mente, desnuda, se encontró ante un vacío aterrador. El monólogo interno habitual, el flujo constante de pensamientos y reflexiones, había cesado. En su lugar, había un vasto silencio resonante, interrumpido únicamente por la cruda agonía física. El sentido del yo, tan profundamente arraigado, se estaba erosionando. La conexión entre mente y cuerpo, antaño tan fluida, era ahora un cordón deshilachado, chispeante y amenazante con romperse. Era un desmembramiento del ser, una profunda separación del yo físico y del mundo exterior. El viaje hacia lo desconocido había comenzado, un viaje aterrador al corazón mismo de lo incomprensible, un descenso arrepentido de lo mundano a una profunda y devastadora alteradora de la realidad. El martes ordinario se había roto irrevocablemente, su ritmo predecible silenciado por el rugido ensordecedor de un cuerpo en crisis. La cocina familiar, la taza reconfortante, la luz de la mañana: ya no eran anclas, sino recuerdos que se desvanecerían, costas lejanas que se alejaban a una velocidad alarmante mientras continuaba el descenso hacia el abismo. El susurro se había convertido en una vorágine, y el mundo familiar se había disuelto en un vacío aterrador.

El pánico, frío y agudo, le arañó la garganta al comprender: no era un dolor de cabeza del pasajero. El latido sordo tras los ojos, que había comenzado como una leve molestia, se había convertido en un latido implacable y palpitante, cada pulso un asalto insoportable. Era un dolor que parecía originarse no solo en la cabeza, sino en el mismo centro del cráneo, como si una mano invisible lo apretara con fuerza aplastante. Era más que una simple incomodidad; Era una alarma visceral, una sirena que resonaba por el sistema nervioso, anunciando una catástrofe inminente. La mente, desesperada por comprender la creciente agonía, buscaba explicaciones familiares —estrés, deshidratación, falta de sueño—, pero estas racionalizaciones parecían huecas, inadecuadas ante la ferocidad del asalto físico. La respiración se entrecortó, quedándose atrapada en una garganta seca y apretada, mientras un miedo helado comenzaba a filtrarse, un miedo primario a lo desconocido que se encontraba más allá del límite de la comprensión.

Una profunda debilidad se apoderó de él, robando la fuerza de las extremidades que momentos antes se habían sentido firmes y confiables. Las piernas se sintieron como pesos de plomo, negándose a responder a las frenéticas órdenes del cerebro. Los brazos, normalmente capaces de realizar las tareas más sencillas, se sintieron ajenos, desconectados, sus músculos se negaban a cooperar. Era como si la intrincada roja de nervios y tendones del cuerpo se hubiera desgastado repentinamente, dejando una profunda desconexión entre la intención y la acción. El simple acto de intentar cambiar de peso, de estabilizarse ante la desorientación que se avecinaba, se convirtió en un esfuerzo agotador y monumental. El mundo exterior al repentino asedio del cuerpo parecía distante, apagado, como si se observara a través de un cristal espantoso. Los sonidos se atenuaban, los colores parecían menos vibrantes y el mismo aire se sentía pesado, viscoso, como si atravesara una niebla densa e invisible. Este aislamiento sensorial, en lugar de ofrecer consuelo, solo amplificaba el aislamiento interno, creando un abismo aterrador entre el yo y la realidad externa.

La oleada incontrolable de presión, el latido implacable, pintaba un sombrío panorama interno. Era una violenta tormenta interna, una tempestad que rugía en los confines del cráneo. Los delicados vasos sanguíneos, las intrincadas vías de la vida, se sintieron como si se estiraron, se tensaron, al borde de la ruptura. El latido en las sienes ya no era solo una sensación; Era una fuerza palpable, una manifestación física del caos que se desplegaba en el interior. Cada latido del corazón enviaba una nueva oleada de agonía a través de la cabeza, una sincronía repugnante de agitación interna. Ese fue el momento en que la intrincada maquinaria del cuerpo flaqueó, el delicado equilibrio se vio alterado por una fuerza invisible y devastadora, anunciando un descenso hacia lo desconocido y aterrador. La sangre, antaño vivificante, ahora amenazaba con ahogar la mente, una marea asfixiante que se elevaba en su interior. La esencia misma de la conciencia se sentía amenazada, como si los delicados procesos biológicos que la sustentaban estuvieran siendo violentamente perturbados.

Había una aterradora sensación de desapego, como si presenciara una obra de teatro donde el protagonista era un extraño con su propia cara. Las acciones, las sensaciones, eran innegablemente propias, pero se sentían ajenas, fuera de control. El deseo de gritar, de arremeter, de liberarse de alguna manera de esta prisión interna, luchaba con una incapacidad paralizante para actuar. Los músculos, que deberían haber respondido al impulso desesperado, permanecieron obstinadamente inertes, o peor aún, se contrajeron involuntariamente, alimentando aún más la sensación de impotencia. El mundo exterior continuaba su ritmo indiferente —el lejano zumbido del tráfico, el tenue canto de los pájaros—, pero estos sonidos ya no formaban parte de la propia existencia. Eran ecos de una realidad que se desvanecía rápidamente, una orilla que se alejaba a una velocidad aterradora. La reducción se atención, concentrándose en el dolor insoportable, la debilidad abrumadora, el miedo sofocante, hasta que el mundo exterior no fue más que un telón de fondo borroso e irrelevante.

La mente, en su desesperado intento por encontrar un punto de apoyo, se escabulló entre los restos del pensamiento, buscando un concepto familiar, una palabra, un recuerdo que ofreciera una apariencia de orden. Pero los caminos estaban bloqueados, las conexiones cortadas. Cada intento de formar un pensamiento coherente era como caminar por un lodo espeso, con las palabras disolviéndose antes de poder formarse por completo. El monólogo interno, por lo general un compañero constante, aunque a veces mundano, se había silenciado, reemplazado por un frenético instinto primario de supervivencia. Sin embargo, incluso este instinto parecía silenciado, abrumado por la fuerza de la aflicción física. El cuerpo era un campo de batalla, y la mente, su general, estaba desorientada, sus estrategias inutilizadas por un enemigo invisible.

Una oleada de náuseas lo invadió, una sensación de mareo y agitación que añadió otra capa de sufrimiento a la terrible experiencia que se desarrolló. El estómago, normalmente un indicador fiable de angustia, se revelaba, amenazando con expulsar su contenido. Esta repulsión física reflejaba la repulsión interna ante la traición del cuerpo, el horror absoluto de verso cautivo de la propia fisiología fallida. La sensación no era solo de malestar, sino de estar principalmente roto, de la intrincada sinfonía biológica, derrumbándose en una cacofonía de discordia. El esfuerzo por reprimir las ganas de vomitar era inmenso, una batalla consciente contra la respuesta involuntaria del cuerpo, una batalla que drenaba valiosas reservas de energía.

El campo visual comenzó a distorsionarse aún más, no con el brillo fluido de momentos antes, sino con un efecto más discordante e inquietante. Los bordes parecían vacilar y desdibujarse, para luego retomar un enfoque distorsionado, solo para retorcerse de nuevo. Era como si los nervios ópticos enviaran señales fragmentadas, como si el cerebro lucharía por interpretar una realidad en constante e impredecible cambio. Los objetos familiares de la habitación —la alfombra estampada, las fotografías enmarcadas en la pared, la pila de libros en la mesita auxiliar— parecían cambiar y retorcerse, sus formas se regresaban sutil e inquietantemente erróneas. Esta inestabilidad visual se sumaba a la profunda sensación de desorientación, imposibilitando medir la distancia o incluso reconocer el entorno familiar. Era un mundo visto a través de una lente destrozada, donde las reglas de la perspectiva y la proporción ya no se aplicaban.

Los sonidos también comenzaron a distorsionarse. El tenue tictac de un reloj, normalmente un metrónomo tranquilizador, se convirtió en un sonido insistente y chirriante que parecía vibrar dentro del cráneo. La bocina de un coche a lo lejos, que normalmente habría sido una breve intrusión, ahora parecía persistir, con un tono inquietantemente agudo y penetrante. Era como si los centros de procesamiento auditivo del cerebro estuvieran sobre estimulados, amplificando cada ruido sutil hasta convertirlo en una sensación insoportable. La capacidad de filtrar y categorizar sonidos se había desvanecido, dejando solo un asalto crudo y puro a los oídos. El mundo exterior se estaba convirtiendo en un paisaje sonoro extraño, un coro de ruidos inquietantes que amplificaban la angustia interna.

La sensación de estar sumergido, de hundirse en una piscina oscura y silenciosa, se intensificó. No eran solo las sensaciones físicas las que lo abrumaban, sino el pavor existencial que las acompañaba. Comprender que no se trataba de una dolencia pasajera, sino de una perturbación fundamental, fue un golpe demoledor. La narrativa cuidadosamente construida de una vida vivida, de planos hechos, de aspiraciones futuras, comenzó a desmoronarse bajo el peso de esta crisis inmediata y abrumadora. ¿Quién era uno, cuando el cuerpo ya no era un vehículo confiable, cuando la mente era un campo de batalla y los sentidos traicionaban cada estímulo? La pregunta flotaba en el vacío, sin respuesta, sin respuesta, ante tan profunda conmoción física y mental.

Un impulso desesperado, casi animal, de escapar surgió. El cuerpo, impulsado por un instinto más antiguo que la propia conciencia, retrocedió ante el dolor, la debilidad, la abrumadora sensación de terror. Pero no había adónde ir. La prisión era el cuerpo, el torturador era interno. Las extremidades, que deberían haber respondido a este impulso primario de huida, permanecieron pesadas, inertes, una carga pesada. Los músculos se tensaron, no en un esfuerzo coordinado por escapar, sino en una serie de espasmos involuntarios, que se sumaban a la experiencia desorientadora y dolorosa. Era una lucha contra uno mismo, una batalla librada en los confines mismos del propio ser, una batalla que se estaba demostrando imposible de ganar.

La presión interna seguía aumentando, una fuerza implacable y expansiva que amenazaba con destruir la estructura misma del cráneo. Era como si el cerebro se inflara, se estirara más allá de sus límites, cada terminación nerviosa gritando en protesta. El latido se intensificó, convirtiéndose en un rugido sordo, un sonido interno ensordecedor que ahogaba cualquier otra información sensorial. El mundo exterior se desvaneció en un recuerdo borroso e indistinto, reemplazado por la realidad abrumadora de esta embestida interna. El cuerpo, antaño un compañero familiar y de confianza, se había convertido en una fuente de profundo terror, un recipiente traicionero que sucumbía a una fuerza desconocida y devastadora.

La sangre, la esencia misma de la vida, se sentía ahora como un enemigo peligroso. El aumento repentino de presión en la cabeza era alarmante, una aterradora indicación de que algo en el sistema vascular estaba gravemente comprometido. Surgió un pensamiento fugaz y aterrador: ¿era esto el fin? ¿Era este el fin, provocado no por fuerzas externas, sino por el fallo silencioso e insidioso de los componentes más vitales del cuerpo? Comprender que uno estaba a merced de estos intrincados e invisibles procesos biológicos, cuando flaqueaban, era una perspectiva profundamente humillante y aterradora. La delicada danza de la vida, tan a menudo dada por sentada, había revelado su aterradora fragilidad.

Una sensación de caída, no en el vertiginoso giro del vértigo, sino en un descenso lento e inexorable, comenzó a apoderarse de mí. Era una caída de la conciencia, un avance desde la base sólida de la conciencia hacia un abismo oscuro y desconocido. Los límites de la visión, ya borrosos, comenzaron a oscurecerse, no con la atenuación gradual del crepúsculo, sino con una negra repentina y absoluta. Los sonidos también se alejaron, volviéndose apagados, distantes, como si se oyeran desde el fondo de un pozo. Sin embargo, el dolor, esa agonía implacable y abrasadora, permaneció, un faro de tormento en la oscuridad que se cernía sobre mí. Era una paradoja: el mundo físico desaparecía mientras el sufrimiento físico se intensificaba, un testimonio de la capacidad de la mente para resistir incluso cuando su conexión con la realidad se deshilachaba.

La sensación de aislamiento era profunda. Incluso con la presencia de otros, no podía comprender plenamente la devastación interna. Era una experiencia solitaria, un descenso a un infierno personal donde la única compañía era la cruda y pura experiencia del sufrimiento. Las vías habituales de comunicación —palabras, gestos, expresiones— ya no eran viables. El cuerpo era incapaz de expresar la profundidad de su angustia, y la mente, fracturada y abrumada, no podía formular una súplica coherente de ayuda. Era aterrador comprender que, en ese momento de máxima necesidad, uno estaba completamente solo, a la deriva en un mar de caos interno. La marea carmesí, metafórica y quizás literalmente, estaba subiendo, amenazando con engullir los últimos vestigios del yo. El martes común y corriente, antaño un simple marcador del tiempo, se había convertido en un punto de inflexión catastrófico, el día en que el mundo interior implosionó, dejando tras de sí solo el eco de una realidad desgarradora. El cuerpo, ese organismo complejo y resiliente, era ahora un campo de batalla, con sus defensas desbordadas, sus sistemas en estado crítico de falla, dando paso a una profunda y aterradora incógnita. La familiar comodidad del yo se había disuelto, reemplazada por el terror escalofriante de la traición corporal.
La niebla en mi mente era una manta sofocante, densa y desorientadora. Cada respiración era una lucha, un jadeo superficial que apenas apaciguaba el pánico creciente. Sin embargo, bajo el peso aplastante del dolor y la confusión, un instinto primario comenzó a despertar. Era una brasa débil, que brillaba obstinadamente en la oscuridad que se cernía sobre mí: la voluntad de sobrevivir. Era una súplica desesperada y gutural desde lo más profundo de mi ser, un grito silencioso contra la marea abrumadora del colapso físico. Este instinto, puro y sin filtro, fue el primer destello de autonomía en una situación que me había despojado de todo control.

Sentía mi cuerpo como un ser extraño, un navío que me había traicionado con una ferocidad que jamás podría haber anticipado. Las extremidades, tan recientemente mías, ahora se sentían pesadas e inertes, como pesos de plomo atados a un barco que se hunde. Mis dedos, normalmente ágiles y seguros, temblaban incontrolablemente mientras buscaban a tientas mi teléfono. La superficie lisa y fría se sintió extraña bajo mi tacto húmedo. Cada temblor me invadía una nueva oleada de ansiedad, el miedo de que incluso este acto tan básico de autoconservación estuviera fuera de mi alcance. La pantalla, un faro de salvación potencial, se enfocaba y desenfocaba, y los píxeles brillantes se difuminaban en una mancha de luz. Era una batalla librada no con fuerza, sino con pura voluntad.

Mi mente, un paisaje fragmentado de dolor y terror arremolinados, luchaba por comprender la más simple de las tareas. La interfaz familiar de mi teléfono, una herramienta que usaba a diario con facilidad, ahora parecía un rompecabezas insalvable. Tenía que encontrar los contactos adecuados, los que me entenderían, los que actuarían. Los nombres, normalmente grabados en mi memoria, parecían bailar y cambiar, negándose a unirse en un orden coherente. ¿Era el 911? ¿O deberías llamar a Sarah? ¿O quizás a mi hermano? Cada posible elección era una apuesta, una tirada desesperada de dados en un juego donde lo que estaba en juego era la vida o la muerte. El mero esfuerzo de examinar estas opciones, de intentar priorizar, era agotador.

Finalmente, con una oleada de adrenalina que disipó momentáneamente la niebla, logrará desbloquear la pantalla. Apareció el teclado, una cuadrícula de números que parecía un alfabeto extranjero. Mis pulgares, torpes y rígidos, se cernían sobre las teclas. Tenía que marcar, tenía que formar una secuencia de dígitos que me conectara con el mundo exterior, para ayudar. La sensación era similar a intentar escribir una ecuación compleja en un sueño, donde los propios números parecían resistirse a la ordenación, donde el mismo concepto de orden se me escapaba. Me concentré, reduciendo mi mundo a esta única y crucial tarea.

El primer intento fue un caos de pulsaciones accidentales, testimonio de los temblores incontrolables que recorrieron mis manos. Una oleada de desesperación me invadió. ¿Era esto? ¿Iba a sucumbir, atrapado por mi propio cuerpo debilitado, incapaz siquiera de articular la necesidad de ayuda? El pensamiento era una espada fría y afilada que atravesaba la neblina de dolor.

Pero entonces, esa brasa de supervivencia volvió a encenderse, esta vez con más fuerza. No podía rendirme. Ahora no.

Respire hondo y entrecortadamente, intentando calmar las manos. Cerré los ojos un instante, visualizando la secuencia de números, grabándola en mi mente. Luego, con renovada determinación, volví a empezar. Esta vez, cada pulsación de tecla parecía deliberada, precisa. Los números aparecen en la pantalla, una secuencia constante e inquebrantable. Fue una pequeña victoria, pero ante una derrota tan aplastante, se sintió monumental.

Al sonar el tono de llamada, una nueva oleada de miedo me invadió. ¿Qué dirías? Mi voz, al intentar aclararme la garganta, era un sonido seco y áspero, apenas audible. Las palabras, la información crucial, parecían estar alojadas en lo más profundo de mi garganta, enredadas con el dolor. ¿Cómo podía transmitir la enormidad de lo que estaba sucediendo, la presión implacable, la agonía cegadora, la debilidad aterradora, cuando mi propio cuerpo parecía resistirse efectiva a la comunicación?

La llamada se conectó. Una voz tranquila y profesional al otro lado preguntó: "911, ¿cuál es su emergencia?".

La pregunta, simple y directa, parecía un obstáculo insalvable. Abrí la boca y lo que salió fue una expresión entrecortada y arrastrada. No era una palabra, en realidad. Era un sonido que transmitía desesperación, un grito gutural desde el abismo. Mi cerebro, luchando por traducir el tormento físico a un lenguaje coherente, estaba fallando. La presión detrás de mis ojos se intensificó, dificultándome concentrarme en la voz del otro lado.

"…ayuda…", logré articular con voz ronca, un esfuerzo monumental. Apenas reconocía mi inglés, un eco distorsionado de mi propia voz. El sonido parecía flotar en el aire, cargado con el peso de mi angustia.

"¿Señor? ¿Me oye? Necesito que hable con claridad. ¿Cuál es su emergencia?", repitió la voz, firme en su tono, pero con un sutil trasfondo de preocupación.

Lo intenté de nuevo, concentrando toda mi energía restante en formar las palabras. Sentía la lengua espesa y la mandíbula rígida. «Cabeza... dolor... fuerte...». Cada silla era una tarea titánica. El mundo a mi alrededor parecía inclinarse y girar, y los bordes de mi visión se oscurecían. El sonido de mi propia respiración, entrecortada y forzada, parecía resonar en mi cráneo, amplificando el caos interno.

¿Dices que tienes un fuerte dolor de cabeza? ¿Tienes otros síntomas?

"Débil... mareada... no puedo..." Las palabras se fueron apagando mientras una nueva oleada de náuseas amenazaba con abrumarme. Aprete el teléfono con más fuerza, con los nudillos blancos. El concepto abstracto de "ayuda" era ahora una necesidad tangible y desesperada. Necesitaba que alguien me comprendiera, que salvara el abismo entre mi sufrimiento interior y el mundo exterior.

"¿Puede decirme su ubicación, señor? Necesito ayuda."

Ubicación. Esa era otra pregunta aparentemente simple que parecía increíblemente compleja. El número de mi apartamento. El nombre de la calle. La ciudad. Mi mente, ya luchando contra la presión constante, luchaba por acceder a esta información. Era como intentar recordar una contraseña olvidada de un sueño. La sabía, intelectualmente, pero el camino para recuperarla estaba oscurecido por la niebla del dolor y la desorientación.

"Eh… apartamento… 3B…", balbuceé, mientras los números salían a borbotones con dificultad. "Calle… Maple…", el nombre de la calle, parecía un pez resbaladizo, difícil de retener". "… ciudad...", volvió a callarme, con la respiración entrecortada.

De repente, un nuevo sonido rompió el silencio desconcertante. Débil al principio, luego cada vez más fuerte. Una sirena. Era el lejano gemido de una ambulancia, un presagio de esperanza, la banda sonora de mi inminente crisis. Atravesó la niebla, una señal tangible de que mi llamada desesperada había sido escuchada, de que la ayuda estaba en camino. El sonido, aunque todavía lejano, era una salvavidas, una promesa de rescate.

"Bien, señor, tenemos su ubicación aproximada", dijo la operadora con un tono de urgencia renovado. "Se está enviando ayuda. Por favor, intente seguir en línea conmigo. ¿Puede describir lo sucedido?"

La pregunta flotaba en el aire. ¿Qué había sucedido? El eco desgarrador que había comenzado como un latido sordo se había intensificado hasta convertirse en una catástrofe total. Pero articularlo, reconstruir la secuencia de eventos que me había llevado a este precipicio, era como intentar recomponer un jarrón roto en la oscuridad. Los detalles eran esquivos, perdidos en la vorágine de mi experiencia interna.

"No sé... solo... empezó... la presión..." Mi voz era apenas un susurro. Las palabras eran fragmentos, pedazos destruidos de una narrativa que alguna vez fue coherente. El dolor era un latido implacable, cada pulso un recordatorio del peligro creciente. Podía sentir la presión creciendo, una expansión aterradora dentro de mi cráneo. Se sintió como una explosión a punto de estallar.

"Quédese conmigo, señor". Siga respirando. "Pronto llegará la ayuda". La voz de la operadora era un ancla firme en el caos arremolinado. Era una voz en el vacío, una conexión humana en un momento de profundo aislamiento. Me aferré a sus palabras, a la promesa de rescate que contenían.

La sirena se hizo más fuerte, su grito urgente llenó el aire. Ya no era un sonido lejano; se acercaba, una manifestación tangible de ayuda. La idea de ver rostros, de dejar la carga de mi cuerpo debilitado en manos de profesionales capacitados, me trajo un alivio desesperado. Fue el acto crucial de tender la mano, un salvavidas lanzado al abismo, confiando en que manos invisibles atraparían los fragmentos que caían de una vida asediada.

Mi visión empezó a desdibujarse con mayor intensidad, los límites de mi mundo se disolvieron en una neblina suave e indistinta. Los vibrantes colores de mi sala de estar parecieron desvanecerse, reemplazados por una paleta apagada. Los objetos familiares —el sillón desgastado, la estantería repleta de historias, las fotografías sobre la repisa de la chimenea— se convirtieron en formas borrosas en mi visión periférica. Mi atención se centró en el dolor punzante, el latido insistente y rítmico que parecía dictar mi propia existencia.

A pesar de la abrumadora angustia física, aún quedaba un atisbo de conciencia, un terror agudo y agudo que reconocía la gravedad de la situación. No se trata de una enfermedad pasajera, ni de una indisposición temporal. Era un acontecimiento profundo que me cambió la vida. La fragilidad de mi propio cuerpo, un hecho que rara vez había considerado, se revelaba ahora en su forma más cruda y aterradora. La intrincada maquinaria de mi ser, antes tan confiable, había fallado estrepitosamente, hundiéndome en un reino desconocido de sufrimiento.

La debilidad era profunda, un agotamiento profundo que parecía agotarme hasta la última gota de fuerza. El simple hecho de sostener el teléfono me parecía un esfuerzo físico inmenso. Mi agarre flaqueó y, por un instante aterrador, pensé que lo dejaría caer, cortando el último hilo que me conectaba con el mundo exterior. Apreté los ojos, deseando que mis dedos se aferraran, que mantuvieran ese precario vínculo.

La sirena era ensordecedora, su agudo aullido justo afuera de mi edificio. Luces rojas y azules se filtraban por la abertura de mis cortinas, pintando rayas de color apremiante en la habitación en penumbra. El sonido era una sinfonía de esperanza, un poderoso testimonio de que ya no estaba sola en esta lucha. El miedo, aunque seguía presente, comenzó a disminuir, reemplazado por una anticipación desesperada.

Se oyeron pasos en el pasillo, urgentes y decididos. Voces, ahora más claras y cercanas, gritaban mi nombre. "¿Señor? Ya estamos aquí. ¿Nos oye?"

El sonido de la puerta al abrirse, la ráfaga de aire fresco, los rostros preocupados asomándose: todo era borroso. Pero las voces eran un faro claro que atravesaba la niebla. Intenté responder, confirmar mi presencia, pero solo un débil gemido escapó de mis labios. Sentía mi cuerpo como un peso muerto, incapaz de actuar o responder con coherencia.

"Está aquí", dijo una voz, más cerca ahora. Sentí una suave caricia en el brazo, una mano que me tranquilizaba. Era una sensación extraña, pero innegablemente reconfortante. El miedo a estar sola en mi sufrimiento comenzó a disiparse, reemplazado por una frágil sensación de ser cuidada.

"Tenemos que sacarlo de aquí", dijo otra voz con un tono de urgencia controlado. Sentí que me levantaban con cuidado, una sensación de movimiento incorporado. El mundo se inclinó y se balanceó, los patrones de las baldosas del techo flotaron momentáneamente ante mis ojos. Fue una transferencia torpe, pero eficiente, de mi cuerpo inerte.

El trayecto desde mi apartamento hasta la ambulancia que me esperaba se me hizo eterno: una serie de voces apagadas, el rítmico ruido de pasos, el aroma a antiséptico y la abrumadora presencia de manos expertas guiándome. Cada movimiento se realizaba con una delicadeza que, a pesar de mi incapacidad, transmitía una profunda sensación de profesionalismo y preocupación. Era un objeto roto transportado con cuidado, pero también era un ser humano, y esa distinción se palpaba en el trato recibido.

Mientras me colocaban cuidadosamente en la camilla, el mundo exterior comenzó a desvanecerse. El entorno familiar de mi edificio desapareció de la vista, reemplazado por el interior estéril y funcional del vehículo de emergencias. Las luces, el equipo, las miradas concentradas de los paramédicos: todo era un torbellino de actividad diseñado para estabilizarme y transportarme. La sirena, ahora una compañera constante, reanudó su grito urgente, impulsándonos hacia el desconocido destino del hospital.

El viaje fue una sobrecarga sensorial, aunque extrañamente apagado. Las luces parpadeantes del exterior, el pitido de los monitores, las conversaciones susurradas, pero urgentes entre los paramédicos: todo se fundía en un murmullo sordo que resultaba a la vez abrumador y extrañamente distante. Mi propio cuerpo era un foco de intenso dolor y debilidad, pero el mundo exterior, con su caos controlado, era un ámbito que apenas podía percibir.

Ya no estaba solo. El instinto primario de supervivencia se había manifestado en forma de intervención humana. La llamada de auxilio, aunque arrastrada e incompleta, había sido respondida. Mientras la ambulancia avanzaba a toda velocidad en la noche, el lejano aullido de la sirena ya no era solo un sonido; Era un testimonio del poder de la ayuda, un frágil puente construido sobre el abismo de mi sufrimiento, conectándome con la esperanza de recuperación. El eco desgarrador de aquel martes cualquiera finalmente había encontrado su contrapunto en la llamada urgente de quienes acudieron en mi ayuda.

La niebla no se disipó de golpe. Retrocedió en mareas angustiosamente lentas, revelando paisajes irregulares de dolor y confusión. Mis primeros momentos de conciencia fueron una serie de asaltos sensoriales inconexos. Un pitido persistente y rítmico, un metrónomo constante que marcaba el paso del tiempo que no podía explicar. El olor, a antiséptico, penetrante y estéril, se aferraba al aire como una presencia fantasmal. Y la luz. Era un intenso resplandor e inquebrantable desde arriba, que se reflejaba en una vasta extensión blanca. Mi mundo, durante lo que parecía una eternidad, fue un techo.

Esta extensión blanca, estéril e inflexible, se convirtió en el lienzo sobre el que mi conciencia fracturada comenzó a pintar una imagen de mi nueva realidad. Era un lienzo sencillo, cuidado de la reconfortante familiaridad de mi propio dormitorio, de los desgastados patrones del papel pintado o del reconfortante desorden que denotaba una vida viva. Este era un espacio diseñado para la función, no para las emociones, y en su austeridad, reflejaba la desolación que comenzaba a asentarse en mi alma.

Cuando intenté moverme, una punzada de protesta me recorrió el cuerpo. No era el dolor muscular habitual ni la palpitación sorda de una jaqueca; era una rebelión profunda y sistémica. Sentía mis extremidades como pesos de plomo, imposiblemente pesados y obstinadamente insensibles. Mis dedos, antaño tan hábiles para manipular el mundo, ahora yacían inertes a mi lado, pálidos y desconocidos. Una red de tubos serpenteaba desde mi cuerpo, atándome a las máquinas que pitaban; cada uno de ellos era un recordatorio tangible de mi profunda vulnerabilidad. Ya no era una entidad autosuficiente; Era un paciente, un conjunto de sistemas defectuosos que eran monitoreados minuciosamente.

La comprensión, cuando finalmente se disipó de la bruma, fue un golpe físico. El derrame cerebral. No había sido un sueño, una alucinación provocada por la fiebre o el estrés. Había sucedido. Las palabras, pronunciadas por una voz amable pero cansada desde algún lugar más allá de mi limitado campo de visión, resonaron en la caverna de mi mente. «Has tenido un derrame cerebral». Cada sílaba fue un martillazo, destrozando los restos de mi vida anterior. La vida que conocía, aquella en la que me despertaba, preparaba café, planificaba mi día y navegaba por el mundo con una facilidad inconsciente; esa vida se había ido. Este era el nuevo comienzo, forjado en el crisol de la crisis médica.

El miedo, frío y agudo, atravesó la niebla. No era el miedo inmediato y desesperado del evento inicial, el terror a lo desconocido. Era un miedo más profundo e insidioso, el miedo a lo que me esperaba. ¿Qué significaba realmente "sufrir un derrame cerebral"? Las historias, las películas, las anécdotas susurradas pintaban imágenes sombrías de parálisis, de recuerdos perdidos, de una existencia disminuida. ¿Era este mi destino? ¿Ser un fantasma en mi propio cuerpo, atado a una cama, mi mundo reducido a este techo blanco y estéril?

Mi mente, un paisaje fragmentado, luchaba por ensamblar las piezas del rompecabezas. Intenté recordar los momentos anteriores, pero el recuerdo era un tapiz destruido, con grandes secciones arrancadas. Hubo destellos de intensa presión, una sensación de que mi cabeza estaba a punto de estallar, una lucha desesperada por respirar. Más allá de eso, un vacío. Era como si una parte vital de mi historia hubiera sido abruptamente eliminada, dejándome con una profunda sensación de discontinuidad.

Las voces. Estaban ahí, un murmullo constante, interrumpido por el pitido rítmico de las máquinas. A veces eran cercanos, con un tono preocupado y profesional. Otras veces se desvanecían en un zumbido distante, como si mi conciencia entrara y saliera de su realidad. Me esforcé por concentrarme, por captar las palabras, por comprender lo que decían de mí, de mi condición. Jerga médica, palabras tranquilizadoras en voz baja, declaraciones sobre pruebas y escáneres: todo era un idioma extranjero hablado en voz baja.

Una suave presión en mi brazo. Me estremecí, un temblor débil e involuntario. Un rostro apareció en mi limitado campo de visión, enmarcado por las intensas luces del hospital. Una enfermera, con una expresión que combinaba a la perfección, empatía y eficiencia. "Bienvenido de nuevo", dijo en voz baja; su voz era un bálsamo calmante contra mi miedo. "Nos diste un buen susto".

¿Bienvenido de nuevo? Las palabras sonaban irónicas. ¿Era una bienvenida? ¿A este estado de impotencia, a este cuerpo que parecía el de un extraño? Sin embargo, había una calidez en su tono, una conexión humana que, por un instante fugaz, alejó la oscuridad que me invadía. Me expliqué, en términos sencillos, lo que había sucedido. Un coágulo de sangre, una obstrucción, una interrupción repentina del flujo sanguíneo al cerebro. Pronunció las palabras «ictus isquémico», una descripción clínica de la catástrofe que me había sobrevenido.

Revisó con delicadeza los tubos y ajustó un dial en una máquina cercana; sus movimientos eran prácticos y deliberados. Cada toque, aunque impersonal en su naturaleza clínica, era una confirmación de que aún estaba atado al mundo físico, de que seguía vivo. Pero "vivo" se sintió como una pálida imitación de lo que una vez fue.

La inmovilidad era lo más opresivo. No podía levantar la cabeza sin un esfuerzo monumental, una descarga de adrenalina que me dejaba sin aliento y exhausto. Sentía el cuello rígido, inflexible, testimonio del daño causado. La necesidad de rascarme, de cambiar de postura, de simplemente *adaptarme:* eran lujos que ahora me eran negados. Era una estatua, atrapada en los confines de mi propia carne.

Mi mirada, un recorrido lento y pausado, abarcó la escasa vista desde mi cama. El techo blanco. Una pared, estériles igualmente. Un soporte para suero, cuya bolsa transparente de líquido era un silencioso testimonio de mi dependencia. Y la ventana. Ay, la ventana. Estaba en lo alto, ofreciendo solo una pequeña parte del mundo exterior, un tentador vistazo a un cielo inalcanzable, a una vida que continuaba sin mí. A través del cristal esmerilado, pude distinguir las vagas formas de los árboles, sus hojas de un verde vibrante contra el azul. Un pequeño pájaro pasó revoloteando, un destello de libertad que me recorrió una punzada de anhelo.

La sensación de pérdida profunda comenzó a agudizarse, a calar hondo en mis huesos. No era solo la pérdida de la función física; era la pérdida de autonomía, de independencia, de la esencia misma de quien creía ser. Siempre había sido activa, decidida, una persona que enfrentaba los desafíos con valentía. Ahora, dependía de otros para las necesidades más básicas: que me voltearan, que me alimentaran, que me limpiaran. Pensarlo era un trago amargo, una confrontación cruda con mi propia fragilidad.

El derrame cerebral había sido una violenta perturbación, un terremoto que sacudió los cimientos de mi existencia. Y ahora me encontré de pie entre los escombros, observando los daños. La vida que con tanto cuidado había construido, los planos que había forjado, los sueños que había alimentado; Todo parecía estar hecho añicos a mi alrededor. Una oleada de dolor me invadió, cruda y abrumadora. Era el dolor de una vida truncada, de un futuro irrevocablemente alterado. Lágrimas, ardientes y punzantes, brotaron y trazaron lentos caminos por mis sienes, un testimonio silencioso del profundo dolor que experimentaba.

La sensación de estar desconectado de mi propio cuerpo era una compañía constante e inquietante. Sentía mi lado derecho particularmente extraño, una extremidad que parecía haber olvidado su propósito. Cuando intenté levantar el brazo, no pasó nada. Una punzada de miedo, fría y aguda, me recorrió el cuerpo. ¿Era esto permanente? ¿Era esta la magnitud del daño? La enfermera, percibiendo mi angustia, tomó con cuidado mi mano —la izquierda, que por suerte aún respondía— y la colocada sobre mi brazo derecho. «Está débil», explicó con paciencia. «Pero sigue ahí. Lo solucionaremos».

Trabaja en ello. Las palabras, aunque pretendían ser tranquilizadoras, parecían una tarea monumental. ¿Cómo podría "trabajar en" un cuerpo que se sentía tan esencialmente roto? El camino por delante parecía interminable, envuelto en incertidumbre y plagado de posibles contratiempos.

Los siguientes días se convirtieron en un ciclo monótono de pitidos de máquinas, voces apagadas y el blanco implacable del techo. Las comidas eran puré, con poco sabor y un esfuerzo inmenso para tragarlas. Las sesiones de fisioterapia, aunque bienintencionadas, eran ejercicios de frustración. Intentar mover la pierna derecha me producía una ligera contracción, un temblor apenas perceptible que parecía una cruel burla de mi antigua fuerza.

Aprendí a escuchar el ritmo del hospital: el ruido metálico de los carros de comida, el chirrido de las suelas de goma en el pasillo, el lejano aullido de las sirenas; un sonido que ahora evocaba una compleja mezcla de pavor y el débil eco de mi propia y desesperada llamada de auxilio. Me convertí en observadora de mi propia existencia, distante y desorientada, observándome navegar por este nuevo y desconcertante panorama.

La niebla mental, aunque menos densa que en las primeras horas, aún persistía. Mis pensamientos a menudo eran lentos y fragmentados. Me costaba concentrarme, seguir las conversaciones, reconstruir los detalles de mi historial médico. A veces, caía en un estado de semiconsciencia, mi mente evocando imágenes borrosas de mi vida pasada: un paseo por el parque, una risa compartida con un amigo, la sensación del sol en la piel. Estos destellos de memoria eran a la vez reconfortantes y agonizantes, vívidos, recordatorios de lo que se había perdido.

Una tarde, un médico de mirada amable y voz firme se sentó junto a mi cama. Me explicó la magnitud del daño con más detalle, usando diagramas y señalando imágenes. Habló de las áreas del cerebro afectadas y de las funciones críticas comprometidas. Fue directo, pero compasivo, y no eludió la realidad de la situación. «La recuperación será una maratón, no un sprint», dijo, mirándome a los ojos. «Habrá días buenos y días malos. Pero con trabajo duro y dedicación, es posible lograr avances significativos».

Un progreso significativo. Las palabras ofrecieron un rayo de esperanza en la oscuridad que lo dominaba. Pero también subrayaron el inmenso desafío que me guardaba. No iba a simplemente "mejorar" y volver a mi vida anterior. Esta fue una transformación profunda, una redefinición completa de lo que significaba vivir.

La sensación de aislamiento era profunda. Aunque estaba rodeada de profesionales médicos y recibía la visita de familiares preocupados, con rostros marcados por la preocupación y el amor, sintió una profunda brecha entre su mundo y el mío. Podían ofrecerme apoyo, ánimo y ayuda práctica, pero no podía comprender realmente la batalla interna que libraba. La lucha por recuperar el control de mi propio cuerpo, por recuperar mis pensamientos, por encontrar una nueva identidad en las ruinas de lo viejo.

Recuerdo un momento particularmente sombrío, mirando al techo, con el peso de mi impotencia, oprimiéndome. El simple esfuerzo de parpadear parecía una tarea monumental. Una oleada de desesperación me invadió, tan intensa, que amenazó con extinguir la frágil brasa de voluntad que me había traído hasta allí. Quería desaparecer, dejar de existir, escapar de la agonizante realidad de mi desfallecimiento.

Pero entonces, una vocecita dentro de mí, pero débil, persistente, susurró. Era la misma voz que me había instalado para pedir ayuda, el mismo instinto primario que me había mantenido luchando. *Todavía no*, parecía decir. *No así*. Era un susurro de desafío, una negativa a sucumbir a la desesperación. Eran los primeros indicios de resiliencia, una chispa débil, pero innegable, que se encendía en las cenizas de mi vida destrozada. Este era el comienzo del largo y arduo viaje de despertar a una nueva realidad, una realidad definida no por lo perdido, sino por la desalentadora, pero innegable, perspectiva de lo que aún se podía construir. El techo blanco, antaño símbolo de mi inmovilidad y desesperación, comenzó a transformarse, lenta y laboriosamente, en un lienzo de posibilidades, por aterradora que pareciera. La batalla acababa de comenzar.

Capítulo 2. La rebelión del cuerpo

El amanecer pintó el cielo de pasteles apagados, un suave preludio de lo que, en retrospectiva, sería recordado como un martes completamente ordinario. La cocina, bañada por la naciente luz del sol que se filtraba a través de los cristales, era un santuario familiar. Motas de polvo, iluminadas como diminutas bailarinas caóticas, girando en los rayos dorados de luz, un testimonio silencioso del ritmo tranquilo de la mañana. El aire estaba cargado con el rico y reconfortante aroma del café recién hecho, un ritual tan arraigado como respirar. Cada sorbo era un pequeño y predecible placer, una sensación de arraigo en el flujo y reflujo de la vida diaria. La taza de cerámica desportillada, cálida contra las palmas, se sentía como una vieja amiga, sus imperfecciones un paisaje familiar. Afuera, el alegre canto de un gorrión, una melodía fugaz en la brisa, puntuaba el tranquilo zumbido de la vida doméstica.

La vida, en esta mañana en particular, era un tapiz tejido con hilos de previsibilidad. Cada día transcurría por un camino trillado, que conducía a un horizonte de tareas familiares y rutinas reconfortantes. Había una belleza serena en este orden mundano, una profunda sensación de paz derivada de lo conocido, de lo esperado. Era una calma engañosa, un momento de quietud antes de que una tempestad sin precedentes desgarrara la esencia misma de la existencia. Este martes cualquiera era la respiración contenida antes de la zambullida, el zumbido silencioso antes del eco estremecedor. Cada detalle, desde la veta desgastada de la mesa de madera hasta el sutil patrón de condensación en la ventana, estaba grabado en la conciencia, para pronto convertirse en preciosos, fantasmas de la memoria, apreciados y lamentados a partes iguales.

Tostadas. El desayuno fue sencillo: tostadas doradas y crujientes, con una mancha de mantequilla derritiéndose en su cálida superficie. El periódico yacía doblado sobre la encimera; sus titulares eran un eco lejano de un mundo que, por el momento, parecía completamente separado de la plácida atmósfera de la cocina. El tintineo de los cubiertos contra la cerámica, el suave suspiro del refrigerador encendiéndose y apagándose, el lejano rumor del tráfico matutino: estos eran los sonidos que formaban la banda sonora de una vida vivida a un ritmo cómodo y constante. No había ninguna premonición, ningún susurro del cataclismo que se avecinaba a pocas horas. El mundo al otro lado de la ventana, vibrante y vivo con la promesa de un nuevo día, participaba involuntariamente en una escena a punto de cambiar para siempre. El aire mismo parecía contener la respiración, ajeno al cambio radical que estaba a punto de ocurrir, un cambio que redefiniría no solo el día, sino la vida entera.

El gorrión que piaba afuera saltaba de una rama a otra, con movimientos rápidos y erráticos, un pequeño estallido de improvisación vidaada contra el telón de fondo de una domesticidad intencionada. La forma en que la luz del sol reflejaba el brillo iridiscente de sus plumas, el sonido agudo y claro de su canto: estos eran detalles que, en un futuro no muy lejano, se volverían increíblemente vívidos, resucitados de las profundidades de la memoria con una claridad asombrosa. Eran las pequeñas e insignificantes piezas de un rompecabezas que, una vez roto, se volvería a ensamblar en una imagen completamente nueva. La taza desportillada, con su asa con la tenue huella de innumerables mañanas como esta, reposaba sobre la encimera, testigo silencioso de la naturaleza efímera de los momentos cotidianos. Era un recipiente que había contenido innumerables tazas de café, cada una un consuelo familiar, un signo de puntuación en el implacable paso del tiempo. Ahora, se convertiría en una reliquia, un vínculo tangible con un pasado que se sentía, con una rapidez escalofriante, imposiblemente lejana.

La rutina en sí misma era una forma de rebelión silenciosa contra el caos que podía azotar con tanta facilidad. El vertido preciso del café molido, la cantidad precisa de agua, el paciente espera a que la infusión termine su alquimia aromática: estos eran actos de control, pequeñas afirmaciones de orden en un universo que a menudo parecían indiferentes a los deseos humanos. El acto de untar mantequilla en una tostada, asegurándose de que quedara uniforme, era otra pequeña victoria, un sutil triunfo sobre el desorden potencial. Incluso la forma en que se desdoblaba el periódico, el cuidado plegado de las páginas, hablaba de una mente acostumbrada al orden, a la estructura. Este era un mundo construido sobre patrones predecibles, un baluarte reconfortante contra lo desconocido. Pero lo desconocido, como siempre, esperaba pacientemente, esperando su momento, listo para romper la ilusión de control con una fuerza a la vez repentina y absoluta. La serena calma de esa mañana de martes no era solo un período de paz; era el precipicio de un abismo, un momento hermoso y frágil a punto de romperse irrevocablemente. Cada respiración, cada sorbo saboreado, estaba imbuido de una finalidad inconsciente, los últimos momentos de una vida vivida sin la sombra de lo que estaba por venir. Lo mundano, en su inocente belleza, contenía las semillas de su propia destrucción, una frágil perfección que estaba destinada a romperse, dejando atrás solo los ecos de lo que una vez fue. La luz del sol, tan cálida y acogedora, pronto se sentiría como un recuerdo lejano, un fantasma dorado de un mundo que había dejado de existir. El

aroma del café, una vez un abrazo reconfortante, se convertiría en un fantasma agridulce, un recordatorio de la normalidad que ahora estaba irremediablemente perdido. El canto del gorrión, una melodía simple, se transformaría en un eco conmovedor, una banda sonora para una paz destrozada. Esta era la mañana ordinaria, la engañosa quietud antes de la tormenta, un momento de profunda, casi desgarradora belleza, grabado para siempre como el último de su especie. La taza desportillada, las motas de polvo danzantes, el insistente piar del gorrión, estos no eran solo detalles; Eran los fragmentos de una vida a punto de reconfigurarse, cada recuerdo un conmovedor recordatorio de la cotidianidad que pronto sería leyenda, un susurro de un mundo que se había desvanecido con la puesta de sol de aquel martes. La silenciosa anticipación de las tareas del día, el suave desarrollo de un horario predecible, era la calma antes del cambio radical, la paz engañosa antes de que el mundo se inclinara sobre su eje y la mañana ordinaria se convirtiera en el umbral de una nueva realidad extraordinaria y aterradora. La belleza de lo mundano se veía amplificada por su inminente pérdida, un conmovedor recordatorio de que incluso los momentos más anodinos pueden tener un significado extraordinario cuando se observan a través de la lente de un cambio profundo. El aire, tan quieto y apacible, estaba a punto de ser rasgado por un sonido que resonaría para siempre en el silencio.
El primer indicio fue insidioso, un cosquilleo fantasmal en el límite de la percepción. Comenzó como una desorientación fugaz, un momento en el que los contornos familiares de la habitación parecieron tambalearse, como si se vieran a través de una neblina de calor. Fue tan sutil, tan fácilmente descartado como fatiga o los restos persistentes de un sueño, que apenas se registraron. Pero era una semilla de inquietud, plantada en el terreno fértil de una mañana de martes por lo demás anodina. El café, aún caliente en la taza desportillada, ofrecía su consuelo habitual, pero incluso su aroma familiar parecía transmitir una leve disonancia desconocida. Las palabras del periódico, normalmente un desfile predecible de asuntos globales y locales, comenzaron a flotar. No como a veces lo hacen las palabras cuando uno está cansado, sino con una fluidez alarmante, como si la tinta misma se disolviera en el papel. Una sola palabra, «economía», se fracturó en una serie de formas sin sentido antes de recomponerse, dejando un leve temblor de alarma a su paso.

Entonces, el susurro se convirtió en un grito. Comenzó con un pensamiento simple, un fragmento de una frase destinada a la agenda del día, que simplemente se negaba a formarse. Los engranajes del pensamiento se detuvieron, reemplazados por un silencio arrepentido e inquietante en la mente. Era como una vasta biblioteca, meticulosamente catalogada y ordenada, que de repente se derrumbaba en una pila indistinguible de páginas. Una palabra, esencial para el pensamiento, simplemente se desvanecerá del léxico mental. Intentar captarla, recordarla, era como buscar humo. Esto no era olvido; era un borrado. Un terror frío comenzó a subir por la columna vertebral, una premonición de algo profundamente equivocado. La periferia de la visión comenzó a desdibujarse, no de manera uniforme, sino a parches, como pintura descascarada de un lienzo. Los tonos vibrantes de la cocina, el alegre amarillo del paño de cocina, el marrón oscuro de la mesa de madera, todo comenzó a perder su nitidez, su definición se suavizó en manchas indistintas.

Una oleada de mareo la invadió, potente y desconcertante. No era el suave vaivén del mareo, sino una violenta sacudida interna, como si el suelo se hubiera derrumbado. La robusta silla de la cocina se sintió repentinamente precaria, el suelo una superficie engañosa que amenazaba con ceder. El cuerpo, habitualmente tan receptivo, se sentía lento, desconectado, una marioneta cuyos hilos manejaba una mano invisible y caprichosa. Un dolor sordo comenzó a latir tras los ojos, un zumbido sordo que se intensificó con aterradora rapidez hasta convertirse en un dolor abrasador e incandescente. Era un dolor como ningún otro experimentado antes, una corriente eléctrica aguda que parecía fracturar el centro mismo del cráneo. Cada latido del corazón enviaba una nueva sacudida de agonía a través de las sienes, un recordatorio visceral de la traición del cuerpo. El mundo fuera de la ventana, antaño una escena de serena normalidad, comenzó a deformarse y retorcerse. Las ramas del roble, antes tan nítidas, se convirtieron en formas retorcidas y amorfas. El cielo, un momento antes azul pálido, parecía desangrarse en un verde enfermizo.

No se trataba de un declive gradual, ni de un suave avance hacia la inconsciencia. Era una ruptura, un violento desgarro en el tejido del ser. Era como si una falla oculta en el cerebro se hubiera fracturado repentinamente, enviando ondas sísmicas por todo el sistema nervioso. El terreno familiar de la conciencia se disolvió, reemplazado por un vacío aterrador. El cuerpo, ese fiel compañero durante décadas de vida, se convirtió en una entidad extraña, un recipiente de tormento. Cada terminación nerviosa parecía gritar, cada músculo se tensaba en un inútil intento de resistir la embestida interna. La mente, aturdida por la repentina invasión, luchaba por comprender la catástrofe que se desplegaba. Era un descenso a un caos primigenio, donde la lógica y la razón eran completamente inútiles contra la fuerza bruta de la aflicción. El sólido fundamento de la realidad se desmoronó, dejando solo la aterradora sensación de caer, caer sin fin en un abismo de dolor y confusión.

Los sonidos de la mañana, antes de una sinfonía reconfortante, se convirtieron en una cacofonía de ruidos distorsionados. El gorrión piando afuera, su canto antes una nota brillante y clara, ahora sonaba estridente y burlón, su ritmo chocaba con el caos interno. El zumbido del refrigerador parecía amplificarse, transformándose en un chirrido metálico y rechinante que resonaba con el latido en la cabeza. Incluso el suave crujido del periódico al ser girado por una mano invisible, un sonido que había formado parte del suave ritmo de la mañana, ahora parecía amplificado, intrusivo, cada crujido una punzada de dolor. El mundo ya no era una experiencia unificada; Era una colección fracturada de asaltos sensoriales, cada uno más insoportable que el anterior. La capacidad de procesar estos sonidos, de filtrarlos en un todo coherente, se había desvanecido. Eran estímulos crudos, sin filtrar, que chocaban contra los sentidos ya sobrecargados.

Una profunda sensación de impotencia descendió sobre él. El cuerpo, antaño el instrumento a través del cual se experimentaba la vida, se había convertido en la causa de su ruina. No había ninguna causa discernible, ninguna señal de advertencia que pudiera haberlo preparado para esta brutal invasión. En un momento, el mundo era como debía ser, ordenado y predecible. Al siguiente, había implosionado, el paisaje interno convertido en una escena de devastación. La mente, despojada de sus herramientas familiares de comprensión, lidiaba con lo incomprensible. El pensamiento "¿Qué está pasando?" resonó en los espacios silenciosos donde alguna vez residió el pensamiento coherente, pero era una pregunta sin respuesta, un grito perdido en la tormenta. El abrazo familiar del yo físico había sido reemplazado por una alienación aterradora. Era como si el alma hubiera sido expulsada abruptamente de su anfitrión, obligada a presenciar la agonía desde una distancia distante y horrorizada.

El dolor punzante tras los ojos se intensificó, irradiando hacia afuera, oprimiendo el cráneo. Sentía como si una prensa apretara, aplastando la esencia misma del pensamiento. La visión, ya borrosa, comenzó a fragmentarse aún más. En lugar de objetos nítidos, había destellos de luz y color, ráfagas desorientadoras que no ofrecían una forma reconocible. La familiar mesa de la cocina, el dibujo del suelo de linoleo, la suave curva de la taza de cerámica: todo se disolvió en un caleidoscopio de formas abstractas. Era una privación visual aterradora, una pérdida del medio mismo por el cual se entendía y navegaba el mundo. El cerebro, el centro de mando del cuerpo y la mente, parecía estar en rebelión, sus señales distorsionadas, sus funciones violentamente interrumpidas. La sensación de estar a la deriva, desconectado del ancla de la propia forma física, crecía con cada segundo que pasaba.

Surgió un impulso desesperado y primario de escapar del tormento. El cuerpo, impulsado por un instinto de supervivencia, intentó retroceder, huir de la sensación de insoportabilidad. Pero no había adónde correr. La prisión era interna, el tormento se originaba en lo más profundo de la existencia. Se le escapó un jadeo ahogado, un sonido más parecido al de un animal herido que a una voz humana. Era un sonido de agonía pura y sin adulterar, un testimonio de la lucha desesperada del cuerpo contra un enemigo invisible. Las extremidades se sentían pesadas, inertes, como si estuvieran envueltas en plomo. El simple acto de intentar levantar una mano, para alejar la oscuridad que se cernía sobre él, requería un esfuerzo hercúleo, un esfuerzo que finalmente fue inútil. La misma voluntad de actuar se estaba viendo erosionada por la abrumadora angustia física y mental.

El mundo familiar había dejado de existir. La reconfortante previsibilidad de la mañana había sido destruida por una fuerza de poder inimaginable. El yo, la narrativa coherente de una vida viva, se fragmentaba. Había una aterradora sensación de pérdida, no solo de sensación física, sino de identidad. ¿Quién era uno, cuando el cuerpo se rebelaba con tanta violencia? ¿Qué quedaba de la persona cuando la mente ya no podía formar pensamientos coherentes, cuando los sentidos se distorsionaban hasta quedar irreconocibles? Las preguntas no eran intelectuales; Eran existenciales, nacidas del puro terror de enfrentarse a la absoluta fragilidad de la existencia. Lo arrepentido de todo aquello era particularmente desgarrador. No hubo ninguna acumulación, ninguna advertencia gradual. Fue un cataclismo, un descenso abrupto de la normalidad a una pesadilla.

La mente, en su desesperado intento por dar sentido al caos, empezó a aferrarse a imágenes fugaces, fragmentos de memoria, intentando anclarse en algo familiar. La risa de un niño, la sonrisa de un ser querido, la calidez de un sol de verano: estos efímeros jirones del pasado parpadean en la oscuridad creciente, sin ofrecer ningún consuelo real, solo un doloroso recordatorio de lo que se estaba perdiendo. Eran ecos de una vida que, en este presente agonizante, se sentía imposiblemente distante, una narrativa que se reescribía violentamente. La sensación de estar completamente solo, incluso en el entorno familiar del propio hogar, era profunda. No había nadie que pudiera comprender esta devastación interna, nadie que pudiera llegar a la mente devastada y sanarla.

El mundo se inclinaba de nuevo, esta vez con más violencia, y la sensación de caída se volvía abrumadora. Ya no era solo un mareo; era una completa pérdida de orientación espacial. Arriba y abajo, izquierda y derecha, dejaron de tener sentido. El cuerpo se sentía como si girara, dando tumbos en un vacío infinito. El dolor, un compañero constante, se intensificaba, amenazando con extinguir toda conciencia. Sin embargo, la conciencia, aunque fracturada y atormentada, se aferraba, una frágil llama parpadeando en un vendaval. La capacidad de resistencia del cuerpo, llevada más allá de todo límite razonable, seguía registrando la embestida; cada nueva oleada de agonía era un testimonio de su resiliencia, o quizás, de su absoluto imperativo biológico de persistir.

Los bordes borrosos de la visión comenzaron a fusionarse, no en claridad, sino en una oscuridad nítida y aterradora. Era un vacío, puro y absoluto, que se tragaba los últimos vestigios de información visual. Los colores familiares de la cocina, los tonos cálidos de la luz del sol, todo se desvaneció, reemplazados por una negra impenetrable. No era la suave atenuación del crepúsculo, sino una repentina y violenta desaparición de la luz. Los sonidos también comenzaron a desvanecerse, no gradualmente, sino como si fueran amortiguados por gruesas capas de algodón. Los agudos bordes del dolor permanecieron, una presencia brutal e innegable, pero el mundo exterior se volvió cada vez más inaccesible, retrocediendo hacia un reino lejano y olvidado. El descenso se aceleraba, la aflicción se aferraba con una fuerza inexorable.

La mente, desnuda, se encontró ante un vacío aterrador. El monólogo interno habitual, el flujo constante de pensamientos y reflexiones, había cesado. En su lugar, había un vasto silencio resonante, interrumpido únicamente por la cruda agonía física. El sentido del yo, tan profundamente arraigado, se estaba erosionando. La conexión entre mente y cuerpo, antaño tan fluida, era ahora un cordón deshilachado, chispeante y amenazante con romperse. Era un desmembramiento del ser, una profunda separación del yo físico y del mundo exterior. El viaje hacia lo desconocido había comenzado, un viaje aterrador al corazón mismo de lo incomprensible, un descenso arrepentido de lo mundano a una profunda y devastadora alteradora de la realidad. El martes ordinario se había roto irrevocablemente, su ritmo predecible silenciado por el rugido ensordecedor de un cuerpo en crisis. La cocina familiar, la taza reconfortante, la luz de la mañana: ya no eran anclas, sino recuerdos que se desvanecerían, costas lejanas que se alejaban a una velocidad alarmante mientras continuaba el descenso hacia el abismo. El susurro se había convertido en una vorágine, y el mundo familiar se había disuelto en un vacío aterrador.
El pánico, frío y agudo, le arañó la garganta al comprender: no era un dolor de cabeza del pasajero. El latido sordo tras los ojos, que había comenzado como una leve molestia, se había convertido en un latido implacable y palpitante, cada pulso un asalto insoportable. Era un dolor que parecía originarse no solo en la cabeza, sino en el mismo centro del cráneo, como si una mano invisible lo apretara con fuerza aplastante. Era más que una simple incomodidad; Era una alarma visceral, una sirena que resonaba por el sistema nervioso, anunciando una catástrofe inminente. La mente, desesperada por comprender la creciente agonía, buscaba explicaciones familiares —estrés, deshidratación, falta de sueño—, pero estas racionalizaciones parecían huecas, inadecuadas ante la ferocidad del asalto físico. La respiración se entrecortó, quedándose atrapada en una garganta seca y apretada, mientras un

miedo helado comenzaba a filtrarse, un miedo primario a lo desconocido que se encontraba más allá del límite de la comprensión.

Una profunda debilidad se apoderó de él, robando la fuerza de las extremidades que momentos antes se habían sentido firmes y confiables. Las piernas se sintieron como pesos de plomo, negándose a responder a las frenéticas órdenes del cerebro. Los brazos, normalmente capaces de realizar las tareas más sencillas, se sintieron ajenos, desconectados, sus músculos se negaban a cooperar. Era como si la intrincada roja de nervios y tendones del cuerpo se hubiera desgastado repentinamente, dejando una profunda desconexión entre la intención y la acción. El simple acto de intentar cambiar de peso, de estabilizarse ante la desorientación que se avecinaba, se convirtió en un esfuerzo agotador y monumental. El mundo exterior al repentino asedio del cuerpo parecía distante, apagado, como si se observara a través de un cristal espantoso. Los sonidos se atenuaban, los colores parecían menos vibrantes y el mismo aire se sentía pesado, viscoso, como si atravesara una niebla densa e invisible. Este aislamiento sensorial, en lugar de ofrecer consuelo, solo amplificaba el aislamiento interno, creando un abismo aterrador entre el yo y la realidad externa.

La oleada incontrolable de presión, el latido implacable, pintaba un sombrío panorama interno. Era una violenta tormenta interna, una tempestad que rugía en los confines del cráneo. Los delicados vasos sanguíneos, las intrincadas vías de la vida, se sintieron como si se estiraron, se tensaron, al borde de la ruptura. El latido en las sienes ya no era solo una sensación; Era una fuerza palpable, una manifestación física del caos que se desplegaba en el interior. Cada latido del corazón enviaba una nueva oleada de agonía a través de la cabeza, una sincronía repugnante de agitación interna. Ese fue el momento en que la intrincada maquinaria del cuerpo flaqueó, el delicado equilibrio se vio alterado por una fuerza invisible y devastadora, anunciando un descenso hacia lo desconocido y aterrador. La sangre, antaño vivificante, ahora amenazaba con ahogar la mente, una marea asfixiante que se elevaba en su interior. La esencia misma de la conciencia se sentía amenazada, como si los delicados procesos biológicos que la sustentaban estuvieran siendo violentamente perturbados.

Había una aterradora sensación de desapego, como si presenciara una obra de teatro donde el protagonista era un extraño con su propia cara. Las acciones, las sensaciones, eran innegablemente propias, pero se sentían ajenas, fuera de control. El deseo de gritar, de arremeter, de liberarse de alguna manera de esta prisión interna, luchaba con una incapacidad paralizante para actuar. Los músculos, que deberían haber respondido al impulso desesperado, permanecieron obstinadamente inertes, o peor aún, se contrajeron involuntariamente, alimentando aún más la sensación de impotencia. El mundo exterior continuaba su ritmo indiferente —el lejano zumbido del tráfico, el tenue canto de los pájaros—, pero estos sonidos ya no formaban parte de la propia existencia. Eran ecos de una realidad que se desvanecía rápidamente, una orilla que se alejaba a una velocidad aterradora. La reducción se atención, concentrándose en el dolor insoportable, la debilidad abrumadora, el miedo sofocante, hasta que el mundo exterior no fue más que un telón de fondo borroso e irrelevante.

La mente, en su desesperado intento por encontrar un punto de apoyo, se escabulló entre los restos del pensamiento, buscando un concepto familiar, una palabra, un recuerdo que ofreciera una apariencia de orden. Pero los caminos estaban bloqueados, las conexiones cortadas. Cada intento de formar un pensamiento coherente era como caminar por un lodo espeso, con las palabras disolviéndose antes de poder formarse por completo. El monólogo interno, por lo general un compañero constante, aunque a veces mundano, se había silenciado, reemplazado por un frenético instinto primario de supervivencia. Sin embargo, incluso este instinto parecía silenciado, abrumado por la fuerza de la aflicción física. El cuerpo era un campo de batalla, y la mente, su general, estaba desorientada, sus estrategias inutilizadas por un enemigo invisible.

Una oleada de náuseas lo invadió, una sensación de mareo y agitación que añadió otra capa de sufrimiento a la terrible experiencia que se desarrolló. El estómago, normalmente un indicador fiable de angustia, se rebelaba, amenazando con expulsar su contenido. Esta repulsión física reflejaba la repulsión interna ante la traición del cuerpo, el horror absoluto de verso cautivo de la propia fisiología fallida. La sensación no era solo de malestar, sino de estar principalmente roto, de la intrincada sinfonía biológica derrumbándose en una cacofonía de discordia. El esfuerzo por reprimir las ganas de vomitar era inmenso, una batalla consciente contra la respuesta involuntaria del cuerpo, una batalla que drenaba valiosas reservas de energía.

El campo visual comenzó a distorsionarse aún más, no con el brillo fluido de momentos antes, sino con un efecto más discordante e inquietante. Los bordes parecían vacilar y desdibujarse, para luego retomar un enfoque distorsionado, solo para retorcerse de nuevo. Era como si los nervios ópticos enviaran señales fragmentadas, como si el cerebro lucharía por interpretar una realidad en constante e impredecible cambio. Los objetos familiares de la habitación —la alfombra estampada, las fotografías enmarcadas en la pared, la pila de libros en la mesita auxiliar— parecían cambiar y retorcerse, sus formas se regresaban sutil e inquietantemente erróneas. Esta inestabilidad visual se sumaba a la profunda sensación de desorientación, imposibilitando medir la distancia o incluso reconocer el entorno familiar. Era un mundo visto a través de una lente destrozada, donde las reglas de la perspectiva y la proporción ya no se aplicaban.

Los sonidos también comenzaron a distorsionarse. El tenue tictac de un reloj, normalmente un metrónomo tranquilizador, se convirtió en un sonido insistente y chirriante que parecía vibrar dentro del cráneo. La bocina de un coche a lo lejos, que normalmente habría sido una breve intrusión, ahora parecía persistir, con un tono inquietantemente agudo y penetrante. Era como si los centros de procesamiento auditivo del cerebro estuvieran sobre estimulados, amplificando cada ruido sutil hasta convertirlo en una sensación insoportable. La capacidad de filtrar y categorizar sonidos se había desvanecido, dejando solo un asalto crudo y puro a los oídos. El mundo exterior se estaba convirtiendo en un paisaje sonoro extraño, un coro de ruidos inquietantes que amplificaban la angustia interna.

La sensación de estar sumergido, de hundirse en una piscina oscura y silenciosa, se intensificó. No eran solo las sensaciones físicas las que lo abrumaban, sino el pavor existencial que las acompañaba. Comprender que no se trataba de una dolencia pasajera, sino de una perturbación fundamental, fue un golpe demoledor. La narrativa cuidadosamente construida de una vida vivida, de planos hechos, de aspiraciones futuras, comenzó a desmoronarse bajo el peso de esta crisis inmediata y abrumadora. ¿Quién era uno, cuando el cuerpo ya no era un vehículo confiable, cuando la mente era un campo de batalla y los sentidos traicionaban cada estímulo? La pregunta flotaba en el vacío, sin respuesta, sin respuesta, ante tan profunda conmoción física y mental.

Un impulso desesperado, casi animal, de escapar surgió. El cuerpo, impulsado por un instinto más antiguo que la propia conciencia, retrocedió ante el dolor, la debilidad, la abrumadora sensación de terror. Pero no había adónde ir. La prisión era el cuerpo, el torturador era interno. Las extremidades, que deberían haber respondido a este impulso primario de huida, permanecieron pesadas, inertes, una carga pesada. Los músculos se tensaron, no en un esfuerzo coordinado por escapar, sino en una serie de espasmos involuntarios, que se sumaban a la experiencia desorientadora y dolorosa. Era una lucha contra uno mismo, una batalla librada en los confines mismos del propio ser, una batalla que se estaba demostrando imposible de ganar.

La presión interna seguía aumentando, una fuerza implacable y expansiva que amenazaba con destruir la estructura misma del cráneo. Era como si el cerebro se inflara, se estirará más allá de sus límites, cada terminación nerviosa gritando en protesta. El latido se intensificó, convirtiéndose en un rugido sordo, un sonido interno ensordecedor que ahogaba cualquier otra información sensorial. El mundo exterior se desvaneció en un recuerdo borroso e indistinto, reemplazado por la realidad abrumadora de esta embestida interna. El cuerpo, antaño un compañero familiar y de confianza, se había convertido en una fuente de profundo terror, un recipiente traicionero que sucumbía a una fuerza desconocida y devastadora.

La sangre, la esencia misma de la vida, se sentía ahora como un enemigo peligroso. El aumento repentino de presión en la cabeza era alarmante, una aterradora indicación de que algo en el sistema vascular estaba gravemente comprometido. Surgió un pensamiento fugaz y aterrador: ¿era esto el fin? ¿Era este el fin, provocado no por fuerzas externas, sino por el fallo silencioso e insidioso de los componentes más vitales del cuerpo? Comprender que uno estaba a merced de estos intrincados e invisibles procesos biológicos, cuando flaqueaban, era una perspectiva profundamente humillante y aterradora. La delicada danza de la vida, tan a menudo dada por sentada, había revelado su aterradora fragilidad.

Una sensación de caída, no en el vertiginoso giro del vértigo, sino en un descenso lento e inexorable, comenzó a apoderarse de mí. Era una caída de la conciencia, un avance desde la base sólida de la conciencia hacia un abismo oscuro y desconocido. Los límites de la visión, ya borrosos, comenzaron a oscurecerse, no con la atenuación gradual del crepúsculo, sino con una negra repentina y absoluta. Los sonidos también se alejaron, volviéndose apagados, distantes, como si se oyeran desde el fondo de un pozo. Sin embargo, el dolor, esa agonía implacable y abrasadora, permaneció, un faro de tormento en la oscuridad que se cernía sobre mí. Era una paradoja: el mundo físico desaparecía mientras el sufrimiento físico se intensificaba, un testimonio de la capacidad de la mente para resistir incluso cuando su conexión con la realidad se deshilachaba.

La sensación de aislamiento era profunda. Incluso con la presencia de otros, no podía comprender plenamente la devastación interna. Era una experiencia solitaria, un descenso a un infierno personal donde la única compañía era la cruda y pura experiencia del sufrimiento. Las vías habituales de comunicación —palabras, gestos, expresiones— ya no eran viables. El cuerpo era incapaz de expresar la profundidad de su angustia, y la mente, fracturada y abrumada, no podía formular una súplica coherente de ayuda. Era aterrador comprender que, en ese momento de máxima necesidad, uno estaba completamente solo, a la deriva en un mar de caos interno. La marea carmesí, metafórica y quizás literalmente, estaba subiendo, amenazando con engullir los últimos vestigios del yo. El martes común y corriente, antaño un simple marcador del tiempo, se había convertido en un punto de inflexión catastrófico, el día en que el mundo interior implosionó, dejando tras de sí solo el eco de una realidad desgarradora. El cuerpo, ese organismo complejo y resiliente, era ahora un campo de batalla, con sus defensas desbordadas, sus sistemas en estado crítico de falla, dando paso a una profunda y aterradora incógnita. La familiar comodidad del yo se había disuelto, reemplazada por el terror escalofriante de la traición corporal.
La niebla en mi mente era una manta sofocante, densa y desorientadora. Cada respiración era una lucha, un jadeo superficial que apenas apaciguaba el pánico creciente. Sin embargo, bajo el peso aplastante del dolor y la confusión, un instinto primario comenzó a despertar. Era una brasa débil, que

brillaba obstinadamente en la oscuridad que se cernía sobre mí: la voluntad de sobrevivir. Era una súplica desesperada y gutural desde lo más profundo de mi ser, un grito silencioso contra la marea abrumadora del colapso físico. Este instinto, puro y sin filtro, fue el primer destello de autonomía en una situación que me había despojado de todo control.

Sentía mi cuerpo como un ser extraño, un navío que me había traicionado con una ferocidad que jamás podría haber anticipado. Las extremidades, tan recientemente mías, ahora se sentían pesadas e inertes, como pesos de plomo atados a un barco que se hunde. Mis dedos, normalmente ágiles y seguros, temblaban incontrolablemente mientras buscaban a tientas mi teléfono. La superficie lisa y fría se sintió extraña bajo mi tacto húmedo. Cada temblor me invadía una nueva oleada de ansiedad, el miedo de que incluso este acto tan básico de autoconservación estuviera fuera de mi alcance. La pantalla, un faro de salvación potencial, se enfocaba y desenfocaba, y los píxeles brillantes se difuminaban en una mancha de luz. Era una batalla librada no con fuerza, sino con pura voluntad.

Mi mente, un paisaje fragmentado de dolor y terror arremolinados, luchaba por comprender la más simple de las tareas. La interfaz familiar de mi teléfono, una herramienta que usaba a diario con facilidad, ahora parecía un rompecabezas insalvable. Tenía que encontrar los contactos adecuados, los que me entenderían, los que actuarían. Los nombres, normalmente grabados en mi memoria, parecían bailar y cambiar, negándose a unirse en un orden coherente. ¿Era el 911? ¿O deberías llamar a Sarah? ¿O quizás a mi hermano? Cada posible elección era una apuesta, una tirada desesperada de dados en un juego donde lo que estaba en juego era la vida o la muerte. El mero esfuerzo de examinar estas opciones, de intentar priorizar, era agotador.

Finalmente, con una oleada de adrenalina que disipó momentáneamente la niebla, logrará desbloquear la pantalla. Apareció el teclado, una cuadrícula de números que parecía un alfabeto extranjero. Mis pulgares, torpes y rígidos, se cernían sobre las teclas. Tenía que marcar, tenía que formar una secuencia de dígitos que me conectara con el mundo exterior, para ayudar. La sensación era similar a intentar escribir una ecuación compleja en un sueño, donde los propios números parecían resistirse a la ordenación, donde el mismo concepto de orden se me escapaba. Me concentré, reduciendo mi mundo a esta única y crucial tarea.

El primer intento fue un caos de pulsaciones accidentales, testimonio de los temblores incontrolables que recorrieron mis manos. Una oleada de desesperación me invadió. ¿Era esto? ¿Iba a sucumbir, atrapado por mi propio cuerpo debilitado, incapaz siquiera de articular la necesidad de ayuda? El pensamiento era una espada fría y afilada que atravesaba la neblina de dolor. Pero entonces, esa brasa de supervivencia volvió a encenderse, esta vez con más fuerza. No podía rendirme. Ahora no.

Respire hondo y entrecortadamente, intentando calmar las manos. Cerré los ojos un instante, visualizando la secuencia de números, grabándola en mi mente. Luego, con renovada determinación, volví a empezar. Esta vez, cada pulsación de tecla parecía deliberada, precisa. Los números aparecen en la pantalla, una secuencia constante e inquebrantable. Fue una pequeña victoria, pero ante una derrota tan aplastante, se sintió monumental.

Al sonar el tono de llamada, una nueva oleada de miedo me invadió. ¿Qué dirias? Mi voz, al intentar aclararme la garganta, era un sonido seco y áspero, apenas audible. Las palabras, la información crucial, parecían estar alojadas en lo más profundo de mi garganta, enredadas con el dolor. ¿Cómo podía transmitir la enormidad de lo que estaba sucediendo, la presión implacable, la agonía cegadora, la debilidad aterradora, cuando mi propio cuerpo parecía resistirse efectiva a la comunicación?

La llamada se conectó. Una voz tranquila y profesional al otro lado preguntó: "911, ¿cuál es su emergencia?".

La pregunta, simple y directa, parecía un obstáculo insalvable. Abrí la boca y lo que salió fue una expresión entrecortada y arrastrada. No era una palabra, en realidad. Era un sonido que transmitía desesperación, un grito gutural desde el abismo. Mi cerebro, luchando por traducir el tormento físico a un lenguaje coherente, estaba fallando. La presión detrás de mis ojos se intensificó, dificultándome concentrarme en la voz del otro lado.

"…ayuda…", logré articular con voz ronca, un esfuerzo monumental. Apenas reconocía mi inglés, un eco distorsionado de mi propia voz. El sonido parecía flotar en el aire, cargado con el peso de mi angustia.

"¿Señor? ¿Me oye? Necesito que hable con claridad. ¿Cuál es su emergencia?", repitió la voz, firme en su tono, pero con un sutil trasfondo de preocupación.

Lo intenté de nuevo, concentrando toda mi energía restante en formar las palabras. Sentía la lengua espesa y la mandíbula rígida. «Cabeza... dolor... fuerte...». Cada silla era una tarea titánica. El mundo a mi alrededor parecía inclinarse y girar, y los bordes de mi visión se oscurecían. El sonido de mi propia respiración, entrecortada y forzada, parecía resonar en mi cráneo, amplificando el caos interno.

¿Dices que tienes un fuerte dolor de cabeza? ¿Tienes otros síntomas?

"Débil... mareada... no puedo..." Las palabras se fueron apagando mientras una nueva oleada de náuseas amenazaba con abrumarme. Aprete el teléfono con más fuerza, con los nudillos blancos. El concepto abstracto de "ayuda" era ahora una necesidad tangible y desesperada. Necesitaba que alguien me comprendiera, que salvara el abismo entre mi sufrimiento interior y el mundo exterior.

"¿Puede decirme su ubicación, señor? Necesito ayuda."

Ubicación. Esa era otra pregunta aparentemente simple que parecía increíblemente compleja. El número de mi apartamento. El nombre de la calle. La ciudad. Mi mente, ya luchando contra la presión constante, luchaba por acceder a esta información. Era como intentar recordar una contraseña olvidada de un sueño. La sabía, intelectualmente, pero el camino para recuperarla estaba oscurecido por la niebla del dolor y la desorientación.

"Eh... apartamento... 3B...", balbuceé, mientras los números salían a borbotones con dificultad. "Calle... Maple...", el nombre de la calle parecía un pez resbaladizo, difícil de retener. "...ciudad...", volvió a callarme, con la respiración entrecortada.

De repente, un nuevo sonido rompió el silencio desconcertante. Débil al principio, luego cada vez más fuerte. Una sirena. Era el lejano gemido de una ambulancia, un presagio de esperanza, la banda sonora de mi inminente crisis. Atravesó la niebla, una señal tangible de que mi llamada desesperada había sido escuchada, de que la ayuda estaba en camino. El sonido, aunque todavía lejano, era una salvavidas, una promesa de rescate.

"Bien, señor, tenemos su ubicación aproximada", dijo la operadora con un tono de urgencia renovado. "Se está enviando ayuda. Por favor, intente seguir en línea conmigo. ¿Puede describir lo sucedido?"

La pregunta flotaba en el aire. ¿Qué había sucedido? El eco desgarrador que había comenzado como un latido sordo se había intensificado hasta convertirse en una catástrofe total. Pero articularlo, reconstruir la secuencia de eventos que me había llevado a este precipicio, era como intentar recomponer un jarrón roto en la oscuridad. Los detalles eran esquivos, perdidos en la vorágine de mi experiencia interna.

"No sé... solo... empezó... la presión..." Mi voz era apenas un susurro. Las palabras eran fragmentos, pedazos destruidos de una narrativa que alguna vez fue coherente. El dolor era un latido implacable, cada pulso un recordatorio del peligro creciente. Podía sentir la presión creciendo, una expansión aterradora dentro de mi cráneo. Se sintió como una explosión a punto de estallar.

"Quédese conmigo, señor. Siga respirando. Pronto llegará la ayuda". La voz de la operadora era un ancla firme en el caos arremolinado. Era una voz en el vacío, una conexión humana en un momento de profundo aislamiento. Me aferré a sus palabras, a la promesa de rescate que contenían.

La sirena se hizo más fuerte, su grito urgente llenó el aire. Ya no era un sonido lejano; se acercaba, una manifestación tangible de ayuda. La idea de ver rostros, de dejar la carga de mi cuerpo debilitado en manos de profesionales capacitados, me trajo un alivio desesperado. Fue el acto crucial de tender la mano, un salvavidas lanzado al abismo, confiando en que manos invisibles atraparían los fragmentos que caían de una vida asediada.

Mi visión empezó a desdibujarse con mayor intensidad, los límites de mi mundo se disolvieron en una neblina suave e indistinta. Los vibrantes colores de mi sala de estar parecieron desvanecerse, reemplazados por una paleta apagada. Los objetos familiares —el sillón desgastado, la estantería repleta de historias, las fotografías sobre la repisa de la chimenea— se convirtieron en formas borrosas en mi visión periférica. Mi atención se centró en el dolor punzante, el latido insistente y rítmico que parecía dictar mi propia existencia.

A pesar de la abrumadora angustia física, aún quedaba un atisbo de conciencia, un terror agudo y agudo que reconocía la gravedad de la situación. No se trata de una enfermedad pasajera, ni de una indisposición temporal. Era un acontecimiento profundo que me cambió la vida. La fragilidad de mi propio cuerpo, un hecho que rara vez había considerado, se revelaba ahora en su forma más cruda y aterradora. La intrincada maquinaria de mi ser, antes tan confiable, había fallado estrepitosamente, hundiéndome en un reino desconocido de sufrimiento.

La debilidad era profunda, un agotamiento profundo que parecía agotarme hasta la última gota de fuerza. El simple hecho de sostener el teléfono me parecía un esfuerzo físico inmenso. Mi agarre flaqueó y, por un instante aterrador, pensé que lo dejaría caer, cortando el último hilo que me conectaba con el mundo exterior. Apreté los ojos, deseando que mis dedos se aferraran, que mantuvieran ese precario vínculo.

La sirena era ensordecedora, su agudo aullido justo afuera de mi edificio. Luces rojas y azules se filtraban por la abertura de mis cortinas, pintando rayas de color apremiante en la habitación en penumbra. El sonido era una sinfonía de esperanza, un poderoso testimonio de que ya no estaba sola en esta lucha. El miedo, aunque seguía presente, comenzó a disminuir, reemplazado por una anticipación desesperada.

Se oyeron pasos en el pasillo, urgentes y decididos. Voces, ahora más claras y cercanas, gritaban mi nombre. "¿Señor? Ya estamos aquí. ¿Nos oye?"

El sonido de la puerta al abrirse, la ráfaga de aire fresco, los rostros preocupados asomándose: todo era borroso. Pero las voces eran un faro claro que atravesaba la niebla. Intenté responder, confirmar mi presencia, pero solo un débil gemido escapó de mis labios. Sentía mi cuerpo como un peso muerto, incapaz de actuar o responder con coherencia.

"Está aquí", dijo una voz, más cerca ahora. Sentí una suave caricia en el brazo, una mano que me tranquilizaba. Era una sensación extraña, pero innegablemente reconfortante. El miedo a estar sola en mi sufrimiento comenzó a disiparse, reemplazado por una frágil sensación de ser cuidada.

"Tenemos que sacarlo de aquí", dijo otra voz con un tono de urgencia controlado. Sentí que me levantaban con cuidado, una sensación de movimiento incorporado. El mundo se inclinó y se balanceó, los patrones de las baldosas del techo flotaron momentáneamente ante mis ojos. Fue una transferencia torpe, pero eficiente, de mi cuerpo inerte.

El trayecto desde mi apartamento hasta la ambulancia que me esperaba se me hizo eterno: una serie de voces apagadas, el rítmico ruido de pasos, el aroma a antiséptico y la abrumadora presencia de manos expertas guiándome. Cada movimiento se realizaba con una delicadeza que, a pesar de mi incapacidad, transmitía una profunda sensación de profesionalismo y preocupación. Era un objeto roto transportado con cuidado, pero también era un ser humano, y esa distinción se palpaba en el trato recibido.

Mientras me colocaban cuidadosamente en la camilla, el mundo exterior comenzó a desvanecerse. El entorno familiar de mi edificio desapareció de la vista, reemplazado por el interior estéril y funcional del vehículo de emergencias. Las luces, el equipo, las miradas concentradas de los paramédicos: todo era un torbellino de actividad diseñado para estabilizarme y transportarme. La sirena, ahora una compañera constante, reanudó su grito urgente, impulsándonos hacia el desconocido destino del hospital.

El viaje fue una sobrecarga sensorial, aunque extrañamente apagado. Las luces parpadeantes del exterior, el pitido de los monitores, las conversaciones susurradas pero urgentes entre los paramédicos: todo se fundía en un murmullo sordo que resultaba a la vez abrumador y extrañamente distante. Mi propio cuerpo era un foco de intenso dolor y debilidad, pero el mundo exterior, con su caos controlado, era un ámbito que apenas podía percibir.

Ya no estaba solo. El instinto primario de supervivencia se había manifestado en forma de intervención humana. La llamada de auxilio, aunque arrastrada e incompleta, había sido respondida. Mientras la ambulancia avanzaba a toda velocidad en la noche, el lejano aullido de la sirena ya no era solo un sonido; Era un testimonio del poder de la ayuda, un frágil puente construido sobre el abismo de mi sufrimiento, conectándome con la esperanza de recuperación. El eco desgarrador de aquel martes cualquiera finalmente había encontrado su contrapunto en la llamada urgente de quienes acudieron en mi ayuda.

La niebla no se disipó de golpe. Retrocedió en mareas angustiosamente lentas, revelando paisajes irregulares de dolor y confusión. Mis primeros momentos de conciencia fueron una serie de asaltos sensoriales inconexos. Un pitido persistente y rítmico, un metrónomo constante que marcaba el paso del tiempo que no podía explicar. El olor a antiséptico, penetrante y estéril, se aferraba al aire como una presencia fantasmal. Y la luz. Era un intenso resplandor e inquebrantable desde arriba, que se reflejaba en una vasta extensión blanca. Mi mundo, durante lo que parecía una eternidad, fue un techo.

Esta extensión blanca, estéril e inflexible, se convirtió en el lienzo sobre el que mi conciencia fracturada comenzó a pintar una imagen de mi nueva realidad. Era un lienzo sencillo, cuidado de la reconfortante familiaridad de mi propio dormitorio, de los desgastados patrones del papel pintado o del reconfortante desorden que denotaba una vida viva. Este era un espacio diseñado para la función, no para las emociones, y en su austeridad, reflejaba la desolación que comenzaba a asentarse en mi alma.

Cuando intenté moverme, una punzada de protesta me recorrió el cuerpo. No era el dolor muscular habitual ni la palpitación sorda de una jaqueca; Era una rebelión profunda y sistémica. Sentía mis extremidades como pesos de plomo, imposiblemente pesados y obstinadamente insensibles. Mis dedos, antaño tan hábiles para manipular el mundo, ahora yacían inertes a mi lado, pálidos y desconocidos. Una red de tubos serpenteaba desde mi cuerpo, atándome a las máquinas que pitaban; cada uno de ellos era un recordatorio tangible de mi profunda vulnerabilidad. Ya no era una entidad autosuficiente; era un paciente, un conjunto de sistemas defectuosos que eran monitoreados minuciosamente.

La comprensión, cuando finalmente se disipó de la bruma, fue un golpe físico. El derrame cerebral. No había sido un sueño, una alucinación provocada por la fiebre o el estrés. Había sucedido. Las palabras, pronunciadas por una voz amable pero cansada desde algún lugar más allá de mi limitado campo de visión, resonaron en la caverna de mi mente. «Has tenido un derrame cerebral». Cada sílaba fue un martillazo, destrozando los restos de mi vida anterior. La vida que conocía, aquella en la que me despertaba, preparaba café, planificaba mi día y navegaba por el mundo con una facilidad inconsciente; esa vida se había ido. Este era el nuevo comienzo, forjado en el crisol de la crisis médica.

El miedo, frío y agudo, atravesó la niebla. No era el miedo inmediato y desesperado del evento inicial, el terror a lo desconocido. Era un miedo más profundo e insidioso, el miedo a lo que me esperaba. ¿Qué significaba realmente "sufrir un derrame cerebral"? Las historias, las películas, las anécdotas susurradas pintaban imágenes sombrías de parálisis, de recuerdos perdidos, de una existencia disminuida. ¿Era este mi destino? ¿Ser un fantasma en mi propio cuerpo, atado a una cama, mi mundo reducido a este techo blanco y estéril?

Mi mente, un paisaje fragmentado, luchaba por ensamblar las piezas del rompecabezas. Intenté recordar los momentos anteriores, pero el recuerdo era un tapiz destruido, con grandes secciones arrancadas. Hubo destellos de intensa presión, una sensación de que mi cabeza estaba a punto de estallar, una lucha desesperada por respirar. Más allá de eso, un vacío. Era como si una parte vital de mi historia hubiera sido abruptamente eliminada, dejándome con una profunda sensación de discontinuidad.

Las voces. Estaban ahí, un murmullo constante, interrumpido por el pitido rítmico de las máquinas. A veces eran cercanos, con un tono preocupado y profesional. Otras veces se desvanecían en un zumbido distante, como si mi conciencia entrara y saliera de su realidad. Me esforcé por concentrarme, por captar las palabras, por comprender lo que decían de mí, de mi condición. Jerga médica, palabras tranquilizadoras en voz baja, declaraciones sobre pruebas y escáneres: todo era un idioma extranjero hablado en voz baja.

Una suave presión en mi brazo. Me estremecí, un temblor débil e involuntario. Un rostro apareció en mi limitado campo de visión, enmarcado por las intensas luces del hospital. Una enfermera, con una expresión que combinaba a la perfección empatía y eficiencia. "Bienvenido de nuevo", dijo en voz baja; su voz era un bálsamo calmante contra mi miedo. "Nos diste un buen susto".

¿Bienvenido de nuevo? Las palabras sonaban irónicas. ¿Era una bienvenida? ¿A este estado de impotencia, a este cuerpo que parecía el de un extraño? Sin embargo, había una calidez en su tono, una conexión humana que, por un instante fugaz, alejó la oscuridad que me invadía. Me expliqué, en términos sencillos, lo que había sucedido. Un coágulo de sangre, una obstrucción, una interrupción repentina del flujo sanguíneo al cerebro. Pronunció las palabras «ictus isquémico», una descripción clínica de la catástrofe que me había sobrevenido.

Revisó con delicadeza los tubos y ajustó un dial en una máquina cercana; sus movimientos eran prácticos y deliberados. Cada toque, aunque impersonal en su naturaleza clínica, era una confirmación de que aún estaba atado al mundo físico, de que seguía vivo. Pero "vivo" se sintió como una pálida imitación de lo que una vez fue.

La inmovilidad era lo más opresivo. No podía levantar la cabeza sin un esfuerzo monumental, una descarga de adrenalina que me dejaba sin aliento y exhausto. Sentía el cuello rígido, inflexible, testimonio del daño causado. La necesidad de rascarme, de cambiar de postura, de simplemente *adaptarme* :

eran lujos que ahora me eran negados. Era una estatua, atrapada en los confines de mi propia carne.

Mi mirada, un recorrido lento y pausado, abarcó la escasa vista desde mi cama. El techo blanco. Una pared, estériles igualmente. Un soporte para suero, cuya bolsa transparente de líquido era un silencioso testimonio de mi dependencia. Y la ventana. Ay, la ventana. Estaba en lo alto, ofreciendo solo una pequeña parte del mundo exterior, un tentador vistazo a un cielo inalcanzable, a una vida que continuaba sin mí. A través del cristal esmerilado, pude distinguir las vagas formas de los árboles, sus hojas de un verde vibrante contra el azul. Un pequeño pájaro pasó revoloteando, un destello de libertad que me recorrió una punzada de anhelo.

La sensación de pérdida profunda comenzó a agudizarse, a calar hondo en mis huesos. No era solo la pérdida de la función física; era la pérdida de autonomía, de independencia, de la esencia misma de quien creía ser. Siempre había sido activa, decidida, una persona que enfrentaba los desafíos con valentía. Ahora, dependía de otros para las necesidades más básicas: que me voltearan, que me alimentaran, que me limpiaran. Pensarlo era un trago amargo, una confrontación cruda con mi propia fragilidad.

El derrame cerebral había sido una violenta perturbación, un terremoto que sacudió los cimientos de mi existencia. Y ahora me encontré de pie entre los escombros, observando los daños. La vida que con tanto cuidado había construido, los planos que había forjado, los sueños que había alimentado; Todo parecía estar hecho añicos a mi alrededor. Una oleada de dolor me invadió, cruda y abrumadora. Era el dolor de una vida truncada, de un futuro irrevocablemente alterado. Lágrimas, ardientes y punzantes, brotaron y trazaron lentos caminos por mis sienes, un testimonio silencioso del profundo dolor que experimentaba.

La sensación de estar desconectado de mi propio cuerpo era una compañía constante e inquietante. Sentía mi lado derecho particularmente extraño, una extremidad que parecía haber olvidado su propósito. Cuando intenté levantar el brazo, no pasó nada. Una punzada de miedo, fría y aguda, me recorrió el cuerpo. ¿Era esto permanente? ¿Era esta la magnitud del daño? La enfermera, percibiendo mi angustia, tomó con cuidado mi mano —la izquierda, que por suerte aún respondía— y la colocada sobre mi brazo derecho. «Está débil», explicó con paciencia. «Pero sigue ahí. Lo solucionaremos».

Trabaja en ello. Las palabras, aunque pretendían ser tranquilizadoras, parecían una tarea monumental. ¿Cómo podría "trabajar en" un cuerpo que se sentía tan esencialmente roto? El camino por delante parecía interminable, envuelto en incertidumbre y plagado de posibles contratiempos.

Los siguientes días se convirtieron en un ciclo monótono de pitidos de máquinas, voces apagadas y el blanco implacable del techo. Las comidas eran puré, con poco sabor y un esfuerzo inmenso para tragarlas. Las sesiones de fisioterapia, aunque bienintencionadas, eran ejercicios de frustración. Intentar mover la pierna derecha me producía una ligera contracción, un temblor apenas perceptible que parecía una cruel burla de mi antigua fuerza.

Aprendí a escuchar el ritmo del hospital: el ruido metálico de los carros de comida, el chirrido de las suelas de goma en el pasillo, el lejano aullido de las sirenas; un sonido que ahora evocaba una compleja mezcla de pavor y el débil eco de mi propia y desesperada llamada de auxilio. Me convertí en observadora de mi propia existencia, distante y desorientada, observándome navegar por este nuevo y desconcertante panorama.

La niebla mental, aunque menos densa que en las primeras horas, aún persistía. Mis pensamientos a menudo eran lentos y fragmentados. Me costaba concentrarme, seguir las conversaciones, reconstruir los detalles de mi historial médico. A veces, caía en un estado de semiconsciencia, mi mente evocando imágenes borrosas de mi vida pasada: un paseo por el parque, una risa compartida con un amigo, la sensación del sol en la piel. Estos destellos de memoria eran a la vez reconfortantes y agonizantes, vívidos recordatorios de lo que se había perdido.

Una tarde, un médico de mirada amable y voz firme se sentó junto a mi cama. Me explicó la magnitud del daño con más detalle, usando diagramas y señalando imágenes. Habló de las áreas del cerebro afectadas y de las funciones críticas comprometidas. Fue directo, pero compasivo, y no eludió la realidad de la situación. «La recuperación será una maratón, no un sprint», dijo, mirándome a los ojos. «Habrá días buenos y días malos. Pero con trabajo duro y dedicación, es posible lograr avances significativos».

Un progreso significativo. Las palabras ofrecieron un rayo de esperanza en la oscuridad que lo dominaba. Pero también subrayaron el inmenso desafío que me guardaba. No iba a simplemente "mejorar" y volver a mi vida anterior. Esta fue una transformación profunda, una redefinición completa de lo que significaba vivir.

La sensación de aislamiento era profunda. Aunque estaba rodeada de profesionales médicos y recibía la visita de familiares preocupados, con rostros marcados por la preocupación y el amor, sintió una profunda brecha entre su mundo y el mío. Podían ofrecerme apoyo, ánimo y ayuda práctica, pero no podía comprender realmente la batalla interna que libraba. La lucha por recuperar el control de mi propio cuerpo, por recuperar mis pensamientos, por encontrar una nueva identidad en las ruinas de lo viejo.

Recuerdo un momento particularmente sombrío, mirando al techo, con el peso de mi impotencia oprimiéndome. El simple esfuerzo de parpadear parecía una tarea monumental. Una oleada de desesperación me invadió, tan intensa que amenazó con extinguir la frágil brasa de voluntad que me había traído hasta allí. Quería desaparecer, dejar de existir, escapar de la agonizante realidad de mi desfallecimiento.

Pero entonces, una vozcita dentro de mí, pero débil persistente, susurró. Era la misma voz que me había instalado para pedir ayuda, el mismo instinto primario que me había mantenido luchando. *Todavía no,* parecía decir. *No así.* Era un susurro de desafío, una negativa a sucumbir a la desesperación. Eran los primeros indicios de resiliencia, una chispa débil pero innegable que se encendía en las cenizas de mi vida destrozada. Este era el comienzo del largo y arduo viaje de despertar a una nueva realidad, una realidad definida no por lo perdido, sino por la desalentadora, pero innegable, perspectiva de lo que aún se podía construir. El techo blanco, antaño símbolo de mi inmovilidad y desesperación, comenzó a transformarse, lenta y laboriosamente, en un lienzo de posibilidades, por aterradora que pareciera. La batalla acababa de comenzar.

Capítulo 3. Los primeros pasos

El zumbido estéril de la unidad de cuidados intensivos, que una vez fue el telón de fondo de mis horas más desesperadas, comenzó a desvanecerse, reemplazado por una sinfonía diferente. Era el sonido del movimiento, del esfuerzo, de una batalla compartida y tácita. La sala de rehabilitación no era un santuario de descanso, sino un crisol de reconstrucción. Al cruzar las puertas dobles, el aire mismo se sentía cargado de una energía palpable, una mezcla de tranquila determinación y el persistente aroma a linimento. Era un mundo aparte de la ansiedad silenciosa de los cuidados intensivos, un lugar donde la supervivencia ya no era el único objetivo que lo absorbía todo, sino la materia prima con la que se forjaría minuciosamente una nueva vida.

La transición en sí fue un torbellino de maniobras logísticas, con enfermeras transfiriéndome eficientemente a mí y a mis pertenencias dispersas de un entorno a otro. Sin embargo, incluso en ese desorientador movimiento, sentí un cambio sutil. La urgencia había disminuido, reemplazada por una sensación de propósito deliberado. La unidad de cuidados intensivos se había dedicado a evitar que las llamas de la vida se extinguieran; esta sala se dedicaba a avivar esas brasas hasta convertirlas en un fuego constante y ardiente. Mi nueva habitación, aunque seguía siendo funcional e innegablemente clínica, se sentía menos como una celda de detención y más como un taller. La cama seguía siendo un elemento central, pero a su alrededor, el espacio estaba dispuesto con una intención diferente. Ya no había solo máquinas que monitoreaban cada respiración entrecortada, sino equipos estratégicamente ubicados, diseñados para animar a mi cuerpo recalcitrante a volver a la acción. Una robusta barra de apoyo por aquí, unas bandas de resistencia colgando junto a la puerta por allá, y en la esquina, unas barras paralelas de aspecto amenazante y alegre. Estos no eran símbolos de mis limitaciones, sino las herramientas de mi posible resurrección.

Las enfermeras aquí tenían un comportamiento diferente. Mientras que las de cuidados intensivos habían sido guardianas vigilantes, enfocadas en prevenir lo peor, las de rehabilitación eran más como entrenadoras experimentadas, con su aliento impregnado de una buena dosis de realismo. Se movían con una eficiencia practicada, y sus conversaciones con los pacientes a menudo se veían acentuadas por correcciones suaves y directivas firmes. Las observé interactuar con otras personas en la sala; sus voces eran un murmullo constante de apoyo, sus manos firmes y firmes mientras ayudaban a alguien a subir un escalón inestable o a ajustar una extremidad rígida. Había una comprensión grabada en sus rostros, un conocimiento compartido del arduo camino que nos esperaba a cada uno de nosotros. Habían visto a innumerables personas llegar destrozadas y marcharse enteras, o al menos, más enteras. Sentí que esta historia compartida fomentaba una camaradería única entre ellas, un orgullo discreto por el trabajo que realizaban.

Los primeros días fueron un período de evaluación. Los terapeutas, cada uno con su especialidad, se acercaron a mí como un equipo de ingenieros cualificados examinando una máquina compleja y averiada. Estaba el fisioterapeuta, un torbellino de energía cinética y refuerzo positivo, que me tocaba y tiraba suavemente de las extremidades, evaluando mi rango de movimiento y fuerza muscular con una precisión casi quirúrgica. Sus declaraciones solían ir acompañadas de una sonrisa, incluso cuando informaba de hallazgos desalentadores. «Tenemos un pequeño reto», decía con los ojos brillantes, «pero nada que no podamos resolver. Piénsalo como un rompecabezas, y encontraremos todas las piezas». Luego me mostraba un ejercicio básico, moviendo su propio cuerpo con una facilidad que me resultaba increíblemente extraña. Guiaba mi mano, mi brazo, mi pierna, con un toque firme pero suave, intentando iniciar una respuesta, cualquier respuesta, de mis músculos dormidos. Cada pequeño destello, cada milímetro de movimiento, era correspondido con un gesto de ánimo y una palmadita en la espalda.

Luego estaba la terapeuta ocupacional, cuyo enfoque se centraba en los aspectos prácticos de la vida diaria. Veía mi mundo desde la perspectiva de la independencia. ¿Podía alimentarme sola? ¿Vestirme? ¿Cepillarme los dientes? Estas eran preguntas que, en mi vida anterior, ni siquiera había registrado. Ahora, eran obstáculos monumentales. Me enseñó a usar equipo adaptativo: cubiertos especializados con mangos más grandes, bastones para vestirme y ayudarme a subirme los pantalones, esponjas de mango largo para alcanzar zonas difíciles. Cada artículo, diseñado para compensar mis deficiencias, al principio me parecía una rotunda admisión de derrota. Pero la terapeuta ocupacional era una maestra del replanteamiento. "No se trata de rendirse", explicaba con paciencia, mientras me mostraba cómo usar un ayudante para calcetines. "Se trata de encontrar nuevas maneras de lograr el mismo objetivo. Se trata de recuperar tu autonomía, una habilidad a la vez". Ella había preparado escenarios simulados, una encimera de cocina en miniatura con comida de mentira, un lavabo de baño con un cepillo de dientes, y me había animado a practicar los movimientos para desarrollar la memoria muscular y la confianza necesarias para realizar estas tareas básicas de forma independiente.

Aunque al principio no pensé que mis problemas se extendieran a ese ámbito, la logopedia también formaba parte del programa. El neurólogo había mencionado que el trauma podría afectar más que solo el control motor. Sentía que tragaba un poco mal y, a veces, arrastraba las palabras, sobre todo cuando estaba cansada. La logopeda, una mujer tranquila y mesurada, me ayudaba con ejercicios de deglución, enseñándome técnicas para proteger mis vías respiratorias y asegurarme de que recibiera una nutrición adecuada. Practicábamos vocalizaciones, trabalenguas y leíamos libros infantiles en voz alta; sus amables críticas se centraban en la claridad y la articulación. Fue una lección de humildad redescubrir funciones corporales básicas que siempre había dado por sentadas, reaprender a comunicarme eficazmente.

Los días en la sala de rehabilitación se asentaron en un ritmo estructurado, un marcado contraste con la caótica imprevisibilidad de mi anterior estancia hospitalaria. Las mañanas empezaban temprano, con un frenesí de actividad. El desayuno, cuidadosamente supervisado para garantizar una deglución segura, era seguido por una serie de sesiones de terapia, a menudo consecutivas, con breves interludios para descansar o tomar medicación. El almuerzo consistía en otra comida cuidadosamente organizada, y luego, más terapia. Las tardes ofrecían un ritmo ligeramente más lento, una oportunidad para procesar los esfuerzos del día, conectar con otros pacientes si me sentía con ánimo, o simplemente para refugiarme en la tranquilidad de mi habitación y contemplar el progreso, por muy gradual que fuera.

Las barras paralelas se convirtieron en mi nuevo Everest. Pasar entre ellas por primera vez fue como pisar un precipicio. Mis piernas, aún débiles e inestables, parecían objetos extraños, compañeros involuntarios en mi búsqueda de movilidad. El fisioterapeuta estaba a mi lado, con la mano suspendida, listo para ayudarme si flaqueaba. "De acuerdo", decía con voz firme. "Demos un paso. Siente el apoyo de las barras. Respira". Me agarraba al frío metal, con los nudillos blancos, e intentaba desplazar el peso. Era un esfuerzo monumental, una orden consciente enviada por una línea de comunicación que parecía desgastada y poco fiable. Mis músculos temblaban, mi cuerpo protestaba. Pero entonces, un movimiento diminuto, casi imperceptible. Una sacudida, un arrastrar, medio paso hacia adelante. Era torpe, incómodo y agotador, pero era *movimiento* ... Y para mí, en ese momento, lo era todo.

Cada sesión en las barras paralelas era una batalla de voluntades. Mi voluntad contra la inercia innata de mi lesión, mi voluntad contra la fatiga que amenazaba con consumirme. Había días en que el esfuerzo parecía inútil, en que daba unos pasos vacilantes y me desplomaba de nuevo en el banco acolchado, con lágrimas de frustración en los ojos. Observaba a otros, algunos aparentemente más avanzados en su recuperación, moverse con una gracia que parecía una cruel burla de mis propias luchas. Había una joven, exbailarina, cuyas elegantes piruetas en su silla de ruedas eran un recordatorio constante de la vida que había perdido. Había un señor mayor, con el rostro marcado por la sabiduría de los años, que, a pesar de sus propios desafíos, siempre ofrecía una cálida sonrisa y un gesto de aliento. Éramos un grupo heterogéneo, una colección de piezas rotas, todos intentando diligentemente recomponernos.

La sala de terapia ocupacional era un testimonio del ingenio nacido de la necesidad. Era un espacio meticulosamente diseñado que simulaba situaciones reales. Había una pequeña cocina con encimeras ajustables y una estufa que se podía manejar con mínima destreza. Había un baño simulado con un inodoro elevado, barras de apoyo y una ducha adaptada para silla de ruedas. Incluso había una pequeña puerta de coche simulada, lo que nos permitía practicar la incómoda maniobra de entrar y salir de un vehículo. Recuerdo mi primer intento de preparar una taza de té. El simple acto de alcanzar la tetera, sujetarla y verter el agua me pareció una prueba olímpica. Me temblaba la mano y derramé agua sobre la encimera. La bolsita de té se me escapó y cayó al suelo. Me invadió la humillación. Pero la terapeuta, siempre paciente, simplemente dijo: «Bien, intentémoslo de nuevo. Esta vez, usemos el agarre más ancho de la tetera. Y podemos poner la bolsita de té primero en la taza, para que no se caiga». Fue un pequeño ajuste, una simple modificación, pero marcó la diferencia. Fue una revelación: la recuperación no se trataba de volver a ser exactamente como antes, sino de adaptarse, de encontrar nuevos caminos para lograr los mismos resultados deseados.

El desgaste emocional de la rehabilitación fue tan significativo como el físico. Hubo días llenos de una agobiante sensación de desesperación, ante la abrumadora magnitud de la tarea que me esperaba. Las pequeñas victorias, aunque celebradas, a menudo se veían eclipsadas por los persistentes recordatorios de lo que ya no podía hacer. Veía a la gente caminar libremente por los pasillos del hospital, con sus risas resonando, y una punzada de envidia me asaltaba. Extrañaba los movimientos fluidos de mi vida anterior, la espontaneidad, el simple hecho de poder ir a donde quisiera sin pensarlo dos veces ni seguir un plan cuidadosamente orquestado.

Estos momentos de oscuridad a menudo se veían interrumpidos por inesperados destellos de esperanza. El elogio sincero de un terapeuta por un esfuerzo particularmente grande, otro paciente compartiendo la historia de sus propios triunfos ante la adversidad, un breve momento de conexión con un familiar durante las horas de visita: estas eran las pequeñas afirmaciones que me impulsaban a seguir adelante. Aprendí a apreciar estos momentos, a aferrarme a ellos como joyas preciosas cuando las sombras amenazaban con engullirme.

La sala no era solo un lugar de fisioterapia; también era una comunidad. Éramos un grupo diverso, unidos por nuestra experiencia compartida de pérdida y nuestra búsqueda común de recuperación. Estaba Sarah, la bailarina, cuyo espíritu, a pesar de estar en silla de ruedas, se elevaba. Estaba el Sr. Henderson, el ingeniero jubilado, que abordaba su terapia con la misma precisión metódica que aplicaba en su antiguo trabajo, analizando meticulosamente cada movimiento y elaborando estrategias. Estaba María, una joven madre que había sufrido un derrame cerebral, cuya férrea determinación por recuperar la capacidad de cuidar a su hijo fue una poderosa inspiración.

Compartíamos historias durante las comidas; nuestras conversaciones a menudo giraban en torno a nuestras sesiones de terapia, nuestras frustraciones, nuestras pequeñas victorias. Había una comprensión única entre nosotros, una empatía tácita nacida de la lucha compartida. Podíamos compadecernos del agotamiento, el dolor, la absoluta indignidad de tener que reaprender habilidades básicas para la vida. Pero también podíamos celebrar nuestros progresos. Un intento torpe pero exitoso de caminar unos pasos más en las barras paralelas era recibido con vítores. Un paciente que lograba vestirse solo por primera vez era motivo de una pequeña celebración improvisada.

El personal de la sala fomentó activamente este sentido de comunidad. Organizaron actividades grupales, como clases de ejercicio suave en la sala común o sesiones de arteterapia donde podíamos expresarnos a través de la creatividad. Estas actividades, aunque aparentemente sencillas, fueron invaluables. Nos brindaron una distracción muy necesaria de la constante atención a nuestras limitaciones físicas, una oportunidad para conectar con el mundo de una manera diferente y una oportunidad para conectar con los demás más allá del ámbito clínico.

Una noche, un grupo nos reunimos en la sala común. Sarah mostraba una nueva maniobra que dominaba en su silla de ruedas, con movimientos fluidos y controlados. El Sr. Henderson explicaba, con diagramas dibujados en una servilleta, cómo dividía sus ejercicios de caminar en pasos más pequeños y manejables. María describía animadamente un avance que había tenido con su logopeda, con las palabras fluyendo con una claridad renovada. Yo, a mi vez, compartí mi pequeña victoria en las barras paralelas ese día: el hecho de haber logrado dar tres pasos consecutivos sin ayuda. El aplauso que siguió fue genuino y sentido. En ese momento, rodeada de estas almas resilientes, sentí una profunda sensación de pertenencia. No estaba sola en mi lucha.

La sala de rehabilitación fue un lugar de constante desafío, pero también de profunda conexión humana. Fue allí donde empecé a comprender que la recuperación no se trataba solo de sanar el cuerpo, sino de nutrir el espíritu. Se trataba de encontrar fuerza no solo en uno mismo, sino también en la experiencia compartida de los demás. El linimento quizá enmascarara parte del dolor, pero las risas compartidas, las palabras de aliento, la silenciosa solidaridad: estos eran verdaderos bálsamos para el alma. Aquí fue donde comenzó realmente la batalla por mi vida, no con el rugido de una crisis, sino con el zumbido constante y decidido del esfuerzo diario, el traqueteo persistente de los andadores y la inquebrantable convicción de que un mañana mejor no solo era posible, sino alcanzable, paso a paso. El viaje estaba lejos de terminar, pero aquí, en este crisol de reconstrucción, finalmente estaba dando mis primeros pasos verdaderos hacia la recuperación de mi futuro. El aire estaba impregnado del aroma a linimento y determinación, una lucha compartida entre individuos que luchaban por recuperar su independencia y reaprender las habilidades fundamentales de la vida. Este era el nuevo campo de batalla, y yo estaba listo para luchar.

Sus manos fueron los primeros instrumentos verdaderos de mi despertar. No los instrumentos estériles y penetrantes de las pruebas diagnósticas, ni las herramientas afiladas y precisas de la cirugía, sino manos que entendían el lenguaje de un cuerpo recalcitrante. Estas eran las manos de mis terapeutas, un triunvirato dedicado que se convertiría en los artífices de mi lento y arduo ascenso desde las profundidades de la inmovilidad. Se movían con una gracia deliberada, una fusión de conocimiento científico y empatía intuitiva, y su tacto transmitía una comprensión silenciosa de la inmensa tarea que teníamos por delante.

El fisioterapeuta, un hombre cuya energía desbordante parecía contradecir las limitaciones físicas con las que trabajaba, fue el primero en conectar de verdad conmigo. Su enfoque era como el de un escultor experimentado, desmenuzando el mármol de mi fragilidad para revelar la forma subyacente. Empezaba con observaciones sencillas, sus ojos recorriendo mis extremidades, notando la atrofia, la rigidez, los nervios inertes. Luego, la exploración suave. Tomaba mi brazo, una extremidad que sentía a la vez demasiado pesada y demasiado ligera, demasiado rígida y demasiado suelta, y comenzaba a moverla a través de su rango pasivo de movimiento. Su agarre era lo suficientemente firme como para brindar apoyo y guía, pero lo suficientemente sensible como para registrar el más mínimo temblor, la más leve contracción de un músculo que intentaba obedecer. "Bien", murmuraba, con una voz baja y alentadora, mientras guiaba mi brazo en un arco lento. "¿Lo sientes? Es tu deltoides despertando. Vamos a ejercitarlo bien". Luego pasaba a la asistencia activa, pidiéndome que *intentara* moverme, que iniciara el movimiento, mientras sus manos proporcionaban el empujón o tirón necesario para completarlo. Era una danza de esfuerzo y apoyo, un esfuerzo colaborativo para restablecer las vías neuronales que habían sido tan cruelmente cortadas. Me presentó las bandas de resistencia, su tensión elástica un adversario tangible. Cada estiramiento, cada tirón, era una pequeña victoria, una declaración de desafío contra la inercia que amenazaba con reclamarme. Registraba mi progreso meticulosamente, no con declaraciones generalistas, sino con el registro cuidadoso de los grados de movimiento, los kilos de resistencia, las repeticiones completadas. Estas cifras, aparentemente insignificantes para alguien ajeno a la práctica, eran los cimientos de mi esperanza, la prueba cuantificable de que lo imposible se estaba volviendo posible, lenta e infinitesimalmente. Ideaba ejercicios que parecían engañosamente simples: levantar las caderas de la cama, levantar una pierna solo unos centímetros, alcanzar una pelota de colores brillantes colocada justo fuera de mi alcance. Sin embargo, para mí, cada sesión representaba un esfuerzo titánico, una batalla contra mi propia biología. La fatiga que seguía a estas sesiones era profunda, un cansancio profundo que me envolvía como un sudario. Pero bajo el agotamiento, un destello de algo nuevo comenzaba a despertar: una sensación de autonomía, una creciente conciencia de que mi cuerpo, aunque dañado, no estaba completamente fuera de mi control. Él no solo fortalecía mis músculos; estaba reconstruyendo mi confianza en mi propia capacidad física. A menudo terminaba las sesiones con una frase que se convirtió en un mantra: «Progreso, no perfección. Cada pequeño detalle cuenta».

Luego llegó la terapeuta ocupacional, una mujer centrada en los aspectos prácticos de mi renovada existencia. Su ámbito de acción era el mundo exterior a la consulta: la cocina, el baño, el propio acto de vivir de forma independiente. Veía mis limitaciones no como barreras insalvables, sino como retos que debía superar con ingenio y adaptación. Me introdujo en un mundo de equipos adaptativos, objetos que al principio parecían insignias de mi incompetencia. Había utensilios de gran tamaño con asas reforzadas, diseñados para facilitar su agarre. Había bastones para vestirse, dispositivos largos con ganchos que me permitían ponerme los pantalones o recoger objetos caídos sin agacharme. Había tazas especiales con dos asas, lo que facilitaba su agarre. Al principio, me repelían estas ayudas. Eran recordatorios tangibles de lo que había perdido, una prueba visual de mi dependencia. Pero ella poseía una asombrosa capacidad para replantear las cosas. «Esto no son muletas», explicaba con paciencia, mostrándome con serenidad y seguridad cómo usar un ayudante para calcetines. Son herramientas. Son tus nuevas claves para la independencia. Se trata de recuperar tu autonomía, no de renunciar a ella. Me preparaba escenarios simulados, transformando un rincón de la sala de terapia en una cocina en miniatura. Pasaba las sesiones intentando preparar un sándwich, aprendiendo a untar mantequilla de cacahuete con un utensilio con peso, a abrir un frasco con una pinza especial. El simple acto de verter agua de una jarra se convertía en un complejo ballet de equilibrio y control: cada derrame, un contratiempo frustrante, cada vertido exitoso, un pequeño triunfo. Me enseñó estrategias para conservar energía, para dividir las tareas en pasos más pequeños y manejables. «En lugar de intentar vestirte de golpe», me aconsejaba, «centrémonos en ponerte la camisa. Una vez hecho eso, podemos descansar un rato antes de pasar a los pantalones». Este enfoque metódico, esta disección de las actividades cotidianas en sus componentes fundamentales, fue revolucionario. Hacía que lo abrumador pareciera alcanzable. También trabajó conmigo en ejercicios cognitivos, rompecabezas, juegos de memoria y tareas de secuenciación, reconociendo que el trauma no solo había afectado mi cuerpo, sino también la capacidad de mi mente para procesar información y planificar acciones. Comprendió que la verdadera independencia era un concepto holístico que abarcaba tanto la recuperación física como la cognitiva. Su objetivo final era prepararme para mi regreso a la vida fuera del hospital, dotarme de las habilidades y la confianza necesarias para desenvolverme en el mundo a mi manera.

La logopeda, cuyo comportamiento tranquilo desmentía el profundo impacto de su trabajo, abordó lo que inicialmente consideré una preocupación secundaria. La lesión neurológica había afectado mi capacidad para articular con claridad, y tragar, una función que nunca había considerado conscientemente, se había convertido en una tarea precaria. Me introdujo a la mecánica de la vocalización y la deglución, transformando lo que antes eran procesos automáticos en acciones conscientes y deliberadas. Empezamos con ejercicios sencillos para fortalecer los músculos implicados en el habla. Los trabalenguas, repetidos con minuciosa claridad, se convirtieron en un ritual diario. Los ejercicios para mejorar el control de la respiración y el soporte del diafragma fueron cruciales para mantener la voz y asegurar la potencia adecuada de mis palabras. Me hacía practicar la lectura en voz alta, no solo para mejorar la fluidez, sino también la enunciación, la proyección y la inteligibilidad del habla. Era humillante tropezar con palabras que antes pronunciaba con facilidad, sentir que mi voz se quebraba o fallaba al intentar expresar un pensamiento simple. Pero su paciente guía, sus amables correcciones y su inquebrantable confianza en mi capacidad de mejorar hicieron que el proceso fuera menos abrumador. Los ejercicios de deglución fueron quizás los más desafiantes, tanto física como emocionalmente. Me enseñó técnicas para modificar mi postura, la consistencia de la comida y realizar maniobras específicas para proteger mis vías respiratorias de la aspiración. Cada comida se convirtió en un evento cuidadosamente orquestado, un esfuerzo consciente para asegurar que el alimento, en lugar de una amenaza, entrara en mi cuerpo. Me mostraba la maniobra de "meter la barbilla", la "tragar con esfuerzo" y otras técnicas, con voz tranquila y tranquilizadora. El miedo a atragantarse, un miedo primario, fue un compañero constante durante estas etapas iniciales. Pero con la práctica y la experta supervisión de la terapeuta, gradualmente adquirí más control. También me introdujo al concepto de "estrategias compensatorias", maneras de comer y beber de forma más segura y eficiente. Esto podía implicar tomar bocados más pequeños, masticar bien los alimentos o alternar sólidos con líquidos. Su trabajo no se limitaba a restaurar la función; Se trataba de recuperar la dignidad, de garantizar que pudiera nutrirme y comunicarme eficazmente, piedras angulares de una vida plena.

Cada sesión con estos dedicados profesionales era más que una simple serie de ejercicios; era una campaña meticulosamente planificada contra los efectos de mi lesión. No solo trataban los síntomas; abordaban la mecánica subyacente, desglosando movimientos complejos en sus partes constituyentes. Un acto tan simple como alcanzar un vaso de agua se analizaba minuciosamente: el inicio del movimiento desde el hombro, la coordinación de la flexión del codo, la precisión de la articulación de la muñeca y los dedos, el agarre controlado, el levantamiento, el vertido, el llevar el líquido a los labios. Cada componente se practicaba, se reforzaba y luego se reintegraba al conjunto. No solo me enseñaban a moverme de nuevo; me enseñaban a *aprender* a moverme de nuevo, a desarrollar una comprensión consciente de la biomecánica implicada, a participar activamente en mi propia recuperación. Fueron los educadores, los entrenadores, los que diagnosticaron y, en muchos sentidos, los que me animaron; su fe en mi potencial alimentaba mis menguantes reservas de determinación. Fueron los navegantes de un territorio desconocido, guiándome por el laberinto de mi propio cuerpo, mostrándome caminos que desconocía. Su experiencia no solo consistía en saber qué hacer, sino en comprender *cómo* hacerlo con un paciente que empezaba desde cero, que había perdido la comprensión intuitiva de sus propias capacidades físicas. Fueron el vínculo crucial entre mi deseo de sanar y la realidad física de esa sanación, el puente que salvaba el abismo entre mi antiguo yo y la persona que me esforzaba por convertirme. Su presencia constante, su apoyo inquebrantable y sus enfoques personalizados fueron la base sobre la que se construyó mi recuperación, transformando la desalentadora perspectiva de una vida de discapacidad en un viaje manejable, aunque desafiante, de regreso a una vida con propósito e independencia. Fueron los héroes anónimos de mi rehabilitación; su toque fue la mano suave pero firme que me guió de vuelta a mí mismo.

Las fases iniciales de la rehabilitación se centraron menos en grandes declaraciones y más en los logros discretos, casi microscópicos, que con el tiempo formarían la base de mi recuperación. Los terapeutas, con su mirada experta y su paciencia, lo comprendieron instintivamente. No pretendían que corriera una maratón el primer día; su objetivo era establecer los pilares fundamentales de la independencia. Estas victorias no se medían en kilómetros recorridos ni en pesas levantadas, sino en segundos aguantados, milímetros ganados y caídas evitadas.

Tomemos, por ejemplo, la humilde cuchara. Para la mayoría, es una extensión de la mano, una herramienta incuestionable para transportar el sustento. Para mí, se convirtió en un adversario formidable. Mi agarre, debilitado y descoordinado, temblaba, lo que dificultaba el simple acto de sostener el utensilio con firmeza. Mi fisioterapeuta, al observar esta dificultad, ideó una serie de ejercicios. Empecé simplemente intentando sostener una cuchara de plástico, su ligereza era una lástima. El objetivo, inicialmente, eran solo tres segundos. Tres segundos de quietud. Suena ridículamente simple, ¿verdad? Sin embargo, esos tres segundos se sentían como una eternidad. Mis músculos protestaban, un temblor que comenzaba en las yemas de los dedos y se extendía por el brazo, amenazando con hacer caer la cuchara al suelo. Mi terapeuta permanecía a mi lado, una presencia silenciosa y alentadora, ofreciendo una mano firme solo si era absolutamente necesario. "Solo un poco más", me persuadía, con una voz suave y alentadora.

"¿Lo sientes? Estás ejercitando más músculos ahora. Eso es progreso". Cuando por fin conseguía mantenerlo firme durante los tres segundos estipulados, una oleada de alivio casi vertiginoso me invadía. Era un destello de control, una señal tangible de que mi cuerpo empezaba a responder, a reaprender las órdenes que antes ejecutaba sin pensar. Esta pequeña victoria, este dominio sobre un lapso de tres segundos de quietud, se amplificó, se celebró como si hubiera conquistado el Everest. Fue la primera pincelada sobre un lienzo que parecía irrevocablemente vacío.

Luego vinieron los vasos. Mi terapeuta ocupacional, una maestra de la practicidad, me presentó varios recipientes diseñados para facilitar su manejo. Pero antes de pasar al equipo especializado, insistió en reforzar la habilidad principal: el levantamiento controlado. El objetivo era levantar un vaso de plástico lleno de un poco de agua hasta mis labios sin derramarla. Derramar era el enemigo. Cada gota que me caía por la barbilla, cada charco de agua en la bandeja, se sentía como una acusación pública contra mi cuerpo debilitado. Empezamos con muy poca agua, tan poca que apenas cubría el fondo del vaso. La tarea consistía en llevármela a la boca, tomar un sorbo y devolverla a la bandeja sin que se escapara una sola gota. Mi mano temblaba, mi brazo vacilaba e, inevitablemente, unas gotas delataban mi esfuerzo. La frustración era una compañera constante, un sabor amargo que amenazaba con eclipsar el dulce alivio del éxito. Pero mi terapeuta era una estratega de las pequeñas victorias. "Vale, eso estuvo más cerca", decía, con un tono nunca acusador. ¿Ves cómo se mueve tu codo? La próxima vez, intentemos mantenerlo un poco más firme. Concéntrate en el movimiento del hombro. Lo desglosábamos, analizando la física del movimiento, los sutiles ajustes necesarios en la muñeca y el codo. Cuando por fin conseguía completar la acción, llevar la taza a mis labios y devolverla, seca e intacta, a la bandeja, era un momento de alegría pura y sin adulterar. Era la sensación de recuperar un acto humano fundamental, de realizar una tarea tan básica, tan automática para la mayoría, que nunca antes le había dado un segundo pensamiento. Este sorbo exitoso no se trataba solo de beber; se trataba de autosuficiencia, de un pequeño paso atrás hacia comer y beber sin ayuda, sin el miedo constante y persistente de ensuciar, de llamar la atención no deseada sobre mi discapacidad.

La propia silla de ruedas, símbolo de mi nueva realidad, también se convirtió en un campo de pruebas para estas pequeñas victorias. Al principio, era un pasajero, dependiente de otros para impulsarme. Mi terapeuta quería que adquiriera cierto control, que pudiera moverme solo, aunque fueran solo unos centímetros. El objetivo era impulsarme más arriba en la silla, para ganar suficiente fuerza como para levantar ligeramente el cuerpo. Era una proeza de fuerza bruta y coordinación que mis brazos y torso debilitados apenas conseguían. Practicábamos sobre una colchoneta acolchada, con las ruedas de la silla ofreciendo una ligera resistencia. Mi terapeuta guiaba mis manos a la posición correcta en los aros de empuje, mostrándome cómo inclinar el cuerpo, cómo usar los músculos de los hombros y la espalda, no solo los brazos. El esfuerzo era inmenso. Me ardían los músculos, respiraba entrecortadamente, y la sensación de levantar el cuerpo, aunque fuera un centímetro, era como mover una montaña. La primera vez que logré levantarme unos centímetros, mis manos se deslizaron hacia atrás sobre los bordes mientras la gravedad reaparecía, una sonrisa triunfante se dibujó en mi rostro. Fue un momento de empoderamiento, una sensación de control sobre mis propios movimientos. Significaba que podía salir de un apuro, ajustar mi posición para mayor comodidad y ejercer cierto control sobre mi entorno inmediato. Esta capacidad de autopropulsarme, incluso en su forma más rudimentaria, fue un paso significativo hacia la independencia. Fue la comprensión de que mi cuerpo, aunque alterado, aún conservaba reservas de fuerza y la capacidad de aprender nuevas formas de moverse.

Estos logros microscópicos, estos hitos aparentemente insignificantes, fueron el alma de mi rehabilitación. Fueron los pequeños fuegos que impidieron que la llama mayor de la esperanza se extinguiera. Cada intento exitoso, cada movimiento controlado, cada segundo de quietud, era un dato que demostraba que el progreso no solo era posible, sino que estaba ocurriendo activamente. Mis terapeutas documentaron meticulosamente estos éxitos, no con fanfarrias, sino con silenciosa afirmación. Una anotación en una tabla, un gesto de aprobación, una palabra de aliento: estos eran los rituales que marcaban la celebración de estas pequeñas victorias. Comprendían que, ante desafíos tan abrumadores, el espíritu humano requiere un refuerzo constante. Los grandes anuncios de recuperación eran demasiado lejanos, demasiado abstractos para brindar un consuelo inmediato. ¿Pero la capacidad de sostener una cuchara firme durante tres segundos? Eso era real. Eso era alcanzable. Esa era una victoria a la que podía aferrarme, una prueba tangible de que el arduo camino que me esperaba no era imposible.

Este enfoque en las ganancias graduales no fue solo una estrategia terapéutica; fue una profunda lección de resiliencia. Me enseñó a cambiar mi perspectiva, a redefinir lo que constituía el éxito. Antes de mi lesión, el éxito solía medirse por parámetros externos: logros profesionales, posesiones materiales, reconocimiento público. Ahora, el éxito era interno, personal, y a menudo se medía en los incrementos más pequeños. Era la satisfacción silenciosa de dominar una nueva habilidad, por básica que fuera. Era la sensación de logro derivada de superar un obstáculo físico personal. Esta reformulación fue esencial. Me permitió encontrar momentos de alegría y orgullo en la rutina diaria de la rehabilitación, a ver lo positivo en un proceso que era inherentemente difícil y, a menudo, doloroso.

La psicología era inmensa. Cada pequeña victoria era un poderoso antídoto contra la desesperación que a menudo amenazaba con engullirme. Cuando la fatiga era abrumadora, cuando el dolor era constante, cuando el esfuerzo de un solo movimiento parecía insuperable, podía recordar esos pequeños éxitos y sacar fuerzas de ellos. Me recordaban que había superado desafíos similares antes, que mi cuerpo y mi mente eran capaces de adaptarse y aprender. Eran la confirmación de que el esfuerzo, el sudor y las lágrimas no habían sido en vano. Eran los cimientos, los ladrillos y el cemento, de un futuro que se reconstruía lenta y minuciosamente. Los terapeutas, con su sabiduría, no solo rehabilitaban mi cuerpo; reconstruían mi espíritu, una pequeña victoria a la vez, ganada con esfuerzo. Me enseñaban que la verdadera fuerza no reside en la ausencia de lucha, sino en la búsqueda persistente del progreso, por pequeños que parecieran los pasos. Este capítulo de mi recuperación fue una oda al poder de estos pequeños triunfos, un testimonio del hecho de que, a veces, los viajes más profundos comienzan con los primeros pasos más modestos.

El espejo. Siempre había sido un observador neutral, un lienzo en el que proyectaba mi apariencia, mi estado de ánimo, mi identidad. Ahora, era un campo de batalla. De pie ante él, vestida con la ropa suave y funcional del centro de rehabilitación, me enfrentaba a una realidad a la vez íntimamente familiar y completamente ajena. Mi rostro, el paisaje mismo de mi identidad, había sido transformado por el acontecimiento que me había traído allí. Un lado, antes expresivo y vivo, ahora se desplomaba en una quietud lánguida, testimonio del daño nervioso que lo había vuelto ajeno a mi voluntad.

La tarea, engañosamente sencilla, me la asignó mi logopeda: intentar mover el lado afectado de la cara. "Intenta sonreír", me había instruido con dulzura; su propia sonrisa era un rayo de aliento. "Aunque sea solo un tic. Concéntrate en la sensación, en lo que *quieres* que haga". Asentí, respirando hondo. Mis ojos se encontraron con los míos en el reflejo, y en ellos vi una mezcla de aprensión y un desesperado destello de esperanza. Me concentré, concentrando cada fibra de mi ser en ese lado de la boca. Deseé que se levantara, que se curvara hacia arriba, que traicionara el más mínimo atisbo de la alegría que, en mi interior, intentaba conjurar desesperadamente.

Lo que siguió fue una pantomima surrealista. Mi cerebro envió la señal, una orden clara y tajante: *Sonríe* . Pero los cables, al parecer, estaban desgastados. El lado derecho de mi cara permaneció obstinadamente inerte, una máscara de indiferencia. El lado izquierdo, el lado "bueno", respondió con un valiente, aunque torcido, intento de transmitir la emoción, creando una distorsión grotesca que era más una mueca que una sonrisa. Era una parodia grotesca de una sonrisa, una representación visual de la desconexión entre la intención y la ejecución. El reflejo era inquebrantable, un testigo crudo y objetivo de mi lucha. Resaltaba la asimetría, el enorme vacío donde debería haber estado la expresión. Era un recordatorio constante e inevitable de la magnitud del daño, de la profunda traición que mi propio cuerpo había infligido.

Los ejercicios eran monótonos, repetitivos y, a menudo, profundamente desalentadores. Levantar una ceja —una acción tan arraigada en la comunicación cotidiana que era totalmente subconsciente— se convirtió en una ardua tarea. Fruncía el ceño y el lado izquierdo se arqueaba obedientemente, creando una elevación pronunciada, casi cómica. El lado derecho, en cambio, permanecía obstinadamente plano, un plano liso e inmóvil. Era como intentar dirigir una orquesta donde la mitad de los músicos simplemente hubieran decidido dejar de tocar. La disonancia era discordante, la retroalimentación visual, desmoralizante.

Intentar cerrar el ojo del lado afectado era otra batalla. El párpado se movía, un espasmo vacilante y débil, pero no se cerraba. Parpadeaba, y el ojo izquierdo se cerraba con un chasquido decisivo, mientras que el derecho solo lograba un descenso lento y perezoso, dejando un espacio desconcertante. A veces se me saltaban las lágrimas, no de dolor, sino de una profunda sensación de frustración y pérdida. La reflexión, desprovista de esta defensa involuntaria, no ofrecía consuelo, solo una verdad fría y dura.

Mi terapeuta, sin embargo, poseía una habilidad casi asombrosa para encontrar progreso en lo aparentemente insignificante. "¿Ves ese pequeño parpadeo?", exclamaba, señalando un movimiento apenas perceptible en la comisura de mi boca. "¡Eso es! Estás empezando a recibir esa señal. Es débil, sí, pero está ahí". Su entusiasmo, aunque a veces rozaba lo excesivo, fue un salvavidas. Fue una sutil redirección de mi atención, cambiándola de la abrumadora ausencia a la naciente presencia de movimiento. Ella misma me demostraba los ejercicios, con su rostro convertido en un paisaje fluido de expresión, para mostrarme lo que era posible, lo que mi rostro *debería* estar haciendo. Luego, guiaba las yemas de mis dedos hacia los músculos del lado afectado, pidiéndome que sintiera las sutiles contracciones, para intentar replicar la sensación.

"Intenta inflar las mejillas", me indicaba, y yo inhalaba profundamente, empujando el aire contra mis dientes. La mejilla izquierda se distendía, tensa y llena. La mejilla derecha, obstinadamente desinflada, no ofrecía resistencia, dejándome con una extraña inflación unilateral que me resultaba ridícula y profundamente inquietante. "Imagina que intentas apagar una vela", sugería con voz paciente. "¿Sientes cómo aumenta la presión?". Intenté sentirla, traducir el concepto abstracto a una sensación física, pero el lado derecho de mi cara permanecía impasible, insensible a la ráfaga de viento imaginaria.

El espejo no solo servía para observar el movimiento físico; también era una herramienta de regulación emocional. Ver la sonrisa torcida, la frente desigual, el parpadeo incompleto, podía fácilmente desencadenar una espiral de autocompasión y desesperación. Mi terapeuta lo entendía. A menudo intervenía en esos momentos, ofreciendo consejos que se referían tanto a la fortaleza mental como a la reanimación facial. «Esto es un proceso», me recordaba con la mirada fija. «Tu cerebro está aprendiendo a reorientarse.

Es una tarea enorme. Sé amable contigo mismo. Cada intento, incluso los que no parecen funcionar, es un paso adelante».

También me enseñaba técnicas para mejorar la simetría percibida. «Si quieres intentar sonreír», me explicaba, «concéntrate en levantar un poco más la comisura de tu lado *bueno* . Puede ayudar a crear una impresión visual más equilibrada». Parecía una forma de autoengaño, un truco cosmético para ocultar la realidad subyacente, pero en aquellos primeros tiempos, cualquier mejora percibida, cualquier ilusión de normalidad, era un bienvenido respiro de la constante y dura realidad del espejo.

Los ejercicios se extendieron a otras funciones faciales. Silbar, un simple acto de exhalar con los labios fruncidos, se convirtió en una tarea titánica. Mis labios del lado derecho no se cerraban bien, lo que resultaba en un siseo débil y aireado en lugar de una nota coherente. Masticar también era una tarea irregular. Me encontraba favoreciendo el lado izquierdo de la boca, mientras que el lado derecho luchaba por procesar la comida, a menudo dejándola sin digerir y difícil de tragar. El espejo, en estos casos, no intervenía directamente, pero la *conciencia* de la asimetría, la sensación de la comida acumulándose en el lado descuidado, era un diálogo interno constante con el reflejo que llevaba dentro.

Hubo momentos de inmensa vulnerabilidad. A veces, durante estos ejercicios, me invadía una oleada de dolor, una profunda pena por el rostro que había conocido, por la facilidad con la que alguna vez me había expresado. El espejo, en esos momentos, se sentía como un acusador, un juez silencioso que resaltaba todo lo que había perdido. Vislumbraba mi reflejo, la comisura de mi boca, y una punzada de añoranza por la persona que solía ser me atravesaba. Fue en estos momentos que las palabras de mi terapeuta sobre la autocompasión se volvieron más vitales. "Esto no es tu culpa", decía, con la voz impregnada de una profunda empatía. "Tu cuerpo ha pasado por un trauma. Se está curando. Y la curación rara vez es lineal. Habrá días buenos y días malos, momentos de progreso y momentos de estancamiento".

Me animó a usar el espejo no como una herramienta de autocrítica, sino como un compañero en mi recuperación. «Piensa en ello como un campo de entrenamiento», me sugería. «No le gritarías a un principiante por no ser perfecto, ¿verdad? Lo animarías. Celebrarías su esfuerzo». Y así, comencé a replantear mi relación con el espejo. En lugar de verlo como un juez, comencé a verlo como un testigo silencioso de mi perseverancia.

Los ejercicios estaban diseñados para reentrenar las vías neuronales y estimular al cerebro a encontrar nuevas rutas para estimular los músculos inactivos. Era un proceso minucioso y minucioso. Mi terapeuta solía usar una suave estimulación eléctrica, una leve sensación de zumbido que supuestamente ayudaba a despertar los nervios. Me observaba en el espejo cómo el lado afectado de mi cara a veces se contraía involuntariamente bajo la corriente, un fugaz y eléctrico fantasma de movimiento. Era un destello de vida, una señal de que los nervios, aunque dañados, no estaban completamente muertos.

El objetivo no era solo lograr la simetría, sino recuperar la expresión funcional. Una sonrisa que transmitiera felicidad genuina, un ceño fruncido que comunicara disgusto, una ceja levantada que indicara sorpresa: estos eran los pilares de la conexión humana. Sin ellos, me sentía aislada, mi capacidad para comunicar mi estado interior se veía gravemente comprometida. El espejo me servía como recordatorio constante de este desafío, pero también como fuente de motivación. Ver incluso la más mínima mejora, una sutil elevación en la comisura de mis labios después de semanas de esfuerzo, era increíblemente gratificante.

Había momentos, en la tranquilidad de mi habitación, en que practicaba estos ejercicios sola. El miedo a ser juzgada, la vergüenza de los movimientos torpes y desequilibrados, se intensificaban sin el apoyo de mi terapeuta. Pero sabía que la constancia era clave. Así que me paraba frente al espejo, respiraba hondo y empezaba. Intentaba sonreír, fruncir el ceño, levantar las cejas, inflar las mejillas. Los movimientos solían ser torpes y los resultados, desalentadores. Pero con cada intento, sentía una comprensión más profunda de mi propio cuerpo, de sus limitaciones y de su sorprendente resiliencia.

El ejercicio del espejo fue más que una simple terapia física; fue un profundo viaje psicológico. Se trataba de afrontar mi realidad alterada, de aceptar los cambios y de encontrar la fuerza para trabajar y recuperar lo perdido. Se trataba de aprender a tener paciencia, de comprender que el verdadero progreso suele ser lento y gradual. Se trataba de cultivar la autocompasión ante la adversidad y de celebrar las victorias más pequeñas. El reflejo en el espejo, antes fuente de temor, se transformó gradualmente en un símbolo de mi resiliencia, un testimonio del poder del espíritu humano para adaptarse, sanar y encontrar el camino a seguir, incluso cuando el camino está plagado de desafíos tan visibles. Era un ritual diario para afrontar mi vulnerabilidad y, al hacerlo, descubrir una fuente inesperada de fuerza interior. El espejo se convirtió en mi confidente más sincero, mi maestro más exigente y, en definitiva, en mi compañero silencioso en el arduo pero esperanzador proceso de reconstruirme, músculo facial a músculo. El proceso fue lento, minucioso y, a menudo, lleno de la frustración de ver tan pocos cambios a pesar de tanto esfuerzo. Sin embargo, fue precisamente en este acto de compromiso persistente y deliberado con mi reflexión que las semillas de una recuperación genuina comenzaron a echar raíces.

Las estériles paredes blancas de la sala, antaño símbolo de confinamiento, se transformaron poco a poco en un inesperado campo de entrenamiento. Cada día presentaba un nuevo programa, una serie de pequeños retos diseñados para mitigar la impotencia que amenazaba con absorberme. La silla de ruedas, al principio un aparato imponente y ajeno, se convirtió en una extensión de mí misma. Recorrer los pasillos aparentemente interminables era un ejercicio de percepción espacial y control del movimiento. Aprendí a anticipar la sutil inclinación del suelo, los giros inesperados que podían desviarme del camino y el ángulo preciso necesario para pasar por puertas que, a primera vista, parecían imposiblemente estrechas. Mi terapeuta me acompañaba a menudo, animándome en silencio, pero el verdadero progreso se producía cuando estaba sola, con las manos agarrando las ruedas y la mente concentrada en la tarea.

Había un tramo particular del pasillo, justo afuera de la estación de enfermeras, que se convirtió en mi circuito personal de slalom. Era una calle concurrida, a menudo llena de enfermeras corriendo de un lado a otro, visitantes buscando a sus seres queridos y otros pacientes siendo llevados en silla de ruedas a sesiones de terapia. Al principio, esperaba los momentos de calma, los momentos en que el camino estaba despejado, con el corazón latiendo con una mezcla de ansiedad y determinación. Luego, gradualmente, comencé a conectar con la corriente. Aprendí a interpretar las sutiles señales del tráfico que se acercaba, a mantenerme firme cuando era necesario y a realizar movimientos asertivos pero educados cuando se presentaba una oportunidad. La sensación de deslizarse suavemente por una puerta, de maniobrar con éxito alrededor de una camilla estacionada sin una colisión brusca, fue un triunfo silencioso. Fue una pequeña victoria, quizás, pero en el contexto de mi realidad alterada, se sintió monumental.

El botón de llamada, un pequeño e inocuo dispositivo montado en la pared junto a mi cama, representó un paso crucial hacia la autosuficiencia. Al principio, la sola idea de necesitar ayuda para algo tan básico como ajustar la almohada o alcanzar un vaso de agua me llenaba de una profunda vergüenza. La dependencia de los demás era un recordatorio constante y persistente de mi capacidad disminuida. Mi terapeuta, al percibir esta dificultad, se propuso empoderarme. Dedicaba tiempo conmigo, no solo a enseñarme a pulsar el botón, sino a explicarme el protocolo, el clic tranquilizador que indicaba que mi llamada había sido registrada y la reconfortante certeza de que la ayuda estaba en camino. Me animaba a usarlo para cosas pequeñas, a fortalecer mi confianza, a comprender que pedir ayuda no era un signo de debilidad, sino una parte pragmática del proceso de recuperación.

Una tarde, me encontré luchando por ajustar mi posición en la cama, un simple cambio que mi cuerpo debilitado ya no podía realizar por sí solo. El impulso de alcanzar el botón de llamada se oponía a mi orgullo arraigado. Miré el botón, luego mis extremidades inmóviles, y finalmente, con un suspiro que era una mezcla de resignación y aceptación, lo pulsé. La pequeña luz roja se iluminó sobre mi puerta, un faro de mi vulnerabilidad, pero también un testimonio de mi creciente independencia. Cuando llegó la enfermera, con su sonrisa cálida y sin prejuicios, simplemente acomodó mis almohadas y me preguntó si necesitaba algo más. Esa pequeña interacción, tan mundana para ella, fue un cambio radical para mí. Fue el momento en que comencé a comprender realmente que recuperar la autonomía implicaba reconocer las limitaciones y luego encontrar las herramientas para superarlas.

El comedor común era un universo aparte de la tranquila soledad de mi habitación. Era un lugar de actividad bulliciosa, de tintineo de cubiertos, de conversaciones que fluían a mi alrededor como una cálida ola. Sin embargo, llegar allí requería un viaje cuidadosamente planificado. Planificaba meticulosamente mi ruta antes de partir, trazando mentalmente el camino desde mi habitación, pasando por el puesto de enfermeras, atravesando las puertas dobles que conducían al pasillo principal y luego a la entrada del comedor. El viaje no era meramente físico; era un complejo ejercicio cognitivo. Tenía que tener en cuenta posibles obstáculos: un cubo de fregar extraviado, un grupo de visitantes reunidos en un cruce o la trayectoria impredecible de la silla de ruedas de otro paciente.

Mis primeros intentos por llegar al comedor estuvieron plagados de una tensión nerviosa que me hacía temblar las manos sobre las ruedas. Sentía una oleada de pánico si me topaba con un bloqueo inesperado, y mi mente corría buscando una ruta alternativa. Pero con cada tránsito exitoso, mi confianza crecía. Empecé a notar los sutiles ritmos de la vida cotidiana de la sala, los momentos en que los pasillos estaban menos concurridos, los momentos óptimos para transitar por las concurridas intersecciones. Aprendí a anticipar el movimiento del personal de catering con sus carritos, a evitarlos y a indicar claramente mis intenciones cuando necesitaba cambiar de dirección.

El simple hecho de cenar con otros, en lugar de que me trajeran una bandeja a la cama, fue una profunda recuperación de la normalidad. Se trataba de formar parte de la comunidad, de compartir un espacio y una comida con otros pacientes y el personal. La conversación, aunque solo pudiera aportar unas pocas palabras, era una grata distracción del monólogo interno de mi recuperación. El desafío, por supuesto, estaba lejos de terminar. Comer en sí mismo seguía siendo una tarea compleja, que requería un manejo cuidadoso de los cubiertos y un esfuerzo consciente para dirigir la comida hacia el lado más fuerte de mi boca. Pero el viaje al comedor, la exitosa negociación con la geografía de la sala, había sentado las bases. Me había demostrado que, incluso con mis limitaciones físicas, aún podía desenvolverme en el mundo, aunque con un poco más de planificación y mucha más determinación.

La sala, con su constante ir y venir de actividad, sus conversaciones en voz baja y sus ocasionales arranques de urgencia, se convirtió en mi laboratorio para redescubrir mi independencia. Cada día era una serie de pequeños experimentos. ¿Podría alcanzar la jarra de agua sin tirarla? ¿Podría abrir el cajón donde guardaba mis artículos de aseo? ¿Podría recorrer la corta distancia hasta el baño, la prueba definitiva de mi movilidad y control? Estos no eran logros glamorosos, pero eran la base sobre la que se construía una nueva identidad.

Una tarde, estaba decidido a recuperar un libro de una estantería que estaba fuera de mi alcance. La estantería estaba en un pequeño hueco, a menudo pasado por alto, y la había visto durante una de mis excursiones por los pasillos. Tenía una altura modesta, pero para mí representaba un desafío significativo. Pasé mucho tiempo planeando estrategias. Coloqué mi silla de ruedas en ángulo, asegurándome de tener una base estable. Luego extendí el brazo, sintiendo la tensión en el hombro, el sutil temblor en los dedos. Me concentré en el libro en cuestión, una edición de bolsillo desgastada que prometía una escapada a otro mundo. Poco a poco, me estiré, con los músculos protestando, conteniendo la respiración con anticipación. Justo cuando sentí que mis dedos rozaban la tapa, la silla se movió ligeramente y sentí que perdía el equilibrio.

Una oleada de frustración me invadió. Fácilmente podría haberme dado por vencido, refugiarme en la seguridad de mi cama y pedir ayuda. Pero algo había cambiado dentro de mí. El deseo de alcanzar esta pequeña meta, de demostrarme a mí mismo que aún podía lograr cosas por mi cuenta, era más fuerte que el miedo al fracaso. Reajusté mi postura, me tomé un momento para estabilizarme y lo intenté de nuevo. Esta vez, usé la otra mano para estabilizar el reposabrazos de la silla de ruedas, creando un anclaje más sólido. Me concentré en los movimientos sutiles, la extensión lenta y deliberada. Y entonces, sucedió. Mis dedos se cerraron alrededor del lomo del libro. Un suspiro de triunfo escapó de mis labios. Tiré del libro hacia mí; su peso era una sensación satisfactoria en mi mano. Fue una pequeña victoria, pero en ese momento, se sintió como escalar una montaña.

La sala, entonces, no era solo un lugar de sanación; era un lugar de reeducación. Mi cuerpo aprendía nuevas formas de moverse y mi mente a confiar en ellas. La silla de ruedas ya no era un símbolo de mis limitaciones, sino una herramienta que me permitía acceder a una mayor parte de mi entorno. El botón de llamada, antes símbolo de mi dependencia, se convirtió en testimonio de mi capacidad para comunicar mis necesidades con eficacia. Y el simple acto de alcanzar un libro, de recorrer un pasillo, de comer con otros, eran pasos pequeños pero significativos para recuperar mi vida. Cada maniobra exitosa era una afirmación silenciosa: todavía soy capaz. Todavía puedo hacerlo. Las paredes estériles de la sala, lejos de ser una prisión, se estaban convirtiendo en la base de un futuro más resiliente e independiente. El camino fue arduo, marcado por reveses y momentos de profunda duda, pero entre esos muros blancos, estaba aprendiendo a moverme de nuevo, no solo mi cuerpo, sino también mi espíritu. La sala, a su manera peculiar, me estaba enseñando a volar.

Capítulo 4. El largo camino

El crudo anuncio flotaba en el aire, una profecía imponente pronunciada con la precisión distante de la certeza médica: seis meses. Seis meses de esfuerzo incansable, de ir más allá de los límites percibidos, de un asalto concentrado a la fortaleza de mis limitaciones físicas. Parecía una eternidad, una vasta extensión de tiempo indefinida que se extendía ante mí, envuelta en una niebla de incertidumbre y temor. El centro de rehabilitación, un complejo extenso de equipo especializado y profesionales dedicados, iba a ser mi mundo, mi crisol, durante este período predeterminado. Al principio, la simple duración me resultó abrumadora, una montaña insuperable. Sin embargo, a medida que los días se sucedían, a medida que la conmoción inicial daba paso a una aceptación a regañadientes, ese formidable horizonte de seis meses comenzó a cambiar sutil, casi imperceptiblemente. No se redujo en términos de su duración real, por supuesto, pero mi percepción de él, mi capacidad para conceptualizarlo, comenzó a evolucionar. Comenzó a sentirse menos como un vacío sin fin y más como una serie de hitos alcanzables, cada uno de ellos un segmento más pequeño y más digerible de un viaje más grande.

El ritmo del centro de rehabilitación se asentó rápidamente, una cadencia predecible, casi hipnótica, que subrayaba la naturaleza estructurada de mi recuperación. Las mañanas solían dedicarse a las terapias más exigentes físicamente. El sonido metálico de las pesas, el zumbido de las máquinas de ejercicio especializadas y las directrices alentadoras, a veces firmes, de mi fisioterapeuta conformaban la banda sonora de estas primeras horas. Trabajábamos en fortalecer, en restablecer el control motor, en persuadir a las extremidades que se sentían obstinadamente desconectadas para que respondieran a mi voluntad. Era un proceso lento y minucioso, a menudo acompañado de un agotamiento profundo y profundo que me dejaba sintiéndome agotada, casi vacía. Había días en que el más simple de los movimientos parecía luchar con un adversario invisible, en que el esfuerzo necesario para levantar una extremidad unos centímetros parecía titánico. Mi terapeuta, una figura de paciencia inquebrantable y observación aguda, me guiaba, adaptando los ejercicios a medida que mis capacidades mejoraban poco a poco. Ella comprendió el delicado equilibrio entre llevarme al límite y prevenir lesiones, entre fomentar la resiliencia y sucumbir a la frustración. Su presencia fue un ancla constante en las aguas, a menudo turbulentas, de mi recuperación.

Las tardes solían ofrecerme un enfoque diferente. Las sesiones de terapia ocupacional estaban diseñadas para reentrenarme en los aspectos prácticos de la vida diaria. Esto implicaba dominar el arte de vestirme cuando mi motricidad fina se veía comprometida, aprender nuevas maneras de preparar la comida cuando mi destreza era limitada y recuperar la capacidad de desenvolverme en el entorno doméstico con nuevos desafíos. Estas sesiones eran una mezcla única de frustración e ingenio. Las tareas más sencillas, aquellas que antes realizaba sin pensarlo dos veces, ahora requerían una estrategia consciente y deliberada. Abrir un frasco, abotonar una camisa, incluso sujetar un tenedor con firmeza: cada tarea presentaba sus propios obstáculos, su propia exigencia de adaptación. Experimentábamos con herramientas adaptativas, explorábamos diferentes técnicas y celebrábamos los más pequeños logros. La satisfacción de finalmente lograr atarse los cordones de los zapatos o servir un vaso de agua sin derramarlo era desproporcionadamente inmensa. Era un recordatorio tangible de que, incluso con capacidades alteradas, la independencia seguía estando al alcance.

Las evaluaciones constantes fueron una parte crucial, aunque a menudo abrumadora, del programa de seis meses. Cada pocas semanas, un equipo de especialistas se reunía para evaluar mi progreso. Estas sesiones eran exhaustivas, detalladas y objetivas. Midieron mi rango de movimiento, mi fuerza, mi coordinación y mi independencia funcional. Si bien estas evaluaciones fueron vitales para seguir mi trayectoria y ajustar el plan de terapia, también podían tener una gran carga emocional. Ver los datos objetivos presentados, comparando mis capacidades actuales con los puntos de referencia anteriores, podía ser a la vez alentador y desalentador. Hubo momentos en que las cifras confirmaron avances significativos, lo que despertó un destello de genuina esperanza y orgullo. Pero también hubo momentos en que el progreso pareció estancarse, cuando los logros esperados no se materializaron, lo que generó una oleada de dudas y un temor persistente de que nunca alcanzaría mis objetivos. Estos fueron los momentos en que la magnitud del desafío se sintió más aguda, cuando el horizonte de seis meses pareció alejarse una vez más.

A pesar del exigente horario y las dificultades inherentes, había innegables destellos de esperanza que puntuaban la agotadora rutina. Estos a menudo llegaban de forma inesperada. Podría ser la primera vez que podía llevarme una taza de café a los labios sin ayuda, la tímida sonrisa de aliento de un compañero paciente en la sala común, o las palabras de aliento de un terapeuta que había presenciado de primera mano la profundidad de mi lucha. Estos momentos, aunque breves, eran como faros en la niebla, recordándome por qué estaba soportando este arduo proceso. Alimentaban mi determinación, ofreciéndome un respiro muy necesario del constante esfuerzo físico y emocional. El plazo de seis meses, antes una fuente de temor, se estaba redefiniendo gradualmente por estas victorias graduales, por la marcha constante, aunque lenta, hacia la recuperación de mi vida.

El centro de rehabilitación, además de ser un lugar de intensa concentración y dedicación, era también una comunidad. Entre sus paredes, se desarrolló una camaradería única entre quienes recorríamos caminos similares. Éramos un grupo heterogéneo, cada uno con su propia historia, sus propias luchas, pero unidos por un propósito común: sanar, adaptarnos y recuperar nuestras vidas. Había una comprensión tácita que impregnaba las zonas comunes, los gimnasios terapéuticos e incluso los tranquilos pasillos. Veíamos el esfuerzo en las miradas de los demás, el cansancio en los rostros y la resiliencia que lo sustentaba todo. Compartir una comida en el comedor, desenvolverse en la compleja dinámica social de un entorno grupal, se convirtió en una sutil forma de terapia en sí misma. Intercambiábamos historias, nos dábamos palabras de aliento y, a veces, simplemente encontrábamos consuelo en la presencia de otros que realmente nos comprendían. Estas conexiones, forjadas en el crisol de la adversidad compartida, fueron invaluables. Nos brindaron un sentido de pertenencia, un amortiguador contra el aislamiento que fácilmente podía acompañar a un cambio de vida tan profundo. El reloj de los seis meses estaba corriendo, pero no éramos los únicos que lo afrontábamos.

La naturaleza estructurada del programa de rehabilitación proporcionó un marco crucial para el inmenso esfuerzo necesario para recuperar las funciones perdidas y adaptarme a las nuevas limitaciones. Cada día se planificaba meticulosamente, con objetivos específicos establecidos para cada sesión de terapia. Esta previsibilidad, aunque a veces monótona, también me ayudó muchísimo a conectar con la realidad. Me liberó de la carga de tomar decisiones sobre qué hacer a continuación, permitiéndome concentrarme por completo en la tarea en cuestión. La constancia de la rutina me permitió saber qué esperar y, aún más importante, qué se esperaba de mí. Esta claridad fue un regalo, especialmente en los momentos en que mis pensamientos se sentían dispersos y mi estado emocional era inestable. Los terapeutas y médicos, con su profundo conocimiento del proceso de recuperación, habían creado esta hoja de ruta, y mi función era seguirla con un compromiso inquebrantable. Fue un viaje exigente, sin duda, pero la existencia de este camino estructurado lo hizo navegable.

El concepto de "progreso" durante este período de seis meses fue multifacético y abarcó mucho más allá de la mera recuperación física. Abarcó un profundo cambio de mentalidad, una recalibración de las expectativas y el desarrollo de un conjunto completamente nuevo de habilidades, tanto prácticas como psicológicas. Si bien la recuperación de la función física era primordial, la capacidad de adaptación, la resolución de problemas y una actitud positiva fueron componentes igualmente vitales para una rehabilitación exitosa. Mis terapeutas, en particular, hicieron hincapié en este enfoque holístico. No se centraron solo en la mecánica del movimiento; también trabajaron en estrategias para controlar el dolor, afrontar la frustración y desarrollar la confianza. Me enseñaron a celebrar las pequeñas victorias, a ver los reveses no como fracasos, sino como desvíos temporales, y a centrarme en lo que *podía* hacer, en lugar de obsesionarme con lo que había perdido. Esta fortaleza mental, esta resiliencia cultivada, fue tan crucial para mi recuperación a largo plazo como cualquier ejercicio físico.

La marca de los seis meses, inicialmente un concepto lejano y algo abstracto, comenzó a adquirir una presencia tangible con el paso de las semanas. Ya no era solo un número en un calendario; se convirtió en un punto de referencia, un momento hacia el cual se dirigían todos los esfuerzos. La naturaleza gradual de la recuperación significaba que el progreso era a menudo sutil, medido en milímetros de movimiento, en segundos de esfuerzo sostenido, en la reducción gradual de la dependencia de dispositivos de asistencia. Sin embargo, estos pequeños avances, al acumularse con el tiempo, comenzaron a pintar un panorama de transformación significativa. Las tareas que antes eran abrumadoras y que habían sido imposibles al principio de mi rehabilitación ahora se estaban volviendo manejables, luego rutinarias. La silla de ruedas, que al principio me había parecido una carga incómoda, se estaba convirtiendo en una herramienta que facilitaba mi movimiento, un medio para un mayor acceso al mundo.

Los terapeutas desempeñaron un papel fundamental al ayudarme a conceptualizar y monitorear este progreso. Utilizaban diversos métodos, desde mediciones objetivas hasta observaciones más subjetivas, para ilustrar mi progreso. A veces, repasaban ejercicios que habían sido increíblemente difíciles semanas antes, demostrando cuánto más fuerte y coordinado me había vuelto. Otras veces, simplemente señalaban la mayor facilidad con la que realizaba una tarea específica o la menor dependencia de su asistencia física. Estos momentos de reflexión fueron cruciales. Me brindaron un contrapunto muy necesario a las dificultades diarias, un recordatorio de que el esfuerzo estaba dando resultados y de que el plazo de seis meses, aunque aún requería dedicación, era realmente alcanzable.

Sin embargo, este camino distaba mucho de ser lineal. Hubo días, incluso semanas, en los que el progreso parecía estancarse, en los que el esfuerzo se sentía abrumador y la tentación de sucumbir a la desesperación era fuerte. Estos estancamientos eran una parte natural, aunque a menudo frustrante, del proceso de rehabilitación. Fue durante estos períodos que la estructura del programa, el apoyo incondicional del equipo de rehabilitación y las conexiones forjadas con otros pacientes se volvieron aún más vitales. Me sirvieron de ancla, impidiéndome caer en un mar de desesperanza. El plazo de seis meses, en estos momentos difíciles, se convirtió en un recordatorio de que este intenso período de concentración era finito, una fase temporal de esfuerzo extraordinario, tras la cual comenzaría una nueva etapa de vida más sostenible.

El impacto psicológico de este período definido es innegable. Tener un objetivo claro, aunque desafiante, me proporcionó un sentido de propósito y dirección increíblemente motivador. Me permitió compartimentar el inmenso esfuerzo requerido, verlo como una campaña concentrada en lugar de una lucha interminable. Cada día, cada semana, era un paso adelante en un camino claramente marcado. Esta claridad fue esencial para mantener la moral y prevenir el agotamiento. Si bien el futuro más allá de esos seis meses seguía siendo objeto de contemplación y planificación, el enfoque inmediato era maximizar el progreso dentro de ese plazo definido. Fue un período de intenso aprendizaje, no solo sobre mis propias capacidades físicas, sino también sobre mi fortaleza mental, mi capacidad de resiliencia y mi capacidad de adaptación a cambios profundos. El horizonte de seis meses, en esencia, se convirtió en un catalizador para la transformación, un poderoso motivador que me impulsó hacia adelante, día tras día arduo.

El optimismo inicial, alimentado por los primeros avances y la gran novedad del entorno de rehabilitación, a menudo ocultaba la realidad ondulante de la recuperación. Es un error común creer que la curación sigue una trayectoria perfectamente lineal, una curva ascendente suave donde cada día trae una mejora cuantificable. Mi experiencia, sin embargo, pintó un panorama mucho más matizado, caracterizado por períodos de progreso notable intercalados con momentos en los que sentía como si me hubieran devuelto al punto de partida, o peor aún, como si hubiera retrocedido. Estos fueron los inevitables reveses y los desalentadores estancamientos, los indeseables compañeros del largo camino.

El primer estancamiento significativo llegó aproximadamente a los dos meses de mi programa intensivo. Había estado trabajando diligentemente para recuperar la fuerza en el brazo y la mano izquierdos, una zona crucial para mi independencia. Durante semanas, había visto mejoras tangibles: podía levantar pesas más pesadas, mi agarre era más seguro e incluso podía sostener un bolígrafo por periodos cortos. Luego, casi de la noche a la mañana, sentí que ese progreso se había evaporado. Las pesas que antes parecían manejables ahora parecían imposiblemente pesadas. Coger un simple vaso de agua se convirtió en un ejercicio de intensa concentración, que a menudo terminaba con un descenso inestable e incontrolado. La frustración era inmensa. No era solo la lucha física; era el golpe mental de ver cómo una habilidad por la que había luchado tanto se perdía de repente. Recuerdo estar sentado en el gimnasio de terapia, mirando mi mano, con una oleada de impotencia que me invadía. La palabra "seis meses" me pareció menos una guía y más una broma cruel. ¿Cómo iba a lograr todo lo que necesitaba en el tiempo restante si ya me estaba topando con muros tan tenaces?

Mi terapeuta, al observar mis hombros encorvados y mi mirada abatida, no desestimó mis sentimientos. Al contrario, los reconoció. "Es normal", dijo con voz tranquila y firme. "Tu cuerpo se está adaptando, y a veces la adaptación implica periodos de consolidación, no solo progreso. Piénsalo como construir una casa: pones los cimientos, luego construyes las paredes. Hay momentos en los que parece que solo estás moviendo ladrillos, no necesariamente viendo una estructura más alta, sino que estás fortaleciendo lo que ya está ahí". Entonces propuso una modificación a mi rutina. En lugar de centrarnos únicamente en aumentar el peso o las repeticiones, cambiamos a ejercicios de resistencia y ejercicios centrados en el control motor fino, incluso si la fuerza general parecía haberse estancado. Pasamos una sesión entera practicando simplemente recoger objetos pequeños, como cuentas, y clasificarlos. Se sintió tedioso, incluso regresivo, después de los objetivos más ambiciosos que nos habíamos fijado semanas antes. Pero, como ella explicó, «Estamos reforzando las vías neuronales, haciéndolas más fuertes y eficientes. Puede que no te sientas más fuerte hoy, pero estás construyendo una base más sólida para futuras ganancias». Este cambio sutil, esta reformulación del objetivo, fue crucial. No se trataba de retroceder; se trataba de consolidar la base antes de dar los siguientes pasos.

Luego vinieron los contratiempos. Estos eran diferentes de los estancamientos; eran regresiones activas, a menudo desencadenadas por circunstancias imprevistas. Un contratiempo particularmente impactante ocurrió después de una extenuante sesión de terapia seguida de un pequeño percance. Había logrado regresar a mi habitación, sintiéndome orgullosa de mi independencia. Sin embargo, en mi fatiga, calculé mal la distancia a mi mesita de noche y tiré una lámpara pesada. En el intento instintivo, aunque descoordinado, de detenerla, me torcí el hombro, ya de por sí afectado. El dolor fue inmediato y agudo, y los días siguientes estuvieron llenos de un dolor sordo y una reducción significativa en el rango de movimiento de mi hombro. Lo sentí como un fracaso catastrófico, un cruel recordatorio de mi vulnerabilidad. Todo el progreso que había logrado en la fuerza y la estabilidad del hombro pareció desvanecerse. Fue una manifestación física y cruda de lo frágil que podía ser el proceso de recuperación.

Los días siguientes pusieron a prueba mi determinación. Tuve que modificar significativamente mi rutina habitual de terapia. Ejercicios que antes eran desafiantes pero alcanzables quedaron completamente descartados. Me centré en el manejo del dolor y en ejercicios suaves y pasivos de rango de movimiento, guiados por otro terapeuta especializado en rehabilitación de lesiones. Esto fue un profundo retroceso. Tuve que depender de ayuda para tareas que apenas empezaba a realizar de forma independiente. La frustración me carcomía. Era fácil caer en una espiral de autocompasión, cuestionar todo el esfuerzo. "¿Para qué?", me preguntaba, mirando al techo de mi habitación, con el dolor familiar como compañero constante. "Si un paso en falso puede arruinar semanas de trabajo, ¿cómo podré recuperarme de verdad?"

Fue durante estos momentos difíciles que el sistema de apoyo que había cultivado comenzó a demostrar su verdadero valor. Mi terapeuta principal, al enterarse del incidente, no me regañó ni me reprendió. En cambio, me visitó en mi habitación, lo que me trajo una perspectiva renovada. "Los accidentes ocurren", me dijo con amabilidad. "Esto no refleja tu esfuerzo ni tu potencial. Es una consecuencia de llevar tu cuerpo al límite. Lo importante es cómo respondemos". Luego, me presentó un plan revisado que priorizaba la recuperación, pero que también incorporaba ejercicios modificados para mantener la mayor parte posible de mi fuerza y rango de movimiento sin agravar la lesión. Hizo hincapié en la importancia de la paciencia y la autocompasión, recordándome que la recuperación no siempre es un camino recto, sino a menudo un camino tortuoso con desvíos inesperados.

Este período también puso de relieve la importancia de la resiliencia psicológica. Al revés físico se sumó uno emocional. La sensación de recuperar el control, que había sido tan empoderadora, dio paso repentinamente a una sensación familiar de vulnerabilidad y dependencia. Fue un duro recordatorio de que la recuperación no se trataba solo de fuerza física, sino también de fortaleza mental. Tuve que trabajar activamente para replantear la situación. En lugar de ver la lesión como un fracaso, comencé a verla como una oportunidad de aprendizaje. Me enseñó la importancia de escuchar a mi cuerpo, de reconocer mis límites y de la necesidad de realizar calentamientos y enfriamientos adecuados, incluso cuando me sentía segura y fuerte. También reforzó el valor de las estrategias de adaptación; quizás debería haber sido más consciente de mi entorno cuando estaba fatigada.

La camaradería con otros pacientes también jugó un papel importante durante estos tiempos difíciles. Recuerdo una conversación en la sala común con otro paciente que había experimentado un revés similar debido a una infección. Compartió sus propios sentimientos de desesperación y frustración, pero también su comprensión de que estos períodos, aunque dolorosos, a menudo lo llevaban a una comprensión más profunda de su propio cuerpo y a un enfoque más cauteloso, pero en última instancia, más sostenible, para su recuperación. Sus palabras, expresadas con la sabiduría de la experiencia, ofrecieron una luz de esperanza. Había navegado por aguas similares y emergió no solo curado, sino también más fuerte y más informado. Fue una poderosa prueba de que los reveses, aunque desalentadores, no eran insuperables. Simplemente formaban parte del proceso más amplio de la sanación.

El concepto de estancamiento puede ser en sí mismo una fuente de gran angustia psicológica. Cuando uno se dedica a una fisioterapia intensa, espera ver una mejora continua. Dejar de ver esos avances de repente puede ser profundamente desmoralizante. Es fácil empezar a cuestionar los propios esfuerzos, a preguntarse si uno está haciendo lo suficiente o si tiene algún defecto fundamental. Este fue mi caso durante un estancamiento particularmente persistente en mi entrenamiento de equilibrio. Había estado trabajando en permanecer de pie durante más tiempo, en caminar con menos ayuda y en desplazarme por superficies irregulares. Durante semanas, podía estar de pie un tiempo determinado, dar un número determinado de pasos, y luego, inevitablemente, perdía el equilibrio o necesitaba ayuda. Sentía como si hubiera tocado fondo.

Mi terapeuta y yo exploramos diversas estrategias para superar este estancamiento. Intentamos incorporar movimientos más dinámicos al estar de pie, introduciendo balanceos suaves y cambios de peso. Experimentamos con diferentes tipos de calzado y superficies para caminar. Incluso incorporamos elementos de taichí, centrándonos en movimientos lentos y controlados y en la activación consciente de los músculos del torso. Algunas de estas intervenciones ofrecieron breves momentos de mejora, un ligero aumento en la duración o una marcha más firme, solo para que volviera a mi estado inicial al día siguiente. Fue desalentador. El esfuerzo que requería simplemente estar de pie y mantener el equilibrio era agotador, y no ver ningún cambio duradero era como correr en una cinta, gastando mucha energía sin llegar a ninguna parte.

Durante este período, la importancia del replanteamiento psicológico se volvió fundamental. Mi terapeuta me animó a cambiar mi enfoque del objetivo final del equilibrio perfecto al proceso de esforzarme continuamente por mejorar, por pequeño que fuera. Empezamos a registrar no solo el tiempo que permanecía de pie o la cantidad de pasos que podía dar, sino también las sutiles mejoras en mi confianza, mi conciencia corporal y mi capacidad para reaccionar ante pequeños cambios en mi centro de gravedad. «Aunque los números no hayan cambiado significativamente», decía, «sigues construyendo las conexiones neuronales, sigues mejorando tu propiocepción, la capacidad de tu cuerpo para percibir su posición en el espacio. Estos son elementos fundamentales». Este cambio de perspectiva fue vital. Me permitió reconocer y apreciar el microprogreso que estaba ocurriendo, incluso cuando el macroprogreso parecía esquivo. Fomentó una sensación de autonomía, recordándome que mi esfuerzo no era en vano, aunque los resultados no fueran evidentes de inmediato.

La sensación de estar estancado también puede generar una sensación de aislamiento, incluso en un entorno de apoyo. Si bien mis terapeutas me animaban y los demás pacientes eran amables, la lucha interna por sentirme estancado podía ser profundamente solitaria. Era una batalla que libraba dentro de los confines de mi propia mente y cuerpo. Para combatirlo, me esforcé conscientemente por conectar más con la comunidad de rehabilitación en general. Empecé a asistir a más sesiones de ejercicio grupal, aunque solo pudiera participar en versiones modificadas. Me propuse entablar conversaciones con otros pacientes, compartiendo mis propias frustraciones y escuchando las suyas. Este acto de vulnerabilidad compartida a menudo disipaba la intensidad de mis propios sentimientos de estancamiento. Escuchar que otros enfrentaban desafíos similares y habían encontrado maneras de superarlos me proporcionó una poderosa sensación de solidaridad y una renovada determinación.

Además, las mesetas a menudo me sirvieron como oportunidades involuntarias de reflexión y recalibración. Cuando el intenso ritmo de mejora constante flaqueó, se creó un espacio para considerar los aspectos más amplios de mi recuperación. Comencé a pensar más profundamente en los cambios de estilo de vida que serían necesarios una vez que dejara el entorno estructurado del centro de rehabilitación. ¿Cuáles eran mis objetivos a largo plazo? ¿Qué ajustes prácticos necesitaba hacer en mi hogar y mi rutina diaria? Estas eran preguntas que podrían haber quedado eclipsadas por la búsqueda inmediata de ganancias físicas durante los períodos de rápido progreso. La meseta, de una manera extraña, me obligó a enfrentar estas preguntas más amplias, a mirar más allá de lo inmediato y planificar un futuro sostenible. Me permitió ver que la recuperación no se trataba solo de recuperar lo perdido, sino de construir una nueva forma de vida resiliente.

Un revés particularmente difícil fue la recaída de una afección secundaria que había surgido tras la lesión. Esta fue una complicación inesperada que añadió otra dificultad a mi rehabilitación. Implicaba que mi fisioterapia tuviera que modificarse aún más, y en algunos casos, suspenderse por completo, para abordar este nuevo problema de salud. El impacto emocional fue considerable. Lo sentí como una cruel jugada del destino, un castigo por el simple hecho de intentar mejorar. El plazo de seis meses, que había empezado a parecer manejable, de repente volvió a parecer inalcanzable. La frustración era palpable. Había invertido tanta energía y esperanza en mi progreso, solo para verme descarrilado por un problema totalmente imprevisto.

Este revés requirió una reevaluación completa de mis prioridades. Mi equipo médico y yo trabajamos juntos para controlar la nueva condición, lo que implicó un conjunto diferente de tratamientos y medicamentos. Durante este tiempo, mi fisioterapia se centró más en mantener lo que ya había logrado y en ejercicios suaves y de bajo impacto que no agravaran el problema secundario. Fue un período de paciencia forzada, de aprender a aceptar limitaciones que no estaban directamente relacionadas con mi lesión original. La tentación de desesperarme era fuerte. Era fácil sentirme atrapado en un ciclo de desafíos médicos, sin un camino claro hacia adelante.

Sin embargo, esta experiencia también me enseñó lecciones invaluables sobre adaptabilidad y perseverancia. Reforzó la idea de que la recuperación rara vez es un camino sencillo. Habrá obstáculos inesperados, desvíos y momentos en los que sientas que retrocedes dos pasos por cada paso que avanzas. Aprendí que la clave estaba en no dejar que estos contratiempos definieran todo el camino. Se trataba, en cambio, de encontrar maneras de adaptarme, ajustar el plan y seguir adelante, por lento que fuera. Se trataba de mantener la fe en la posibilidad de recuperarse, incluso ante desafíos abrumadores.

El proceso de superar estos reveses y estancamientos fue fundamental para desarrollar las profundas reservas de resiliencia que me servirían mucho después de concluir mi rehabilitación formal. Cada vez que enfrentaba un período de estancamiento o regresión, y encontraba la manera de superarlo, mi confianza crecía. Aprendí que era capaz de soportar la incomodidad, gestionar la frustración y adaptarme a circunstancias cambiantes. Estas no eran solo habilidades físicas; eran profundas habilidades para la vida, forjadas en el crisol de la adversidad. El período de seis meses, si bien era un plazo definido para la terapia intensiva, se convirtió en un microcosmos de la vida misma, demostrando que el progreso rara vez es lineal y que la verdadera fuerza no reside en evitar los desafíos, sino en la capacidad de levantarse después de las caídas. El camino fue innegablemente largo, y a menudo arduo, pero en estos períodos de dificultad, paradójicamente, se produjo uno de los crecimientos más profundos y duraderos. Eliminaron cualquier ilusión de recuperación sin esfuerzo y las reemplazaron con una comprensión fundamentada de la verdadera naturaleza de la curación: un testimonio del esfuerzo inquebrantable, la adaptación incansable y el espíritu humano indomable.

La incansable búsqueda de la recuperación física, aunque agotadora, fue solo una faceta del arduo viaje. El verdadero maratón, el que puso a prueba lo más profundo de mi ser, se libró en el paisaje de mi mente. Fue un desafío mental, una negociación constante con la desesperación, un esfuerzo incansable por anclar la esperanza en medio de las agitadas aguas de la incertidumbre. El esfuerzo físico en las sesiones de terapia a menudo me dejaba el cuerpo dolorido y agotado, pero fue la fatiga mental, el puro agotamiento de mantener una actitud positiva ante la adversidad, lo que resultó ser el desafío más profundo.

Hubo días, muchos, en que el peso de todo aquello amenazaba con aplastarme. La magnitud de lo perdido, la vida interrumpida tan abruptamente, descendía como una niebla sofocante. Me encontraba mirando al techo, el blanco estéril contrastaba marcadamente con los vibrantes recuerdos de mi existencia anterior, y las lágrimas brotaban. No eran las lágrimas catárticas y purificadoras de una liberación dramática; eran las lágrimas silenciosas e insidiosas del dolor, de la pérdida, de una profunda sensación de injusticia. Lágrimas por la destreza natural de mis extremidades, por la risa espontánea que ya no me salía con facilidad, por el futuro que había imaginado con tanta confianza, ahora envuelto en una niebla de "si" y "tal vez".

Esta vulnerabilidad emocional no era señal de debilidad, aunque a menudo lo sintiera así. Era, llegué a comprender, una consecuencia inevitable de afrontar un cambio vital tan profundo. El dolor era por la persona que había sido, por las habilidades que había dado por sentadas, por la facilidad con la que antes me desenvolvía en el mundo. Era una parte necesaria, aunque dolorosa, del proceso de soltar lo que era para dar cabida a lo que podría ser. Mis terapeutas, muy conscientes de esta agitación interna, solían hablar de la importancia de reconocer estos sentimientos, de permitir que afloraran sin juzgarlos. «Está bien sentirse triste», decía uno de ellos con dulzura. «Es un testimonio de cuánto luchas por conseguir, de cuánto valoras lo que te esfuerzas por recuperar».

Más allá de la emoción pura, estaba la batalla cognitiva. El accidente y sus consecuencias inmediatas me habían dejado la mente nublada, con la concentración fracturada. Tareas sencillas que antes no requerían pensamiento consciente ahora exigían un esfuerzo casi titánico de concentración. Recordar nombres, seguir conversaciones e incluso procesar instrucciones complejas de los terapeutas era como andar por un camino de melaza. Este déficit cognitivo era un revés particularmente insidioso. A diferencia de una lesión física, que se podía ver y tocar, el deterioro de mis facultades mentales era invisible, lo que lo hacía más difícil de explicar y, a veces, más difícil de aceptar.

El programa de rehabilitación incluía ejercicios cognitivos específicos, diseñados para reeducar mi cerebro. Estos abarcaban desde juegos de memoria y rompecabezas hasta tareas más complejas de resolución de problemas. Al principio, me parecían retos insuperables. Me costaba recordar secuencias, extraviaba las piezas de un rompecabezas que parecía engañosamente simple o me perdía por completo en un laberinto. La frustración era inmensa. Era un duro recordatorio de que el daño se extendía más allá de mi forma física, impactando el motor mismo de mi pensamiento. Había momentos, con la mirada perdida ante una secuencia de números que debía repetir, en los que la imperiosa necesidad era simplemente rendirme, refugiarme en la serena simplicidad de no intentarlo.

Sin embargo, en medio de esta lucha, un nuevo tipo de resiliencia comenzó a arraigarse. Cada vez que lograba recordar un nombre olvidado, completar un rompecabezas o seguir una instrucción de varios pasos, era una pequeña pero significativa victoria. No eran los triunfos dramáticos de recuperar la movilidad física, pero al fin y al cabo eran victorias que desmantelaban el edificio del deterioro cognitivo. Empecé a ver estos ejercicios no como pruebas de mis limitaciones actuales, sino como oportunidades para reconstruir, para forjar nuevas conexiones neuronales. El esfuerzo en sí mismo, el acto consciente de enfocarme, de intentar recordar, era la terapia. Se trataba de reentrenar el cerebro para interactuar, procesar, aprender, incluso cuando parecía una batalla cuesta arriba contra una mente recalcitrante.

Este maratón mental exigía un esfuerzo constante y consciente para cultivar la esperanza. Descubrí que la esperanza no era un estado pasivo de anhelar un futuro mejor; era una práctica activa y deliberada. Requería buscar activamente razones para creer, incluso cuando la evidencia parecía escasa. Esto significaba celebrar los pequeños avances: el tiempo ligeramente mayor que podía sostener una taza, la mayor claridad de un recuerdo evocado, el momento de risa genuina compartido con otro paciente. Estas eran las pequeñas brasas que tenía que avivar, protegiéndolas de los vientos de la duda y la desesperación.

Una de las herramientas más poderosas de este arsenal de esperanza era la visualización de un yo futuro. Mis terapeutas me animaron a imaginar cómo sería mi vida después de la rehabilitación. No se trataba de crear una versión idealizada y perfectamente restaurada de mi vida anterior. Eso habría sido irreal y, francamente, contraproducente. Se trataba, en cambio, de imaginar una vida plena, independiente y feliz, aunque diferente. Implicaba imaginarme participando en actividades que disfrutaba, adaptando mis rutinas y encontrando la alegría de nuevas maneras.

Pasaba momentos de tranquilidad, a menudo en la soledad de mi habitación, cerrando los ojos y repasando estos escenarios imaginarios. Me veía deambulando por mi casa con más confianza, quizás con algunas ayudas adaptativas que facilitaban las tareas. Me imaginaba reconectando con amigos y familiares, conversando con renovada concentración y participando en actividades que me proporcionaban placer, aunque requirieran modificaciones. Esto no era escapismo; era un ejercicio mental estratégico, una forma de mantener el objetivo final: una vida plena más allá de los confines de la rehabilitación, firmemente presente. Era un recordatorio constante de que las dificultades presentes, por muy desafiantes que fueran, tenían un propósito: construir un futuro por el que valía la pena luchar.

El panorama emocional de la recuperación fue un terreno agreste e impredecible. Hubo momentos de profunda conexión, de vulnerabilidad compartida con otros pacientes, que ofrecieron un inmenso consuelo. En la sala común, entre el suave murmullo de las conversaciones y el ocasional ruido de las bandejas, encontré una comunidad de personas que comprendían, de forma visceral, los desafíos únicos de este camino. Compartimos historias de contratiempos, celebramos pequeñas victorias y nos ofrecimos la tranquilidad de saber que no estábamos solos. Un gesto de comprensión, una sonrisa compartida, un simple "Sé cómo te sientes": estas fueron la moneda de cambio de nuestra experiencia compartida, más valiosa que cualquier consuelo material.

Recuerdo una tarde en particular, sentada con una mujer que también había sufrido una lesión cerebral importante. Habló con una cadencia suave y mesurada sobre sus propias luchas con la confusión mental y la frustración de sentir que sus pensamientos siempre estaban fuera de su alcance. Describió momentos de desesperación abrumadora, pero también su creciente práctica de encontrar alegría en el simple acto de observar las nubes pasar o la forma en que la luz del sol se filtraba entre las hojas de los árboles. Su capacidad para encontrar belleza y paz en observaciones tan sencillas, incluso en medio de sus propios desafíos profundos, fue una inspiración. Fue un testimonio vivo de que la felicidad no dependía de una restauración completa de la función, sino de la capacidad de encontrar momentos de gracia y satisfacción, independientemente de las circunstancias.

Sin embargo, también hubo momentos de profundo aislamiento, incluso en este entorno de apoyo. La lucha interna era, por naturaleza, solitaria. Los momentos en que la desesperación amenazaba con consumirme eran intensamente personales. En esos momentos, el mundo exterior podía sentirse distante, las palabras bienintencionadas de los demás eran incapaces de penetrar la niebla de mi propia lucha interna. Fue durante estos períodos que la práctica de la autocompasión se volvió fundamental. Tuve que aprender a hablarme a mí mismo con la misma amabilidad y comprensión que le ofrecería a un amigo querido que enfrentara una adversidad similar.

Esto significó reconocer que los contratiempos eran inevitables, que los bajones emocionales eran parte del proceso y que estaba bien no ser fuerte todo el tiempo. En lugar de reprenderme por los momentos de debilidad o frustración, aprendí a darme un consuelo sereno: «Esto es difícil. Está bien sentirse así. Estás haciendo lo mejor que puedes». Este diálogo interno, este amable reconocimiento de mi propia humanidad ante un desafío extraordinario, fue un elemento crucial para mantener mi equilibrio mental.

El camino fue una constante recalibración de expectativas. Al principio, impulsado por el optimismo inicial de comenzar la rehabilitación, mi objetivo era volver a mi vida anterior, lo más similar posible a la anterior. Pero a medida que transcurrían las semanas y los meses, y a medida que lidiaba con la realidad de mi situación, comencé a comprenderla con más matices. El objetivo pasó de simplemente recuperar lo perdido a construir una vida nueva y resiliente. Esto implicó un importante ajuste mental, la disposición a dejar atrás el pasado y abrazar el potencial de un futuro diferente, pero aún significativo.

Este cambio de perspectiva no fue instantáneo; fue una evolución gradual, marcada por momentos de claridad y periodos de duda. Implicó desafiar activamente la creencia profundamente arraigada de que mi valor y felicidad dependían únicamente de mis habilidades anteriores. Tuve que aprender a redefinir el éxito, a encontrar valor en el esfuerzo, la resiliencia y la valentía para seguir adelante, en lugar de solo en el resultado. La resistencia mental necesaria para sostener esta recalibración continua fue inmensa. Fue un proceso continuo de introspección, adaptación y un compromiso silencioso e inquebrantable con mi propio bienestar.

El esfuerzo constante por encontrar "pequeñas alegrías" se convirtió en una estrategia deliberada para sortear el maratón mental. No eran grandes declaraciones de felicidad, sino momentos fugaces que ofrecían una sensación de ligereza, un alivio temporal del peso del viaje. Podría haber sido la inesperada calidez de un rayo de sol en mi piel, el sabor de una comida especialmente deliciosa, un fragmento de música que evocaba un recuerdo feliz, o una sonrisa sincera y espontánea intercambiada con alguien que me cuidaba. Observar y apreciar activamente estos pequeños momentos era una forma de inyectar positividad en un panorama que a menudo se sentía desolado. Se trataba de entrenar mi mente para buscar la luz, incluso cuando las sombras se sentían abrumadoras.

Estos momentos de alegría, por breves que fueran, sirvieron como contrapuntos vitales a los sentimientos generalizados de pérdida y frustración.

Eran una prueba tangible de que la vida, en esencia, seguía ofreciendo momentos de belleza y placer, independientemente de mis limitaciones físicas o cognitivas. Eran la confirmación de que, incluso en medio de una profunda adversidad, la capacidad de ser feliz persistía. Cultivar esta capacidad de encontrar alegría en lo cotidiano, de apreciar el momento presente, se convirtió en la piedra angular de mi recuperación mental. Fue una habilidad perfeccionada mediante el esfuerzo consciente, una práctica que, gradual e incrementalmente, cambió el equilibrio de la desesperación a la esperanza. El maratón mental fue un testimonio de la extraordinaria capacidad del espíritu humano para perseverar, adaptarse y encontrar sentido, incluso en las circunstancias más difíciles. Fue un viaje de profunda transformación interna, donde las mayores batallas se libraron y ganaron no en la esterilla de terapia, sino en el tranquilo y decidido paisaje de la mente.

El enfoque incansable en lo interno, en el arduo viaje de la mente a través de la niebla y la duda, fue esencial. Sin embargo, sugerir que esta fue una batalla solitaria sería pasar por alto la verdad más profunda de mi rehabilitación: no estaba solo. Si bien el trabajo físico y cognitivo exigía un esfuerzo solitario, una profunda inmersión en uno mismo, el andamiaje que sustentaba este esfuerzo, las mismas anclas que me impidieron caer en el abismo, fueron las personas que me amaban. Mi familia y amigos, una constelación de rostros familiares y voces reconfortantes, se convirtieron no solo en un sistema de apoyo, sino en una parte integral de la recuperación misma.

Los primeros días de mi hospitalización fueron una mezcla de dolor, medicación y la desconcertante pérdida de control. En medio de este caos, los primeros rostros que realmente se registraron como anclas fueron los de mi familia inmediata. Mis padres, con su propio dolor grabado en sus rasgos, pero enmascarado por una férrea determinación de ser fuertes por mí, fueron mis compañeros constantes. Mi madre, con su aparentemente inagotable paciencia, se sentaba junto a mi cama durante horas, su mano era una presencia cálida y firme sobre la mía, sus suaves murmullos un bálsamo para mis nervios desgarrados. Me leía, no los thrillers dramáticos que antes devoraba, sino cuentos tiernos, su voz un arrullo rítmico que, incluso cuando mi comprensión era fragmentaria, calmaba el espíritu inquieto. Mi padre, un hombre de pocas palabras pero de inmensa fuerza, aportaba una serena solidez a la habitación. Se aseguraba de que comiera, de que mis almohadas estuvieran perfectas, su presencia una silenciosa promesa de apoyo inquebrantable. Hablaba de lo mundano, de los acontecimientos cotidianos del mundo fuera de mi habitación estéril, un recordatorio sutil pero crucial de que la vida continuaba, de que el mundo seguía girando y de que yo seguía siendo parte de él.

Mis hermanos, cada uno a su manera, sortearon la conmoción y el miedo con una gracia que desmentía su propia angustia. Aportaron una energía juvenil, una pizca de normalidad que se necesitaba desesperadamente. Compartían anécdotas de sus amigos, noticias de casa; su risa, aunque teñida de una nueva vulnerabilidad, era una melodía que se abría paso entre la sombría sinfonía del hospital. No anduvieron con rodeos ante mi realidad alterada; la reconocieron, la aceptaron y luego, con una suave insistencia, me devolvieron al tapiz compartido de nuestras vidas. Me ayudaron a ver que, si bien mi forma física había cambiado drásticamente, la esencia de quien yo era, la persona que conocían y amaban, permanecía.

Durante mi transición al centro de rehabilitación, las visitas de mi familia se convirtieron en un faro. El esfuerzo que les suponía viajar, sacar tiempo de sus ajetreadas vidas, era un testimonio de su amor. Cada visita era un regalo cuidadosamente seleccionado. Traían mis libros favoritos, un capricho de mi pastelería favorita o simplemente su presencia, que a menudo era el regalo más preciado. Escuchaban, escuchaban de verdad, mis relatos de la terapia, mis frustraciones, mis pequeños triunfos y mis inevitables momentos de desesperación. Nunca minimizaron mis dificultades, pero tampoco permitieron que me sumergiera en ellas. Me servían como un espejo para ver mi progreso, recordándome lo lejos que había llegado, incluso en los días en que sentía que me estaba estancando.

Las celebradas "pequeñas victorias" se amplificaron exponencialmente con su presencia. La primera vez que logré alimentarme sin mucha ayuda, la alegría entre lágrimas de mi madre fue más profunda que cualquier orgullo personal que sintiera. Cuando por fin pude mantenerme de pie un rato con la ayuda de las barras paralelas, el orgulloso gesto de mi padre, una rara muestra de sus emociones, lo decía todo. Estos no fueron solo hitos en mi recuperación física; fueron momentos compartidos de triunfo, entretejidos en la estructura de nuestras relaciones. Me permitieron verme no como un conjunto de deficiencias, sino como una persona que luchaba y triunfaba, con el apoyo inquebrantable de una fuerza amorosa.

Las llamadas también eran un salvavidas. En las horas de silencio, cuando el hospital se sumía en el silencio y los pensamientos podían volverse abrumadores, un timbre familiar podía romper la melancolía que se cernía sobre mí. Mi hermana, que vivía en otra ciudad, llamaba todas las noches; su voz era un ritual reconfortante. Hablábamos de su día, su trabajo, su vida social, y luego, con cuidado, ella indagaba con delicadeza sobre la mía. Era experta en extraer información sin exigirla, en ofrecer ánimo sin clichés. Compartía un meme gracioso que había visto, un fragmento de un podcast que estaba disfrutando o simplemente me recordaba que pensaba en mí. Estas llamadas eran un puente a través de la distancia, una confirmación constante de que seguía conectada, de que seguía formando parte del mundo más allá de las paredes del centro de rehabilitación.

Mis amigos, un grupo diverso y maravilloso, también jugaron un papel fundamental. Comprendieron que mi mundo se había encogido, que ya no podía disfrutar de las salidas espontáneas que antes disfrutábamos. Sin embargo, su compromiso con mantener esas amistades fue inquebrantable. Se adaptaron. En lugar de exigirme que fuera a verlos, ellos vinieron a mí. Programaban visitas, trayendo consigo el mundo exterior, risas y un renovado sentido de camaradería. No rehuyeron mi condición; la abordaron con curiosidad, empatía y un sentido de alegría constante.

Recuerdo a un amigo, un apasionado del senderismo, que me contaba sus aventuras de fin de semana con gran detalle, describiendo el aroma de las agujas de pino, la sensación del sol en el rostro, las impresionantes vistas desde las cimas de las montañas. Nunca las presentaba como una provocación, sino como una invitación, una muestra de un mundo que aún existía, un mundo al que, con el tiempo, tal vez podría volver. Me traía mapas de senderos, me hablaba de equipos adaptados que permitían a las personas con movilidad reducida experimentar la naturaleza y sembraba la semilla de futuras posibilidades. Su fe en mi futura capacidad de volver a vivir las aventuras de la vida fue una poderosa motivación silenciosa.

Otro amigo, músico, a veces traía su guitarra. No ofrecía conciertos elaborados, sino que rasgueaba melodías suaves, a menudo eligiendo canciones que nos traían recuerdos compartidos. La música, aunque no pudiera cantarla del todo, llenaba la sala de una calidez y familiaridad profundamente sanadora. Hablaba de los nuevos artistas que estaba descubriendo, del poder de la música para trascender las limitaciones físicas y, con su estilo relajado, me recordaba que mi capacidad de apreciar, de conectar a través del arte, seguía intacta.

Las conversaciones con amigos fueron cruciales para restablecer mi identidad, separada de mi enfermedad. Me conocían de antes y veían la persona en la que me esforzaba por convertirme. Recordaban mis peculiaridades, mi sentido del humor, mis pasiones, y sacaban a la luz esos recuerdos. Me preguntaban mi opinión sobre la actualidad, recordaban chistes privados y me trataban con el mismo respeto y familiaridad de siempre. Esta validación fue sumamente importante. Me ayudó a combatir la insidiosa sensación de que mi identidad había sido borrada irrevocablemente, reemplazada por la etiqueta de "paciente" o "discapacitada".

Su inquebrantable fe en mi potencial fue quizás la medicina más poderosa. Hubo días en que dudé de mí mismo, en que la magnitud de la tarea que me aguardaba me paralizaba. En esos días, las palabras de mis seres queridos, su fe inquebrantable en mi recuperación, actuaron como un poderoso antídoto contra la desesperación. No me ofrecieron trivialidades vacías; hablaron de cualidades específicas que admiraban en mí: mi resiliencia, mi determinación, mi espíritu. Me recordaron desafíos pasados que había superado, estableciendo sutiles paralelismos con mi situación actual. Su fe no era solo una esperanza pasiva; era una fuerza activa que me impulsaba hacia adelante.

Este apoyo fue más allá de las palabras y las visitas. Mi familia, comprensiva de la presión financiera que supone la atención médica y la rehabilitación prolongadas, intervino sin dudarlo. Se encargaron de las complejidades del seguro, gestionaron las facturas y se aseguraron de que me concentrara exclusivamente en mi recuperación. Este apoyo práctico, aunque menos visible emocionalmente, fue un gran alivio. Eliminó una capa de estrés que fácilmente podría haber agravado las cargas emocionales y físicas que llevaba.

La dinámica de estas relaciones también evolucionó. Hubo momentos de fricción, por supuesto. La frustración, nacida del miedo y la impotencia, a veces podía manifestarse como impaciencia o una palabra áspera fuera de lugar. Pero la base de amor y comprensión que existía era lo suficientemente sólida como para absorber estas pequeñas sacudidas. Aprendimos a comunicarnos más abiertamente, a reconocer nuestras propias vulnerabilidades y a perdonarnos las imperfecciones ante circunstancias extraordinarias.

El centro de rehabilitación, aunque contaba con profesionales cualificados, a veces podía resultar estéril e impersonal. La presencia constante de mi familia y amigos infundía una dosis vital de humanidad en este ambiente. Sus risas resonaban en los pasillos, sus abrazos reconfortantes me proporcionaban consuelo, y su presencia inquebrantable era un recordatorio tangible de la vida que me aguardaba más allá de las sesiones de terapia y la jerga médica. Eran la personificación de mis motivos para luchar, la prueba tangible de que una vida plena aún estaba a mi alcance.

A medida que progresaba, la naturaleza de su apoyo también cambió. Al principio, su función era de cuidado directo y consuelo emocional. A medida que fui ganando independencia, su función evolucionó hacia una de compañía, de compartir experiencias de la vida y de ayudarme a reintegrarme al mundo. Celebraron mi regreso a casa con una alegría similar a la mía, y luego, con cariño, comenzaron a animarme a recuperar aspectos de mi vida anterior, adaptados a mi nueva realidad.

Este viaje fue una profunda lección sobre el poder de la conexión humana. Me enseñó que, si bien la fortaleza individual es esencial, la verdadera resiliencia a menudo se forja en el crisol de la experiencia compartida y se apoya en el amor inquebrantable de los demás. Mi familia y amigos no fueron simples espectadores de mi recuperación; fueron participantes activos; su fe, su paciencia y su amor proporcionaron el lastre esencial que me mantuvo firme, motivado y, en última instancia, en el camino hacia la reconstrucción de mi vida. Fueron las anclas que me sostuvieron firme cuando las tormentas arreciaron, los recordatorios constantes y amables de que era amado, valorado y capaz de perseverar. Su presencia no fue solo un consuelo; fue un componente fundamental de mi sanación, un testimonio de la fuerza perdurable de los lazos humanos que nos sostienen durante las pruebas más difíciles de la vida. Me recordaron al "yo" que existía antes del accidente y, lo que es más importante, fomentaron el crecimiento del "yo" que estaba emergiendo, más fuerte y agradecido que nunca. Cada visita, cada llamada, cada palabra de aliento fue un hilo que se tejió en el tapiz de mi recuperación, creando una estructura rica y resiliente que me apoyaría mucho después de terminar la rehabilitación formal. Su inquebrantable creencia en mi capacidad para ser feliz, incluso cuando la mía estaba envuelta en dudas, fue un regalo inmenso, una fuente constante de luz a largo plazo.

La realidad tangible del alta comenzó a imponerse con una silenciosa inevitabilidad. Seis meses. El tiempo en sí mismo parecía imposiblemente largo y alarmantemente corto. Era un hito del que los terapeutas habían hablado en voz baja, un faro lejano en un horizonte brumoso, y ahora, se acercaba rápidamente. El alivio inicial, la alegría pura de acercarse al final del tratamiento formal, se vio rápidamente atenuada por una creciente oleada de aprensión. El entorno estructurado del centro de rehabilitación, con sus rutinas predecibles y constante supervisión profesional, se había convertido, a su manera, en un santuario. Salir de allí se sentía como caminar por la cuerda floja sin red.

La cuestión del "hogar" ya no era una simple ubicación geográfica, sino un rompecabezas complejo que exigía un montaje meticuloso. Las conversaciones sobre modificaciones se convirtieron en un tema recurrente en mis sesiones de terapia. ¿Era el baño realmente accesible? ¿Había rampas que se pudieran instalar? ¿Necesitaría equipo especializado para subir y bajar escaleras? Cada pregunta, aunque práctica, tenía una carga emocional. Significaba reconocer, de forma concreta, los cambios permanentes en mis capacidades físicas. Era una recalibración constante, una redefinición de lo que significaba "hogar" y un duro recordatorio de que las paredes que estaba acostumbrada a habitar tendrían que adaptarse a mí, o yo a ellas.

Mi familia, siempre diligentes arquitectos de mi bienestar, se volcó en esta planificación con su característica mezcla de pragmatismo y sincera preocupación. Pasábamos horas estudiando planos, visitando tiendas de bricolaje que nos resultaban extrañas y abrumadoras, y consultando con especialistas en accesibilidad. Mi madre, cuya serenidad había sido una presencia constante en todo momento, me explicaba pacientemente los detalles de las barras de apoyo y los grifos de palanca, con un optimismo inquebrantable en que superaría estos nuevos desafíos. Mi padre, siempre resuelto, medía meticulosamente las puertas y evaluaba la integridad estructural; su discreta diligencia era una fuerza tranquilizadora. Incluso mis hermanos, ahora mucho más integrados en sus vidas adultas, ofrecían sugerencias, a veces basadas en sus propias experiencias con familiares o amigos mayores que enfrentaban desafíos similares, lo que me aportaba una perspectiva más amplia e invaluable.

Sin embargo, la ansiedad no se centraba únicamente en el entorno físico de mi hogar. La perspectiva de recuperar la independencia me trajo consigo una potente mezcla de emoción y miedo. ¿Podría ocuparme de mi propio cuidado personal sin ayuda? ¿Y de cocinar, limpiar y gestionar las citas? Los terapeutas me aseguraron que me apoyarían en un retorno gradual a la vida independiente, que los auxiliares de salud a domicilio y las terapias ambulatorias me ayudarían. Sin embargo, el salto mental que requería imaginarme realizando estas tareas, que antes eran tan automáticas, me parecía monumental. Había una duda persistente, un susurro persistente de que tal vez aún no estaba lista, de que el andamiaje del centro de rehabilitación era demasiado vital para desmontarlo.

Este debate interno me acompañaba constantemente. Un día, sentía una oleada de determinación, un deseo ardiente de recuperar mi autonomía, imaginándome de nuevo en mi propio espacio, sintiendo la familiaridad de mi entorno. Al siguiente, una oleada de vulnerabilidad me invadía, y la idea de tener que lidiar torpemente con un abrelatas o de esforzarme por vestirme me llenaba de una profunda sensación de incompetencia. Era un tira y afloja constante, una lucha entre la persona que era y la persona en la que me estaba convirtiendo.

El equipo de rehabilitación, perspicaz ante estas ansiedades subyacentes, comenzó a integrar simulaciones más realistas en mi terapia. Esto incluía simulacros de compras en un entorno de tienda simulado, prácticas de preparación de comidas en una cocina especialmente adaptada e incluso juegos de rol como abrir la puerta a las visitas o hacer llamadas telefónicas para programar citas. Estos ejercicios, aunque a veces frustrantes, fueron cruciales. Me brindaron un espacio seguro para tropezar, aprender de los errores y fortalecer mi confianza en mi capacidad para desenvolverme en la vida cotidiana. Los terapeutas me ofrecieron retroalimentación constructiva, no solo sobre la mecánica de la tarea, sino también sobre la gestión emocional, ayudándome a desarrollar estrategias de afrontamiento para momentos de frustración o pánico.

El enfoque también comenzó a cambiar hacia el manejo a largo plazo de mi condición. No se trataba solo de la recuperación física, sino del autocuidado proactivo. Las sesiones educativas fueron primordiales. Hablamos sobre el manejo de la medicación, la importancia de las revisiones periódicas y cómo reconocer los signos de posibles complicaciones. El concepto de "autodefensa" se convirtió en un tema central. Aprendí a expresar mis necesidades de forma clara y eficaz a los profesionales de la salud, a hacer preguntas pertinentes y a expresar mis preferencias con respecto a mi atención. Esto representó un cambio significativo respecto al rol pasivo que a menudo había desempeñado como paciente. Fue empoderador, un cambio sutil pero profundo en mi capacidad de acción.

El impacto psicológico de esta inminente transición también se abordó abiertamente. Las sesiones de terapia grupal se volvieron aún más valiosas. Escuchar a otros expresar miedos y ansiedades similares —el temor a lo desconocido, la preocupación por la reintegración social, la preocupación por las relaciones a largo plazo— fue increíblemente enriquecedor. Compartimos estrategias para manejar la ansiedad, hablamos de nuestras esperanzas y temores, y nos ofrecimos apoyo mutuo. La experiencia compartida de la rehabilitación creó un vínculo único, una camaradería que trascendió los diagnósticos individuales. Todos estábamos navegando por las aguas inexploradas de la vida después de un evento médico importante, y en ese viaje compartido, encontramos fuerza.

Mi familia también estaba en proceso de preparación. Recibieron capacitación sobre cómo ayudarme de forma segura y eficaz, aprendiendo nuevas técnicas de traslado y brindándome apoyo, a la vez que se les animaba a fomentar mi independencia. Se habló sobre el impacto emocional en ellos, los desafíos que podrían enfrentar y los recursos disponibles para apoyarlos como cuidadores. Este enfoque holístico, que reconocía que mi recuperación no se trataba solo de mí, sino de toda mi red de apoyo, fue un testimonio de la naturaleza integral del programa de rehabilitación.

A medida que transcurrían los días, se palpaba un cambio en la atmósfera. Una sensación de plenitud y anticipación impregnaba los pasillos. Los terapeutas me ofrecieron unas últimas palabras de aliento, reforzando las habilidades que había adquirido y recordándome las herramientas que ahora poseía para continuar mi progreso. Mi habitación, que antes me había parecido una prisión, ahora se sentía como un refugio temporal, un lugar donde había reunido la fuerza y el conocimiento para enfrentarme al mundo exterior.

Las últimas semanas fueron un torbellino de equipaje, despedidas y la meticulosa finalización de los planes de alta. Había asuntos prácticos que resolver, recetas que surtir y citas que programar. La transición a casa no se concibió como un salto inmediato hacia la independencia total, sino como una serie de pasos cuidadosamente orquestados. Se organizaron sesiones de terapia ambulatoria, se programó atención de enfermería a domicilio para el período inicial y las citas de seguimiento con mi equipo médico estaban totalmente reservadas. El objetivo era crear una red de seguridad, una reincorporación gradual al mundo que me permitiera consolidar mis logros y adaptarme a mi propio ritmo.

La perspectiva de volver a mi cama, a la comodidad de mi entorno, era una poderosa motivación. Cerraba los ojos e imaginaba la sensación de mis almohadas, el aroma de mi hogar, el simple hecho de entrar en mi cocina. Estos eran los pequeños placeres cotidianos que antes daba por sentados y que ahora tenían un inmenso significado. Eran los símbolos tangibles de la vida que luchaba por recuperar, una vida que, aunque indudablemente había cambiado, aún albergaba la promesa de alegría y plenitud.

La última reunión de alta fue una confirmación formal de mi preparación, aunque una preparación que aún estaba teñida de cierta cautela. El equipo de rehabilitación, tras haberme guiado en los días más difíciles, me presentó un plan integral y unas expectativas claras. No fue una renuncia a la responsabilidad, sino una encomienda. Me habían dotado del conocimiento, las habilidades y la confianza para continuar el camino a mi manera. Al salir del centro de rehabilitación por última vez, el peso de los últimos seis meses recaía sobre mis hombros, no como una carga, sino como prueba de mi resiliencia. El horizonte, antes oscurecido por la niebla, ahora se extendía ante mí, vasto y lleno de desafíos y posibilidades ilimitadas. El largo camino estaba lejos de terminar, pero ahora estaba preparado para afrontarlo, no como un paciente que sale del confinamiento, sino como una persona que inicia un nuevo capítulo, lista para redefinir el significado de la vida.

Capítulo 5. Más tormentas

La llave giró en la cerradura, un clic familiar que siempre había anunciado el final del día, el comienzo del respiro. Pero esta vez, resonó de forma diferente. No era solo el sonido de entrar en mi casa; era el sonido de entrar en un mundo que era a la vez íntimamente mío y extrañamente ajeno. El aire interior estaba impregnado del aroma a hogar: una reconfortante mezcla de pulimento, libros viejos y el tenue y persistente aroma de la comida de mi madre de semanas atrás. Sin embargo, el aire mismo se sentía cargado de una nueva tensión, una conciencia tácita de la transformación que se había producido, tanto en mí como dentro de las paredes que antaño habían contenido mi vida con tanta naturalidad.

Cruzar el umbral, incluso con la mano firme de mi padre y el cuidadoso manejo de la silla de ruedas, fue como cruzar una frontera invisible. La sala de estar, bañada por el sol del atardecer, lucía exactamente como la recordaba. El sillón de cuero desgastado donde había pasado incontables horas leyendo, la estantería rebosante de libros de bolsillo muy queridos, las fotos familiares que adornaban la repisa de la chimenea: todo estaba congelado en el tiempo. Pero mi mirada, ahora acostumbrada a evaluar ángulos y espacios libres, se fijó de inmediato en los detalles mundanos que se habían vuelto monumentales. El estrecho espacio entre el sofá y la mesa de centro, antes un obstáculo trivial, ahora representaba un impedimento significativo. La alfombra, una reliquia de felpa que siempre se había sentido suave al caminar, ahora presentaba un peligro potencial de tropiezo, un terreno irregular que me provocó una oleada de inquietud.

Mi madre, con el rostro entre el alivio y una ansiedad cuidadosamente controlada, me recibió con una sonrisa radiante que no llegó a sus ojos. Junto con mi padre, había emprendido una reforma silenciosa, un esfuerzo clandestino para adaptar la casa a mi nueva realidad. Se había ampliado la entrada y se había instalado una discreta rampa que se integraba sorprendentemente bien con el ladrillo existente. Pero estos eran solo los primeros gestos. El verdadero ajuste de cuentas me esperaba dentro.

La escalera, el gran centro de nuestra casa familiar, se alzaba ahora como un gigante impasible. Seis amplios escalones, cada uno un recuerdo de juegos infantiles, de carreras apresuradas, de perezosas mañanas de domingo. Ahora, eran un abismo infranqueable. Pensar en mi dormitorio, enclavado en el segundo piso, parecía una aspiración lejana, un reino olvidado. Se habían discutido los planos de una silla salvaescaleras, se había encargado y su instalación estaba prevista para las próximas semanas, pero su ausencia dejaba un vacío palpable. Por ahora, mi mundo se había condensado irrevocablemente en la planta baja. Era una manifestación física y descarnada de las limitaciones que aún me costaba comprender del todo, y mucho menos aceptar.

Mi habitación, preparada con esmero, estaba en la planta baja, antes un estudio. Se había transformado en una especie de santuario, equipada con una cama de hospital que desentonaba entre el mobiliario familiar, y una colección de equipo médico que zumbaba con una presencia silenciosa y persistente. El baño accesible, una obra maestra de diseño funcional, estaba al lado. Puertas anchas, barras de apoyo estratégicamente ubicadas, una ducha adaptada para silla de ruedas: todo estaba diseñado para la eficiencia y la seguridad. Pero la gran cantidad de accesorios especializados era un recordatorio constante e inevitable. Había cambiado la reconfortante familiaridad de mi antiguo dormitorio por este espacio meticulosamente diseñado, una concesión a la necesidad que parecía una rendición.

Los primeros días fueron un proceso de adaptación confuso, salpicado de momentos de frustración abrumadora y destellos de sorprendente gratitud. Tareas sencillas que antes me resultaban instintivas ahora requerían un esfuerzo consciente, a menudo laborioso. Alcanzar un vaso de agua en un mostrador demasiado alto, maniobrar la silla de ruedas por una puerta que parecía inexplicablemente estrecha, incluso el simple hecho de darme la vuelta en un espacio reducido: cada acción era una pequeña batalla. La independencia que tanto anhelaba parecía un espejismo, un tentador atisbo de libertad que siempre estaba fuera de mi alcance, siempre mediada por la presencia de mi entorno adaptado y las personas que me ayudaban a desenvolverme en él.

Mi familia, benditos sean, fue incansablemente servicial. Mi madre era un torbellino de atención, anticipándose a mis necesidades incluso antes de que pudiera expresarlas. Se aseguraba de que mis comidas se prepararan con precisión según mis necesidades dietéticas, me ayudaba a vestirme y me guiaba pacientemente por el complejo proceso de la higiene personal. Mi padre, siempre pragmático, asumió el papel de encargado de mantenimiento y logística, asegurándose de que todo el equipo nuevo funcionara a la perfección y solucionando cualquier imprevisto. Ajustaba los muebles con discreción, recalibraba la altura de las mesitas de noche y se aseguraba de que todos los pasillos estuvieran despejados.

Pero bajo su apoyo incondicional, percibí su propia lucha interna. Ahora eran mis principales cuidadores, y sus roles habían cambiado sutil pero profundamente. La familiaridad de nuestra dinámica familiar se había superpuesto a una capa de cuidado profesional. Noté momentos en que mi madre dudaba antes de acercarse, con un destello de incertidumbre en la mirada, como si dudara momentáneamente si ser la madre protectora o la enfermera diligente. Mi padre, que siempre había sido un hombre de pocas palabras, ahora se encontraba explicando las especificaciones técnicas de los dispositivos de asistencia, con su estoicismo habitual teñido de un cansancio que lo decía todo.

La realidad de necesitar ayuda para las actividades básicas de la vida diaria fue quizás el aspecto más impactante de mi regreso a casa. El centro de rehabilitación me había proporcionado un entorno estructurado donde esta dependencia se normalizaba, incluso se esperaba. Allí, en el corazón de mi vida personal, me sentía vulnerable, vulnerable y profundamente humillante. Yo, que siempre me había enorgullecido de mi autosuficiencia, ahora necesitaba ayuda para levantarme de la cama, cepillarme los dientes, incluso para moverme de una habitación a otra.

La inicial gratitud por la dedicación de mi familia a menudo daba paso a un conflicto interno. Una parte de mí anhelaba poder hacer estas cosas por mí mismo, recuperar aunque fuera un ápice de esa autonomía perdida. La otra parte, la más pragmática y quizás la más sabia, reconocía la necesidad y el agotamiento que implicaría intentar estas tareas de forma independiente. Este tira y afloja interno era una constante y agotadora compañera. Sentía una oleada de determinación, una férrea resolución por dominar una maniobra en particular, solo para flaquear, con la energía agotada, mi determinación desmoronándose, y entonces me invadía la silenciosa vergüenza de tener que pedir ayuda.

Mis hermanos, que me visitaban con regularidad, aportaban una energía diferente. Abordaban la situación con una refrescante mezcla de practicidad y el deseo de relajar el ambiente. Mi hermana, con su don innato para la organización, se encargaba del desorden que inevitablemente se acumulaba, creando sistemas para mis medicamentos y citas que eran a la vez eficientes y visualmente atractivos. Mi hermano, siempre bromista, inventaba escenarios elaborados con mi silla de ruedas, transformando traslados mundanos en simulacros de carreras de cuadrigas o escapadas audaces. Sus esfuerzos, aunque a veces un poco torpes, eran invaluables. Me recordaron que la vida, incluso una vida irrevocablemente alterada, aún podía albergar risas y frivolidad. Me trataban con una camaradería familiar; sus interacciones se centraban menos en mi condición y más en nuestra historia compartida y nuestras vidas en desarrollo.

Sin embargo, incluso su presencia realzaba el nuevo panorama de mis interacciones sociales. Mis amigos me visitaban, con una mezcla de compasión y una cuidadosa evasión de ciertos temas. Las conversaciones a menudo se desviaban hacia lo superficial, una danza nerviosa alrededor del elefante en la habitación: mi cuerpo cambiado, mi futuro alterado. Si bien apreciaba su preocupación, a veces añoraba la tranquilidad de nuestras conversaciones previas al accidente, las charlas desinhibidas sobre el trabajo, los sueños y las trivialidades cotidianas. Ahora, cada interacción se sentía cargada de una conciencia tácita, un recordatorio constante de que ya no era simplemente "yo" a sus ojos, sino "yo, que había experimentado X".

La casa, que antes era símbolo de mi independencia y comodidad, ahora representaba una lección constante y tangible de adaptación. Cada superficie, cada puerta, cada recodo me recordaba las barreras físicas a las que me enfrentaba. El jardín, mi santuario de tranquilidad, con sus senderos sinuosos y terreno irregular, era ahora prácticamente inaccesible. Los parterres, que antes eran una fuente de alegría, ahora estaban fuera de mi alcance. Incluso sentarme en el patio me parecía un reto, subiendo el pequeño escalón que bajaba de la puerta trasera.

El entusiasmo inicial por la comida casera empezó a decaer a medida que la preparación de las comidas se hacía realidad. Aunque mi madre era una cocinera experta, el proceso de reunir ingredientes, cortar verduras y moverse por la cocina en silla de ruedas era una experiencia agotadora. A menudo, las comidas preparadas o los platos sencillos y fáciles de preparar se convertían en la norma. Las aventuras culinarias que antes me proporcionaban tanto placer ahora eran demasiado exigentes físicamente para contemplarlas. Esta fue una pérdida sutil, una disminución de un aspecto preciado de mi vida que me dolió más de lo que esperaba.

El desgaste emocional fue considerable. La constante necesidad de ayuda, las limitaciones físicas, el panorama social alterado; todo ello contribuía a una sensación de aislamiento, incluso en el seno de mi familia. Había días en que el peso de todo aquello me aplastaba, en que el mero esfuerzo de existir me resultaba abrumador. Me encontraba mirando por la ventana, viendo pasar el mundo, un mundo que se sentía cada vez más lejano e inaccesible. Las calles familiares, las tiendas bulliciosas, las salidas espontáneas: estas eran experiencias que ahora requerían una planificación meticulosa, una hazaña logística que a menudo me parecía demasiado abrumadora.

Mi terapeuta, a través de nuestras sesiones ambulatorias semanales, se convirtió en un punto de apoyo invaluable. Analizábamos las frustraciones, las ansiedades y los sentimientos de resentimiento que afloraban. Me brindó herramientas y estrategias para gestionar estas emociones, ayudándome a replantear mi perspectiva y a celebrar las pequeñas victorias. Enfatizó la importancia de la autocompasión, recordándome que la recuperación no es un proceso lineal y que los reveses no son fracasos, sino simplemente parte del camino. También me animó a defenderme, a expresar mis necesidades con claridad y asertividad, incluso en casa. Fue una lección desafiante: aprender a equilibrar mi necesidad de ayuda con mi deseo de autonomía y a comunicar estas emociones complejas sin distanciarme de quienes me cuidaban.

El proceso de modificación de la casa era continuo. Cada nuevo equipamiento, cada pequeño ajuste, era un paso adelante, pero también un paso atrás respecto a la casa que había conocido. La silla salvaescaleras, una vez instalada, fue una bendición, permitiéndome acceder a los pisos superiores, a mi antiguo dormitorio, a una reminiscencia de mi vida anterior. Pero incluso su presencia era un recordatorio visual constante de mi incapacidad para subir esos escalones por mi cuenta. Era un compromiso, un mal necesario que me trajo tanto alivio como una punzada de pérdida.

Los auxiliares de salud a domicilio, que venían varias veces por semana, me brindaron un apoyo adicional. Su distanciamiento profesional fue, en cierto modo, un alivio. Estaban centrados en las tareas, eran eficientes y estaban menos involucrados emocionalmente que mi familia, lo que me permitió cierta privacidad y me hizo sentir menos culpable por necesitar su ayuda. Sin embargo, su presencia también supuso una intrusión más en la intimidad de mi hogar, un recordatorio más de que este espacio ya no era solo mío, sino un entorno cuidadosamente gestionado y diseñado para satisfacer mis necesidades.

El mayor desafío, quizás, fue la recalibración interna. Tuve que aprender a redefinir el significado de "hogar". Ya no se trataba solo de la estructura física, sino de las personas que la habitaban, el amor y el apoyo que me brindaban, y la fuerza interior que cultivaba. Tuve que aprender a encontrar momentos de paz y satisfacción dentro de las limitaciones de mi nueva realidad, a apreciar la belleza de lo adaptado, en lugar de lamentar la pérdida de lo familiar.

El jardín, por ejemplo, se convirtió en un proyecto. Con la ayuda de mi padre y algunos amigos, ideamos un plan para crear bancales elevados accesibles desde mi silla de ruedas. Instalamos un camino pavimentado y resistente que conducía directamente a ellos. Fue un esfuerzo monumental, pero la primera vez que pude extender la mano, sentir la tierra entre los dedos y arrancar un tomate maduro de una planta que había ayudado a cuidar, fue una victoria. Fue una conexión tangible con la naturaleza, un recordatorio de que la vida, en su forma más fundamental, aún florecía, y que yo también podía seguir creciendo y prosperando.

Las tardes solían ser las más duras. A medida que el día se acercaba a su fin y la energía de mi familia pasaba del cuidado activo a la relajación, sentía la familiar punzada del aislamiento. La casa, que antes me había parecido tan acogedora, a veces parecía una jaula de oro. Los sonidos de mi familia moviéndose por los pisos superiores, las risas apagadas del televisor, eran un recordatorio constante de la vida que sucedía justo fuera de mi alcance.

Pero también hubo momentos de profunda conexión. Sentarme en la sala con mi familia, compartiendo historias, incluso si a veces las historias estaban interrumpidas por mi necesidad de ayuda o un momento de incomodidad física, me sentí profundamente arraigado. Las comidas compartidas, las tardes tranquilas, el simple hecho de estar juntos: estos fueron los pilares de mi renovada sensación de hogar.

El viaje de regreso a casa no fue el final de un capítulo, sino el comienzo de una nueva narrativa intrincada. Fue una historia de resiliencia, de adaptación y del poder perdurable de la conexión humana. La casa, que una vez fue un símbolo de mi vida pasada, se estaba transformando lenta y minuciosamente en un testimonio de mi futuro. Era un testimonio de que, incluso cuando las tormentas arrecian y las costas familiares se alejan, el anhelo de hogar, de pertenencia, de un lugar donde anclarse, sigue siendo una fuerza indomable. Mi regreso no fue un simple regreso a casa, sino una profunda redefinición de lo que significaba estar en casa, pertenecer y construir una nueva vida entre paredes familiares que ahora albergaban los ecos del pasado y del futuro.

Los días posteriores a mi regreso a casa fueron un recordatorio constante, a menudo discordante, de mi realidad alterada. El centro de rehabilitación, a pesar de su estéril eficiencia, había servido como una burbuja cuidadosamente seleccionada donde mi dependencia era una parte normalizada del entorno. Cada tarea, desde darme la vuelta en la cama hasta subirme a la silla de la ducha, era facilitada por equipo especializado o asistida por profesionales capacitados. Había un ritmo, una cadencia predecible que, si bien desafiante, también resultaba extrañamente reconfortante en su estructura. Pero mi hogar, mi santuario, mi fortaleza de autosuficiencia, era algo completamente diferente. Allí, la necesidad de ayuda no era un concepto abstracto; era una exigencia tangible y omnipresente que socavaba los cimientos de mi identidad.

El cambio más profundo, el que resonaba en los momentos más tranquilos del día, fue el peso de la dependencia. No se trataba solo de necesitar una mano para estabilizarme o ayuda para alcanzar un estante alto. Se trataba de la renuncia fundamental al control sobre mi propia existencia física. Actos sencillos, esos tan arraigados que nunca había pensado dos veces en ellos, ahora eran esfuerzos titánicos que requerían la presencia y la cooperación de otro. Preparar una comida, antes una salida creativa y una fuente de nutrición, se transformó en un complejo rompecabezas logístico. Incluso si podía alcanzar los ingredientes, el acto de cortar verduras, remover una olla en la estufa o transferir platos calientes del horno a la encimera estaba plagado de dificultades y peligros potenciales. La idea de recorrer la cocina de forma independiente, maniobrando mi silla de ruedas por pasillos estrechos mientras intentaba al mismo tiempo manejar los utensilios y la comida caliente, parecía un sueño imposible. La mayoría de las veces, las comidas se convirtieron en asuntos simplificados: opciones preparadas previamente o cosas que se podían preparar con un mínimo esfuerzo, muy lejos de las exploraciones culinarias que alguna vez disfruté.

Bañarme, un ritual de higiene personal y un momento de silenciosa introspección, se convirtió en una tarea cargada de vulnerabilidad. La silla de ducha especializada, las barras de apoyo estratégicamente colocadas, la ducha de mano: todas eran necesidades funcionales, pero su presencia era un claro reflejo de mi disminución de capacidades físicas. El proceso de desvestirme, sentarme en la silla, lavarme y volver a salir era una compleja danza que exigía no solo fuerza, sino también una destreza que ya no poseía. Hubo momentos, sobre todo al principio, en los que intentaba hacer todo lo que podía por mi cuenta, con una férrea determinación luchando contra las limitaciones físicas. La frustración que surgía cuando mis extremidades no cooperaban, cuando un movimiento que debería haber sido fluido se convertía en una lucha torpe y agotadora, a menudo era abrumadora. Y entonces, lo inevitable: la necesidad de pedir ayuda, de admitir que no podía sola. Cada vez que tenía que hacerlo, sentía que renunciaba a una pequeña parte de mi autonomía. No fue sólo el acto físico de necesitar ayuda, sino el reconocimiento interno de mi vulnerabilidad lo que pesó tanto.

Esta dependencia forzada ensombreció mis relaciones. Mi familia, mis dedicados cuidadores, fueron los más afectados por este cambio. Sus roles, antes definidos principalmente por el amor y la conexión familiar, ahora estaban inextricablemente entrelazados con las exigencias del cuidado. Mi madre, siempre tan cariñosa, se encontraba dedicando gran parte de su día a ayudarme con mi cuidado personal, la preparación de comidas y mi bienestar general. Mi padre, con su carácter práctico, se encargaba del equipo, las citas y las modificaciones físicas de la casa. Si bien su dedicación fue una fuente inagotable de gratitud, también alteró innegablemente la esencia de nuestras interacciones. Las conversaciones relajadas, las risas compartidas por trivialidades, a menudo se veían interrumpidas por peticiones de ayuda o momentos en los que mis necesidades físicas prevalecían.

Había momentos, presentía, en que el rol de cuidador se convertía en una carga, incluso para ellos. El deseo instintivo de cuidar y proteger a veces podía entrar en conflicto con mi necesidad de ejercer mi propia autonomía, por limitada que fuera. Mi madre solía anticipar mis necesidades incluso antes de que las expresara, un gesto cariñoso que, si bien apreciaba, también reforzaba sutilmente mi dependencia. Me rondaba, con la mirada fija en mí, sus sentidos atentos a cualquier señal de incomodidad o necesidad. Nacía del amor, por supuesto, pero también era un recordatorio constante de que ya no era el adulto independiente de sus recuerdos, sino una persona que requería supervisión constante. De igual manera, mi padre, que siempre había sido un hombre de acción y discreta competencia, se encontraba en el papel de un asistente constante, con su tiempo cada vez más consumido por tareas que no tenían nada que ver con sus propios intereses. El cansancio tácito que a veces vislumbraba en sus ojos era testimonio del enorme desgaste físico y emocional de sus nuevas responsabilidades.

La gratitud que sentía por su apoyo incondicional era inmensa, una oleada que amenazaba con ahogar todas las demás emociones. Pero bajo la superficie de esta gratitud se agitaba una poderosa corriente de frustración. Era una emoción compleja, a menudo contradictoria. Estaba profundamente agradecida por cada gramo de ayuda, por cada momento en que sacrificaban su propia comodidad o tiempo libre para atender mis necesidades. Sin embargo, al mismo tiempo, me irritaba la necesidad de todo aquello. Había un profundo anhelo de recuperar la independencia que con tanto esfuerzo había ganado antes del accidente, un deseo desesperado de realizar estas tareas básicas por mí misma. Este conflicto interno era agotador. Sentía una oleada de desafío, la determinación de llevar mi cuerpo al límite, de demostrarme a mí misma y a todos los demás que aún podía hacerlo. Pero la realidad física inevitablemente se entrometía, mis reservas de energía menguaban y la cruda realidad de mis limitaciones se imponía, dejándome con una profunda sensación de derrota y un amargo sabor a vergüenza.

Esta vergüenza era una compañera particularmente insidiosa. No era una emoción ruidosa y acusadora, sino un susurro silencioso y persistente que socavaba mi autoestima. Era la sensación de ser infantilizada, de ser reducida a un conjunto de necesidades físicas en lugar de a una persona completa. Incluso cuando mi familia se mostraba más paciente y comprensiva, su amabilidad podía, paradójicamente, amplificar este sentimiento. Su aceptación de mi dependencia, su integración fluida del cuidado en sus rutinas diarias, me hacían sentir aún más consciente de cuánto había cambiado. Me sorprendía repasando las interacciones, analizando cada palabra y gesto, buscando cualquier indicio de impaciencia o resentimiento, incluso cuando sabía, intelectualmente, que no existía ninguno.

El impacto en mis relaciones se extendió más allá de mi familia inmediata. Mis amigos, bien intencionados y comprensivos, a menudo tenían dificultades para adaptarse a esta nueva dinámica. Sus visitas, aunque bienvenidas, a veces estaban teñidas de una incomodidad derivada de su incertidumbre sobre cómo interactuar conmigo. Podían dudar antes de ofrecerse a ayudarme con una tarea, temiendo excederse, o podían, sin darse cuenta, tratarme con condescendencia con un lenguaje demasiado simplista o un tono excesivamente solícito. La intimidad informal de nuestras amistades pasadas era más difícil de mantener cuando la dinámica de poder fundamental había cambiado tan drásticamente. La posibilidad de simplemente *estar* juntos, sin el trasfondo de mis limitaciones físicas, se sentía como un lujo que ahora estaba fuera de mi alcance.

Esta sensación de ser una carga, una constante pérdida de energía y tiempo para mis seres queridos, era una pesada carga psicológica. Fomentaba una sensación de aislamiento, incluso estando rodeada de personas que me querían profundamente. El mundo exterior, el mundo en el que antes me desenvolvía con facilidad, ahora parecía un reino lejano e inaccesible. Salidas espontáneas, recados casuales e incluso reuniones sociales sencillas requerían un nivel de planificación y coordinación logística que a menudo resultaba demasiado abrumador. El esfuerzo que suponía organizar el transporte, asegurar la accesibilidad y gestionar mis niveles de energía, incluso para una salida corta, podía superar el placer anticipado. Como resultado, a menudo me encontraba refugiándome, optando por los confines familiares de mi hogar adaptado en lugar de afrontar las complejidades y las posibles ansiedades de aventurarme.

La lucha por conciliar mi gratitud con mi frustración era una batalla interna constante. Sabía, con absoluta certeza, que era afortunada de tener una familia amorosa y comprensiva. Entendía que su cuidado era una profunda expresión de su amor. Pero la comprensión no siempre se traducía en aceptación, sobre todo cuando las limitaciones físicas se sentían tan absolutas. Hubo momentos de profunda desesperación, cuando el simple esfuerzo de existir parecía insoportable. En esos momentos, el peso de la dependencia me aplastaba, una manta sofocante que sofocaba mi espíritu. Añoraba los días en que mi cuerpo era una herramienta que obedecía mi voluntad, cuando mi independencia era un hecho incuestionable.

El proceso de aprender a delegar, de aceptar verdaderamente que necesitaba ayuda y que estaba bien pedirla, fue lento y arduo. Requirió una recalibración fundamental de mi autopercepción. Tuve que aprender a separar mi valor como persona de mis capacidades físicas. Tuve que reconocer que necesitar ayuda no disminuía mi fuerza, mi inteligencia ni mi resiliencia. Esta fue una lección en la que mi terapeuta trabajó diligentemente conmigo, animándome a replantear mi pensamiento, a centrarme en lo que podía *hacer* en lugar de en lo que no. Enfatizó la importancia de la autocompasión, recordándome que la recuperación no era una carrera y que los momentos de vulnerabilidad no eran fracasos, sino parte inherente de la experiencia humana.

Poco a poco, con mucho esfuerzo, empecé a encontrar un nuevo equilibrio. Aprendí a expresar mis necesidades con mayor claridad, a ser asertiva sin ser exigente. Descubrí que al comunicar abiertamente mis sentimientos, tanto mi gratitud como mis frustraciones, podía fomentar una mayor comprensión en mi familia. No siempre fue fácil. Todavía había momentos de tensión, de incomprensión, de emociones a flor de piel. Pero al fomentar el diálogo abierto, pudimos navegar las complejidades de nuestra realidad compartida con mayor empatía y gracia.

El peso de la dependencia era inmenso, pero no insuperable. Era una carga que, con el tiempo, el esfuerzo y el amor inquebrantable de mi familia, estaba aprendiendo a llevar. Era un recordatorio constante de mi vulnerabilidad, sí, pero también un testimonio de la fuerza de la conexión humana, la resiliencia del espíritu y la capacidad inquebrantable del amor para trascender incluso los desafíos físicos más profundos. El camino estaba lejos de terminar, pero con cada día que pasaba, encontraba la manera de vivir, e incluso de prosperar, bajo este nuevo y profundo peso.

Las primeras semanas tras regresar a casa fueron un torbellino de ajustes, una negociación constante con un cuerpo que, si bien ya no se encontraba en crisis inmediata, seguía siendo frágil e impredecible. La meticulosa atención brindada en el centro de rehabilitación, con su vigilancia constante y acceso inmediato a profesionales médicos, me había infundido una falsa sensación de seguridad. Me había acostumbrado a un nivel de supervisión que, en retrospectiva, enmascaraba la fragilidad subyacente de mi condición. Ahora, de vuelta en el abrazo familiar de mi hogar, esa fragilidad se impuso con más fuerza, manifestándose en una serie de complicaciones imprevistas que amenazaron con descarrilar el progreso logrado con tanto esfuerzo.

Comenzó sutilmente, una fatiga progresiva que no se parecía a nada que hubiera experimentado antes. No se trataba del agotamiento profundo que seguía a una sesión de terapia particularmente extenuante; era un letargo generalizado que se instalaba en mis huesos, haciendo que incluso las tareas más sencillas parecieran titánicas. Despertarme por la mañana a menudo se sentía como una derrota incluso antes de que el día hubiera comenzado. Sentía las extremidades pesadas, inertes, y un dolor sordo parecía impregnar todo mi ser. Incluso después de lo que debería haber sido una noche de sueño completo, me encontraba dormitando durante las conversaciones, con los párpados como si estuvieran pegados. Esta fatiga persistente se convirtió en un adversario silencioso, un recordatorio constante de que mi cuerpo aún libraba una guerra silenciosa en su interior. Hacía que la perspectiva de realizar ejercicios de rehabilitación significativos pareciera casi ridícula. La energía necesaria para el autocuidado básico, como incorporarme en la cama o trasladarme a la silla de ruedas, parecía un recurso finito que se agotaba rápidamente, dejando poco para la exigente tarea de la recuperación. Mi sistema de apoyo, mi familia, observaba esto con creciente preocupación. Habían presenciado mi determinación en el centro de rehabilitación, mi afán inquebrantable de superar mis límites, y esta nueva inercia era una desviación preocupante. Me animaban a descansar, a escuchar a mi cuerpo, pero sus palabras a menudo transmitían un matiz de aprensión.

Luego vinieron las infecciones. La primera, una infección del tracto urinario, era un enemigo familiar, pero su intensidad esta vez era alarmante. Los remedios habituales parecían fallar, y la infección se mantuvo persistente durante semanas, acompañada de fiebre, escalofríos y un profundo malestar que agravó mi fatiga ya existente. Fue un duro recordatorio de lo vulnerable que se había vuelto mi sistema inmunitario, de la facilidad con la que un patógeno menor podía convertirse en una amenaza significativa. El ciclo constante de antibióticos, el monitoreo de los síntomas, la cuidadosa atención a la ingesta de líquidos: todo parecía un frustrante retroceso. Justo cuando empezaba a sentir que recuperaba las fuerzas, otra infección atacaba. Le siguió una infección respiratoria, dejándome sin aliento y débil, cada tos una dolorosa prueba. Mis pulmones, aún recuperándose del trauma inicial, parecían soportar el peso de este nuevo ataque. El simple acto de respirar, algo que antes daba por sentado, se convirtió en un esfuerzo consciente, un precario equilibrio entre el esfuerzo y la angustia.

Estas infecciones recurrentes no eran solo dolencias físicas, sino también factores de estrés psicológico de primer orden. Cada episodio de enfermedad socavaba mi confianza, erosionando la creencia de que estaba en el camino correcto hacia la recuperación. Era como navegar por un campo minado, donde cada paso adelante estaba plagado de la posibilidad de un revés explosivo. Las visitas al hospital, antes un recuerdo lejano, se convirtieron en una necesidad recurrente. El ambiente estéril, el pitido de las máquinas, el trato impersonal del personal médico: todo traía a la memoria una oleada de recuerdos indeseados. Estaba el ingreso inicial, la ansiosa espera del diagnóstico, los procedimientos, los medicamentos, y luego el lento y arduo proceso de estabilización y alta, solo para que el ciclo comenzara de nuevo.

El sistema de salud, que antes había sido una fuente de consuelo y sanación, ahora se presentaba como un desafío laberíntico. Gestionar citas, coordinar entre diferentes especialistas, comprender planes de tratamiento complejos: era una tarea agotadora. Mi familia, que había asumido con valentía la carga de mi atención, ahora se veía obligada a asumir el papel de navegadores médicos. Pasaban horas al teléfono, suplicando a las compañías de seguros, abogando por los tratamientos necesarios y descifrando la jerga médica. La carga administrativa era inmensa, añadiendo otra capa de estrés a una situación ya de por sí cargada de emociones. Había días en que la frustración se desbordaba, en que la impotencia de la situación se sentía abrumadora. Me quedaba en la cama, débil y descorazonada, viendo a mis seres queridos lidiar con un sistema que a menudo se mostraba indiferente a nuestra difícil situación.

Una experiencia particularmente angustiosa involucró un caso grave de sepsis. Comenzó con una infección cutánea aparentemente leve, pero se agravó rápidamente, pues mi cuerpo era incapaz de contener la propagación de bacterias. La fiebre era peligrosamente alta, mi presión arterial se desplomó y los médicos hablaban en voz baja y urgente. Me llevaron de vuelta al hospital, donde pasé varios días críticos en la unidad de cuidados intensivos, luchando por mi vida. El recuerdo de ese período es fragmentario, un vago recuerdo de dolor, miedo y las voces incorpóreas de los profesionales médicos. Despertar después de esa terrible experiencia fue un shock profundo. Estaba más débil que nunca, con el cuerpo destrozado por la infección y los tratamientos agresivos. El progreso que había logrado con tanto esfuerzo durante meses parecía haberse borrado de la noche a la mañana. El proceso de rehabilitación, que parecía estar cobrando impulso, ahora parecía haber vuelto al punto de partida.

Esta experiencia tuvo un profundo impacto en mi estado mental. El miedo a enfermar más se convirtió en una constante, una sombra que acechaba en la periferia de mis pensamientos. Me volví hipervigilante, analizando cada dolor y molestia, cada pequeño cambio en el funcionamiento de mi cuerpo.

¿Era solo fatiga o el precursor de otra infección? ¿Era una molestia postoperatoria normal o el indicio de una complicación más grave? Esta ansiedad constante me desgastaba emocionalmente, impidiendo relajarme y disfrutar de los momentos de relativa salud. Además, irónicamente, me hacía más susceptible a las enfermedades relacionadas con el estrés, creando un círculo vicioso.

Mi familia, benditos sean, intentó protegerme de lo peor, pero podía ver el daño que les estaba causando. La preocupación en sus rostros, el agotamiento en sus ojos, era una constante fuente de culpa para mí. Ya habían sacrificado tanto, y ahora estaban siendo sometidos a este ciclo incesante de emergencias médicas. Mi madre, en particular, desarrolló un tic nervioso; a menudo se llevaba la mano al pecho al oír sonar el teléfono, temiendo que fuera otra llamada del hospital. Mi padre, por lo general tan estoico, a veces se refugiaba en silencio, con los hombros hundidos por el peso de todo. Su resiliencia era inspiradora, pero no podía quitarme de la cabeza la sensación de ser una carga constante, una fuente perpetua de preocupación y estrés.

El aislamiento que acompañaba a estos episodios médicos era profundo. Si bien mi familia era una presencia constante, su rol pasó de ser cuidadores comprensivos a ser cuidadores ansiosos, concentrándose a menudo en gestionar mis crisis de salud inmediatas. Mis amigos me visitaban, ofreciéndome palabras de consuelo y ánimo, pero la conversación inevitablemente giraba en torno a mi última dolencia, ensombreciendo lo que debería haber sido una interacción social normal. La energía que requería recibir visitas, sumada a mi estado físico decaído, a menudo significaba que estas visitas eran breves, haciéndome sentir aún más sola.

Los terapeutas también tuvieron que adaptar sus estrategias. Tuvieron que trabajar con un cuerpo que luchaba constantemente contra sus propias luchas. Ejercicios que una semana eran factibles se volvían imposibles la siguiente, debido a la fiebre o la fatiga extrema. El enfoque a menudo pasaba de superar los límites a simplemente mantener la función basal, una recalibración frustrante tanto para mí como para los profesionales dedicados a mi recuperación. Hubo momentos de profunda desesperación, cuando la pura injusticia se volvió insoportable. Me preguntaba por qué mi cuerpo seguía traicionándome, por qué el camino hacia la recuperación estaba tan lleno de peligros. El concepto de "nuevas tormentas" en el esquema de este viaje se sentía demasiado real. Era como si, tras haber sobrevivido a la tempestad inicial, ahora estuviera atrapado en una serie de borrascas más pequeñas, pero igualmente debilitantes.

La amenaza de futuras complicaciones también proyectaba una larga sombra. Los profesionales médicos, aunque tranquilizadores, no pudieron disipar por completo la preocupación subyacente. Hablaron de monitoreo, de medidas proactivas, pero saber que mi cuerpo era inherentemente más vulnerable que antes era un susurro persistente de inquietud. Esta conciencia creó una sutil tensión en mi vida diaria. Examinaba minuciosamente cada pequeña molestia, amplificaba cada sensación inusual. Era como vivir con una bomba de relojería, sin saber cuándo sonaría la siguiente alarma.

Durante un período particularmente difícil, tras un prolongado episodio de neumonía que me dejó gravemente debilitado, recuerdo claramente estar sentado junto a la ventana, viendo caer las hojas de los árboles. Cada hoja que caía, desprendida y aparentemente a merced del viento, parecía una metáfora de mi propia precaria existencia. Había luchado con todas mis fuerzas para recuperar el equilibrio, solo para ser azotado por otra ráfaga de desgracia. La resiliencia que había reunido en los primeros días de mi recuperación se sentía agotada, desgastada por la implacable avalancha de nuevos desafíos. Fue un período oscuro, una época en la que la tentación de sucumbir a la desesperación era fuerte.

Sin embargo, incluso en esos momentos más oscuros, un destello de mi antigua determinación afloraba. A menudo, lo despertaba el amor y el apoyo inquebrantables de mi familia. Las manos tiernas de mi madre mientras me ayudaba a beber agua, la presencia silenciosa de mi padre junto a mi cama, ofreciéndome un toque reconfortante: estos pequeños gestos de amor eran anclas en la tormenta. Me recordaban que no estaba sola, que tenía un equipo que luchaba a mi lado, incluso cuando mis propias reservas internas se sentían agotadas.

El proceso de afrontar estas complicaciones imprevistas fue, en esencia, una larga lección de aceptación y adaptación. Tuve que aprender a reconocer que el camino de mi cuerpo no era lineal, que los contratiempos no eran fracasos, sino parte de una trayectoria más compleja. Esto requirió un cambio significativo en mi mentalidad. En lugar de ver cada complicación como un fracaso personal, tuve que aprender a verla como un reto médico que debía afrontar con la misma determinación y pensamiento estratégico que había aplicado a mi rehabilitación.

Esto implicó desarrollar una comprensión más profunda de mi propio cuerpo y sus señales. Aprendí a distinguir entre la fatiga normal después de una enfermedad y las primeras señales de alerta de un problema más grave. Me convertí en una participante activa en mi propia atención médica, haciendo preguntas, expresando mis preocupaciones y defendiéndome, incluso cuando me sentía físicamente débil. Esta nueva asertividad, surgida de la necesidad, fue una valiosa habilidad que mantuve en el tiempo.

Además, estas experiencias me obligaron a reevaluar mi red de apoyo. Si bien mi familia inmediata siguió siendo mi principal cuidadora, también aprendí a apoyarme en una red más amplia de amigos e incluso en algunos vecinos comprensivos. Las personas que ofrecieron ayuda práctica, como traerme comida o hacer recados, permitieron que mi familia se centrara en los aspectos más exigentes de mi cuidado y me brindaron una sensación de normalidad y conexión con el mundo exterior. Fue una prueba de que la resiliencia suele ser un esfuerzo colectivo.

La presión financiera de las emergencias médicas recurrentes también añadió otra capa de complejidad. Los conflictos con las aseguradoras se convirtieron en algo habitual, y el costo de los medicamentos, las hospitalizaciones y la atención especializada comenzó a aumentar. Esto añadió un estrés considerable, no solo para mí, sino para toda mi familia. Era una preocupación constante, una nube financiera que se cernía sobre nuestras cabezas, amenazando con eclipsar cualquier rayo de esperanza. Aprendimos a ser meticulosos con nuestras finanzas, a prever lo inesperado y a buscar todos los recursos disponibles, desde programas de asistencia al paciente hasta grupos de apoyo que pudieran ofrecer asesoramiento financiero.

El impacto psicológico de vivir con una vulnerabilidad crónica también fue un obstáculo importante. El miedo a volver a lesionarme o enfermarme a veces podía llevarme a un aislamiento autoimpuesto, a una reticencia a participar en actividades que pudieran suponer incluso el más mínimo riesgo. Esta fue una batalla que requirió vigilancia constante. Tuve que esforzarme conscientemente para salir de mi zona de confort, para reconectarme con el mundo, incluso cuando una parte de mí clamaba por la seguridad de la soledad. Las sesiones de terapia fueron cruciales para abordar estas ansiedades, ayudándome a desarrollar mecanismos de afrontamiento y a recuperar la confianza en la capacidad de mi cuerpo para sanar y resistir los desafíos.

Finalmente, las complicaciones imprevistas, aunque profundamente desafiantes y a veces aterradoras, se convirtieron en parte integral de mi recuperación. No fueron simples desvíos, sino capítulos esenciales que pusieron a prueba mi fortaleza, profundizaron mi comprensión de la resiliencia y reforzaron la profunda importancia de la conexión humana y el apoyo incondicional. Transformaron el camino, de una progresión lineal hacia un objetivo singular, en un camino más complejo y sinuoso, que exigió una adaptación constante, una esperanza inquebrantable y un profundo aprecio por los momentos de salud y paz que marcaron las tormentas. Cada recuperación de una enfermedad, cada negociación exitosa con el sistema de salud, se convirtió en una victoria ganada con esfuerzo, un testimonio de la fortaleza perdurable del espíritu humano frente a la adversidad. Estas tormentas, aunque indeseables, finalmente forjaron una versión más robusta y resiliente de mí misma, una que comprendió el verdadero significado de la perseverancia. Las paredes familiares de casa, antaño un santuario de recuperación, comenzaron a resultarme opresivas. Mis necesidades cambiantes, nacidas de las vulnerabilidades persistentes y la persistente amenaza de complicaciones, superaban las capacidades de nuestro entorno actual. Lo que había sido suficiente inmediatamente después de mi alta del centro de rehabilitación, cuando la atención se centraba en la movilidad básica y una apariencia de normalidad, ahora se presentaba como una absoluta insuficiencia. Las suaves pendientes de nuestra casa, antaño manejables, ahora parecían pendientes insalvables. El baño, inadecuadamente equipado para la asistencia que cada vez necesitaba más, se convirtió en una fuente de ansiedad diaria. Incluso los traslados más sencillos, de la cama a la silla de ruedas, exigían más espacio, equipo más especializado y más manos de las que estaban disponibles dentro de los límites de nuestra distribución actual. La misma familiaridad de mi entorno, que antaño había sido una fuente de consuelo, ahora servía como un recordatorio constante de las limitaciones y la creciente brecha entre mi realidad actual y la vida que antaño conocí. Fue una comprensión sutil y progresiva, que se instalaba en los momentos tranquilos del día, cuando las exigencias de la supervivencia inmediata se disipaban y las consecuencias a largo plazo de mi condición se hacían evidentes. La idea de necesitar atención especializada, de requerir un nivel de apoyo que fuera más allá de los esfuerzos dedicados de mi familia, era difícil de digerir. Se sentía como una admisión de derrota, una renuncia a la independencia que tanto había luchado por recuperar.

Esta creciente consciencia inició la ardua búsqueda de la atención adecuada, una búsqueda que rápidamente se reveló como un laberinto de obstáculos burocráticos y dificultades emocionales. El primer paso consistió en investigar las opciones, un proceso que parecía como descifrar un idioma desconocido. Residencias de ancianos, centros de rehabilitación especializados: la terminología era abrumadora y las distinciones entre ellos a menudo se difuminaban. Cada opción prometía un nivel de atención diferente, un entorno distinto y un compromiso financiero distinto. Me encontré pasando horas estudiando folletos, analizando sitios web y compilando listas de posibles centros. Mi familia, siempre mis fieles aliados, se unió a mí en esta tarea; su determinación era un faro en la niebla de la incertidumbre. Pasábamos las tardes encorvadas sobre las computadoras portátiles, con los rostros iluminados por el brillo de la pantalla, el aire cargado con una mezcla de esperanza y temor.

La realidad de navegar por el sistema sanitario, que ya había demostrado ser un adversario formidable, adquirió nuevas dimensiones durante esta búsqueda. Las pólizas de seguro, antes comprendidas a grandes rasgos, ahora requerían un análisis minucioso. Formularios de preautorización, cartas de derivación y largas llamadas telefónicas a las aseguradoras se convirtieron en algo habitual en nuestras vidas. La enorme cantidad de papeleo era abrumadora; cada documento demostraba la complejidad del sistema y los obstáculos que había que superar para obtener la asistencia necesaria. Había días en que la frustración de lidiar con sistemas telefónicos automatizados y representantes de atención al cliente indiferentes amenazaba con desbordarse. Escuchaba con el corazón encogido mientras mi madre explicaba pacientemente mi condición por enésima vez, con la voz impregnada de un cansancio que desmentía su inquebrantable determinación. Saber que nuestro acceso a la atención adecuada dependía de los caprichos de los procesos burocráticos era una fuente constante de estrés, que añadía una pesada carga a una situación ya de por sí agotadora.

Más allá de los desafíos administrativos, se encontraba la profunda carga emocional de evaluar diferentes centros de atención. Cada visita, cada recorrido, se sentía como un paso más lejos de la comodidad familiar del hogar y una confrontación más cercana con la cruda realidad de los cuidados a largo plazo. Visitamos instalaciones relucientes y modernas que irradiaban un aire de profesionalismo, e instituciones más antiguas y consolidadas que ofrecían una sensación de historia y estabilidad. Algunas eran vibrantes y animadas, llenas de residentes participando en actividades e interacción social. Otras eran tranquilas y sobrias, con el silencio interrumpido por los suaves murmullos del personal que atendía a los residentes.

Con cada centro, surgían nuevas preguntas, cada una profundizando en la calidad de la atención, la dotación de personal y el entorno en general. Indagábamos sobre la proporción de cuidadores por residente, la disponibilidad de terapias especializadas, los planes de alimentación y las oportunidades recreativas. Observábamos las interacciones entre el personal y los residentes, buscando indicios de genuina atención y compasión. Intentaba conectar con otros residentes, un observador silencioso en estos entornos desconocidos, con rostros marcados por una mezcla de resignación y silenciosa aceptación. Sus historias, a menudo compartidas en voz baja, ofrecían una visión del futuro potencial, un futuro que se sentía a la vez necesario y profundamente inquietante.

La perspectiva de dejar mi hogar, el depósito de tantos recuerdos preciados, fue un aspecto particularmente doloroso de esta transición. Mi dormitorio, un espacio que había sido organizado meticulosamente para mi recuperación, era más que una simple habitación; era un refugio, un lugar donde había capeado las tormentas iniciales y comenzado a reconstruir mi vida. La idea de renunciar a este santuario, de guardar mis pertenencias y mudarme a un espacio de convivencia, evocaba una profunda sensación de pérdida. Se sentía como otra rendición, otro capítulo que se cerraba en la vida que una vez conocí. La vista familiar desde mi ventana, el cambio de estaciones, la reconfortante presencia de mis pertenencias: estos eran los pilares que me anclaban a mi identidad, y la idea de romper esos lazos me resultaba profundamente inquietante.

El miedo al desplazamiento, a ser arrancado de mi entorno habitual y arrojado a un entorno extraño, era una constante corriente subyacente de ansiedad. ¿Sería capaz de adaptarme? ¿Me sentiría seguro y a salvo? ¿Perdería la conexión con mis seres queridos que había sido tan crucial para mi recuperación? Estas preguntas me atormentaban, intensificando la sensación de estar a la deriva en un mar de incertidumbre. El edificio cuidadosamente construido de mi recuperación, ladrillo a ladrillo con inmenso esfuerzo y determinación inquebrantable, ahora parecía vulnerable a los vientos de la necesidad externa.

A la complejidad se sumaban las diversas implicaciones financieras de cada opción. El coste de la atención a largo plazo, una cifra que a menudo parecía astronómica, se convirtió en una cruda realidad. Tuvimos que revisar meticulosamente nuestras finanzas, explorar la cobertura del seguro y considerar la posibilidad de sufrir dificultades financieras a largo plazo. Esto añadió otra capa de presión a un proceso ya de por sí cargado de emociones, obligándonos a afrontar aspectos prácticos que parecían abrumadores e inevitables. El sueño de una recuperación totalmente independiente, aunque seguía siendo la aspiración máxima, se vio ahora atenuado por la necesidad pragmática de asegurar una atención adecuada y sostenible.

Las opciones a menudo parecían limitadas, una cruel ironía dada la amplia gama de instalaciones disponibles. Cada instalación tenía sus propios criterios, listas de espera y enfoques específicos. Algunas estaban orientadas a personas con necesidades médicas agudas, mientras que otras atendían a quienes requerían mayor interacción social. Encontrar un lugar que se ajustara perfectamente a mi combinación única de limitaciones físicas en constante evolución, necesidades terapéuticas constantes y mi deseo de un entorno que me apoyara y estimulara fue como buscar una aguja en un pajar. Encontramos instalaciones demasiado medicalizadas, que me quitaban cualquier atisbo de autonomía, y otras demasiado centradas en actividades sociales, carentes del apoyo especializado que aún necesitaba. El proceso de eliminación fue tan desalentador como necesario; cada opción rechazada supuso un pequeño golpe para nuestra moral.

El peso emocional de esta búsqueda fue inmenso. Hubo días llenos de una sensación de impotencia persistente, donde la magnitud de la tarea parecía insuperable. La constante necesidad de defenderme, de expresar mis necesidades y vulnerabilidades a desconocidos, era agotadora. Requería una fortaleza emocional que a veces me costaba reunir, especialmente en los días en que mi recuperación física parecía haberse estancado. Sin embargo, mi familia siguió siendo una fuente constante de fortaleza. Su inquebrantable fe en mi capacidad para superar este nuevo desafío, sus incansables esfuerzos y su reconfortante presencia me proporcionaron el lastre emocional que necesitaba para continuar la búsqueda.

Este período de búsqueda de atención adecuada fue, en esencia, un profundo ejercicio de confrontación con la realidad. Fue un duro recordatorio de que la recuperación no siempre es un camino sencillo y que, a veces, las batallas más difíciles no se libran en el plano físico, sino dentro de los complejos sistemas que se supone que nos sustentan. Fue un viaje que me obligó a reconocer mi continua vulnerabilidad, a aceptar la necesidad de apoyo externo y a comenzar el difícil proceso de desprenderme de ciertas expectativas, aun aferrándome a la inquebrantable esperanza de un futuro pleno y digno. La perspectiva de irme de casa, aunque cargada de ansiedad, se fue replanteando poco a poco no como un fin, sino como una transición necesaria, un paso hacia un capítulo diferente, pero aún prometedor, de mi vida. Fue un testimonio de la naturaleza adaptativa del espíritu humano, su capacidad para afrontar circunstancias desalentadoras y forjar un camino hacia adelante, incluso cuando el terreno por delante es incierto y el destino desconocido. La búsqueda en sí, con todos sus desafíos, se estaba convirtiendo en una parte integral de mi entrenamiento de resiliencia, una lección agotadora pero en última instancia valiosa para navegar las complejidades de la vida más allá de la crisis inicial.

El peso de todo aquello había empezado a oprimirme, una manta sofocante tejida de fatiga, frustración y el dolor constante y persistente de la incertidumbre. Cada paso adelante parecía ir acompañado de dos pasos atrás, cada pequeña victoria eclipsada por un nuevo obstáculo inminente. La meticulosa planificación que había dedicado a crear un entorno seguro y de apoyo en casa ahora se sentía como un dique endeble contra una inundación creciente. La euforia inicial por salir del centro de rehabilitación, por recuperar algo de autonomía, hacía tiempo que se había desvanecido, reemplazada por una resignación cansada. Había volcado cada gramo de mi energía, cada ápice de mi voluntad, en las exigentes rutinas de la fisioterapia, en la incansable búsqueda de la independencia. Había aprendido a celebrar los logros más pequeños: una caminata un poco más larga sin dolor, la capacidad de alcanzar un estante más alto, el éxito en un bordillo complicado. Estos eran los hitos que habían marcado mi progreso, las silenciosas afirmaciones de que, de hecho, estaba luchando por volver.

Pero ahora, los cimientos de esa lucha se tambaleaban. La búsqueda de una atención más integral, la constatación de que mis necesidades estaban evolucionando más allá de lo que nuestro hogar podía acomodar de forma realista, habían socavado mi determinación. No se trataba solo de los desafíos físicos, sino también del desgaste emocional y mental de navegar constantemente en un sistema que parecía diseñado para desgastarte. Las interminables llamadas telefónicas, las montañas de papeleo, las entrevistas con trabajadores sociales y administradores: cada interacción se sentía como otra batalla en una guerra sin un final claro a la vista. Había momentos, en la oscuridad de la noche, cuando el sueño no ofrecía respiro, en que las preguntas empezaban a arremolinarse. *¿Qué sentido tenía todo este esfuerzo? ¿Estaba simplemente prolongando lo inevitable? ¿Volvería la vida a sentirse realmente "normal" alguna vez?* Estos eran pensamientos peligrosos, susurros insidiosos que amenazaban con deshacer el tupido tapiz de mi resiliencia.

La idea de rendirme, antes anatema, empezó a aflorar en mi mente con una inquietante familiaridad. No era un impulso dramático ni desesperanzado, sino un agotamiento silencioso, casi seductor. La constante necesidad de articular mis limitaciones, justificar mis necesidades, implorar el apoyo adecuado, era agotadora. Sentía que estaba perpetuamente a la defensiva, siempre teniendo que demostrar que merecía ayuda, que mis luchas eran legítimas. Había días en que el simple esfuerzo de levantarme de la cama, de afrontar las exigencias del día, se sentía como escalar el Everest. Y luego, a eso se sumaba la carga añadida de navegar por las complejidades de las opciones de atención a largo plazo, de enfrentar la cruda realidad de que mi entorno actual ya no era suficiente. Era suficiente para que cualquiera cuestionara el valor de su lucha.

Esta duda creciente no fue repentina, sino una erosión gradual, como un acantilado que sucumbe lentamente al embate implacable de las olas. Al principio, se manifestaba de forma sutil. El entusiasmo por afrontar un nuevo ejercicio menguaba, reemplazado por un suspiro vacilante. El optimismo que había caracterizado mi recuperación inicial se desvanecía, atenuándose bajo la sombra de la fatiga. Me encontraba mirando por la ventana durante largos periodos, con la mente perdida en una niebla de interrogantes y preguntas. Los vibrantes colores de mi mundo parecían desvanecerse, reemplazados por una paleta apagada de grises y beige. El monólogo interior, antes un coro de ánimo y determinación, comenzó a presentar notas discordantes de cansancio y resignación.

Las personas que me rodeaban, mi familia, mis amigos, me apoyaron con firmeza. Me ofrecían palabras de aliento, me recordaban lo lejos que había llegado y celebraban hasta la más pequeña de mis victorias. Pero ni siquiera su inquebrantable fe podía penetrar por completo la creciente oscuridad en mi interior. A veces, su optimismo parecía un eco lejano, un sonido con el que ya no podía conectar del todo. Sabía, lógicamente, que estaba progresando. Sabía que mi condición era una maratón, no un sprint. Pero la lógica ofrecía poco consuelo cuando el agotamiento era profundo y el futuro parecía una escalada insuperable. El mero esfuerzo de mantener una fachada positiva, de proyectar una imagen de fortaleza cuando me sentía tan frágil, era en sí mismo una tarea agotadora.

Las preguntas comenzaron a intensificarse: ¿Era esta mi vida ahora? ¿Un ciclo constante de controlar el dolor, sortear la burocracia y luchar contra la persistente sensación de dependencia? La independencia que tanto había luchado por recuperar se sentía cada vez más precaria, constantemente amenazada por la propia naturaleza de mis lesiones. Era una cruel ironía. Había recuperado la capacidad de caminar distancias cortas, pero no podía navegar por el laberinto del seguro médico. Podía alimentarme, pero me costaba encontrar un lugar que satisficiera adecuadamente mis cambiantes necesidades físicas. Esta desconexión entre mis capacidades funcionales recuperadas y las barreras sistémicas a las que me enfrentaba era una fuente de inmensa frustración y, cada vez más, de dudas.

El mundo exterior, con su movimiento fluido y sus vidas aparentemente sencillas, empezó a resultarme extraño. Veía a la gente pasar, con pasos seguros y hombros aligerados, y una punzada de añoranza me recorría el cuerpo. No era envidia, exactamente, sino una profunda tristeza por la tranquilidad que antes daba por sentada. Esa tranquilidad, esa libertad de movimiento y de elección, ahora parecía un recuerdo lejano, un sueño que alguna vez tuve. El esfuerzo que suponía realizar las tareas cotidianas más sencillas —vestirse, ducharse, preparar la comida— se sentía como una tarea titánica. Y cuando surgía la idea de necesitar aún más ayuda, de ingresar en una institución donde mi vida sería estructurada y gestionada por otros, me invadía una oleada de desesperación.

Este período se caracterizó por un profundo conflicto interno. Una parte de mí aún se aferraba con fuerza al luchador, al superviviente, al que había desafiado las probabilidades. Pero otra parte, la que estaba cansada y dolorida por la lucha constante, comenzaba a susurrar que quizás estaba bien dejar de luchar, simplemente... parar. La pregunta "¿Para qué?" se convirtió en un mantra, un estribillo recurrente en los rincones más recónditos de mi mente. Era una pregunta peligrosa, una que tenía el poder de desmantelar el edificio de esperanza que había construido con tanto esmero. Era la voz de la desesperación, un seductor canto de sirena que prometía el fin de la lucha incesante, una salida del ciclo interminable de recuperación y sus desafíos. Esta era una coyuntura crítica, un precipicio donde el espíritu, aunque curtido en la batalla, sentía cómo se deshilachaba, amenazando con sucumbir a la abrumadora gravedad de la adversidad persistente. La resiliencia que me había ayudado a superar el impacto inicial y la agotadora rehabilitación ahora se ponía a prueba de una manera diferente, quizás incluso más insidiosa. No se trataba de enfrentar una amenaza tangible, sino de aferrarme a la esperanza ante una lucha amorfa y persistente, una lucha que amenazaba con agotar la voluntad de continuar.

Capítulo 6. El santuario de las historias compartidas

El aroma estéril, sello distintivo de los lugares dedicados al cuidado, impregnaba el aire incluso antes de que se abriera la puerta del coche. Era un olor que susurraba a Lysol y linóleo, a compuestos medicinales y al aroma suave, pero persistente, de comida preparada en masa, a veces con un toque de desesperación recocida. Meadowbrook. El nombre en sí parecía emanar una quietud serena, una antítesis deliberada de la energía frenética de los hospitales y centros de rehabilitación. Evocaba imágenes no de una vida vibrante, sino de una calma apacible, un lugar donde la implacable corriente de la existencia se ralentizaba hasta convertirse en un torrente plácido. Mientras el vehículo estaba al ralentí, con el motor vibrando suavemente en la tranquila tarde, sentí una peculiar confluencia de emociones. La aprensión, un nudo frío en el estómago, era una compañera familiar. Pero debajo, se desplegaba un frágil hilo de esperanza. Este no era un lugar de último recurso, no de la forma en que había temido inicialmente. Era, más bien, una especie de santuario, un entorno cuidadosamente diseñado para ofrecer una forma diferente de sanación: una que reconocía los límites de mis capacidades actuales y me proporcionaba un camino estructurado hacia adelante. La lucha, la agotadora y a menudo desmoralizante batalla por la independencia, me había pasado factura. Esperaba que Meadowbrook me ofreciera una tregua, un lugar donde la constante vigilancia finalmente pudiera amainar.

El coche crujió sobre la grava al entrar en el aparcamiento de visitantes. Incluso desde esa distancia, el edificio presentaba una fachada de discreta profesionalidad. El ladrillo, un tono apagado y sensato, formaba las paredes, salpicado de ventanas uniformemente espaciadas que parecían mirar hacia afuera con plácida indiferencia. No había grandes florituras arquitectónicas ni ostentación de riqueza o estatus. Meadowbrook era, en apariencia, un lugar con un propósito práctico, diseñado para la comodidad y la funcionalidad más que para el espectáculo estético. Esta falta de pretensiones era, a su manera, tranquilizadora. Sugería un enfoque en la misión principal del cuidado, sin la carga de la necesidad de impresionar o intimidar. Los jardines, aunque limpios y ordenados, también eran modestos. Unos cuantos parterres bien cuidados añadían toques de color apagado, y arbustos meticulosamente podados bordeaban los senderos. Era un paisaje que hablaba de orden y de una suave rutina, un marcado contraste con el paisaje caótico de mi pasado reciente.

Al bajar del coche, el aire se sentía diferente. Más fresco, quizás, o simplemente menos cargado de la energía nerviosa que se había convertido en mi constante compañera. El aroma, esa mezcla familiar de desinfectante y algo vagamente culinario, era más pronunciado ahora, un zumbido sordo en el fondo de mis sentidos. No era un olor desagradable, no exactamente, pero era innegablemente institucional. Era el aroma de vidas gestionadas, de necesidades satisfechas con una eficiencia practicada, tal vez incluso mecánica. Sin embargo, en ese aroma, detecté una promesa: la promesa de un respiro. Las incesantes exigencias del hogar, la constante necesidad de adaptarse y modificar, de explicar y justificar, habían sido una tarea agotadora. Meadowbrook representaba una ruptura con eso, una transición hacia un sistema diseñado para anticipar y acomodar.

Mi mirada recorrió la entrada. Un sencillo letrero, grabado con el nombre del centro, colgaba sobre un par de amplias puertas de cristal. A través de ellas, vislumbré una recepción, bañada por el cálido resplandor de las luces fluorescentes. Una recepcionista, de espaldas a mí, estaba sentada tras un mostrador pulido, con movimientos pausados y pausados. Se respiraba un aire de discreta competencia, una sensación de que todo giraba, aunque aún no pudiera verlo con claridad. No era un lugar caótico, sino de un orden cuidadosamente orquestado. Pensarlo me alivió, una profunda y visceral exhalación de tensión contenida. La batalla había sido implacable, una constante escaramuza contra el dolor, contra las limitaciones, contra el puro agotamiento. Estar en un lugar donde esa lucha pudiera finalmente amainar, donde un entorno estructurado pudiera proporcionarme el andamiaje que necesitaba, me parecía un lujo casi inimaginable.

Las puertas del coche se cerraron tras mí, y el sonido resonó levemente en el silencio. Me tomé un momento, de pie sobre la grava, para absorber la atmósfera. Era un lugar de transiciones tranquilas, de vidas que entraban en una nueva etapa, una etapa que exigía un apoyo diferente. Esto no era una derrota; era una recalibración estratégica. La energía que había invertido en crear un refugio seguro en casa, aunque vital en aquel momento, había llegado a su límite. Mis necesidades habían evolucionado, trascendían los límites de mi entorno habitual. Meadowbrook, con sus recursos especializados y su personal dedicado, ofrecía una atención continua, una promesa de progreso continuo, aunque dentro de un marco diferente.

Al acercarnos mi familia y yo a la entrada, las puertas de cristal se abrieron, revelando una recepción limpia y bien iluminada. El aroma era más intenso, una presencia sutil pero innegable. Era el aroma de un lugar diseñado para la longevidad, para el cuidado continuo de la salud. Una mujer con una sonrisa amable y una etiqueta con el nombre "Eleanor" nos recibió cálidamente. Su voz era suave y acogedora, disipando al instante parte de la aprensión inicial. Me explicó, con gentil paciencia, los pasos iniciales del ingreso, los breves trámites administrativos que me llevarían a esta nueva etapa. Era evidente que había visto innumerables rostros como el mío, una mezcla de esperanza y temor, y manejó cada interacción con una gracia experta.

El vestíbulo en sí estaba diseñado para la comodidad. Los tonos tierra tenues dominaban la decoración, con lujosos sillones dispuestos en grupos que invitaban a la conversación. Láminas enmarcadas de paisajes serenos adornaban las paredes; sus imágenes serenas eran un bálsamo deliberado para la ansiedad de los recién llegados. No había ruidos discordantes ni luces fuertes, solo una sensación de calma generalizada. Parecía menos un centro médico y más una casa de huéspedes bien equipada, aunque con un propósito más profundo. Eleanor explicó que esta zona era para familiares y amigos que visitaban, un espacio diseñado para fomentar la conexión y facilitar la transición tanto para los residentes como para sus seres queridos.

Luego nos condujo a través de unas puertas dobles, y el ambiente cambió sutilmente. El aroma a desinfectante persistía, pero ahora se veía superpuesto a algo más cálido, un ligero aroma a repostería, quizás, o una reconfortante nota floral. Los pasillos eran amplios y bien iluminados, con pasamanos discretamente instalados a lo largo de las paredes, una presencia constante y tranquilizadora. Los suelos eran de linóleo reluciente, fáciles de transitar y mantener. A lo largo de las paredes, grandes ventanales ofrecían vistas a las zonas comunes, donde los residentes se dedicaban a diversas actividades: algunos leían, otros charlaban, algunos simplemente contemplaban los cuidados jardines. Se respiraba un tranquilo murmullo de vida, una palpable sensación de comunidad, incluso desde la distancia.

Eleanor me señaló las diferentes alas del centro, explicando la distribución con naturalidad. Habló del ala de rehabilitación, un lugar donde continuarían las sesiones de terapia enfocada, aunque con un enfoque más integrado. Mencionó el comedor comunitario, donde se servían las comidas a horarios fijos, lo que le daba un toque social a la nutrición. Y habló de las habitaciones para residentes, diseñadas para la comodidad y la seguridad, con características que garantizarían mi bienestar. Cada explicación fue impartida con una confianza serena que alivió mis ansiedades restantes. Este no era un lugar de abandono, sino de apoyo estructurado.

Nos llevaron a la habitación que me habían asignado. Era modesta, pero limpia y bien iluminada. El mobiliario consistía en una cama cómoda, una mesita de noche, un armario y un pequeño escritorio. Un gran ventanal daba a un tranquilo patio, ofreciendo una vista de la vegetación y una sensación de conexión con el mundo exterior. Si bien no era la comodidad habitual de mi propio hogar, poseía una serena dignidad, un sentido de propósito. El aire dentro de la habitación era fresco, con esa misma sutil mezcla de limpieza institucional y calidez subyacente. Eleanor me mostró el botón de llamada, un simple pero crucial recurso vital, y me explicó las funciones básicas de las comodidades de la habitación.

La transición estaba resultando menos impactante de lo que había anticipado. La aprensión no había desaparecido por completo, pero sí había disminuido, reemplazada por un creciente optimismo cauteloso. Meadowbrook no era un lugar de rendición, sino un trampolín. Era reconocer que, a veces, el camino más resiliente hacia adelante implica aceptar ayuda, integrarse en un sistema diseñado para fomentar la sanación y el bienestar. El esfuerzo constante y agotador de la autogestión había sido reemplazado por la promesa de un apoyo dedicado. El olor a desinfectante y verduras recocidas, antaño símbolo de la vida institucional, ahora empezaba a oler como una promesa de respiro, un santuario tranquilo donde el arduo camino de la recuperación podía continuar, no solo, sino con mano firme. Era un lugar donde las historias de resiliencia, las victorias silenciosas, podían seguir escribiéndose, dentro de una comunidad que comprendía las particularidades del panorama de la recuperación. La paz que había anhelado, la calma en la tormenta implacable, parecía estar a mi alcance, enclavada entre los modestos muros de ladrillo de Meadowbrook.

La sala común era un retablo de actividad silenciosa, un suave murmullo que vibraba bajo la superficie de una tarde tranquila. No era un espacio que exigiera atención, sino uno que invitaba a la observación, un lugar donde las vidas, cada una con su propia trayectoria, se entrecruzaban y coexistían. Residentes mayores, con rostros marcados por la topografía de los años, ocupaban diversos sillones. Algunos estaban atentos, con la mirada fija en el progreso de un concurso diurno que parpadeaba en la pantalla del televisor, y un leve murmullo de comentarios escapaba de vez en cuando de sus labios. Otros, sin embargo, parecían perdidos en sus propios paisajes interiores, con la mirada distante, una quietud profunda, como si contemplaran recuerdos antiguos o simplemente disfrutaran de un momento de profunda paz. Estas figuras dispersas, cada una un universo en sí misma, formaban una constelación suelta dentro de la sala, con sus órbitas individuales rozándose ocasionalmente.

Los propios sillones eran un testimonio de la primacía de la practicidad por encima de la moda. Tapizados en telas resistentes y neutras —verdes apagados, beiges suaves y azules sutiles—, fueron claramente elegidos por su durabilidad y comodidad. Algunos conservaban la tenuidad de haber sido ocupados por innumerables personas; la tela se suavizaba y se veía ligeramente desgastada en los lugares más frecuentados. Estaban dispuestos en grupos de conversación, como anticipando reuniones improvisadas, pequeñas islas de posible conexión dentro de la gran extensión de la sala. Unas cuantas mesas, con las superficies manchadas de té derramado y algún periódico suelto, se alineaban entre los asientos, sirviendo como depósitos temporales para gafas, proyectos de tejido a medio terminar y libros apreciados.

El televisor, un modelo antiguo y cuadrado que parecía emanar una cálida luz analógica, estaba sintonizado en un concurso diurno. Su presencia proporcionaba una banda sonora constante y discreta a la sala. Las alegres y rápidas preguntas y los educados aplausos del público del estudio formaban un suave contrapunto al ambiente silencioso. Era un consuelo familiar, algo habitual en un entorno nuevo, que ofrecía un punto de referencia compartido, aunque pasivo. Algunos residentes seguían las preguntas con gran interés, moviendo los labios en silenciosa recitación de posibles respuestas, mientras que otros parecían encontrar consuelo en el mero parpadeo de las imágenes y el subir y bajar de las voces, una agradable distracción de la quietud.

En medio de este suave flujo y reflujo, se desarrollaba una partida de ajedrez. Dos caballeros, con el rostro fruncido por la concentración, estaban sentados encorvados sobre un desgastado tablero de madera. Las piezas, talladas en madera oscura y clara, se movían con una lentitud deliberada; cada colocación estratégica era un pronunciamiento silencioso. El aire a su alrededor estaba cargado de pensamientos no expresados, con la silenciosa negociación de movimientos y contramovimientos. El ritmo de su partida reflejaba el ritmo pausado de la vida en Meadowbrook, un marcado contraste con la frenética urgencia que había caracterizado mi existencia reciente. Era un ritual, una silenciosa danza intelectual que se desarrollaba en el contexto de la vida cotidiana, donde la victoria dependía tanto del compromiso como del resultado.

La decoración de la sala común era funcional, una colección de elementos elegidos por su propósito más que por su estética. Las paredes estaban pintadas de un tono crema pálido y discreto, que servía de lienzo neutro para las discretas actividades del interior. Láminas enmarcadas de paisajes, que representaban lagos serenos, colinas ondulantes y bosques bañados por el sol, adornaban las paredes. Aunque quizás un poco anticuadas, estas imágenes ofrecían una ventana al mundo exterior, un suave recordatorio de la belleza imperecedera de la naturaleza, una silenciosa invitación a imaginarse más allá de los confines de la habitación. La alfombra, de pelo grueso y un discreto estampado floral, amortiguaba los pasos y añadía una capa de calidez. Era el tipo de habitación que no gritaba su presencia, sino que susurraba su bienvenida, un lugar donde se priorizaba la comodidad y la utilidad.

Sin embargo, dentro de esta discreta funcionalidad, había una calidez sutil, una naciente sensación de espacio compartido que insinuaba el inicio de una comunidad. No se trataba de una camaradería forzada, sino de un discreto reconocimiento de circunstancias compartidas. Vidas que antes se habían vivido en casas separadas, con rutinas e historias individuales diferentes, ahora convergían aquí, creando una nueva narrativa colectiva. El mero hecho de compartir este espacio, de ocupar estas sillas y escuchar el mismo programa de televisión, de presenciar las jugadas deliberadas de una partida de ajedrez, creaba un vínculo tácito. Era un lugar donde se intercambiaban historias implícitamente, no mediante grandes pronunciamientos ni confesiones detalladas, sino mediante el simple acto de estar presente, de observar y de compartir el mismo aire.

El volumen del televisor era perfecto, una presencia casi imperceptible que llenaba el silencio sin ser intrusiva. Sospeché que era una decisión deliberada, un reconocimiento de que, si bien la comunidad era importante, también lo era la necesidad individual de espacio personal y de contemplación tranquila. La voz del presentador del concurso, vivaz y enérgica, se alzaba ocasionalmente por encima del murmullo general, provocando una oleada de interés o una leve sonrisa en algún residente cercano. Observé cómo un caballero, con las manos ligeramente temblorosas, tomaba su taza de té, con la mirada fija en la pantalla, y un sutil asentimiento acompañaba a la respuesta correcta. Su esposa, sentada a su lado, le palmeó la mano suavemente, en una comunicación silenciosa de comprensión mutua.

Los ajedrecistas, absortos en su duelo, parecían ajenos al entretenimiento televisivo. Su mundo se reducía a las casillas de cuarenta por cuarenta de su campo de batalla. El suave tintineo de las piezas al moverse era un elemento percusivo en la sinfonía de la sala. Un jugador, un hombre con un bigote blanco pulcramente recortado, se acariciaba la barbilla pensativo, con el ceño fruncido mientras observaba el tablero. Su oponente, quizás una década más joven, con una mata de pelo canoso rebelde, se inclinaba hacia delante, con la mirada penetrante y fija. Había un respeto en su postura, un silencioso reconocimiento de la habilidad y la presencia del otro, que trascendía la competición.

Más allá de los focos de actividad inmediatos, otros residentes se dedicaban a actividades solitarias. Una mujer de rostro amable y cabello plateado estaba sentada junto a la ventana, con una gruesa novela abierta en su regazo. Su dedo recorría las líneas del texto, moviendo los labios en silencio mientras navegaba por la narración. La luz del sol iluminaba los mechones plateados de su cabello, proyectando un suave halo alrededor de su cabeza. Parecía completamente absorta, el mundo exterior a su libro se desvanecía en la irrelevancia. Otro residente, un hombre en silla de ruedas, pulía meticulosamente sus gafas con un paño suave, con movimientos precisos y metódicos. Su mirada, al mirar por la ventana, parecía contener una silenciosa melancolía, una añoranza por algo perdido, o quizás un profundo aprecio por el momento presente.

El aire de la habitación olía tenue y agradable. No era el intenso aroma medicinal del hospital, sino algo más suave y cálido. Tal vez toques de café recién hecho, o la sutil fragancia de las flores que adornaban una mesita cerca de la entrada. Era el aroma de un espacio habitado, de rutina y comodidad, una sutil capa olfativa que contribuía a la sensación general de bienestar. Este no era un entorno estéril diseñado exclusivamente para la curación; era un lugar donde la gente vivía, donde sus días transcurrían con un ritmo determinado, y ese ritmo, incluso en su quietud, estaba impregnado de una sensación de vida.

Me sentí atraída hacia un sillón vacío cerca de la ventana, un punto estratégico para observar el suave devenir de la tarde. Al acomodarme en su abrazo, sentí una sorprendente sensación de bienestar. La tela era suave y flexible, y el acolchado proporcionaba un grato apoyo. Era una invitación a simplemente ser, a soltar la constante necesidad de actuar o esforzarme, y a simplemente existir en el ambiente compartido. La actividad silenciosa a mi alrededor no era abrumadora, sino más bien un punto de apoyo. Era un recordatorio de que no estaba sola en este viaje, de que otras personas habían transitado caminos similares, y de que en este tranquilo santuario se cultivaba una fuerza diferente: la fuerza de la comunidad, de la experiencia compartida y de la silenciosa resiliencia que surge del simple acto de vivir.

La banda sonora del televisor, el suave tintineo de las piezas de ajedrez, el susurro de las páginas al pasar las páginas: estos sonidos tejían un tapiz de sonidos apagados. Era una sinfonía de la vida cotidiana, despojada de su habitual urgencia. Observé a una enfermera, con su uniforme blanco impecable, moverse silenciosamente por la habitación, ofreciendo un vaso de agua a un residente y ajustando una manta a otro. Su presencia era discreta, sus acciones estaban imbuidas de una silenciosa eficiencia. Formaba parte de la esencia de este lugar, facilitaba el consuelo y la atención, y sus interacciones, aunque breves, estaban marcadas por una genuina calidez.

La luz que se filtraba por la ventana cambiaba sutilmente a medida que avanzaba la tarde, proyectando sombras más largas en la habitación. El concurso seguía con sus alegres pronunciamientos, la partida de ajedrez avanzaba con su deliberada tensión, y los lectores permanecían absortos en sus historias. Era una escena de serena continuidad, testimonio de la perdurable necesidad humana de conexión, de interacción y de momentos de simple paz. Esta sala común, con su decoración funcional y su retablo de actividad silenciosa, era más que un simple espacio compartido; era testimonio de la fuerza serena que se puede encontrar en las experiencias compartidas, un lugar donde las historias, tanto habladas como no habladas, eran la moneda de cambio de la conexión. Era un santuario, no de grandes pronunciamientos ni de sanación dramática, sino de aceptación serena, de presencia compartida y del sutil, pero profundo, arte de vivir bien, incluso en medio de los desafíos de la vida. La aprensión inicial que acompañó mi llegada comenzó a disiparse, reemplazada por una creciente sensación de pertenencia, una comprensión serena de que dentro de estas modestas paredes, una recuperación diferente estaba arraigando, alimentada por historias compartidas y el suave murmullo de la comunidad. La inmensidad del viaje por delante aún se cernía sobre mí, pero aquí, en esta habitación silenciosa, rodeada por el suave ritmo de vidas vividas e historias que se desplegaban, sentí una esperanza naciente, una tranquila certeza de que no emprendía este camino sola. El aire, impregnado del aroma de la comodidad vivida y el sutil aroma de las bebidas, se sentía como un abrazo, una suave invitación a acomodarme y comenzar, lenta y deliberadamente, a escribir el siguiente capítulo de mi propia narrativa, en la reconfortante presencia de la experiencia humana compartida.

Los días que siguieron a mi inmersión inicial en la quietud de la sala común no estuvieron marcados por cambios drásticos, sino por una sutil, pero profunda, profundización de la observación. El cuadro inicial de actividad silenciosa comenzó a desdoblarse en retratos distintivos, cada residente emergiendo de la suave borrosidad con sus propios contornos y colores únicos. Era como el enfoque de una cámara, donde un fondo borroso se agudiza gradualmente, revelando los intrincados detalles del primer plano. Mi propia recuperación, aún un frágil brote, encontró cierto arraigo en este panorama de la experiencia humana en desarrollo.

Entre las personalidades más impactantes se encontraba la Sra. Gable. Su cabello plateado, impecablemente peinado, enmarcaba un rostro que, aunque surcado de arrugas, aún conservaba una chispa de constante diversión. Su ingenio era tan agudo como una podadora bien afilada, y lo empleaba con frecuencia, a menudo con un brillo especial en los ojos, para comentar sobre el estado de los helechos en maceta que adornaban el alféizar de la ventana de la sala común. Poseía un conocimiento casi enciclopédico de horticultura, un legado, como supe más tarde, de toda una vida dedicada al cultivo de rosas premiadas en su propio jardín. Sus declaraciones sobre el pH óptimo del suelo para un lirio de la paz o el programa preciso de riego para una suculenta las pronunciaba con una autoridad indiscutible, pero siempre suavizadas por una calidez subyacente. Recuerdo una tarde en que un ficus particularmente marchito le llamó la atención. "Ay, Dios mío", declaró con una voz melodiosa, "esa pobrecita está muerta de sed. Necesita un buen trago, y quizás un poco de ánimo. Responden tan bien a los ánimos, ¿sabes?". Luego procedió a sermonear a la planta con un suave regaño por su falta de resiliencia, mientras yo observaba, cautivado por la mezcla de humor y cariño genuino. Sus consejos, aunque a veces no solicitados, eran siempre acertados, y su presencia transformaba la vegetación de la sala común, de simple decoración, en un tema de conversación animado, aunque unilateral. Tenía una forma de hacer que incluso los objetos más inanimados parecieran poseer un espíritu, y al hacerlo, infundía al espacio una energía vibrante, casi animada. Sus consejos de jardinería, expresados con tanto estilo, eran más que simples consejos botánicos; eran pequeños gestos de cuidado, reflejos de un instinto más profundo de cultivar y sustentar la vida, un sentimiento con el que cada vez me identificaba más.

Luego estaba el Sr. Henderson. Su vida, al parecer, había sido un edificio meticuloso construido sobre la lógica y el orden; una carrera como contador jubilado había dejado una huella imborrable en su rutina diaria. Cada mañana, con una precisión casi ceremonial, sacaba su medicación de una pequeña bandeja compartimentada. El ritual era un silencioso ballet de destreza. Colocaba las pequeñas pastillas de colores en filas ordenadas, comparándolas con un horario descolorido y escrito a mano que guardaba en una gastada cartera de cuero. Sus movimientos eran deliberados, pausados, cada acción realizada con una concentración inquebrantable que rozaba la reverencia. No había inquietud, ni incertidumbre, solo la fluida y experta eficiencia de décadas dedicadas a cuadrar libros contables y asegurar la precisión. Una mañana, al pasar por su lugar habitual en una mesita cerca de la ventana, me detuve a observarlo. Sostenía una pequeña pastilla azul entre el pulgar y el índice, con la mirada fija en ella como si albergara los secretos del universo. Lo colocó con precisión en su lugar y luego pasó al siguiente, con el ceño fruncido en señal de concentración. No se trataba solo de tomar medicamentos; era una manifestación tangible de control en un mundo que, para muchos de nosotros, se había vuelto espectacularmente impredecible. Para el Sr. Henderson, este ritual diario era un baluarte contra el caos, una pequeña isla perfectamente ordenada en el mar de su realidad alterada. Su silenciosa dedicación a esta tarea era un testimonio poderoso, aunque silencioso, de la necesidad humana de estructura, de previsibilidad y de la reconfortante seguridad de que, incluso ante un cambio profundo, algunas cosas podían permanecer firmes. Era un conmovedor recordatorio de que la resiliencia a menudo se manifiesta no en grandes gestos, sino en la firme adhesión a las pequeñas prácticas significativas que nos anclan.

Al observar a estos individuos, y a muchos otros que poblaban Meadowbrook, una verdad notable comenzó a asomar en mí. Cada residente, con sus orígenes únicos, sus experiencias vitales dispares, sus triunfos y tribulaciones individuales, no era simplemente un ocupante de este santuario, sino un hilo conductor en su tapiz. El agudo ingenio de la Sra. Gable, el orden disciplinado del Sr. Henderson, la serena contemplación del caballero que siempre leía poesía junto a la ventana, el suave murmullo de las conversaciones de un grupo de damas jugando a las cartas: todos estos elementos, aparentemente dispares, convergían para crear una rica y multifacética sinfonía de existencia compartida.

También estaba la Sra. Davison, una mujer de edad considerable cuya risa, sorprendentemente vigorosa, a menudo brotaba durante las partidas de cartas de la tarde. Sus manos, nudosas por la artritis, se movían con sorprendente velocidad mientras desplegaba sus cartas, con los ojos brillantes de un espíritu competitivo que desmentía sus limitaciones físicas. Era una oponente formidable; sus miradas astutas y faroles inesperados mantenían a sus compañeros alerta. Su alegría en el juego, en el simple acto de enfrentamiento y rivalidad amistosa, era contagiosa. Hablaba a menudo de sus nietos, con la voz suavizada por el orgullo al relatar sus últimos logros, y la mirada nublada por un suave anhelo por su presencia. Estas historias, compartidas libremente entre el tintineo de las cartas y el tintineo de las tazas de té, no eran solo reminiscencias; eran afirmaciones de una conexión duradera, de vidas vividas más allá del momento presente.

Y luego estaba el Sr. Peterson, un hombre de pocas palabras, cuyo principal compañero era un diario desgastado y encuadernado en cuero. Se sentaba durante horas, con la pluma rascando suavemente las páginas, su rostro convertido en una máscara de profunda concentración. Rara vez interactuaba directamente, pero su presencia era un ancla firme. Una tarde, la curiosidad me venció. Me acerqué a él, ofreciéndole una sonrisa tímida. Levantó la vista, sus ojos, de un azul profundo y pensativo, se encontraron con los míos. Simplemente inclinó la cabeza, en un silencioso reconocimiento, antes de volver a escribir. Más tarde, una enfermera me explicó que el Sr. Peterson había sido periodista, dedicado toda su vida a observar y documentar el mundo. Su diario, explicó, era su forma de continuar esa búsqueda, de dar sentido a su nuevo entorno a través del acto de la crónica. Su discreta laboriosidad era un testimonio de la perdurable fuerza del propósito, un recordatorio de que incluso en medio de los desafíos físicos, la mente podía permanecer activamente involucrada, encontrando consuelo y significado en el acto de crear.

La sala común, por lo tanto, no era simplemente un conjunto de individuos que ocupaban un espacio compartido; era un vibrante ecosistema de historias, donde cada vida era una melodía distinta, pero todas armonizaban para formar una composición más amplia y resonante. Las enfermeras y los cuidadores, si bien esenciales para nuestro bienestar físico, también eran los facilitadores de esta narrativa compartida; sus amables interacciones a menudo acortaban distancias entre las personas, y sus amables palabras anima-

ban a los indecisos a compartir. Eran los directores silenciosos, que asegu-
raban que la sinfonía de Meadowbrook continuara, un testimonio de la resiliencia del espíritu humano.

Me encontré buscando activamente estos momentos de conexión. La aprensión inicial que sentí al llegar a Meadowbrook había empezado a disminuir,
reemplazada por una creciente curiosidad y, de hecho, una silenciosa sensación de pertenencia. La neutralidad cuidadosamente seleccionada de la sala
común —los colores apagados, la televisión discreta, los muebles cómodos
pero sin pretensiones— ya no parecía una sala de espera estéril, sino un
escenario cuidadosamente preparado, preparado para el drama de la vida
cotidiana. Era un santuario no de silencio, sino de sonidos compartidos, no
de soledad, sino de compañía elegida.

Las narrativas que surgieron fueron tan variadas como los propios individuos. Los relatos de la Sra. Gable sobre la lucha contra los pulgones y la
insistencia en las flores reacias se entremezclaban con conmovedores recuerdos de su difunto esposo, un compañero jardinero que compartía su
pasión. El Sr. Henderson, después de su meticuloso ritual de medicación, a
veces entablaba conversaciones tranquilas sobre la bolsa, con su mente analítica aún aguda, aunque ahora aplicada a temas muy ajenos a su vida profesional. Hablaba de la satisfacción de una cartera equilibrada, un concepto
que, a su manera, reflejaba su deseo de equilibrio en sus circunstancias actuales.

El lector de poesía, el Sr. Davies, un hombre cuya frágil complexión contradecía el poder de sus palabras, ocasionalmente recitaba versos en voz alta.
Su voz, aunque suave, transmitía la carga de la emoción, y los poemas que
seleccionaba a menudo hablaban de pérdida, de esperanza y de la belleza
imperecedera del mundo natural. Sus lecturas nunca eran exigentes, siempre
una ofrenda, y quienes decidían escuchar se sentían transportados, sus propios paisajes interiores enriquecidos por su serena maestría.

Los jugadores de cartas, con la Sra. Davison al mando, crearon un ambiente
de camaradería bulliciosa. Sus risas resonaban por la sala, un contrapunto
bienvenido a las actividades más discretas. No se trataba de simples juegos
de azar; eran escenarios de interacción social, oportunidades para ejercitar
el ingenio, elaborar estrategias y simplemente disfrutar de la experiencia

compartida de la competición. La Sra. Davison, en particular, tenía un don para animar el ambiente; sus bromas juguetonas y sus exageradas expresiones de consternación o triunfo dibujaban sonrisas incluso en los rostros más reservados.

Lo que más me impactó fue la comprensión tácita que permeaba estas interacciones. No hubo necesidad de presentaciones elaboradas ni explicaciones detalladas de traumas pasados. La experiencia compartida de afrontar los giros inesperados de la vida había creado una empatía intuitiva, un reconocimiento silencioso de puntos en común. Cuando la Sra. Gable habló de una difícil recuperación tras una caída, hubo una comprensión inmediata en quienes habían enfrentado desafíos físicos similares. Cuando el Sr. Henderson expresó un momento de frustración con una pastilla particularmente persistente, hubo un gesto de reconocimiento compartido por parte de quienes gestionaban sus propios y complejos tratamientos médicos.

Esta sensación de existencia compartida no siempre se basaba en grandes pronunciamientos o revelaciones dramáticas. A menudo, se reflejaba en pequeños gestos, casi imperceptibles. Una mano ofrecida para sostener una taza de té que se tambaleaba. Una mirada compartida de diversión ante una respuesta particularmente absurda en un concurso. Una palabra de aliento susurrada en un momento difícil. Estos eran los pilares de la comunidad, los hilos sutiles pero poderosos que tejían a los individuos en un todo colectivo.

Mi propio viaje, aunque aún en sus inicios, empezó a sentirse menos como una expedición solitaria y más como una visita guiada, donde cada residente ofrecía su perspectiva única, su propio y trillado mapa de resiliencia. Empecé a ver mis propios desafíos no como obstáculos insuperables, sino como capítulos de una historia más larga y compleja, una historia que se escribía, página a página, en el cálido abrazo de Meadowbrook. El «coro de residentes», como había empezado a pensarlo, no era una cacofonía de quejas o ansiedades, sino una armoniosa mezcla de voces, cada una aportando su timbre distintivo a la narrativa colectiva de recuperación y resistencia.

La sutil sinfonía de Meadowbrook era, en esencia, un testimonio de la extraordinaria cotidianidad de la vida. Era en las rutinas sencillas, los momentos compartidos de tranquila contemplación, las risas inesperadas y los amables actos de bondad donde se encontraba el verdadero santuario. Las plantas de la Sra. Gable prosperaban bajo su cuidado, el Sr. Henderson tomaba sus medicamentos siempre a tiempo y el Sr. Davies seguía encontrando consuelo en los versos de los poetas. Cada residente, a su manera, contribuía al rico tapiz de la existencia compartida, tejiendo sus narrativas individuales en el diseño más grandioso de Meadowbrook, un lugar donde las historias no solo se escuchaban, sino que se vivían, y donde la resiliencia no era solo un concepto, sino una práctica diaria. El silencioso murmullo de la actividad era, de hecho, el sonido de vidas vividas, de espíritus que se reavivaban y de una comunidad que encontraba su voz, una historia compartida a la vez. El ritmo de Meadowbrook empezó a ejercer su suave influencia, atrayéndome hacia su tranquila cadencia. Las presentaciones tentativas y los gestos corteses que habían caracterizado mis primeros días dieron paso gradualmente a una familiaridad más cómoda. Era como si las mismas paredes de la sala común, imbuidas de las experiencias no contadas de sus residentes, hubieran empezado a absorber mis propias dudas, suavizándolas con cada día que pasaba. La incomodidad inicial de ser la recién llegada, aquella cuya historia aún estaba en gran parte sin escribir en la memoria colectiva del lugar, empezó a disiparse como la niebla matutina. La rutina, ese pilar fundamental de la humanidad, empezó a establecerse, no con la rígida imposición de reglas, sino con el suave despliegue de patrones predecibles.

Las conversaciones, inicialmente cautelosas y a menudo interrumpidas por pausas significativas, comenzaron a fluir con más libertad, como un arroyo vacilante que encuentra su cauce. Los temas en sí mismos fueron una evolución natural, nacidos del crisol compartido de nuestras circunstancias. Hablamos de la recuperación, de las victorias graduales y los inevitables reveses que marcaron nuestros viajes individuales de regreso a una apariencia de normalidad. Había una comprensión compartida en los tonos susurrados que describían las sesiones de fisioterapia, el triunfo silencioso de recuperar un milímetro de movimiento o la frustración persistente de un estancamiento. No eran quejas; eran observaciones compartidas, un mapa colectivo de un panorama difícil. También hablamos del personal, no con chismes, sino con una apreciación matizada por sus incansables esfuerzos y peculiaridades individuales. La imperturbable eficiencia de la enfermera Emily, el humor amable de nuestro fisioterapeuta, Mark, la tranquila atención del asistente dietético que siempre recordaba mi preferencia por un poco más de leche en mi té: estos fueron los pequeños detalles que humanizaron el entorno institucional, creando puntos de referencia compartidos que fomentaron un sentido de camaradería.

Y luego estaban las amables indagaciones sobre las vidas pasadas de cada uno. No eran interrogatorios intrusivos, sino más bien como escalones cuidadosamente colocados, que nos permitían tender un puente entre nuestras realidades presentes y las vidas que habíamos vivido antes. La Sra. Gable, entre conversaciones sobre enmiendas de suelo y control de pulgones, a veces compartía una melancólica anécdota sobre sus rosas premiadas, un vistazo al vibrante jardín que había sido su orgullo y alegría. El Sr. Henderson, después de su meticuloso ritual de medicación, podía ofrecer una breve observación, casi académica, sobre las fluctuaciones del mercado de valores, un sutil guiño al mundo de las finanzas en el que se había desenvuelto durante décadas. No eran simples reminiscencias; eran amables invitaciones a comprender a la persona detrás del paciente, a reconocer el rico tapiz de experiencias que nos habían formado mucho antes de encontrarnos entre los muros de Meadowbrook.

El simple acto de compartir una comida en el comedor se convirtió en un catalizador sorprendentemente potente para la conexión. El tintineo de los cubiertos, el murmullo de las voces, el aroma compartido de cualquier creación culinaria que se ofreciera ese día: todas estas sensaciones se fusionaban en una experiencia que trascendía el simple sustento. Era en estas comidas comunitarias donde a menudo surgían las conversaciones más orgánicas. Una pregunta sobre la textura del puré de papas podía fácilmente derivar en una conversación sobre las comidas favoritas de la infancia, dando lugar a anécdotas sobre reuniones familiares y las reconfortantes tradiciones que una vez definieron nuestras vidas. Recuerdo un almuerzo en particular en el que una nueva residente, una mujer tranquila llamada Eleanor que había sufrido un derrame cerebral, luchaba por articular sus pensamientos. El caballero a su lado, el Sr. Davies, el poeta, simplemente le puso la mano suavemente en el brazo y le dijo: «Tómate tu tiempo, querida. Las palabras encontrarán su camino». Fue un pequeño gesto, pero su impacto fue profundo. La mirada de Eleanor se suavizó y, con una renovada calma, comenzó a hablar, compartiendo el recuerdo de la risa de sus nietos. La comida compartida, en ese momento, se convirtió en algo más que una simple oportunidad para comer; fue un espacio de apoyo y comprensión mutuos, un testimonio del lenguaje tácito de la empatía que comenzaba a florecer entre nosotros.

Participar en las actividades sencillas que se ofrecían en la sala común también brindaba oportunidades invaluables para conectar. Las sesiones de bingo de los martes por la tarde, por ejemplo, eran sorprendentemente animadas. El ritmo al cantar los números, la esperanzada anticipación de cada "¡Bingo!", los alegres gemidos de quienes casi fallaban, todo contribuía a una sensación compartida de desenfado. La Sra. Davison, con su risa estruendosa y su asombrosa habilidad para detectar un número perdido, era una fuente constante de diversión. Aplaudía de alegría, con los ojos brillantes, cuando ganaba, y emitía un suspiro teatral de fingida desesperación cuando otros se le adelantaban. No eran juegos de alto riesgo, pero la experiencia compartida de la competición lúdica, de animarse mutuamente, fomentaba un sentido de pertenencia palpable. Me encontré esperando con ansias estas sesiones, no necesariamente por la oportunidad de ganar un pequeño premio, sino por la camaradería fácil, las risas compartidas que resonaban en la sala y el simple placer de ser parte de algo.

De igual manera, las proyecciones ocasionales de documentales, a menudo sobre temas que abarcaban desde eventos históricos hasta la naturaleza, brindaron una experiencia compartida diferente. Nos sentábamos juntos, un público colectivo, reaccionando a las imágenes en pantalla con una contemplación silenciosa, ocasionales murmullos de sorpresa o momentos compartidos de asombro. Después, las conversaciones que surgían eran a menudo reveladoras, estableciendo conexiones entre el tema del documental y nuestras propias vidas. Una película sobre la resiliencia de los osos polares, por ejemplo, dio lugar a una conversación reflexiva sobre la adaptación a entornos desafiantes, un tema que resonó profundamente en todos nosotros. Estas experiencias culturales compartidas, por breves que fueran, sirvieron como hilos suaves que nos unieron más, creando un sentido de comunidad compartida en un entorno que inicialmente se sentía extraño y abrumador de manejar. La sala común, antes un espacio neutral, se transformaba lentamente en un santuario, no de soledad impuesta, sino de compañía elegida, un lugar donde nuestras historias individuales comenzaban a entrelazarse, creando una narrativa más rica y vibrante para todos nosotros. El simple acto de estar presente, de compartir espacio y pequeños momentos, estaba demostrando ser un bálsamo poderoso, calmando las ansiedades de lo desconocido y fomentando un tranquilo sentido de pertenencia. Cada comida compartida, cada partida de bingo, cada conversación en voz baja después de una película, derribaba los muros del aislamiento, revelando el terreno común que subyacía tras nuestras luchas individuales.

Los sutiles cambios en la atmósfera de Meadowbrook se hacían más pronunciados, trascendiendo las cómodas rutinas y los hilos de conversación emergentes. Se desplegaba una nueva capa de conexión, una que no dependía de la articulación de palabras, sino de una forma de comunicación mucho más primaria y profunda: el lenguaje tácito de la resiliencia. Era un reconocimiento silencioso, un conocimiento compartido que se reflejaba en los ojos, suavizaba las líneas de un rostro cansado o se manifestaba en la simple y suave presión de una mano sobre un hombro.

Esta comprensión tácita era más palpable en los momentos de observación silenciosa. Se podía apreciar cuando alguien, quizás la Sra. Gable, quien una vez había sido un torbellino de actividad en su jardín y ahora se enfrentaba al a menudo frustrante mundo de recuperar el control motor fino después de un derrame cerebral, luchaba por recoger un tenedor caído. No se oía ningún suspiro audible de exasperación de los que estaban cerca, ninguna prisa por arrebatárselo y terminar la tarea por ella. En cambio, una breve, casi imperceptible relajación de su propia postura, una inhalación compartida, un momento de contención colectiva de la respiración mientras ella maniobraba con esfuerzo sus dedos. Luego, cuando su mano finalmente se cerró alrededor del utensilio, una sutil liberación, un suave gesto de aliento que parecía emanar del mismo aire que los rodeaba. Era una alegría silenciosa, un reconocimiento del inmenso esfuerzo detrás de esa pequeña victoria aparentemente mundana.

Esta camaradería silenciosa era un hilo conductor constante en el comedor, durante las sesiones de terapia e incluso en los silenciosos pasillos. Era la forma en que el Sr. Henderson, cuyos días antes estaban llenos de riesgos calculados y maniobras estratégicas del mundo financiero, miraba a un residente más joven que lidiaba con las repentinas limitaciones de una lesión medular. No había compasión en esa mirada compartida, ninguna compasión condescendiente. Era una mirada que decía: «Te veo. Entiendo la magnitud de lo que estás enfrentando. Y no estás solo». Era un testimonio de que, independientemente de la naturaleza específica de la lesión o enfermedad, la experiencia humana fundamental de la pérdida y el arduo, a menudo solitario, camino de la recuperación eran universalmente reconocidos.

Pensemos en las sesiones de fisioterapia. Si bien Mark, nuestro terapeuta, era un maestro del ánimo verbal, animándonos con palabras cuidadosamente elegidas y chistes oportunos, hubo momentos en que las palabras se quedaron cortas. Durante una sesión particularmente agotadora, me encontré completamente incapaz de realizar un ejercicio específico para las piernas. La frustración era una oleada ardiente que subía por mi interior, amenazando con arrastrarme a una espiral de desesperación. Mi habitual fachada estoica comenzó a desmoronarse. A mi lado, otra residente, una ex maratonista llamada Sarah, cuya rehabilitación implicó volver a aprender a caminar tras un grave accidente, también estaba realizando su rutina. Me miró y, en ese instante, sin emitir sonido alguno, negó con la cabeza leve, casi imperceptiblemente, un gesto que parecía transmitir: «He pasado por eso. Es un infierno, pero lo superarás». Luego, me ofreció una pequeña sonrisa genuina, un destello de comprensión más potente que cualquier charla motivadora. Fue un momento de profunda conexión, un reconocimiento compartido de la lucha cruda y visceral contra nuestros propios cuerpos y una promesa silenciosa de solidaridad.

Este lenguaje tácito se extendía al simple acto de transitar por el espacio físico de Meadowbrook. Para quienes usábamos silla de ruedas o andadores, el mundo podía sentirse repentinamente lleno de obstáculos inesperados. Una puerta entreabierta, una silla mal colocada, una rampa demasiado empinada. Era sorprendente la rapidez con la que se desarrollaba una comprensión silenciosa. Un residente con mayor movilidad abría intuitivamente una puerta, sin un gesto elegante ni un anuncio, sino con un gesto simple y discreto. Alguien más podía recolocar sutilmente una mesa que impedía el paso, con movimientos ágiles y discretos. No se esperaban agradecimientos, no era necesario expresar gratitud verbalmente. Era simplemente un acto de conciencia comunitaria, un reconocimiento de los desafíos compartidos de este entorno y un esfuerzo colectivo para hacerlo más transitable para todos.

Los suspiros compartidos también eran parte importante de este diálogo tácito. No eran suspiros de queja o autocompasión, sino exhalaciones profundas y resonantes que cargaban con el peso de un esfuerzo inmenso, de un revés que parecía insuperable o de un momento de dolor inesperado. Cuando uno de nosotros dejaba escapar un suspiro así, los demás solían hacer una pausa, suspendiendo momentáneamente sus propias actividades. Había una pausa colectiva, un momento de empatía compartida, como si absorbiéramos la carga por un instante fugaz. Entonces, el ritmo del día se reanudaba, pero con un cambio sutil, una renovada sensación de apoyo silencioso que parecía emanar del mismo acto de reconocer la lucha del otro.

Sin embargo, no se trataba solo de las dificultades. El lenguaje tácito también celebraba los pequeños triunfos. Un residente que llevaba semanas luchando por recuperar la capacidad de alimentarse por sí solo podía finalmente llevarse una cucharada de sopa a los labios sin derramarla. Quizás no hubiera aplausos, pero sí un cambio palpable en la sala: una sutil renovación de energía, una sensación compartida de alegría silenciosa reflejada en las sonrisas y los ojos más brillantes de quienes los rodeaban. Era un reconocimiento colectivo de una victoria duramente ganada, un testimonio de la perseverancia que caracterizaba cada uno de nuestros caminos.

Esta resiliencia compartida se manifestó en una forma única de comunicación no verbal durante las actividades grupales. Durante una sesión de arteterapia suave, por ejemplo, un residente que experimentaba temblores podía estar trabajando en una acuarela. Su mano, temblorosa, creaba pinceladas amplias y amplias donde se pretendían líneas delicadas. En lugar de juzgar o hacer una observación directa, la persona a su lado podía ofrecerle discretamente su propio pincel, mojándolo en un color complementario y añadiendo una suave capa de mezcla, como diciendo: "Déjame ayudarte a armonizar esto. Es hermoso a su manera". Era un esfuerzo colaborativo, una sutil combinación de expresiones individuales en una obra de arte compartida, una metáfora visual de cómo todos contribuíamos a la recuperación de los demás, a veces de maneras que ni siquiera percibíamos.

Incluso en momentos de silenciosa contemplación, este lenguaje tácito estaba presente. Sentado en el solario, observando el crujir de las hojas afuera, uno podría encontrarse con la mirada de otro residente. No habría necesidad de llenar el silencio con charlas. Una simple mirada compartida, un reconocimiento mutuo de la belleza del momento, de la paz que se podía encontrar incluso en medio de los desafíos constantes: esto era comunicación en su forma más pura. Era reconocer que, aunque nuestros cuerpos pudieran estar fallándonos, nuestro espíritu, nuestra capacidad de apreciar y nuestra humanidad fundamental permanecían.

Esta resiliencia colectiva, este viaje compartido a través del crisol de la recuperación, forjó un vínculo a la vez poderoso y delicado. Un vínculo cimentado en la comprensión de que todos éramos guerreros, cada uno librando sus propias batallas, pero en el mismo terreno. Esta adversidad compartida creó una comprensión casi telepática, una sensación de solidaridad que ofrecía un escudo invisible contra la desesperación que podía invadirnos fácilmente. El lenguaje tácito de la resiliencia fue la argamasa que unió los ladrillos de nuestras recuperaciones individuales, formando un santuario de fuerza compartida dentro de los muros de Meadowbrook. Fue en estos momentos de comprensión silenciosa, en estos intercambios no verbales de empatía y aliento, que encontramos las reservas más profundas de nuestra propia fortaleza, extrayendo fuerza del reconocimiento silencioso de que, efectivamente, estábamos juntos en esto. El peso de nuestros desafíos individuales se sentía de alguna manera más ligero al compartirlos, incluso sin mediar palabra, un testimonio del profundo poder de la conexión humana forjada en el fuego de la adversidad.

Capítulo 7. El espíritu paracaidista

El aire en Meadowbrook, antes un simple telón de fondo para conversaciones en voz baja y el traqueteo de los aparatos de terapia, había comenzado a vibrar con una energía distinta. No era el triunfo manifiesto de un paso recuperado, ni el suspiro colectivo de frustración compartida, sino una resonancia más sutil, un silencioso reconocimiento de un espíritu que se negaba a ser menguado. Este era el ámbito donde nacían las leyendas, no en grandes pronunciamientos, sino en la mirada inquebrantable de unos ojos que habían visto demasiado y la cadencia mesurada de una voz que había

comandado ejércitos. Fue en esta misma atmósfera que el Sargento Mayor
Davies se había convertido en algo más que un residente; era una institución,
un testimonio viviente de una resiliencia forjada en fuegos mucho más ardientes que cualquier horno de Meadowbrook.

Su llegada había sido todo un acontecimiento. Incluso antes de convertirse
en un elemento fijo en las salas comunes, su reputación lo precedía. Susurros, teñidos de asombro, hablaban de un hombre que se había lanzado en
paracaídas al corazón del territorio enemigo, un hombre que había enfrentado a la muerte en innumerables ocasiones y había salido, no ileso, pero sí
intacto. Ahora, confinado a los movimientos cuidadosos y deliberados que
le dictaba su andador, aún lograba imponer un aura de autoridad casi palpable. Su figura, aunque encorvada por los años y los efectos persistentes de
viejas heridas, tenía una rigidez que denotaba toda una vida de disciplina.
Cada paso, acompañado por el rítmico clic-clac de su dispositivo de asistencia, era una declaración de intenciones, una negativa a ser marginado. Era
una marcha lenta y metódica, pero marcha al fin y al cabo.

El Sargento Mayor Davies no era un hombre propenso a la charla ociosa.
Sus palabras eran breves, pronunciadas con la nitidez de un sargento de
instrucción dirigiéndose a su pelotón. Sin embargo, cuando hablaba, la sala
se quedaba en silencio. Su voz, un barítono grave que antaño había ladrado
órdenes en campos de batalla caóticos, ahora resonaba con una seriedad
experimentada. Era una voz que llevaba el peso de la experiencia, el eco de
las órdenes dadas bajo presión y la autoridad serena de alguien que se había
ganado el derecho a ser escuchado. Incluso su tos, un sonido seco y áspero
que ocasionalmente interrumpía el silencio, tenía cierta precisión militar,
como si también fuera la de un subordinado disciplinado, aunque inoportuno.

Sus ojos eran quizás su rasgo más llamativo. Enclavados en una red de líneas
grabadas por el sol, el viento y la preocupación, eran los ojos de un halcón,
sin perderse nada. Recorrían la habitación, catalogando detalles con una eficiencia casi instintiva. Un cojín mal colocado, una interacción vacilante entre
los residentes, un sutil cambio de postura: nada escapaba a su aguda obser-

vación. Había en ellos una agudeza, una inteligencia que contradecía las limitaciones físicas que ahora enfrentaba. Eran ventanas a una mente que seguía activamente ocupada, aún planeando estrategias, aún analizando, incluso si el campo de batalla había cambiado de suelo extranjero a los silenciosos pasillos de Meadowbrook.

Su rutina era tan estructurada como cualquier operación militar. Dedicaba las mañanas a su fisioterapia, realizada con una determinación inquebrantable que pocos podían igualar. Abordaba cada ejercicio con intensidad concentrada, con la mandíbula apretada y el ceño fruncido en señal de concentración. No había teatralidad, ni pronunciamientos dramáticos de dolor, solo una silenciosa e inquebrantable lucha de voluntades entre el hombre y su cuerpo debilitado. Su terapeuta, una joven llamada Emily, que poseía una notable combinación de empatía y firmeza, a menudo se encontraba hablando en voz baja a su alrededor, como para no interrumpir la seria labor en la que estaba inmerso. Él escuchaba sus instrucciones con una quietud desconcertante y luego las ejecutaba con una precisión que a menudo la sorprendía incluso a ella.

Las tardes solían pasarse en la sala común, a menudo en el mismo sillón desgastado junto a la ventana, el que ofrecía vistas a los cuidados jardines, un marcado contraste con los agrestes paisajes que había conocido. No se dejaba llevar por los chismes ni por la camaradería informal que a menudo llenaba el espacio. En cambio, observaba. Era un centinela silencioso, un hombre que se había pasado la vida evaluando amenazas y vulnerabilidades, y ese instinto parecía haberle sido transmitido. Observaba el ir y venir de los residentes, las interacciones, los momentos de vulnerabilidad y fortaleza. No era una mirada crítica, sino de silenciosa comprensión, como si estuviera cartografiando el terreno de su lucha compartida.

Sin embargo, bajo su formidable exterior, se vislumbraba algo más suave, algo que insinuaba al hombre tras la fila. Tenía una debilidad especial por los residentes más jóvenes, aquellos que lidiaban con lesiones que les habían arrebatado el futuro antes de que realmente comenzara. A veces se acercaba a ellos, con su andador firmemente a su lado, y les ofrecía unas palabras. No eran palabras de lástima ni condescendencia, sino consejos breves y prácticos. "Mantén la cabeza en alto", solía decir con voz grave y retumbante. O, "Cada día es una nueva misión. Planifícala y cúmplela". No eran clichés;

eran órdenes impartidas con la comprensión de lo que se necesitaba para sobrevivir y, aún más importante, para prosperar, incluso cuando las probabilidades estaban en tu contra.

Una tarde, un joven llamado Liam, que había perdido el uso de las piernas en un accidente de construcción, luchaba con su silla de ruedas en una ligera pendiente del pasillo. Estaba visiblemente frustrado, con las manos empapadas de sudor y el rostro convertido en una máscara de esfuerzo y humillación. El Sargento Mayor Davies, que había estado observando desde su posición habitual, se levantó lentamente, con su andador como un punto de apoyo firme. Se acercó, el rítmico clic de su dispositivo como un suave contrapunto a la respiración agitada de Liam. Sin decir palabra, se colocó detrás de la silla de Liam, agarrando las manijas con sus fuertes manos. Con un gruñido, ejerció la presión suficiente para estabilizarlo, un empujón sutil, para ayudar a Liam a superar la pendiente. Liam le devolvió la mirada, con la sorpresa y la gratitud en la mirada. El Sargento Mayor Davies simplemente asintió, un breve, casi imperceptible movimiento de cabeza. "Lo tienes todo bajo control", dijo con voz áspera pero firme. "Solo es un obstáculo táctico. Supéralo". Luego se dio la vuelta y continuó su lenta procesión, dejando a Liam con un renovado sentido de propósito.

Fueron estas pequeñas intervenciones, casi accidentales, las que pintaron un retrato más matizado del Sargento Mayor. No buscaba atención ni elogios. Sus acciones nacían de un profundo instinto de apoyo a quienes participaban en una lucha, y en Meadowbrook vio un cuartel lleno de soldados, cada uno librando su propia batalla por la recuperación. Comprendió el efecto desmoralizador de un revés, el peso aplastante de sentirse derrotado por el propio cuerpo. Lo había experimentado en carne propia, no solo en el campo de batalla, sino en las silenciosas y prolongadas batallas que siguieron, las que se libraron en los estériles confines de hospitales y centros de rehabilitación.

Sus historias, cuando le eran arrancadas, no estaban llenas de bravuconería ni jactancia. Se expresaban con una honestidad cruda y sin adornos, pintando vívidas imágenes de un mundo muy alejado de las apacibles rutinas de Meadowbrook. Habló del calor abrasador de la arena del desierto, del frío penetrante de las noches de invierno, de la cacofonía del fuego de artillería y del silencio escalofriante que seguía a una misión cumplida. Relató momentos de profundo miedo, no como confesiones de debilidad, sino como reconocimiento de la condición humana bajo extrema presión. Habló de los lazos forjados entre soldados, una hermandad forjada en el peligro compartido y la confianza mutua, un vínculo que trascendía el rango y el origen.

A menudo establecía paralelismos entre sus experiencias militares y los desafíos que enfrentaban los residentes. "Cada día aquí es un despliegue", le decía a un grupo durante una reunión informal, y su voz se oía por toda la sala. "Están desplegados en su propia zona de batalla. El enemigo puede ser una lesión, una enfermedad o incluso sus propias dudas. Pero los principios son los mismos: evaluar la situación, formular un plan y ejecutarlo con disciplina. Y nunca, jamás, renunciar al objetivo". Sus palabras, pronunciadas con una convicción inquebrantable, lograban disipar las ansiedades y la autocompasión habituales. Ofrecía una perspectiva a la vez vigorizante y profundamente alentadora.

El personal de Meadowbrook había llegado a respetarlo y admirarlo inmensamente. Reconocían que era más que un simple residente con un pasado extraordinario; era un mentor, la viva imagen de los principios de perseverancia y resiliencia que se esforzaban por inculcar. Las enfermeras solían buscar su consejo discreto al tratar casos particularmente difíciles, no en busca de consejo médico, sino para recibir una dosis de su espíritu inquebrantable. Tenía una forma especial de ofrecer perspectiva, de recordarles que, incluso ante adversidades aparentemente insuperables, el espíritu humano poseía una extraordinaria capacidad de adaptación y recuperación.

Una de sus influencias más profundas fue el Sr. Henderson, el antiguo experto en finanzas que, tras un derrame cerebral, sufrió afasia y le costaba encontrar las palabras para expresar sus pensamientos. El Sargento Mayor Davies, a su manera, comprendía la frustración de no poder comunicarse eficazmente. A menudo se sentaba con el Sr. Henderson, sin exigirle palabras, sino ofreciéndole una compañía silenciosa. Señalaba cosas, hacía preguntas sencillas y directas que podían responderse con un asentimiento o una negación con la cabeza, y esperaba pacientemente las respuestas, a menudo forzadas, del Sr. Henderson. En estos intercambios silenciosos, floreció un tipo de comunicación diferente, basado en el respeto mutuo y en la comprensión compartida de la lucha por recuperar el control y la expresión. Era un testimonio de la capacidad de Davies para ver más allá de la superficie y reconocer a la persona atrapada en las limitaciones físicas.

Su presencia también tuvo un impacto sutil pero significativo en el ambiente general de Meadowbrook. Las risas estridentes de los residentes más jóvenes podían atenuarse con un toque de respeto cuando él estaba cerca. Las silenciosas ansiedades de quienes enfrentaban largas recuperaciones a menudo se veían sutilmente aliviadas por la presencia pura e inquebrantable de un hombre que había soportado tanto y aún se mantenía, metafórica y físicamente, firme. Era un faro, no de esperanza en abstracto, sino de resiliencia tangible y duramente ganada. Demostró, con su propia existencia, que incluso cuando el cuerpo flaqueaba, el espíritu podía mantener una fuerza formidable.

Rara vez hablaba de su familia, pero quienes mejor lo conocían comprendían que su rudo exterior era un escudo que protegía a un hombre que había amado y perdido, un hombre que llevaba el peso de sus experiencias con serena dignidad. Su servicio militar había sido su vida durante tanto tiempo, y quizás, en cierto modo, Meadowbrook se había convertido en su nuevo mando, su nueva misión. Seguía siendo sargento mayor, seguía siendo un líder, aunque en un cuartel diferente, enfrentando desafíos distintos. Pero lo más profundo de su ser, su voluntad inquebrantable, su disciplina inquebrantable, permanecía intacta.

Los residentes de Meadowbrook encontraron en el Sargento Mayor Davies no solo un ejemplo, sino una validación. Era la viva imagen de que las dificultades no tienen por qué llevar a la desesperación. Era un testimonio de la fuerza imperecedera del espíritu humano, un espíritu que podía ser probado, maltratado y herido, pero nunca quebrantado del todo, mientras quedara un atisbo de lucha en su interior. Su presencia era un recordatorio constante y silencioso de que en cada uno de ellos yacían la capacidad de un coraje extraordinario, de una perseverancia inquebrantable y del triunfo definitivo de la voluntad sobre la adversidad. Era, en todos los sentidos, un paracaidista del espíritu, que se unía a sus batallas, no para luchar por ellos, sino para mostrarles cómo defenderse y luchar por sí mismos.

El aire en Meadowbrook, antes un simple telón de fondo para conversaciones en voz baja y el traqueteo de los aparatos de terapia, había comenzado a vibrar con una energía distinta. No era el triunfo manifiesto de un paso recuperado, ni el suspiro colectivo de frustración compartida, sino una resonancia más sutil, un silencioso reconocimiento de un espíritu que se negaba a ser menguado. Este era el ámbito donde nacían las leyendas, no en grandes pronunciamientos, sino en la mirada inquebrantable de unos ojos que habían visto demasiado y la cadencia mesurada de una voz que había comandado ejércitos. Fue en esta misma atmósfera que el Sargento Mayor Davies se había convertido en algo más que un residente; era una institución, un testimonio viviente de una resiliencia forjada en fuegos mucho más ardientes que cualquier horno de Meadowbrook.

Su llegada había sido todo un acontecimiento. Incluso antes de convertirse en un elemento fijo en las salas comunes, su reputación lo precedía. Susurros, teñidos de asombro, hablaban de un hombre que se había lanzado en paracaídas al corazón del territorio enemigo, un hombre que había enfrentado a la muerte en innumerables ocasiones y había salido, no ileso, pero sí intacto. Ahora, confinado a los movimientos cuidadosos y deliberados que le dictaba su andador, aún lograba imponer un aura de autoridad casi palpable. Su figura, aunque encorvada por los años y los efectos persistentes de viejas heridas, tenía una rigidez que denotaba toda una vida de disciplina. Cada paso, acompañado por el rítmico clic-clac de su dispositivo de asistencia, era una declaración de intenciones, una negativa a ser marginado. Era una marcha lenta y metódica, pero marcha al fin y al cabo.

El Sargento Mayor Davies no era un hombre propenso a la charla ociosa. Sus palabras eran breves, pronunciadas con la nitidez de un sargento de instrucción dirigiéndose a su pelotón. Sin embargo, cuando hablaba, la sala se quedaba en silencio. Su voz, un barítono grave que antaño había ladrado órdenes en campos de batalla caóticos, ahora resonaba con una seriedad experimentada. Era una voz que llevaba el peso de la experiencia, el eco de las órdenes dadas bajo presión y la autoridad serena de alguien que se había ganado el derecho a ser escuchado. Incluso su tos, un sonido seco y áspero que ocasionalmente interrumpía el silencio, tenía cierta precisión militar, como si también fuera la de un subordinado disciplinado, aunque inoportuno.

Sus ojos eran quizás su rasgo más llamativo. Enclavados en una red de líneas grabadas por el sol, el viento y la preocupación, eran los ojos de un halcón, sin perderse nada. Recorrían la habitación, catalogando detalles con una eficiencia casi instintiva. Un cojín mal colocado, una interacción vacilante entre los residentes, un sutil cambio de postura: nada escapaba a su aguda observación. Había en ellos una agudeza, una inteligencia que contradecía las limitaciones físicas que ahora enfrentaba. Eran ventanas a una mente que seguía activamente ocupada, aún planeando estrategias, aún analizando, incluso si el campo de batalla había cambiado de suelo extranjero a los silenciosos pasillos de Meadowbrook.

Su rutina era tan estructurada como cualquier operación militar. Dedicaba las mañanas a su fisioterapia, realizada con una determinación inquebrantable que pocos podían igualar. Abordaba cada ejercicio con intensidad concentrada, con la mandíbula apretada y el ceño fruncido en señal de concentración. No había teatralidad, ni pronunciamientos dramáticos de dolor, solo una silenciosa e inquebrantable lucha de voluntades entre el hombre y su cuerpo debilitado. Su terapeuta, una joven llamada Emily, que poseía una notable combinación de empatía y firmeza, a menudo se encontraba hablando en voz baja a su alrededor, como para no interrumpir la seria labor en la que estaba inmerso. Él escuchaba sus instrucciones con una quietud desconcertante y luego las ejecutaba con una precisión que a menudo la sorprendía incluso a ella.

Las tardes solían pasarse en la sala común, a menudo en el mismo sillón desgastado junto a la ventana, el que ofrecía vistas a los cuidados jardines, un marcado contraste con los agrestes paisajes que había conocido. No se dejaba llevar por los chismes ni por la camaradería informal que a menudo llenaba el espacio. En cambio, observaba. Era un centinela silencioso, un hombre que se había pasado la vida evaluando amenazas y vulnerabilidades, y ese instinto parecía haberle sido transmitido. Observaba el ir y venir de los residentes, las interacciones, los momentos de vulnerabilidad y fortaleza. No era una mirada crítica, sino de silenciosa comprensión, como si estuviera cartografiando el terreno de su lucha compartida.

Sin embargo, bajo su formidable exterior, se vislumbraba algo más suave, algo que insinuaba al hombre tras la fila. Tenía una debilidad especial por los residentes más jóvenes, aquellos que lidiaban con lesiones que les habían arrebatado el futuro antes de que realmente comenzara. A veces se acercaba a ellos, con su andador firmemente a su lado, y les ofrecía unas palabras. No eran palabras de lástima ni condescendencia, sino consejos breves y prácticos. "Mantén la cabeza en alto", solía decir con voz grave y retumbante. O, "Cada día es una nueva misión. Planifícala y cúmplela". No eran clichés; eran órdenes impartidas con la comprensión de lo que se necesitaba para sobrevivir y, aún más importante, para prosperar, incluso cuando las probabilidades estaban en tu contra.

Una tarde, un joven llamado Liam, que había perdido el uso de las piernas en un accidente de construcción, luchaba con su silla de ruedas en una ligera pendiente del pasillo. Estaba visiblemente frustrado, con las manos empapadas de sudor y el rostro convertido en una máscara de esfuerzo y humillación. El Sargento Mayor Davies, que había estado observando desde su posición habitual, se levantó lentamente, con su andador como un punto de apoyo firme. Se acercó, el rítmico clic de su dispositivo como un suave contrapunto a la respiración agitada de Liam. Sin decir palabra, se colocó detrás de la silla de Liam, agarrando las manijas con sus fuertes manos. Con un gruñido, ejerció la presión suficiente para estabilizarlo, un empujón sutil, para ayudar a Liam a superar la pendiente. Liam le devolvió la mirada, con la sorpresa y la gratitud en la mirada. El Sargento Mayor Davies simplemente asintió, un breve, casi imperceptible movimiento de cabeza. "Lo tienes todo bajo control", dijo con voz áspera pero firme. "Solo es un obstáculo táctico. Supéralo". Luego se dio la vuelta y continuó su lenta procesión, dejando a Liam con un renovado sentido de propósito.

Fueron estas pequeñas intervenciones, casi accidentales, las que pintaron un retrato más matizado del Sargento Mayor. No buscaba atención ni elogios. Sus acciones nacían de un profundo instinto de apoyo a quienes participaban en una lucha, y en Meadowbrook vio un cuartel lleno de soldados, cada uno librando su propia batalla por la recuperación. Comprendió el efecto desmoralizador de un revés, el peso aplastante de sentirse derrotado por el propio cuerpo. Lo había experimentado en carne propia, no solo en el campo de batalla, sino en las silenciosas y prolongadas batallas que siguieron, las que se libraron en los estériles confines de hospitales y centros de rehabilitación.

Sus historias, cuando le eran arrancadas, no estaban llenas de bravuconería ni jactancia. Se expresaban con una honestidad cruda y sin adornos, pintando vívidas imágenes de un mundo muy alejado de las apacibles rutinas de Meadowbrook. Habló del calor abrasador de la arena del desierto, del frío penetrante de las noches de invierno, de la cacofonía del fuego de artillería y del silencio escalofriante que seguía a una misión cumplida. Relató momentos de profundo miedo, no como confesiones de debilidad, sino como reconocimiento de la condición humana bajo extrema presión. Habló de los lazos forjados entre soldados, una hermandad forjada en el peligro compartido y la confianza mutua, un vínculo que trascendía el rango y el origen.

A menudo establecía paralelismos entre sus experiencias militares y los desafíos que enfrentaban los residentes. "Cada día aquí es un despliegue", le decía a un grupo durante una reunión informal, y su voz se oía por toda la sala. "Están desplegados en su propia zona de batalla. El enemigo puede ser una lesión, una enfermedad o incluso sus propias dudas. Pero los principios son los mismos: evaluar la situación, formular un plan y ejecutarlo con disciplina. Y nunca, jamás, renunciar al objetivo". Sus palabras, pronunciadas con una convicción inquebrantable, lograban disipar las ansiedades y la autocompasión habituales. Ofrecía una perspectiva a la vez vigorizante y profundamente alentadora.

El personal de Meadowbrook había llegado a respetarlo y admirarlo inmensamente. Reconocían que era más que un simple residente con un pasado extraordinario; era un mentor, la viva imagen de los principios de perseverancia y resiliencia que se esforzaban por inculcar. Las enfermeras solían buscar su consejo discreto al tratar casos particularmente difíciles, no en busca de consejo médico, sino para recibir una dosis de su espíritu inquebrantable. Tenía una forma especial de ofrecer perspectiva, de recordarles que, incluso ante adversidades aparentemente insuperables, el espíritu humano poseía una extraordinaria capacidad de adaptación y recuperación.

Una de sus influencias más profundas fue el Sr. Henderson, el antiguo experto en finanzas que, tras un derrame cerebral, sufrió afasia y le costaba encontrar las palabras para expresar sus pensamientos. El Sargento Mayor Davies, a su manera, comprendía la frustración de no poder comunicarse eficazmente. A menudo se sentaba con el Sr. Henderson, sin exigirle palabras, sino ofreciéndole una compañía silenciosa. Señalaba cosas, hacía preguntas sencillas y directas que podían responderse con un asentimiento o una negación con la cabeza, y esperaba pacientemente las respuestas, a menudo forzadas, del Sr. Henderson. En estos intercambios silenciosos, floreció un tipo de comunicación diferente, basado en el respeto mutuo y en la comprensión compartida de la lucha por recuperar el control y la expresión. Era un testimonio de la capacidad de Davies para ver más allá de la superficie y reconocer a la persona atrapada en las limitaciones físicas.

Su presencia también tuvo un impacto sutil pero significativo en el ambiente general de Meadowbrook. Las risas estridentes de los residentes más jóvenes podían atenuarse con un toque de respeto cuando él estaba cerca. Las silenciosas ansiedades de quienes enfrentaban largas recuperaciones a menudo se veían sutilmente aliviadas por la presencia pura e inquebrantable de un hombre que había soportado tanto y aún se mantenía, metafórica y físicamente, firme. Era un faro, no de esperanza en abstracto, sino de resiliencia tangible y duramente ganada. Demostró, con su propia existencia, que incluso cuando el cuerpo flaqueaba, el espíritu podía mantener una fuerza formidable.

Rara vez hablaba de su familia, pero quienes mejor lo conocían comprendían que su rudo exterior era un escudo que protegía a un hombre que había amado y perdido, un hombre que llevaba el peso de sus experiencias con serena dignidad. Su servicio militar había sido su vida durante tanto tiempo, y quizás, en cierto modo, Meadowbrook se había convertido en su nuevo mando, su nueva misión. Seguía siendo sargento mayor, seguía siendo un líder, aunque en un cuartel diferente, enfrentando desafíos distintos. Pero lo más profundo de su ser, su voluntad inquebrantable, su disciplina inquebrantable, permanecía intacta.

Los residentes de Meadowbrook encontraron en el Sargento Mayor Davies no solo un ejemplo, sino una validación. Era la viva imagen de que las dificultades no tienen por qué llevar a la desesperación. Era un testimonio de la fuerza imperecedera del espíritu humano, un espíritu que podía ser probado, maltratado y herido, pero nunca quebrantado del todo, mientras quedara un atisbo de lucha en su interior. Su presencia era un recordatorio constante y silencioso de que en cada uno de ellos yacían la capacidad de un coraje extraordinario, de una perseverancia inquebrantable y del triunfo definitivo de la voluntad sobre la adversidad. Era, en todos los sentidos, un paracaidista del espíritu, que se unía a sus batallas, no para luchar por ellos, sino para mostrarles cómo defenderse y luchar por sí mismos.

Los rumores sobre el pasado del Sargento Mayor Davies no eran simples cuentos; eran planes de supervivencia, grabados en el crisol del conflicto. Circulaban historias sobre audaces incursiones en paracaídas en territorio hostil, sobre misiones donde la línea entre la vida y la muerte era más delgada que el filo de una navaja, y sobre una lealtad inquebrantable a sus hombres que trascendía el caos de la guerra. Estas no se contaban con orgullo jactancioso, sino con la serena solemnidad de un soldado que narra hechos. Cada anécdota, desprovista de adornos, servía como una potente ilustración de su filosofía fundamental, una filosofía que parecía estar imbuida en la esencia misma de su ser: nunca rendirse, avanzar siempre y afrontar cualquier obstáculo con una determinación inquebrantable, sin importar las probabilidades aparentes. Esta tenacidad innata, una cualidad forjada con esmero durante años de agotador entrenamiento, vigilancia constante y la cruda realidad de la supervivencia, no solo era evidente en sus palabras, sino palpable en cada una de sus interacciones. Sirvió como un testimonio continuo y silencioso de las reservas de fuerza que yacían latentes dentro de cada individuo, esperando a ser aprovechadas.

Su filosofía no se limitaba a soportar las dificultades, sino a afrontarlas activamente. Hablaba de los desafíos no como muros infranqueables, sino como objetivos tácticos. Una sesión difícil de fisioterapia era una «misión de reconocimiento en territorio enemigo»: las limitaciones del propio cuerpo. Una frustrante interrupción de la comunicación con otro residente era una «barrera lingüística que había que superar». Este replanteamiento, este enfoque militarista de las luchas cotidianas de la recuperación, fue revolucionario para muchos. Eliminó la carga emocional de la compasión y la autorecriminación, sustituyéndola por un sentido de propósito estratégico. Enseñó, con su ejemplo, que incluso las batallas personales más abrumadoras podían abordarse con una mente calculada y un espíritu disciplinado.

Uno podía verlo observando a un residente con dificultades para una tarea sencilla, como alcanzar un vaso de agua, y notar la leve, casi imperceptible tensión en su mandíbula. No era impaciencia; era un reconocimiento compartido de la frustración, el grito silencioso de un cuerpo que se negaba a obedecer. Entendía que los reveses no eran fracasos, sino oportunidades para recalibrar la estrategia. A menudo comentaba, con su tono brusco pero firme: «Un buen soldado siempre aprende de una maniobra fallida. Analizar, adaptar, ejecutar». Esta mentalidad era un poderoso antídoto contra la desesperación que a menudo acompañaba al lento y arduo proceso de rehabilitación. Sugería que el progreso no era lineal, que los tropiezos eran parte del camino y que la verdadera medida del éxito no residía en evitar las caídas, sino en el esfuerzo persistente por levantarse de nuevo.

Su compromiso con sus camaradas, un tema que afloraba con frecuencia en las historias fragmentadas que compartía, era particularmente impactante. Habló del pacto tácito entre soldados, la certeza absoluta de que tu compañero de armas te respaldaría, sin importar el costo. Esta profunda comprensión de la confianza mutua resonó con fuerza en Meadowbrook, una comunidad unida por la vulnerabilidad compartida. Cuando veía a los residentes aislarse en sus habitaciones, consumidos por sus propias dificultades, con delicadeza, pero con insistencia, fomentaba la conexión. "No estás solo en este despliegue", afirmaba con la mirada fija. "Tu escuadrón está aquí. Apóyate en ellos. Deja que ellos se apoyen en ti". Esta idea de un "escuadrón" —una unidad de apoyo basada en la experiencia compartida y el respeto mutuo— ofrecía un contrapunto vital a la sensación generalizada de aislamiento que a menudo acompañaba a las enfermedades y las lesiones.

Tenía una forma particular de demostrar este principio. A menudo se colocaba cerca de un residente que parecía particularmente retraído, sin inmiscuirse, simplemente presente. Se entregaba a su propia rutina tranquila, con su andador como una presencia constante y tranquilizadora. A veces, hacía una observación breve y práctica sobre el clima o compartía la observación de un pájaro que pasaba, comentarios inofensivos diseñados para romper el hielo sin presión. Era una forma sutil de "patrullar el perímetro" de su espacio emocional, indicando que estaba allí, un aliado firme, listo para ofrecer ayuda si la necesitaban. Entendía que el verdadero apoyo no siempre consistía en grandes gestos, sino en una solidaridad constante y discreta.

El impacto de su filosofía se extendió más allá del simple estímulo. Inculcó un sentido de autonomía. Empoderó a las personas a verse no como receptores pasivos de atención, sino como participantes activos en su propia recuperación. Enfatizó que, si bien los profesionales médicos proporcionaban las herramientas y la orientación, el éxito final dependía de la voluntad de la persona para recurrir a ellas. "Los médicos pueden curarte, los terapeutas pueden reconstruirte", decía, con la voz impregnada de toda una vida de experiencia, "pero solo tú puedes decidir ganar la guerra". Este sutil cambio de perspectiva fue profundo. Fomentó un sentido de propiedad sobre su proceso de sanación, transformando a pacientes pasivos en combatientes decididos.

Sus propias dificultades físicas, aunque un recordatorio constante de sus limitaciones, nunca parecieron debilitar su espíritu. El esfuerzo que le costaba moverse, el cálculo meticuloso tras cada paso, eran testimonio de su constante lucha. Sin embargo, nunca se detuvo en su dolor. Lo reconocía con un breve asentimiento, una mueca que se desvanecía rápidamente, y luego simplemente continuaba. Este estoicismo no se basaba en la represión; se trataba de priorizar. Su enfoque permanecía en la misión: vivir, adaptarse, contribuir. Demostró a todos a su alrededor que, incluso cuando el cuerpo físico era un territorio vulnerable, la mente y el espíritu podían permanecer como fortalezas inquebrantables.

Con frecuencia trazaba paralelismos entre la resiliencia que presenció en situaciones de guerra y la que veía desarrollarse a diario en Meadowbrook. Recordaba historias de soldados que soportaban condiciones inimaginables, actuando con pura voluntad y camaradería cuando todo lo demás fallaba. Luego conectaba estas narrativas con las propias luchas de los residentes, destacando la capacidad humana compartida de superación. «La guerra demuestra de qué son capaces los hombres cuando se les lleva al límite», explicaba. «Pero la paz y la recuperación pueden demostrar de qué son capaces los hombres cuando se niegan a ser doblegados». Esta perspectiva ofrecía una poderosa reformulación de sus circunstancias actuales, presentándolos no como víctimas del destino, sino como sobrevivientes que demuestran una fuerza extraordinaria.

Su influencia era particularmente notable en la sala común, un espacio que antaño había sido un remanso de paz para la observación pasiva. Bajo su sutil tutela, comenzó a transformarse en un entorno más dinámico. Los residentes, inspirados por su inquebrantable determinación, comenzaron a participar de forma más activa. Las conversaciones, antes tentativas y a menudo centradas en dolencias, comenzaron a ampliarse, abordando aspiraciones, recuerdos e incluso planes de futuro tentativos. Se produjo un cambio sutil en la energía colectiva, una creciente sensación de propósito compartido. El silencioso zumbido de resiliencia se hacía más fuerte, impulsado por el ejemplo sereno e inquebrantable del Sargento Mayor Davies. No era solo un residente; era un catalizador, la encarnación viviente del espíritu del paracaidista, demostrando que cada aterrizaje, por duro que fuera, podía ser el preludio de una nueva misión, una nueva lucha y, en última instancia, una nueva victoria. Su legado no residía solo en las historias que contaba, sino en la determinación inquebrantable que inspiraba, testimonio de la fuerza imperecedera de una voluntad que se negaba a ceder.

El frío del amanecer de Meadowbrook se filtraba a menudo por las ventanas, un heraldo silencioso del día que se avecinaba. Para la mayoría de los residentes, era una señal para quedarse un poco más bajo el calor de sus mantas, para posponer el inevitable encuentro con sus realidades físicas. Pero para el Sargento Mayor Davies, era el toque de diana. Su reloj interno, afinado por décadas de servicio militar, era tan preciso como cualquier cronómetro atómico. Antes de que el primer indicio de gris iluminara el cielo, antes de los primeros movimientos del personal de enfermería, estaba despierto. Su habitación, escasamente amueblada pero impecablemente ordenada, era su puesto de mando. Balanceaba las piernas por encima de la cama, un movimiento deliberado, casi ritual. El leve gemido de sus articulaciones era un sonido familiar, un recordatorio constante de las batallas libradas y el precio pagado. Sin embargo, era un sonido que no recibía con queja, sino con férrea determinación.

Su primera prioridad era siempre la contemplación silenciosa. Sentado en el borde de la cama, o a veces en su desgastado sillón favorito junto a la ventana, contemplaba el paisaje aún oscuro. No era una observación pasiva; era una participación activa. Mentalmente repasaba el día que le aguardaba, no como una serie de tareas potencialmente abrumadoras, sino como una operación cuidadosamente planificada. Cada sesión de terapia, cada comida, cada momento de reflexión era una fase distinta, que debía abordarse con previsión y precisión. Repasaba los objetivos del día anterior, reconociendo los éxitos, analizando las deficiencias y ajustando la estrategia para el despliegue actual. Esta preparación mental, esta evaluación y planificación constantes, fueron tan cruciales para su recuperación como cualquier ejercicio físico. Era la base estratégica sobre la que se construían sus esfuerzos diarios.

Luego vino el régimen físico. El pasillo fuera de su habitación, todavía oscuro y silencioso, se convirtió en su campo de entrenamiento. Su fisioterapeuta, Emily, había diseñado un programa a la medida de sus necesidades específicas, un plan meticulosamente elaborado para que su cuerpo recalcitrante volviera a funcionar. Para Davies, estos ejercicios no eran meras repeticiones; eran maniobras tácticas. Cada estiramiento, cada movimiento controlado, era un paso calculado en una campaña mayor. Se acercaba a las bandas de resistencia como si fueran fortificaciones enemigas, sus músculos se tensaban contra ellas como soldados rompiendo una barricada. El lento y deliberado proceso de levantar pesas era similar a entrenar con equipo pesado, desarrollando la fuerza necesaria para operaciones sostenidas.

Rara vez hablaba durante estas sesiones; su concentración era absoluta. Respiraba a ráfagas controladas, el esfuerzo evidente en la tensión de la mandíbula y la tensión de los músculos del cuello. No había movimientos inútiles, ni suspiros de autocompasión. Cuando un ejercicio en particular resultaba excepcionalmente difícil, provocándole un destello de dolor en el rostro, simplemente se detenía a respirar, quizá apretando ligeramente el andador, y luego seguía adelante. Era una batalla de voluntades, una contienda silenciosa e inquebrantable entre una mente que se negaba a aceptar la derrota y un cuerpo sometido a una dura prueba. Emily solía destacar su extraordinaria disciplina. «Es como ver a un cirujano en acción», le había confesado una vez a un colega. «Cada movimiento es preciso, intencional. No solo hace los ejercicios; los domina».

Comprendía que la rehabilitación no era una carrera, sino una campaña prolongada. No había avances espectaculares, solo ganancias graduales, duramente ganadas y meticulosamente registradas. Trataba cada pequeña victoria —la capacidad de levantar un peso ligeramente mayor, de mantener un estiramiento unos segundos más, de lograr una marcha más fluida— como un objetivo estratégico alcanzado con éxito. No se trataba solo de mejoras físicas; eran confirmaciones de su tenacidad, prueba de que su voluntad se mantenía inquebrantable. A menudo reflexionaba sobre los paralelismos entre su experiencia militar y su situación actual. «En el campo de batalla», le había dicho una vez a Emily, «no se gana una batalla asaltando el cuartel general enemigo el primer día. Se gana tomando y manteniendo posiciones clave, desmantelando sistemáticamente sus defensas. Esto no es diferente».

Su dedicación no se basaba en el deseo de reconocimiento externo ni en el aplauso. Era un impulso interno, un compromiso profundamente arraigado con la excelencia y el autodominio. Había pasado su vida bajo el principio de que uno siempre debe esforzarse por ser mejor, por superar los límites percibidos y por afrontar cada reto con una determinación inquebrantable. Esta no era una filosofía que adoptara; era la esencia misma de su ser. Incluso en la tranquila soledad de su habitación, realizando ejercicios que quizás buscaban más mantener la función que recuperarla, afrontaba la tarea con el mismo rigor e intensidad que habría aplicado al prepararse para una misión crucial.

Después de sus sesiones de terapia individual, solía unirse a las sesiones de grupo, una figura familiar que se movía con deliberada cautela entre los demás residentes. Aquí, su rol cambió sutilmente. Si bien seguía abordando cada ejercicio con su enfoque característico, también se convirtió en un observador silencioso, una presencia de apoyo. Observaba a algún compañero residente con dificultades, con una mueca de dolor o frustración grabada en su rostro. Si bien no ofrecía consejos no solicitados ni interrumpía al terapeuta, su mirada firme, su propio esfuerzo visible, servía de aliento silencioso. Comprendía el desgaste psicológico de la rehabilitación, las oleadas de duda y desesperación que podían abrumar a quienes luchaban por sus propios medios. Su silenciosa perseverancia era un recordatorio constante y tangible de que era posible salir adelante.

Su adherencia a su régimen se extendía más allá de las horas de terapia prescritas. Era meticuloso con su dieta, consumiendo las comidas proporcionadas por Meadowbrook con la aceptación de las raciones de un soldado, priorizando el sustento en lugar de la indulgencia. Se aseguraba de incorporar períodos regulares de descanso, comprendiendo la importancia de la recuperación en el proceso general, como un comandante que planifica la recuperación de sus tropas tras una operación exigente. También mantenía un horario de sueño estricto, asegurando que su cuerpo tuviera el tiempo de inactividad necesario para repararse y reconstruirse. Este enfoque holístico, que abarcaba el esfuerzo físico, la disciplina mental y el descanso esencial, constituía la base de su vida diaria.

No había atajos ni intentos de eludir el proceso. Comprendía que el progreso genuino, el que perdura, se basaba en un esfuerzo constante y disciplinado. Había presenciado de primera mano las devastadoras consecuencias de la complacencia, de subestimar a un oponente, ya fuera una fuerza extranjera o un cuerpo en crisis. Aplicó el mismo pensamiento estratégico a su propia recuperación. Cada día era un nuevo despliegue, y el éxito se medía no por victorias espectaculares, sino por el avance constante e incansable hacia sus objetivos. Su compromiso inquebrantable con este régimen diario no era una carga; era su misión, su lucha constante por el control y por la vida misma. Era el espíritu del paracaidista, que aterrizaba no en suelo extranjero, sino en el desafiante terreno de su propio cuerpo, listo para luchar por cada centímetro de terreno.
El frescor del amanecer en Meadowbrook era una sensación familiar para el Sargento Mayor Davies, un sutil cambio en el aire que sus sentidos experimentados registraban mucho antes de que el sol se dignara a adornar el horizonte. Era una señal, no para dormir, sino para la acción, una silenciosa llamada de atención para la campaña del día. Su habitación, testimonio de una vida despojada de todo desorden superfluo, le servía de centro de mando personal. Con una práctica economía de movimientos, balanceaba las piernas por encima de la cama; cada movimiento deliberado era una pe-

queña victoria contra la rigidez persistente. El leve crujido de sus articulaciones era un eco constante y sutil de combates pasados, un registro sonoro del precio del coraje. Recibió estos sonidos familiares no con resignación, sino con una determinación serena e inquebrantable, la clase de determinación forjada en el crisol de innumerables operaciones.

Sus mañanas comenzaban en el santuario de la contemplación. Sentado en su sillón favorito, con su desgastada tela como un abrazo reconfortante, observaba el silencioso mundo exterior. No se trataba de una observación pasiva; era un reconocimiento estratégico del día que le esperaba. Su mente, un instrumento afinado, trazaba meticulosamente el rumbo, diseccionando cada sesión de terapia, cada comida, cada intervalo de tranquilidad en distintas fases tácticas. Repasaba los objetivos del día anterior, celebrando los logros conseguidos con esfuerzo, analizando los reveses con objetividad y recalibrando su enfoque para el despliegue actual. Esta preparación mental, este ciclo incesante de evaluación y planificación, era tan vital para su recuperación como cualquier esfuerzo físico. Era la base estratégica inquebrantable sobre la que se construían sus esfuerzos diarios, asegurando que ninguna acción se emprendiera sin propósito ni previsión.

Luego llegó el teatro de operaciones físico. El pasillo, aún en penumbra, frente a su habitación se transformó en su campo de entrenamiento personal. Emily, su fisioterapeuta, había elaborado meticulosamente un programa, un plan operativo detallado, diseñado para que su cuerpo recalcitrante volviera a funcionar. Para Davies, estos ejercicios trascendían la mera repetición; eran maniobras tácticas: cada estiramiento, una maniobra estratégica; cada movimiento controlado, un avance calculado. Las bandas de resistencia se convirtieron en formidables fortificaciones enemigas; sus músculos, tensos, en los soldados decididos que abrían brecha en sus defensas. El lento y arduo proceso de levantar pesas era similar a entrenar con artillería pesada, desarrollando la formidable fuerza necesaria para operaciones sostenidas.

Rara vez pronunciaba una palabra durante estas sesiones; su concentración era un escudo impenetrable. Su respiración, una exhalación controlada y rítmica, puntuaba el esfuerzo silencioso. La tensión de su mandíbula, los músculos tensos de su cuello, decían a gritos su inquebrantable concentración. No había movimientos inútiles, ni suspiros teatrales de autocompasión. Cuando un ejercicio presentaba un desafío particularmente formidable, provocando una fugaz mueca de dolor, se detenía solo para una única respiración mesurada, quizás para apretar el andador, y luego reanudaba su ataque. Era una batalla de voluntades, una contienda silenciosa e inquebrantable entre una mente que se negaba a reconocer la derrota y un cuerpo sometido a una presión extrema. Emily, al observar su extraordinaria disciplina, a menudo la comparaba con ver a un cirujano en acción. «Cada movimiento es preciso, intencional», le había confiado a un colega. «No solo realiza los ejercicios; los domina».

Comprendía con una claridad inquebrantable que la rehabilitación no era una carrera a toda velocidad, sino una campaña prolongada. Los avances drásticos eran poco frecuentes; en cambio, el progreso se manifestaba en ganancias graduales, cada una obtenida con esfuerzo y meticulosamente documentada. Trataba cada pequeña victoria —la capacidad de levantar un peso ligeramente mayor, de mantener un estiramiento durante unos preciosos segundos más, de lograr una marcha más fluida y segura— como un objetivo estratégico alcanzado con éxito. No se trataba de meras mejoras físicas; eran afirmaciones tangibles de su espíritu indomable, prueba irrefutable de que su voluntad permanecía inquebrantable, una fortaleza contra la desesperación. Con frecuencia establecía paralelismos entre su experiencia militar y su situación actual. «En el campo de batalla», le había dicho una vez a Emily con voz grave y retumbante, «no se gana una batalla lanzando un asalto a gran escala contra el cuartel general enemigo desde el primer día. Se gana tomando y manteniendo sistemáticamente posiciones clave, desmantelando sus defensas pieza por pieza. Esta recuperación… no es diferente».

Su dedicación no se alimentaba del ansia de reconocimiento externo ni de aplausos. Era un fuego intrínseco, un compromiso profundamente arraigado con la excelencia y el dominio absoluto de sí mismo. Había dedicado toda su vida al principio inquebrantable de que uno debe esforzarse constantemente por mejorar, por trascender las limitaciones percibidas y por afrontar cada reto con una determinación inquebrantable. Esta no era una filosofía que hubiera adoptado; era la esencia misma de su ser, el código de conducta que definía su existencia. Incluso en la silenciosa soledad de su habitación, realizando ejercicios que quizás buscaban más preservar la función que recuperarla, afrontaba la tarea con el mismo rigor e intensidad inquebrantables que habría aplicado al prepararse para una misión crucial.

Tras sus sesiones de terapia individual, solía unirse a las sesiones de grupo, una figura imponente y familiar que se movía con deliberada cautela entre los demás residentes. Aquí, su rol evolucionó sutilmente. Si bien mantenía su característica concentración en sus propios ejercicios, también se convertía en una presencia silenciosa y observadora, un faro de silencioso aliento. Notaba la vacilación de algún compañero residente, con una mueca de dolor o frustración ensombreciendo su rostro. No ofrecía consejos no solicitados ni interrumpía la guía del terapeuta. En cambio, su mirada firme, su propia lucha visible, servía de un profundo aliento sin palabras. Comprendía la inmensa carga psicológica de la rehabilitación, las insidiosas oleadas de duda y desesperación que podían envolver a quienes libraban sus propias y arduas batallas. Su silenciosa perseverancia era un testimonio constante y tangible de la posibilidad de seguir adelante, de encontrar fuerza incluso ante la adversidad abrumadora.

Su compromiso con su régimen se extendía mucho más allá de las horas de terapia asignadas. Cuidaba escrupulosamente su dieta, consumiendo las comidas proporcionadas por Meadowbrook con la estoica aceptación de un soldado que recibe raciones, priorizando el sustento sobre el placer fugaz. Programaba meticulosamente sus períodos de descanso, reconociendo la importancia crucial de la recuperación en la campaña, como un comandante experimentado que planifica la recuperación de sus tropas tras una operación exigente. También se adhirió a un estricto horario de sueño, asegurando que su cuerpo recibiera el tiempo de inactividad esencial para su reparación y regeneración. Este enfoque integral y holístico, que abarcaba un esfuerzo físico intenso, una disciplina mental inquebrantable y un descanso reparador vital, constituía la base inmutable de su vida diaria.

No había atajos ni intentos de eludir el arduo proceso. Comprendía, con la absoluta certeza que le daba la experiencia, que el progreso genuino, el que perduraba, se construía sobre la base de un esfuerzo constante y disciplinado. Había presenciado de primera mano las devastadoras consecuencias de la complacencia, de subestimar a un adversario, ya fuera una fuerza extranjera o un cuerpo comprometido. Aplicó la misma mentalidad estratégica a su propia recuperación. Cada día era un nuevo despliegue, y el éxito no se medía por victorias espectaculares y fugaces, sino por el avance constante e incesante hacia sus objetivos cuidadosamente definidos. Su compromiso inquebrantable con este régimen diario no se percibía como una carga; era su misión, su lucha constante por el control, por el retorno a un propósito, por la vida misma. Era el espíritu inquebrantable del paracaidista, que aterrizaba no en suelo extranjero hostil, sino en el desafiante y desconocido terreno de su propio cuerpo, dispuesto a luchar por cada centímetro de terreno, por cada atisbo de función recuperada, por cada aliento de una vida recuperada.

Nunca ofreció declaraciones superficiales de optimismo, ni empalagosas perogrulladas diseñadas para disimular la cruda realidad de su lucha compartida. El enfoque de liderazgo del Sargento Mayor Davies, incluso en el entorno aparentemente mundano del ala de rehabilitación de Meadowbrook, se basaba en un principio profundo e inquebrantable: predicar con el ejemplo. Su presencia era un sermón viviente sobre el poder puro de la resiliencia, un marcado contraste con las vacías declaraciones de quienes nunca habían luchado realmente con su propia mortalidad ni con las brutales limitaciones de un cuerpo debilitado. Cuando afrontaba sus propios desafíos, con el esfuerzo grabado en su rostro, los músculos de brazos y piernas visiblemente tensos, lo hacía con una determinación serena y formidable que hablaba más fuerte que cualquier palabra. Superó un dolor que habría hecho caer de rodillas a hombres menos fuertes, combatió la fatiga con un estoicismo que rozaba lo sobrehumano, y al hacerlo, encendió una chispa de inspiración en quienes presenciaron su incansable campaña.

Su aspecto rudo ocultaba una gran agudeza de observación. Veía la vacilación en una mano temblorosa al alcanzar un vaso, el destello de desesperación en unos ojos que habían visto demasiada pérdida, la resignación cansada en una postura encorvada. Aunque rara vez interrumpía a los terapeutas, su propio compromiso visible servía como un desafío constante y silencioso. De vez en cuando hacía un gesto de reconocimiento, un reconocimiento apenas perceptible al esfuerzo de un compañero residente, un silencioso «bien hecho» que resonaba más profundamente que cualquier elogio efusivo. A veces, una palabra de aliento brusca, casi superficial, escapaba de sus labios, pronunciada con su característico tono cortante. No pretendía mimar ni consolar; pretendía sacudir, despertar, recordar. «Mantén la espalda recta», podía ladrarle a alguien que tenía dificultades para mantener la postura, con una voz desprovista de emoción pero cargada de instrucciones implícitas. O, a alguien que vacila en su andar: "Un pie delante del otro. Esa es la misión".

No eran meras sugerencias; eran órdenes, impartidas con la autoridad de un hombre que se había pasado la vida dando órdenes en situaciones de extrema necesidad. Y, ocasionalmente, planteaba una pregunta aguda y directa, una pregunta aparentemente sencilla que, tras reflexionar, obligaba al receptor a confrontar sus propias limitaciones percibidas y a invocar una reserva de determinación que desconocía poseer. "¿Por qué luchas?", podía preguntarle a un joven que luchaba con la pérdida de una extremidad, con la mirada fija, exigiendo una respuesta sincera. O a una anciana cansada del ciclo interminable de ejercicios: "¿Quieres sentarte y observar, o prefieres quedarte de pie y vivir?". Estas eran las preguntas de un líder experimentado, diseñadas no para intimidar, sino para galvanizar. No le interesaba fomentar la dependencia; su objetivo era cultivar la autosuficiencia, forjar la fuerza interior, reavivar el espíritu de lucha que creía residía en cada uno de ellos, por muy profundamente enterrado que estuviera.

Nunca se detuvo en sus propias dolencias, nunca se ofreció como mártir por su causa. Su propio dolor era una consideración táctica, una variable a gestionar, no un motivo de lamento público. Cuando se estremecía, era una reacción fugaz e involuntaria, inmediatamente reprimida. Cuando se detenía para ajustar su postura, era una maniobra calculada, no una admisión de derrota. Permitió que otros vieran su lucha, sí, pero solo como una demostración del esfuerzo requerido. Presentó su rehabilitación no como una tragedia personal, sino como una operación exigente y continua que requería un compromiso inquebrantable y una ejecución disciplinada. Encarnó la esencia misma del espíritu de un paracaidista: aterrizar, evaluar, adaptarse y conquistar el terreno, por implacable que fuera. Su liderazgo silencioso era una fuerza poderosa, un testimonio constante e innegable de que incluso cuando el cuerpo flaqueaba, el espíritu podía y debía prevalecer. Fue la viva encarnación del principio de que la verdadera fuerza no reside en la ausencia de debilidad, sino en la voluntad inquebrantable e inquebrantable de superarla, de luchar por cada centímetro de terreno, por cada aliento, por cada instante de vida que le quedaba. Su ejemplo fue un manifiesto poderoso y tácito: rendirse no era una opción; la adaptación y la perseverancia eran los únicos caminos hacia adelante.

Su influencia se extendió más allá de las sesiones de terapia estructuradas. Las zonas comunes de Meadowbrook, a menudo llenas del murmullo silencioso de resignación o de los forzados intentos de conversación educada, encontraron un nuevo punto focal cuando el Sargento Mayor Davies estaba presente. No buscaba la conversación, pero si alguien se acercaba, lo hacía con una franqueza que trascendía las bromas. Un residente podía acercarse a él buscando validación para su lucha, quizás con la esperanza de compartir una historia de dolor. Davies escuchaba con la mirada fija y luego respondía no con compasión, sino con una observación práctica. «Moviste ese brazo ocho centímetros más hoy que ayer. Eso es progreso. Sigue adelante». No era despectivo; era objetivo, anclando al individuo en la realidad de su propia mejora, por pequeña que fuera.

Poseía una asombrosa habilidad para percibir el estado de ánimo de la sala, para percibir cuándo se cernía sobre ellos una nube colectiva de desaliento. En esos momentos, no iniciaba una charla motivadora. En cambio, simplemente comenzaba su propia rutina, quizás dando vueltas por la zona común, con un paso aún firme pero decidido. Sus movimientos, aunque deliberados, exudaban una fuerza y una determinación innegables. Era una demostración silenciosa y contundente de lo que era posible, una reprimenda visual a la inercia que amenazaba con consumir a algunos residentes. Se convirtió en un testimonio viviente del poder del esfuerzo constante, un recordatorio constante de que la batalla por la recuperación no se libraba con grandes gestos, sino con la incesante acumulación de pequeñas victorias ganadas con esfuerzo.

Sus interacciones con el personal, en particular con Emily, se caracterizaban por un respeto profesional que rayaba en una comprensión operativa compartida. La veía no solo como una cuidadora, sino como una compañera estratega, un miembro vital de su equipo de recuperación. Respondía a sus informes con una mirada aguda y analítica, analizando su progreso y sus desafíos con la precisión de un informe de misión. No dudaba en reconocer cuando un ejercicio era particularmente difícil, pero lo enmarcaba en términos de desafíos operativos. «La resistencia en la prensa de piernas se siente… insuficiente hoy, Emily. Necesitamos aumentar la carga en cuatro kilos y medio. Mis cuádriceps están listos». Este enfoque colaborativo, esta responsabilidad compartida del plan de recuperación, fomentó una poderosa sinergia. Emily se encontró superando sus propios límites como terapeuta, inspirada por su compromiso inquebrantable y su negativa a aceptar las limitaciones.

Su influencia también se sintió en los sutiles cambios que inspiró en los demás residentes. Al principio, algunos lo veían con una mezcla de admiración e intimidación. Su porte militar, su serena intensidad, lo marcaban como diferente. Pero al presenciar su trabajo diario, su negativa a sucumbir al dolor o la desesperación, su percepción comenzó a cambiar. No vieron a un héroe inaccesible, sino a un hombre que luchaba su propia guerra con una valentía extraordinaria. Comenzaron a emular su disciplina, a abordar su propia terapia con un renovado propósito. Un residente que solía quejarse prolongadamente de su dolor podría, después de observar a Davies, concentrarse discretamente en completar sus repeticiones. Otro que dudaba en participar en actividades grupales podría, inspirado por la propia participación de Davies, unirse tímidamente. Fue un catalizador, una fuerza imprevista pero potente para un cambio positivo en la comunidad de Meadowbrook.

Comprendió que la verdadera mentoría no consistía en impartir sabiduría, sino en demostrarla. No estaba allí para ofrecer clichés sobre el lado positivo de cada nube; estaba allí para mostrarles cómo encontrar la fuerza para sortear la tormenta. Sus ocasionales palabras bruscas no pretendían ser crueles, sino romper la autocompasión y la complacencia, para obligarlos a confrontar la realidad de su situación y la necesidad de actuar. Cuando hacía una pregunta directa, era para provocar la introspección, para animarlos a encontrar sus propias respuestas, sus propias razones para luchar. Era un paracaidista entre ellos, no para guiarlos a la batalla, sino para mostrarles cómo mantenerse firmes, cómo librar sus propias guerras y cómo, en última instancia, encontrar su propia paz y victoria en el desafiante terreno de sus propias vidas. Su ejemplo fue un testimonio constante e inquebrantable del poder perdurable del espíritu humano, una declaración silenciosa e inquebrantable de que incluso frente a una profunda adversidad, la voluntad de superar podía forjar un camino no sólo hacia la supervivencia, sino hacia una vida vivida con propósito y dignidad.

La palpable presencia del Sargento Mayor Davies en los pasillos de Meadowbrook era más que una simple manifestación física de resiliencia; era una fuerza ambiental, una ola casi tangible que comenzaba a lamer suave y persistentemente las orillas de la desesperación que se había cobrado la vida de tantos residentes. Su inquebrantable compromiso con su recuperación, su meticulosa adherencia a su terapia, su rotunda negativa a ser definido por el cascarón de su antiguo yo físico: no eran simples observaciones. Eran sermones predicados sin una sola palabra, lecciones grabadas no con tinta, sino con el sudor de su frente, en la firmeza de su mandíbula, en la inquebrantable concentración de su mirada. Para quienes lo observaban día tras día, el Sargento Mayor se convirtió en un testimonio viviente de la contundente realidad de que las limitaciones físicas, aunque innegablemente presentes, no tenían por qué dictar la trayectoria del espíritu.

Antes de su llegada, una resignación silenciosa se había instalado sobre Meadowbrook como una niebla persistente. La comprensión compartida entre los residentes era de pérdida compartida, un duelo colectivo por vidas irrevocablemente alteradas. Las conversaciones a menudo giraban en torno a lo que solía ser, una melancólica reflexión sobre el pasado que solo servía para profundizar las sombras del presente. La esperanza era un bien frágil, fácilmente destrozado por los recordatorios diarios de lo que se había perdido. En este paisaje de silenciosa tristeza, el Sargento Mayor Davies aterrizó no con un golpe, sino con el propósito sereno y deliberado de un paracaidista que asegura una posición estratégica. No predicaba positividad; la encarnaba con acciones. No ofrecía clichés; ofrecía una demostración cruda y sin adornos de lo que significaba luchar.

Su presencia constante, su dedicación inquebrantable a cada movimiento minuciosamente lento, comenzó a erosionar la inercia generalizada. Era como si su misma determinación actuara como una presión sutil y persistente, erosionando gradualmente las formidables barreras de la inseguridad y la desesperanza que se habían arraigado. Era un contraargumento constante e irrefutable a la voz interior que susurraba: "Es demasiado difícil" o "No vale la pena". Su propia lucha, presenciada de primera mano, proporcionó una poderosa, aunque sombría, validación para su propio dolor. Pero fue su negativa a ser definido por ese dolor, su insistencia en superarlo, lo que realmente comenzó a despertar una chispa en los demás.

Consideremos, por ejemplo, el caso de la Sra. Gable. Ex pianista de concierto, sus manos, antaño capaces de extraer sublimes melodías de teclas de marfil, ahora estaban rígidas y propensas a temblar. El simple acto de sostener una taza de té se había convertido en una pesadilla, un recordatorio constante de su destreza perdida. Ya casi no hablaba de su música; el silencio de su habitación contrastaba marcadamente con las vibrantes sinfonías que antaño la llenaban. Pero observaba a Davies. Lo vio, con inmenso esfuerzo, levantar con esmero pesas que parecían imposiblemente pesadas para su figura. Lo vio recorrer el pasillo con su andador, cada paso una conquista deliberada y duramente ganada. Una tarde, mientras Davies realizaba meticulosamente sus ejercicios de estiramiento, con el rostro convertido en una máscara de concentración, la Sra. Gable se encontró buscando su propia labor de punto intacta. Sus dedos, habitualmente torpes y vacilantes, se movían con un poco más de control, un poco más de determinación. No recuperó de repente la fluidez de su juventud, pero en ese instante, algo cambió. La inutilidad que había sentido por sus manos disminuyó, reemplazada por una curiosidad naciente. Quizás, reflexionó, aún había cosas que esas manos podían hacer, por muy disminuidas que estuvieran. Fue un cambio pequeño, casi imperceptible, pero fue un comienzo, un eco silencioso de la chispa encendida por la lucha inquebrantable del Sargento Mayor.

De igual manera, estaba el joven Mark, quien había perdido una pierna en un accidente de construcción. Sus primeros días en Meadowbrook estuvieron marcados por una mezcla volátil de ira y desesperación. Arremetía contra los terapeutas, los compañeros residentes, contra cualquiera que se atreviera a ofrecerle una palabra de aliento. Su fisioterapia era un campo de batalla, cada prótesis era una nueva oleada de humillación. Veía a Davies, un hombre que llevaba las cicatrices de la guerra en cuerpo y alma, pero que afrontaba sus propios desafíos físicos con una determinación serena, casi severa. Mark solía observar a Davies desde la distancia; su resentimiento inicial daba paso poco a poco a un respeto a regañadientes. Vio a Davies tropezar, lo vio hacer muecas de dolor, pero nunca lo vio rendirse. Un día, durante una sesión de terapia de grupo, el instructor pidió a los residentes que se fijaran un objetivo personal para el día. Mark, habitualmente hosco e indiferente, se encontró mirando a Davies, quien trabajaba meticulosamente en su equilibrio. Sin pensarlo, Mark soltó: «Voy a aguantar cinco minutos de pie sobre mi pierna sana sin agarrarme». Era una meta que antes consideraba imposible, una señal de su propia rendición. Pero la imagen de Davies, un hombre que había enfrentado pruebas mucho mayores, esforzándose sin descanso, de alguna manera lo había ayudado a superar su propio bloqueo interno. La meta era modesta, alcanzable, pero para Mark, representaba una victoria monumental, consecuencia directa de la chispa encendida por el ejemplo del Sargento Mayor.

El impacto no siempre fue tan directo ni fácilmente perceptible. Para muchos, fue un cambio más sutil y profundo en la atmósfera general. El aire en la sala común, antes impregnado de un aroma a desinfectante y silenciosa resignación, comenzó a adquirir un matiz diferente. Aún había dolor, aún pérdida, aún muchos desafíos, pero la narrativa general comenzó a cambiar. Ya no era solo una historia de lo perdido, sino una narrativa floreciente de lo que aún se podía luchar, lo que aún se podía recuperar. El Sargento Mayor, con su estilo tranquilo y resuelto, se había convertido sin querer en un catalizador, la encarnación viviente de que el espíritu, cuando se protege con fiereza, podía superar las limitaciones de la carne.

Su mera presencia servía como un potente antídoto contra los efectos corrosivos de la desesperación. Era un recordatorio tangible de que, incluso ante un trauma físico abrumador, la voluntad humana poseía una extraordinaria capacidad de resistencia y adaptación. Su historia, su misma existencia en el ala de rehabilitación, se convirtió en una especie de leyenda susurrada, un testimonio de que la identidad de una persona no se definía únicamente por sus capacidades físicas o su historial médico. Estaba en las decisiones que tomaba, el esfuerzo que realizaba y la determinación inquebrantable con la que afrontaba cada nuevo amanecer. Esta fuerza externa, el poder puro y puro de su voluntad inquebrantable, comenzó a ejercer una presión sutil pero significativa sobre las barreras autoimpuestas que muchos residentes habían erigido a su alrededor.

No ofreció respuestas fáciles ni grandes pronunciamientos. Su contribución fue mucho más profunda. Ofreció pruebas. Ofreció una demostración viviente de que los límites percibidos de las propias limitaciones físicas a menudo eran mucho más permeables de lo que se creía. Demostró, a través de su trabajo diario, que la mente, cuando está debidamente motivada y dirigida, puede encontrar maneras de sortear o al menos trascender la incapacidad actual del cuerpo. Esta comprensión, esta creencia naciente en la posibilidad de un futuro mejor, comenzó a arraigar, como una pequeña semilla que se abre paso a través de la tierra endurecida.

El efecto dominó fue evidente en las conversaciones alteradas. Donde antes había una letanía de quejas y arrepentimientos, ahora comenzaban a surgir debates sobre estrategias, sobre pequeñas victorias. Los residentes, que antes se habían retraído y aislado, comenzaron a participar tímidamente, compartiendo sus propios desafíos y, aún más importante, sus pequeños triunfos. Vieron en Davies no a un superhéroe, sino a un hombre que luchaba su propia guerra con cada fibra de su ser, y comenzaron a encontrar el coraje para luchar la suya. Su enfoque disciplinado hacia su propia recuperación, su forma metódica de dividir las tareas abrumadoras en pasos manejables, proporcionó un modelo. Ya no se trataba solo de fisioterapia; se trataba de recuperar la autonomía, de reafirmar el control en una vida que de repente se había sentido completamente caótica y fuera de control.

La chispa que encendió el Sargento Mayor Davies no fue un destello repentino y cegador, sino una llama lenta y constante. Era la clase de luz capaz de penetrar la más profunda penumbra, una brasa persistente que, cuidada con esmero, tenía el potencial de reavivar la llama de la esperanza y el propósito. Su influencia fue una revolución silenciosa, un cambio sutil pero trascendental en la conciencia colectiva de Meadowbrook, demostrando que incluso cuando el cuerpo estaba herido, el espíritu, si se le daba la oportunidad, aún podía remontar el vuelo. Se había convertido en algo más que un simple residente; se había convertido en un símbolo, un testimonio viviente de la naturaleza indomable de la voluntad humana y las infinitas posibilidades que latentes en ella, esperando la inspiración adecuada para despertarlas. Su negativa a dejarse vencer por las circunstancias sirvió como un poderoso faro, guiando a otros hacia la comprensión de que sus propios caminos hacia la recuperación, por arduos que fueran, eran realmente posibles.

Capítulo 8. Susurros de conexión

El silencio del salón de la tarde, habitualmente interrumpido por el suave susurro de las páginas al pasar o el murmullo de conversaciones en voz baja, se vio inesperadamente alterado. No fue la intrusión ruidosa de un recién llegado bullicioso, ni el ruido de una bandeja al caer lo que rompió la quietud familiar. En cambio, fue un sonido, al principio tentativo, como una respiración vacilante en un instrumento frágil. Apoyada contra un sillón desgastado, casi como una ocurrencia tardía, había una guitarra. Claramente no era un modelo de exhibición impecable; su cuerpo de madera mostraba la pátina genuina del tiempo y el uso, una constelación de pequeños golpes y arañazos que denotaban incontables horas de compañía. Sus cuerdas, ligeramente desafiladas, parecían brillar tenuemente bajo la luz difusa del sol que se filtraba a través de los grandes ventanales.

Un residente, un hombre llamado Arthur, cuya presencia en la sala solía ser tan silenciosa y discreta como una sombra, se acercó con una vacilación casi reverencial. Sus manos, nudosas por la artritis y marcadas por los temblores característicos de tantos habitantes de Meadowbrook, se extendieron, rozando con los dedos la madera fría y envejecida. Había un aire palpable de incertidumbre a su alrededor, una pregunta silenciosa flotando en el espacio entre él y el instrumento. Echó un vistazo a la habitación, recorriendo con la mirada los rostros de sus compañeros residentes. Algunos estaban absortos en sus pensamientos, otros en una silenciosa comunión con sus libros o sus propios paisajes interiores. Pero unos pocos, atraídos por el inusual objeto, lo observaban con una suave curiosidad.

Con un suspiro profundo, casi imperceptible, Arthur se acomodó en un sofá cercano, con la guitarra colocada torpemente en su regazo. Sus dedos, moviéndose con una lentitud deliberada que reflejaba la propia y minuciosa rehabilitación del Sargento Mayor Davies, buscaron a tientas las clavijas. Era un ritual familiar, uno que no había realizado en años, y la rigidez en sus articulaciones luchaba contra la memoria muscular. Los primeros rasgueos fueron discordantes, una serie de notas discordantes que parecían protestar por el despertar forzado. Un silencio colectivo y compasivo invadió la sala, una comprensión tácita del esfuerzo que implicaba, de la vulnerabilidad inherente a intentar algo que parecía tan ajeno a sus realidades actuales.

Entonces, con una respiración profunda y una concentración renovada que parecía inspirarse en una fuente interior de determinación, Arthur comenzó a tocar una melodía reconocible. Era una sencilla melodía popular, algo dolorosamente familiar, como una nana de la infancia medio olvidada. Las notas, aunque a veces vacilantes, poseían una pureza que resonaba en el espacio silencioso. Era "Scarborough Fair", una canción que hablaba de búsquedas, de amor eterno y de una época en la que los viajes se medían en días, no en los lentos y arduos pasos de la recuperación. A medida que la melodía se desarrollaba, tentativa pero verdadera, algo comenzó a cambiar en la atmósfera del salón.

La curiosidad inicial en los ojos de los residentes se profundizó. Una mujer que había estado mirando fijamente la alfombra estampada, con la mente aparentemente perdida en el laberinto de su dolor, levantó lentamente la cabeza. Un hombre que había estado ordenando y reordenando meticulosamente los sobres de azúcar sobre la mesa de centro se detuvo, con los dedos inmóviles. Un deshielo sutil, casi imperceptible, comenzó a producirse, un suavizado gradual de las durezas de sus cargas individuales.

La interpretación de Arthur, aunque técnicamente imperfecta, estaba imbuida de una honestidad emocional que trascendía el intelecto y hablaba directamente al alma. Cada acorde, cada nota cuidadosamente punteada, era un testimonio de su propia trayectoria, un silencioso reconocimiento de la música que aún residía en él, aunque sepultada por los años y sus propias dificultades físicas. No buscaba una interpretación impecable; simplemente se acercaba, ofreciendo un fragmento de sí mismo, un atisbo de belleza en un mundo que a menudo parecía carente de ella.

A medida que la canción avanzaba, un nuevo sonido comenzó a surgir, un sutil contrapunto a la guitarra de Arthur. Un zumbido bajo y resonante, tentativo al principio, luego cada vez más intenso, se unió a la melodía. Era la Sra. Gable, la ex pianista de concierto, con las manos ahora apretadas por la frustración. Tarareaba, con los ojos cerrados y una leve sonrisa en los labios. La melodía familiar, tan profundamente arraigada en su ADN musical, había despertado un recuerdo olvidado, un conducto a una época en la que la música fluía sin esfuerzo de sus dedos.

Entonces, un barítono áspero pero sorprendentemente melódico intervino, intentando seguir la letra. Era el Sr. Henderson, un marinero mercante retirado cuyo exterior áspero a menudo ocultaba una sorprendente profundidad sentimental. Cantaba con un ligero tono marinero, su voz un poco áspera, pero llena de una calidez innegablemente contagiosa. Su tentativa incursión en el canto pareció animar a otros. Algunos residentes, con el rostro iluminado por un reconocimiento compartido, comenzaron a mover los pies. Otros, que habían estado pronunciando las palabras en silencio, comenzaron a tararear más fuerte, encontrando su propio consuelo en el tapiz sonoro compartido.

El salón, momentos antes de que un grupo de personas se aferrara a sus penas, se transformó en un coro espontáneo. La música, sencilla y sin pretensiones, actuó como un poderoso unificador. Era un lenguaje hablado por todos, un bálsamo universal que aliviaba las aflicciones. Las limitaciones que habían definido sus días —el andar inestable, las manos temblorosas, la niebla de la medicación, el dolor persistente— parecieron retroceder, reemplazadas por un sentimiento compartido de participación. Las barreras de la enfermedad y el aislamiento, tan meticulosamente construidas por las circunstancias, comenzaron a derrumbarse, ladrillo a ladrillo, bajo el suave asalto de la melodía compartida.

Arthur, animado por el coro creciente, continuó tocando; sus dedos adquirieron un ritmo más firme y su interpretación adquirió una serena confianza. Pasó a otra melodía familiar, una canción popular ligeramente más animada, y la reunión improvisada creció. El aire, que siempre había tenido un ligero aroma a aspereza, ahora parecía impregnado de algo más cálido, más humano. Era el aroma de una experiencia compartida, de música reavivada, de almas que encuentran un punto en común.

Una mujer, habitualmente confinada en su silla de ruedas y que rara vez participaba en una conversación, empezó a aplaudir, con los ojos brillantes de una alegría desconocida. Incluso intentó pronunciar algunas palabras, con una voz aguda pero clara, que se sumaba a la rica e imperfecta armonía. El acto de cantar, de participar en algo más grande que uno mismo, parecía liberar una energía contenida, una oleada de vitalidad que había estado latente durante demasiado tiempo.

La música no se trataba de virtuosismo técnico; se trataba de conexión. Se trataba del reconocimiento compartido de un acorde familiar, del suspiro colectivo al recordar una letra, de la silenciosa satisfacción de una nota armonizada. Trascendía las luchas individuales, las batallas únicas que cada residente libraba dentro de las paredes de su propio cuerpo. Esa tarde, no eran pacientes, ni inválidos, ni individuos definidos por sus dolencias. Eran simplemente personas, reunidas, compartiendo algo hermoso y familiar.

Las melodías compartidas en el salón eran más que un simple concierto improvisado; eran un testimonio del poder perdurable de la conexión humana, un poderoso recordatorio de que incluso en los momentos más oscuros, la capacidad de alegría, de compartir experiencias y de la sencilla y profunda belleza de la música aún podía florecer. Fue un momento de humanidad compartida, pura y sin adulterar, un breve pero potente respiro de las realidades, a menudo abrumadoras, de sus procesos de rehabilitación. La guitarra, antaño un artefacto silencioso y polvoriento, se había convertido en un conducto, un puente entre el aislamiento y la comunidad; su sencilla forma de madera resonaba con el espíritu colectivo de la sala.

El Sargento Mayor Davies, observando desde su posición habitual cerca de la ventana, con una discreta sonrisa en los labios, comprendió la importancia del momento. Había presenciado la gradual erosión de la esperanza que caracterizaba a Meadowbrook antes de su llegada. Había presenciado de primera mano el peso sofocante del aislamiento. Y reconoció en este espontáneo interludio musical la esencia misma de lo que él mismo se había esforzado por encarnar: la innegable resiliencia del espíritu humano, su capacidad innata para encontrar luz y conexión incluso en las circunstancias más difíciles. No se trataba de una simple distracción vespertina; era una poderosa ilustración del poder sanador de la experiencia compartida, una manifestación tangible de los cambios sutiles pero profundos que comenzaban a extenderse por la comunidad. La música era un aliento compartido, una exhalación colectiva de liberación, una melodía que los unía a todos en un delicado y resonante abrazo.

Arthur siguió tocando, y su repertorio se amplió para incluir viejas canciones de guerra, melodías que resonaban con los residentes mayores, evocando recuerdos de un pasado que habían luchado por proteger. Tocó "White Cliffs of Dover" y la sala pareció llenarse con un eco fantasmal de gaviotas y rocío salado. Tocó "Moonlight Serenade" y una silenciosa nostalgia se apoderó del espacio, una suave melancolía que no era dolorosa, sino conmovedora, un suave reconocimiento del tiempo transcurrido y los amores recordados. El acto de tocar, de compartir estas canciones, parecía revitalizar a Arthur. El temblor en sus manos parecía menos pronunciado, su postura más erguida. Ya no era solo un residente que luchaba con limitaciones físicas; era un músico, un narrador, un creador de recuerdos.

Los residentes más jóvenes, aquellos que habían llegado a Meadowbrook por accidentes o enfermedades repentinas, encontraron sus propias conexiones. Si bien las melodías antiguas podrían no haber formado parte de sus recuerdos directos, la emoción, la universalidad de las melodías, era innegable. Marcaban el ritmo con los pies, tarareaban los pegadizos estribillos y se sintieron atraídos por la energía compartida de la sala. Para ellos, quizás se trataba menos de nostalgia y más de presenciar la resiliencia de otros, de ver un ejemplo tangible de cómo la vida, incluso tras un cambio irrevocable, aún podía albergar momentos de belleza y conexión. Vieron en Arthur, un hombre que claramente había enfrentado sus propios desafíos, la fuerza no solo para continuar, sino para crear activamente momentos de alegría para sí mismo y para los demás.

El ambiente se transformó. El silencio generalizado que a menudo caracterizaba la sala fue reemplazado por una vibrante, aunque algo imperfecta, sinfonía de voces e instrumentos. La risa, un sonido cada vez más escaso, empezó a surgir a medida que los residentes, envalentonados por la experiencia compartida, rememoraban su propio pasado musical. Una mujer que había perdido la capacidad de hablar con claridad tras un derrame cerebral comenzó a cantar con la voz suave y entrecortada, pero su participación fue recibida con cálidas sonrisas y gestos de aliento. Fue una pequeña victoria, una profunda confirmación de su presencia continua y su deseo de conectar.

La música compartida actuó como una poderosa forma de comunicación no verbal. Evitaba la necesidad de explicaciones complejas o justificaciones emocionales. El simple acto de cantar una melodía conocida, marcar un ritmo o rasguear un acorde transmitía una profunda comprensión. Hablaba de humanidad compartida, de experiencias comunes, de un reconocimiento mutuo de las dificultades y los pequeños triunfos que definieron sus días en Meadowbrook. Era una manifestación tangible del mensaje tácito del Sargento Mayor: que las limitaciones no tenían por qué ser sinónimo de aislamiento, que incluso ante una profunda pérdida personal, la conexión aún era posible.

Incluso el personal, habitualmente ocupado en sus labores profesionales, se detuvo en la puerta, con el rostro enternecido al contemplar la escena. Algunos incluso se unieron, sus voces se sumaron al sonido colectivo; su presencia era un reconocimiento silencioso del poder terapéutico del momento. Fue una visión excepcional de los residentes no como pacientes que necesitaban atención, sino como individuos capaces de crear belleza y fomentar la comunidad.

A medida que avanzaba la tarde, la música empezó a decaer. Arthur, con los dedos un poco doloridos, pero visiblemente más ligero, tocó una última melodía suave, una pieza instrumental sencilla que puso fin al concierto improvisado con serenidad. El silencio que siguió no fue el pesado y opresivo silencio de antes, sino una quietud cómoda y satisfecha, llena de la persistente resonancia de notas y sonrisas compartidas.

Los residentes comenzaron a alejarse, regresando a sus habitaciones o a sus propias actividades tranquilas, pero el efecto de las melodías compartidas persistió. Los muros del aislamiento se habían derribado, no por grandes pronunciamientos ni hazañas heroicas, sino por el sonido simple y honesto de una guitarra desgastada y la voz colectiva de una comunidad que encontraba consuelo en una canción compartida. Era un testimonio de que la sanación no era solo un proceso físico, sino profundamente emocional y social, y que a veces, las conexiones más profundas se podían encontrar en el ritmo compartido de una melodía familiar. El salón, que antes era solo una habitación, se había convertido en un santuario, un lugar donde la música había borrado momentáneamente los límites de sus luchas individuales, forjando un vínculo tan resistente y duradero como las propias melodías. La calidez persistente en el aire era una promesa, una silenciosa certeza de que, incluso en medio de los desafíos de la recuperación, los momentos de alegría compartida y profunda conexión no solo eran posibles, sino esenciales.

La hora vespertina en la sala común, antaño un sombrío retablo de figuras solitarias absortas en sus propias batallas privadas, experimentaba lentamente una metamorfosis. El aire estéril, perpetuamente impregnado del tenue aroma a desinfectante y ansiedades no expresadas, comenzó a cambiar sutilmente, impregnado de una energía diferente. No era la energía vibrante y bulliciosa de la juventud, sino algo más parecido al suave zumbido de una máquina bien engrasada, o al murmullo bajo de una conversación agradable. El Sargento Mayor Davies, observando desde su sillón de la esquina, notó el cambio con ojo agudo y experto. El cambio, reconoció, había sido catalizado por la introducción de una simple baraja de cartas.

Lo que comenzó como una reunión informal, una invitación tentativa para pasar el rato, se había convertido en un ritual nocturno. Los juegos en sí variaban. Algunas noches, era la danza estratégica del póker, donde el farol y el riesgo calculado se convertían en la lingua franca. Otras noches, se desplegaba el mundo del bridge, más colaborativo pero igualmente desafiante, que exigía comunicación y una comprensión mutua del compañero. Pero independientemente del juego, la corriente subyacente era la misma: un acuerdo tácito para interactuar, conectar y dejar que el barajar las cartas sirviera de preludio a algo mucho más profundo que la mera diversión.

Arthur, el caballero que tan inesperadamente había logrado que una guitarra abandonada sonara música, solía ser el centro de estas reuniones. Sus movimientos, antes tentativos y lentos debido a su artritis, habían adquirido cierta fluidez, una sorprendente destreza al repartir las cartas o colocar sus fichas con pulso firme. El acto de participar en estos juegos parecía haberle infundido un renovado sentido de propósito, una sutil agudización de su concentración que se extendía más allá de la superficie de fieltro de la mesa de juego. La vacilación inicial que había caracterizado su interacción con la guitarra parecía haber desaparecido, reemplazada por una tranquila confianza que se manifestaba en la forma en que sostenía las cartas y en el brillo en sus ojos al evaluar el desarrollo de la partida.

La Sra. Gable, cuyas manos antaño bailaban sobre las teclas del piano con una precisión asombrosa, ahora encontraba un arte diferente en la cuidadosa disposición de sus manos. Si bien la destreza necesaria para tocar el piano era un recuerdo lejano, el pensamiento estratégico, la capacidad de anticipación y los sutiles matices del bridge, por ejemplo, ofrecían un desafío distinto, pero igualmente atractivo. Sus contribuciones al juego se caracterizaban a menudo por una inteligencia serena, una reflexión atenta de cada movimiento que delataba una mente aún aguda y concentrada, incluso si las vías físicas para su expresión habían cambiado. A menudo sonreía, una leve sonrisa de complicidad, al jugar una carta, un silencioso reconocimiento de los cálculos internos que la habían llevado a esa decisión en particular.

El Sr. Henderson, el marino mercante retirado, aportaba una energía única a la mesa. Su voz, acostumbrada a dar órdenes a gritos desde la cubierta, adoptó ahora un tono más mesurado, aunque la aspereza subyacente persistía. Abordaba el póquer con el instinto marinero de leer vientos y mareas, su cara de póquer, una fachada cuidadosamente construida, perfeccionada por años de navegar en aguas impredecibles. Había cierta teatralidad en su juego, un floreo dramático al subir la apuesta o retirarse, a menudo acompañado de una observación irónica que provocaba risas en la mesa. Sus relatos marineros, generalmente reservados para los momentos más relajados, a veces afloraban durante los momentos de calma de la partida, ofreciendo destellos de una vida vivida con una independencia aguerrida.

Pero eran las conversaciones que surgían entre manos, durante los breves momentos de anticipación o reflexión, las que realmente definían estas partidas de cartas nocturnas. El entorno estructurado del juego proporcionaba un refugio para la vulnerabilidad. El barajar las cartas, el tintineo de las fichas, el simple acto de esperar a que se repartiera la siguiente mano, creaban un ritmo que propiciaba el desahogo de las lenguas. Los juicios se suspendían, no por decreto explícito, sino por la comprensión implícita de que todos en la mesa participaban en una experiencia compartida, una navegación colectiva de azar y estrategia.

"Recuerdo el terror absoluto", confesó Arthur una noche, con la voz más suave de lo habitual mientras relataba un recuerdo de su juventud. Estaba jugando al póquer, y lo que estaba en juego, aunque pequeño en términos monetarios, parecía tener el peso de una importante revelación personal.

Habló de un momento, años atrás, cuando una decisión que había tomado, una indiscreción juvenil, tuvo consecuencias que aún le preocupaban. Las cartas ya estaban repartidas, el bote crecía, y en esa atmósfera cargada, el recuerdo, normalmente reprimido, había aflorado con una claridad inesperada. Describió las manos sudorosas, el corazón acelerado, el profundo arrepentimiento que lo había envuelto como un sudario. Los demás escuchaban atentamente, con las manos detenidas sobre las cartas, la mirada fija en Arthur, no con lástima, sino con una silenciosa empatía. Lo que estaba en juego en el juego se desvanecía en la insignificancia comparado con lo que estaba en juego en la historia que se compartía.

La Sra. Gable, a su vez, se sinceró sobre las presiones de su carrera como concertista. La constante necesidad de perfección, la búsqueda incansable de una ejecución impecable, le había pasado factura. Habló del aislamiento que a menudo acompañaba a un camino tan exigente, la sensación de ser constantemente examinada, de nunca ser suficiente. «Hay soledad en ser excepcional», reflexionó, con la mirada distante, como si viera las grandes salas de conciertos de su pasado. «Te admiran, sí, pero a menudo desde la distancia. Y los aplausos… pueden sentirse como una barrera que te separa de quienes simplemente viven». Su confesión resonó en los demás, muchos de los cuales habían experimentado sus propias presiones profesionales o personales que los habían dejado sintiéndose aislados.

El Sr. Henderson, con su rudo exterior suavizándose, compartió la conmovedora historia de un amor perdido en el mar. No era un relato de heroicidades dramáticas, sino una pérdida silenciosa y personal. Habló de una mujer, una conexión fugaz, una promesa susurrada en un muelle antes de zarpar en un largo viaje. Había regresado, solo para descubrir que ella había seguido adelante, que su vida había tomado un rumbo diferente en su ausencia. El arrepentimiento no era por la pérdida en sí, sino por la incapacidad de estar presente, de formar parte del desarrollo de su vida. «Crees que tienes todo el tiempo del mundo», dijo, con la voz cargada de emoción, «hasta que te das cuenta de que el tiempo, como la marea, no espera a nadie». El tintineo de las patatas fritas pareció cesar por un instante, reemplazado por el eco silencioso de despedidas no pronunciadas.

La sala común, tenuemente iluminada, con sus muebles desgastados y el suave zumbido de las luces del techo, se convirtió en un santuario de confidencias compartidas. Los juegos proporcionaban el marco, una interacción estructurada que permitía que estas conversaciones más profundas se desarrollaran de forma natural. La competencia amistosa, las risas compartidas ante un sorteo especialmente afortunado o un farol audaz, creaban una atmósfera de camaradería que bajaba la guardia. Fue en estos momentos, entre el barajar de cartas y el repartir las manos, que los residentes de Meadowbrook comenzaron a verse no solo como pacientes, sino como individuos con un pasado rico y complejo, con arrepentimientos y triunfos, con vulnerabilidades y esperanzas perdurables.

El Sargento Mayor Davies, observador silencioso durante gran parte de estas veladas, reconoció el profundo valor terapéutico de estas reuniones. Vio cómo el simple acto de jugar a las cartas, de participar en una actividad compartida, había derribado los muros de aislamiento que tan a menudo habían definido sus días. Había presenciado el deshielo gradual de la reserva, el desarrollo tentativo de personalidades que habían estado cautivas por el dolor y las circunstancias. Las partidas proporcionaban un terreno común, un lenguaje compartido que trascendía las limitaciones impuestas por sus dolencias físicas. El barajar la baraja era un sonido universal, el preludio de una experiencia que todos podían compartir, independientemente de sus dificultades individuales.

También notó los sutiles cambios en su comportamiento. La postura de Arthur parecía haber adquirido una nueva erección, sus manos más firmes, no solo al sostener las cartas, sino también en sus movimientos cotidianos. Los ojos de la Sra. Gable, antes a menudo nublados por una silenciosa melancolía, ahora reflejaban una chispa de compromiso, un destello de diversión o reflexión reflexiva. Incluso la brusquedad del Sr. Henderson parecía intercalarse con momentos más frecuentes de calidez y conexión genuina. Estas no eran transformaciones grandiosas ni dramáticas, sino indicadores sutiles, pero significativos, de un despertar espiritual, de un alma que encontraba consuelo y afirmación en la compañía de los demás.

Una noche, se jugaba al bridge, y la tensión en la mesa era palpable mientras se desarrollaba una mano crucial. Arthur y la Sra. Gable eran compañeros, y su comunicación fluía fluidamente a través de una serie de pujas y jugadas.

Arthur, con el ceño fruncido en señal de concentración, seguía el ejemplo de la Sra. Gable con una discreta comprensión. Había una gracia en su colaboración, una sinergia que se había desarrollado durante semanas de veladas compartidas. Cuando finalmente firmaron el contrato, un suspiro colectivo de alivio y satisfacción recorrió la mesa. Arthur miró a la Sra. Gable con una sonrisa sincera en los labios, y ella se la devolvió con un atisbo de triunfo en los ojos. En ese momento, su victoria compartida trascendió la partida misma; fue un testimonio de su capacidad para colaborar, confiar y alcanzar el éxito juntos.

Más tarde, al terminar la partida, Arthur se recostó en su silla, con las cartas ahora ordenadas. "¿Sabes?", comenzó con voz pensativa, "pensaba que mis días como jugador habían terminado. Con la artritis, sentía como... como si una puerta se hubiera cerrado por completo. Pero estos juegos... me han demostrado que hay otras maneras de participar. Otras maneras de ser... útil". Señaló vagamente la baraja. "No es lo mismo que tocar la guitarra, claro, pero es... algo. Es una conexión".

La Sra. Gable asintió lentamente, con los dedos recorriendo el borde de su taza de té vacía. "Lo entiendo perfectamente, Arthur. El piano... era mi voz. Cuando me la quitaron, sentí como si una parte de mí se hubiera silenciado para siempre. Pero aquí... aquí, incluso sin la música, todavía puedo sentir esa chispa. Ese compromiso. Es una interpretación diferente, quizá, pero una interpretación al fin y al cabo."

El Sr. Henderson, siempre dispuesto a hacer observaciones concisas, intervino: «Sí, se trata de encontrar un nuevo puerto cuando el antiguo se lo lleva la marea. No siempre se pueden navegar los mismos mares, pero siempre hay otra orilla que encontrar».

Estos no eran simples comentarios casuales; eran declaraciones de resiliencia, silenciosas afirmaciones de la capacidad del espíritu humano para adaptarse y encontrar significado incluso ante una pérdida profunda. Las partidas de cartas, aparentemente simples diversiones, se habían convertido en un crisol que forjaba nuevas conexiones, desenterraba confidencias enterradas y ofrecía un suave, pero poderoso, recordatorio de que la vida, incluso cuando estaba irrevocablemente alterada, aún podía albergar momentos de alegría compartida y profunda conexión humana. La tenue luz de la sala común, antaño símbolo de esperanzas que se desvanecían, ahora parecía proyectar un resplandor cálido y acogedor, un faro para quienes buscaban consuelo y camaradería en el tranquilo escenario de una partida de cartas, donde lo que estaba en juego a menudo era mucho más importante que las fichas sobre la mesa. La confianza forjada en estas partidas era una fuerza delicada pero potente, una manifestación tangible de la propia filosofía del Sargento Mayor: que la verdadera sanación no se trataba solo de la recuperación física, sino de la restauración del espíritu, una carta, una conversación, una sonrisa compartida a la vez. El rítmico movimiento de las cartas se había convertido en el latido del corazón de su floreciente comunidad, un pulso constante en la noche tranquila.

El silencioso murmullo de la sala común había adquirido una nueva textura, una mezcla del tintineo de las fichas, el susurro de las cartas y el murmullo de voces que ahora llenaba el espacio con algo más que el aroma estéril del desinfectante. El Sargento Mayor Davies, fijo en su sillón, con la mirada fija y observadora, al principio había visto las partidas de cartas como una simple distracción, una táctica para combatir el hastío generalizado que a menudo se cernía sobre Meadowbrook como una niebla húmeda. Sin embargo, a medida que transcurrían las semanas, empezó a notar un cambio más profundo, una sutil recalibración de la atmósfera que se extendía más allá de las propias mesas de juego. Era en las interacciones fugaces, en los momentos casi imperceptibles de humanidad compartida, donde se producía la verdadera alquimia.

Se sentía cada vez más en sintonía con la presencia del personal, las enfermeras y auxiliares que se encargaban de la vida de los residentes con una eficiencia que a menudo los hacía casi invisibles. Eran quienes les proporcionaban la medicación, los asistentes con las necesidades diarias, las manos firmes que ayudaban en el arduo proceso de recuperación. Pero esa noche, sus roles parecían ampliarse, su presencia cobraba una nueva dimensión mientras se abrían paso en la creciente camaradería de la sala común. Observó a la enfermera Eleanor, una mujer cuya discreta competencia siempre había sido una fuerza estabilizadora, detenerse junto a la mesa de juego, cruzando sus ojos con los de la Sra. Gable. Hubo una sonrisa compartida, un entendimiento silencioso entre ellas, y Davies captó un fragmento de su intercambio en voz baja. "Parece que la medicación te sienta bien hoy, Agnes", murmuró Eleanor en voz baja. "Y la compañía, Eleanor", respondió la Sra. Gable, mirando rápidamente a Arthur, que contaba meticulosamente sus ganancias. "La compañía es... reconstituyente". Este breve intercambio, una mera onda en el flujo general de la velada, le dijo mucho a Davies. Había visto a Eleanor, en sus momentos más íntimos, lidiando con su propio dolor crónico, un dolor persistente que soportaba con notable estoicismo. Que ella ofreciera no solo consuelo profesional, sino un reconocimiento genuino y compartido de su recuperación, fue significativo. No se trataba solo de brindar atención; se trataba de reconocer a una compañera de viaje, alguien que comprendía el arduo camino de la enfermedad crónica.

Más tarde, cuando la partida de cartas llegaba a su fin, un joven ayudante llamado Ben, conocido por su energía desbordante y su optimismo perpetuo, ayudaba a retirar las tazas y platillos sueltos. Se detuvo junto a la mesa del Sr. Henderson, con el rostro iluminado por una sonrisa traviesa. "Capitán Henderson", comenzó, con una voz alegre y jovial, "te oí deleitar la mesa con historias de alta mar otra vez esta noche. ¿Alguna posibilidad de un relato de primera mano de aquella vez que burlaste a un kraken?" El Sr. Henderson, con su fachada áspera suavizándose en una sonrisa que le arrugó las comisuras de los ojos, rió entre dientes. "¿Un kraken, dices? Más bien un banco de caballas particularmente persistente, muchacho. Pero las historias de un marinero, como bien sabes, tienden a crecer con cada relato". Ben rió, una risa brillante y desinhibida que rompió el silencio persistente. Davies sabía que Ben había estado lidiando recientemente con una noticia familiar difícil: la grave enfermedad de un pariente lejano, que había ensombrecido su habitual optimismo. Sin embargo, allí estaba, encontrando un momento de tranquilidad, de conexión genuina con un residente, y al hacerlo, quizás encontrando un pequeño respiro para sí mismo. La risa compartida era un bálsamo, un recordatorio de que incluso en medio de las ansiedades personales, aún se podía encontrar alegría en el simple acto de compartir la diversión.

Estos no eran incidentes aislados. Davies observó cómo las enfermeras, habitualmente tan concentradas en sus tareas, a veces se quedaban un rato, atraídas por las animadas discusiones que se desarrollaban en la mesa de juego. Vio a la enfermera Anya, quien solía mantener una distancia profesional, intercambiar una mirada cómplice con Arthur mientras este describía una jugada particularmente ingeniosa. Davies sabía que Anya había sido una exjugadora de ajedrez de competición, una actividad que había exigido un inmenso pensamiento estratégico y una profunda comprensión de la psicología humana. Los sutiles gestos de asentimiento y las miradas compartidas entre ella y Arthur eran un reconocimiento tácito de la agudeza mental en juego, un reconocimiento del intelecto que yacía bajo la superficie de sus limitaciones físicas. Era una conexión forjada no por una enfermedad compartida, sino por un compromiso cognitivo compartido, un testimonio de que la mente, incluso cuando el cuerpo flaqueaba, aún podía encontrar sus arenas de victoria.

También observó a los auxiliares, a menudo los miembros más jóvenes del personal, entablando conversaciones que trascendían lo superficial. María, una auxiliar habitualmente tranquila y reservada, se vio envuelta en una conversación con la Sra. Gable sobre música clásica. Resultó que María era una violonchelista en ciernes, y sus propias aspiraciones musicales aún estaban en sus etapas iniciales. Habló con silenciosa reverencia sobre las complejidades de las suites para violonchelo de Bach, y la Sra. Gable, con la mirada encendida de una pasión familiar, ofreció un amable aliento y perspectivas extraídas de su propia ilustre carrera. Fue un diálogo intergeneracional, un puente de experiencias a través del lenguaje universal del arte. El hecho de que María se sintiera lo suficientemente cómoda como para compartir sus sueños, sus vulnerabilidades, con un residente, y que la Sra. Gable pudiera ofrecer una guía tan genuina y comprensiva, decía mucho sobre la naturaleza cambiante de sus relaciones. Ya no eran solo cuidadora y cuidada; Eran compañeros artistas, compañeros de viaje en el camino de la autoexpresión, aunque en diferentes etapas de sus viajes.

El impacto de estas interacciones era palpable. Davies vio cómo Arthur, quien al principio se había mostrado retraído y vacilante, comenzaba a saludar al personal con una calidez que antes no tenía. Les preguntaba cómo les había ido el día, les daba una palabra de aliento o compartía una breve anécdota que recordaba algo que había oído por casualidad. Era como si la confianza recién descubierta que le proporcionaban las partidas de cartas se hubiera extendido a sus interacciones con todos en Meadowbrook. De igual manera, el comportamiento de la Sra. Gable se había suavizado. La reserva silenciosa que una vez la había caracterizado había dado paso a un aura más abierta y accesible. A menudo compartía una breve sonrisa con las enfermeras, un silencioso reconocimiento de su humanidad compartida, de su comprensión compartida de las dificultades silenciosas que la vida podía presentar.

El Sr. Henderson también parecía estar desprendiéndose de su rudo exterior. Intercambiaba breves y amistosas bromas con los ayudantes, y su risa estruendosa ahora se alternaba con momentos de genuina calidez. En una ocasión le contó a Ben una historia sobre sus propias aventuras juveniles, una historia de locuras juveniles que, en su honestidad y humor autocrítico, revelaba un lado más tierno y vulnerable. Ben escuchaba absorto, y su picardía inicial dio paso a una discreta empatía. Davies reconoció esto como un cambio significativo. El Sr. Henderson, un hombre que claramente había llevado una vida de independencia y autosuficiencia, ahora se dejaba ver, reconocer, de una manera que trascendía su imagen profesional.

Incluso las tareas aparentemente mundanas del personal comenzaron a adquirir un matiz diferente. Cuando una enfermera ayudaba a un residente a acomodarse en la cama, se percibía una delicadeza adicional, una preocupación palpable que trascendía el simple deber. Cuando un auxiliar ofrecía una taza de té, solía haber un breve comentario personal, una observación compartida sobre el tiempo o un acontecimiento reciente. No eran interacciones programadas; eran momentos orgánicos de conexión, nacidos de un entorno compartido y un creciente respeto mutuo. El personal, con su presencia silenciosa y constante, demostraba su propia resiliencia, su capacidad para encontrar momentos de gracia y empatía en medio de las exigentes rutinas de su profesión.

Davies se encontró reflexionando sobre la naturaleza misma del cuidado. No se trataba simplemente de administrar medicamentos o satisfacer necesidades físicas. Se trataba del reconocimiento de la persona en su totalidad, de su historia, sus esperanzas y su espíritu perseverante. Los juegos de cartas habían creado, sin quererlo, un espacio donde estas conexiones más profundas podían florecer, donde las barreras entre el personal y los residentes podían erosionarse sutilmente. Los juegos ofrecían un punto en común, una experiencia compartida que permitía una interacción más natural y espontánea. Las risas compartidas por una buena mano, la compasión por una perdida, la anticipación compartida por la siguiente: estos eran los pilares de una comunidad, una comunidad que ahora abarcaba no solo a los residentes, sino también a las personas dedicadas que los cuidaban.

Vio a una joven enfermera, Sarah, que había estado lidiando con su propio dolor tras la reciente pérdida de uno de sus padres. Cumplía con sus tareas con discreta eficiencia, pero Davies había notado las ojeras. Una noche, mientras ayudaba a Arthur con su medicación vespertina, la vio detenerse, con un leve temblor en la mano. Arthur, siempre perspicaz, dijo con dulzura: "¿Qué día tan difícil, señorita?". La compostura de Sarah flaqueó un instante y asintió con los ojos llenos de lágrimas. "Mi madre", susurró, con la voz cargada de emoción. Arthur, sin dudarlo, extendió la mano y la colocó suavemente sobre la de ella. "Lo entiendo", dijo con voz suave. "El dolor es una marea implacable. Pero incluso las mareas más fuertes finalmente retroceden". Habló unos minutos más, sin ofrecer clichés, sino compartiendo fragmentos de sus propias experiencias con la pérdida, su propio camino a través del dolor. Davies observó, con un nudo en la garganta, cómo las lágrimas de Sarah fluían libremente; no eran lágrimas de desesperación, sino de liberación, de ser vista y comprendida. El acto de cariño, en ese momento, había sido profundamente correspondido, un poderoso testimonio de la naturaleza transformadora de la empatía.

Davies se dio cuenta de que las enfermeras y auxiliares no eran solo observadores de las experiencias de los residentes; eran participantes. Lidiaban con sus propios desafíos, sus propios triunfos, sus propias batallas silenciosas, a menudo invisibles para el resto del mundo. La dinámica cambiante dentro de Meadowbrook los revelaba no como profesionales distantes, sino como individuos con sus propias historias, su propia capacidad de vulnerabilidad y fortaleza. Su compasión no era una actuación preconcebida, sino una auténtica efusión de empatía, a menudo nacida de sus propias experiencias vividas de adversidad y sanación. Eran, en esencia, compañeros de viaje que compartían el camino de la vida con los residentes; su presencia era una fuente constante, a menudo discreta, de apoyo y conexión. La sala común, antaño un espacio de tranquilo aislamiento, se estaba transformando en un centro de humanidad compartida, un testimonio del poder de la simple conexión, forjada no solo en juegos compartidos, sino en la comprensión, la risa y el reconocimiento sereno del espíritu humano resiliente en todas sus formas.

El silencioso murmullo de Meadowbrook siempre había sido una constante, un zumbido sordo bajo la superficie de los días. Sin embargo, el Sargento Mayor Davies había empezado a percibir sutiles cambios en su melodía, una nueva resonancia armónica que delataba conexiones en ciernes. Había observado las sonrisas tímidas intercambiadas entre residentes y personal, los fugaces momentos de risa compartida que parecían extenderse por la sala común como la luz del sol sobre el agua. Pero fue un cambio específico, casi imperceptible, el que notó en sus propias interacciones, en particular con Eleanor, una enfermera cuya presencia siempre había sido un ancla silenciosa en los mares a menudo turbulentos de la rehabilitación.

Eleanor poseía una gracia excepcional, una fuerza delicada que parecía emanar de su ser. Sus movimientos eran fluidos, pausados, y sus ojos, de un azul suave e inteligente, transmitían una profunda comprensión que Davies encontraba cada vez más reconfortante. Inicialmente la había catalogado como otra cuidadora competente, una profesional dedicada a su exigente profesión. Sin embargo, a medida que los días se convertían en semanas, se encontraba anticipando sus breves encuentros. Comenzaban con pequeños gestos, una pregunta cortés sobre su progreso, un suave ajuste de su almohada, pero pronto, estas interacciones comenzaron a florecer en algo más. Observó cómo se demoraba un momento más al hablarle, cómo su mirada se encontraba con la suya con una mirada firme y pausada que transmitía genuino interés. No había eficiencia apresurada en su enfoque, ninguna sensación de relojería corriendo o deberes apremiantes. En cambio, había una atención serena que lo hacía sentir visto, realmente visto, por primera vez en lo que parecía una eternidad.

Su primera conversación verdaderamente larga tuvo lugar durante una de las tardes más tranquilas, cuando el flujo y reflujo habitual de la actividad había disminuido, dejando tras de sí una quietud sepulcral. Davies había estado releyendo un ejemplar desgastado de una vieja novela de guerra, un consuelo familiar en el paisaje desconocido de su recuperación. Eleanor se acercó, no con una bandeja de medicamentos ni un portapapeles, sino simplemente con una presencia silenciosa. Se detuvo junto a su silla, su mirada se desvió hacia el libro que él sostenía. "Un clásico", murmuró, su voz, una suave melodía que parecía entretejerse en la silenciosa habitación. "Lo confieso, sargento mayor, hace años que no leo 'Sin novedad en el frente'. Es una lectura poderosa, aunque sombría".

Davies cerró el libro, con una leve sonrisa en los labios. «Tiene cierta... resonancia para mí, enfermera Eleanor. Un recordatorio de dónde he estado y un marcado contraste con dónde estoy ahora». Dudó un momento y añadió: «Aunque me atrevería a decir que las batallas que se libran entre estos muros son de otra naturaleza, requieren una fortaleza propia».

Eleanor asintió con expresión pensativa. "En efecto. Y a veces, los adversarios más temibles son los que llevamos dentro. Los susurros de la duda, los ecos del dolor pasado". Hizo una pausa, su mirada sostenía la de él. "Yo encuentro consuelo en las historias. Ofrecen perspectiva, una experiencia humana compartida que puede trascender nuestras luchas individuales".

Este sentimiento compartido, este puente inesperado entre cuidador y paciente, fue la chispa que encendió su naciente amistad. Durante las semanas siguientes, sus conversaciones se convirtieron en una parte habitual y preciada de la rutina de Davies. Descubrieron una pasión compartida por el cine clásico. Él, un hombre que había presenciado de primera mano las brutales realidades de la guerra, encontró un peculiar consuelo en el escapismo de la época dorada de Hollywood. Hablaba de Bogart y Gable con una elocuencia sorprendente, su rostro brusco se suavizaba al relatar sus recuerdos de salidas nocturnas al cine con amigos, la emoción de la gran pantalla que lo transportaba a mundos muy alejados de las trincheras. Resultó que Eleanor poseía un conocimiento enciclopédico de la historia del cine. Podía hablar de las narrativas de suspense de Hitchcock con la misma intensidad serena que aplicaba a sus labores de enfermera y elogiar el perdurable encanto de Audrey Hepburn.

"Hay cierta nobleza en esas películas antiguas, ¿no le parece, Sargento Mayor?", comentó Eleanor una tarde, mientras hablaban de 'Casablanca'. "Un sentido de valores perdurables, incluso ante una inmensa presión. Rick Blaine, a pesar de todo su cinismo, al final decide hacer lo correcto. Es un testimonio de la bondad inherente que puede persistir, incluso cuando todo parece perdido".

—Noble, quizá —concedió Davies, frunciendo el ceño pensativo—. O quizá sea simplemente el instinto de supervivencia, disfrazado de una forma más agradable. Pero le concedo esto, enfermera Eleanor: es reconfortante ver a los personajes sortear situaciones imposibles con cierta... determinación. Es una narrativa que me atrae cada vez más.

Sus conversaciones trascendieron la pantalla grande, ahondando en el amplio tapiz de la resiliencia humana. Davies, un hombre que siempre se había enorgullecido de su estoicismo, se abrió a Eleanor y le contó las batallas internas que libraba: los dolores fantasma que atormentaban sus extremidades, la ansiedad persistente que a veces amenazaba con devorarlo, la frustración absoluta de un cuerpo que ya no respondía con la obediencia rápida que siempre había dado por sentada. No hablaba con autocompasión, sino con una sinceridad discreta, con el deseo de explicar las complejidades de su situación a alguien que parecía comprender genuinamente los matices.

"Es la pérdida de control, ¿sabes?", me confesó una noche en voz baja. "Durante tanto tiempo, yo dicté las condiciones. Mi cuerpo era un instrumento, una extensión de mi voluntad. Ahora… ahora se siente como un ser extraño, una mula testaruda que se niega a cooperar. Y la fatiga mental, enfermera Eleanor, es una bestia en sí misma. El esfuerzo constante por seguir adelante, por mantener una actitud positiva, agota a uno."

Eleanor escuchó con una atención inquebrantable; su presencia era un bálsamo calmante. No ofreció clichés ni desestimó sus sentimientos. En cambio, validó su experiencia. «Es una profunda pérdida, Sargento Mayor, que la autoestima esté tan intrínsecamente ligada a la capacidad física. Y el impacto psicológico… a menudo se subestima. Pero lo he visto una y otra vez aquí, incluso en las circunstancias más difíciles. El espíritu humano tiene una extraordinaria capacidad de adaptación. No se trata de borrar la lucha, sino de encontrar maneras de superarla, aprender de ella y, en última instancia, redefinir el significado de la fuerza».

Sus propias experiencias, vislumbradas a través de palabras cuidadosamente elegidas, revelaron una comprensión similar de las dificultades de la vida.

Habló de su propia trayectoria como enfermera, un camino que había elegido tras un período de incertidumbre tras sus propias pérdidas personales. Nunca se detuvo en detalles, pero el trasfondo de sus palabras insinuaba un pasado marcado por sus propias sombras. Había una sabiduría serena en sus consejos, una empatía que no nacía del estudio académico, sino de la experiencia vivida. Comprendía el peso de las cargas no mencionadas, las batallas silenciosas que se libraban a puerta cerrada.

"A veces", le dijo una fresca tarde de otoño, mientras observaban cómo las hojas se deslizaban perezosamente desde el viejo roble frente a la ventana de la sala común, "el mayor acto de resiliencia es simplemente seguir respirando, seguir presente. Es en esos pequeños y constantes actos de persistencia donde se forja la verdadera fuerza".

Este sentimiento resonó profundamente en Davies. Empezó a ver a Eleanor no solo como una enfermera, sino como un alma gemela, una confidente en los tranquilos pasillos de Meadowbrook. Se convirtió en el depósito de sus pensamientos no expresados, la oyente que escuchaba no solo sus palabras, sino también las emociones que las ocultaban. No hubo grandes pronunciamientos, ni revelaciones dramáticas, solo la presencia firme e inquebrantable de una amiga que le ofreció comprensión sin juzgarlo. Su aliento no era la tranquilidad superficial de una profesional; era el apoyo genuino de alguien que veía sus dificultades y creía en su capacidad para superarlas.

Se encontraba deseando que llegaran sus turnos, los breves momentos en que sus caminos se cruzarían. Guardaba anécdotas, observaciones, incluso algún que otro chiste irónico, para sus conversaciones. Notó cómo su presencia parecía aportar una sutil calidez a la habitación, suavizando las asperezas de la vida institucional. El aroma estéril del desinfectante parecía desvanecerse cuando ella estaba cerca, reemplazado por una fragancia sutil y relajante que no lograba identificar, pero que llegó a asociar con la paz y la comprensión.

Un día, se encontró compartiendo un recuerdo de su hija, un capricho poco común para él. Habló de su risa contagiosa, de su curiosidad desbordante, de cómo solía perseguir mariposas en su jardín. Su voz se quebró, una vulnerabilidad cruda que lo sorprendió incluso a él mismo. Eleanor no se inmutó. Simplemente se sentó con él en ese espacio de emoción cruda, con la mano apoyada suavemente en su brazo, un testimonio silencioso de su empatía. Cuando terminó, ella dijo: «Esos recuerdos, Sargento Mayor, son el ancla que nos sostiene. Son la prueba de una vida vivida plenamente, de un amor que trasciende el tiempo y el espacio».

Su capacidad para articular estas profundas verdades con tanta sencillez era uno de sus dones más notables. No predicaba ni daba conferencias; compartía perspectivas y observaciones que parecían destilar complejos paisajes emocionales en verdades fácilmente asimilables. Comprendía que la recuperación no se trataba solo de la sanación física, sino también del bienestar emocional y psicológico. Y reconocía que fomentar una conexión humana genuina era tan vital para ese proceso como cualquier intervención médica.

La amistad que floreció entre Davies y Eleanor fue un testimonio silencioso del poder de la humanidad compartida. Fue un vínculo forjado no en un trauma compartido, sino en la comprensión mutua, un aprecio mutuo por la fuerza imperecedera del espíritu humano. En el mundo, a menudo impersonal, de la atención médica, la calidez genuina y el apoyo inquebrantable de Eleanor brindaron a Davies un santuario, un refugio tranquilo donde pudo navegar las complejidades de su recuperación con una renovada esperanza y un profundo aprecio por el regalo inesperado de una verdadera amiga. Su presencia se había convertido en un faro que lo guiaba a través de la niebla, recordándole que incluso en medio de la adversidad, la conexión, la comprensión y la amistad podían florecer, iluminando los días más oscuros. Fue un crecimiento lento y orgánico, como el despliegue de una delicada flor, cada conversación un pétalo que se abría, revelando la intrincada belleza de una conexión floreciente. Comprendió que la verdadera sanación no se trataba solo de la recuperación del cuerpo, sino de que el espíritu encontrara consuelo y fuerza en la compañía de otra alma que realmente veía y comprendía.

El sutil entramado de la comunidad en Meadowbrook no se tejía con grandes gestos ni eventos orquestados, sino con los hilos silenciosos y constantes de la experiencia humana compartida. El Sargento Mayor Davies, acostumbrado a la camaradería estructurada de la vida militar, encontró este surgimiento orgánico de conexión sorprendente y profundamente reconfortante. Fue en el ritmo compartido del comedor, donde el tintineo de los cubiertos y el murmullo de las conversaciones crearon un fondo sinfónico para el sustento del día. Observó cómo, con el tiempo, los asentimientos tímidos se convertían en breves saludos, luego en breves intercambios sobre el clima, el menú del día o un programa de televisión particularmente cautivador. No eran conversaciones profundas, pero eran los cimientos de la familiaridad, los pequeños reconocimientos que decían: "Te veo, eres parte de este lugar".

Lo notaba con mayor intensidad durante los momentos de vulnerabilidad compartidos que inevitablemente marcaban la vida en un centro de rehabilitación. Cuando la Sra. Gable, una mujer vivaz con un sentido del humor perverso a pesar de su tos persistente, lograba recorrer los pasillos con su andador sin ayuda, solía estallar una oleada de aplausos silenciosos. No era una ovación atronadora, sino un reconocimiento espontáneo y sincero de su esfuerzo, un suspiro colectivo de alivio porque uno de los suyos había logrado una pequeña victoria. Davies, quien siempre había visto la vida a través de la lente de los objetivos estratégicos y el éxito de la misión, se sintió sorprendentemente conmovido por estas muestras de empatía compartida. Era un reconocimiento de que, incluso en medio de las luchas personales, el bienestar de los demás importaba, de que un sentido colectivo de progreso era tan valioso como el logro individual.

El locutor de bingo, un caballero llamado Arthur, con una voz potente y una asombrosa habilidad para extraer los números finales con un toque dramático, se convirtió en un punto focal inesperado para este creciente sentido de comunidad. Cuando Arthur cantaba una secuencia de números particularmente difícil, la silenciosa expectación en la sala común era palpable. Y cuando alguien finalmente gritó "¡Bingo!", la exhalación colectiva de alivio y los aplausos espontáneos trascendieron el simple juego. Fue un momento compartido de triunfo, una liberación de tensión colectiva. Davies, quien inicialmente había desestimado tales actividades como frívolas, se sintió atraído por la energía compartida, la sencilla alegría que impregnaba la sala. Vio cómo estos rituales compartidos, por pequeños que fueran, proporcionaban una sensación de continuidad y normalidad, un ritmo suave que contrarrestaba la naturaleza desorientadora de la enfermedad y la recuperación.

Esta creciente interconexión actuó como un poderoso amortiguador contra el espectro omnipresente del aislamiento que a menudo acompañaba a las largas rehabilitaciones. Davies había experimentado su propia dosis de profunda soledad inmediatamente después de su lesión, una sensación de estar a la deriva en un mar de desafíos físicos y emocionales desconocidos. Ahora, era testigo de cómo los pequeños actos de bondad, las miradas de comprensión compartidas y el reconocimiento colectivo de las luchas de cada uno creaban una red de seguridad, un sentido de pertenencia que hacía que el arduo camino fuera menos abrumador. Vio cómo una cara amable en el desayuno podía transformar una mañana potencialmente sombría en una llena de una serena sensación de propósito. Observó cómo una sonrisa compartida durante una sesión de fisioterapia, un momento de reconocimiento mutuo del dolor y el esfuerzo involucrados, podía forjar un vínculo más fuerte que las palabras.

El personal de enfermería, aunque sin duda profesional, parecía comprender la importancia de fomentar estas conexiones orgánicas. No forzaban las interacciones, sino que creaban oportunidades. Las mesas de comedor compartidas, la distribución de las salas comunes, las actividades programadas: todo parecía diseñado, quizás involuntariamente, para fomentar la interacción. Eleanor, con su estilo tranquilo, era una facilitadora experta. Davies observó cómo a menudo dirigía con delicadeza las conversaciones, sacando a la luz a los residentes tímidos y conectando a quienes, de otro modo, habrían permanecido como desconocidos. Tenía un don para encontrar puntos en común, un pequeño empujón que daba lugar a una anécdota compartida sobre jardinería, una conversación sobre un acontecimiento histórico o un lamento compartido sobre el impredecible clima británico.

Davies se encontró reflexionando sobre su propio papel dentro de esta comunidad en evolución. Él, que siempre había sido un líder, un comandante, sintió surgir una nueva responsabilidad. No se trataba de dar órdenes, sino de contribuir al espíritu colectivo. Empezó a esforzarse conscientemente por conectar con quienes lo rodeaban, por ofrecer una palabra de aliento, por compartir una observación irónica, por simplemente estar presente.

Descubrió una sorprendente satisfacción en estos pequeños actos de conexión, una satisfacción que resonaba más profundamente que cualquier reconocimiento en el campo de batalla. Comprendió que la verdadera fuerza no residía solo en soportar las dificultades, sino en contribuir a la resiliencia colectiva.

Recordó una tarde, durante una sesión de fisioterapia particularmente difícil. La mujer en las barras paralelas junto a él, una exbailarina llamada Clara, cuya gracia se veía puesta a prueba por una pierna debilitada, luchaba visiblemente. Su rostro estaba marcado por el dolor y la frustración. Davies, tras completar su propia y agotadora serie, se encontró ofreciéndole unas palabras de aliento. "Lo puedes lograr, Clara", le dijo con voz ronca pero sincera. "Solo unas cuantas repeticiones más. Piensa en esa última pirueta". Clara lo miró con un destello de sorpresa en los ojos, y luego una pequeña sonrisa decidida se dibujó en sus labios. Asintió y, con renovado esfuerzo, completó su serie. Más tarde ese mismo día, se acercó a él, con una sonrisa aún más amplia. "Gracias, Sargento Mayor", le dijo. "A veces, el simple hecho de saber que alguien más entiende la lucha marca la diferencia".

Ese intercambio, por simple que fuera, consolidó la comprensión de Davies sobre el poder silencioso de la comunidad. No se trataba de grandes discursos ni hazañas heroicas; se trataba de los actos cotidianos de empatía, las cargas compartidas, el reconocimiento mutuo de la valentía. Vio cómo Meadowbrook, a pesar de sus pasillos estériles y su entorno clínico, se estaba convirtiendo en un lugar donde la conexión humana podía florecer, donde la vulnerabilidad se enfrentaba no con juicio sino con comprensión, y donde el camino compartido hacia la recuperación fomentaba un vínculo único y poderoso. Era un zumbido sutil, esta comunidad, una baja frecuencia de humanidad compartida que resonaba bajo la superficie de sus luchas individuales, ofreciendo una fuente constante e inquebrantable de fortaleza y pertenencia. Empezó a sentir un sentido de protección hacia este frágil ecosistema de conexión, un deseo de nutrirlo, de contribuir a su crecimiento continuo, reconociendo que en este espacio compartido, su propia sanación estaba inextricablemente ligada al bienestar de quienes lo rodeaban. Se dio cuenta de que los susurros de conexión no eran solo conversaciones individuales, sino el murmullo colectivo de una comunidad que encontraba su voz, su ritmo, su latido compartido. Esta comprensión cambió su perspectiva, transformándolo de un guerrero solitario que luchaba contra sus propios demonios a parte integral de una unidad más grande y resiliente, unida no por el uniforme, sino por la experiencia compartida de reconstruir y redescubrir la vida tras una profunda disrupción. El silencioso zumbido se estaba convirtiendo en una canción, y él estaba encontrando su lugar en su melodía.

Capítulo 9. Flores inesperadas

El persistente tintineo de los cubiertos contra la cerámica, una sinfonía de sustento, llenaba el comedor de Meadowbrook. Era un paisaje sonoro familiar, un ritmo constante que subrayaba las conversaciones en voz baja y las ocasionales carcajadas. El Sargento Mayor Davies, tras recorrer los laberínticos pasillos y el igualmente complejo terreno de su propia recuperación, encontró un peculiar consuelo en esta comida compartida. Había superado la conmoción inicial, la cruda confrontación con un cuerpo y una vida irrevocablemente alterados. Ahora, la atención se había desplazado, sutil pero segura, hacia la silenciosa arquitectura de la conexión humana que se erigía gradualmente entre esas paredes. Había observado los vínculos nacientes que se formaban, los gestos tentativos de apoyo, las miradas compartidas que decían mucho donde las palabras fallaban. Era un proceso lento y orgánico, muy parecido al cuidado minucioso de un jardín, que requería paciencia y un ojo atento a los sutiles signos de crecimiento. Había presenciado cómo el acto de partir el pan juntos, un ritual tan antiguo como la civilización, poseía un potente poder, casi alquímico, para humanizar, para recordar a las personas sus vulnerabilidades compartidas y su fortaleza inquebrantable. Esto no era el campo de batalla, donde la camaradería se forjaba en el crisol del peligro compartido y la estricta jerarquía. Esto era algo diferente, algo más suave pero no menos vital: una camaradería cimentada sobre la experiencia mutua, en el reconocimiento silencioso de la lucha que cada persona libraba en su interior.

Iba por la mitad de su pastel de pastor, un plato sorprendentemente apetitoso ese día, cuando ocurrió. Su mirada, recorriendo la sala con su habitual observación, se fijó en un punto al otro lado del pasillo. Fue un instante fugaz, fácilmente descartable, pero que captó su atención un instante más de lo estrictamente necesario. Una mujer, sentada a unas mesas de distancia, tenía la cabeza ligeramente ladeada, sus ojos se encontraron con los de él. No hubo preámbulos, ningún esfuerzo deliberado por su parte para captar su mirada, solo una concentración natural de atención. Lo que impresionó a Davies fue la calidad de su mirada. No era el reconocimiento cortés y apresurado al que se había acostumbrado, el tipo de mirada que se desvía rápidamente, ansiosa por refugiarse en la privacidad de sus propios pensamientos. En cambio, era una mirada de silenciosa curiosidad, un reconocimiento pausado que parecía contener una pregunta, una suave indagación sobre su presencia, su ser.

Se quedó momentáneamente paralizado, con el tenedor a medio camino de la boca. Este no era el repertorio habitual de interacciones en Meadowbrook. No era el gesto comprensivo de la Sra. Gable, ni el gemido de incomodidad compartido con el Sr. Henderson ante las máquinas de fisioterapia, particularmente rígidas. Esto era diferente. Era una conversación silenciosa, un intercambio breve y sin palabras que saltaba los protocolos sociales habituales. Había una calidez en sus ojos, una dulzura cautivadora que atravesaba la esterilidad clínica de la habitación y la tensión inherente a su situación colectiva. Fue como si, por una fracción de segundo, las barreras de sus luchas individuales se hubieran desvanecido, dejando traslucir un atisbo de humanidad compartida.

Recordó su propia reticencia inicial a involucrarse, la inculcada disciplina militar que le había enseñado a compartimentar, a centrarse en la misión, a ver las conexiones personales como posibles distracciones. Pero aquí, en Meadowbrook, la «misión» era la supervivencia, y la «estrategia» la sanación, y esas actividades se veían innegablemente favorecidas por las mismas conexiones que una vez había dejado de lado inconscientemente. Había presenciado de primera mano los efectos corrosivos del aislamiento, cómo podía corroer el espíritu, magnificar las ansiedades y apagar la chispa de la esperanza. Había visto cómo una simple sonrisa sincera podía ser un salvavidas, cómo un recuerdo compartido podía brindar un momento de alivio ante las incesantes exigencias de la recuperación. La mirada de esta mujer, aunque breve, había evocado una sensación similar de conexión discreta.

Sus ojos, observó, eran de un color avellana claro y reflexivo, y poseían una profundidad que insinuaba historias inéditas. Había una resiliencia serena en su postura, una gracia sutil a pesar de los evidentes desafíos físicos que enfrentaba. No buscaba atención abiertamente, ni se encerraba deliberadamente en un caparazón de autocompasión. Ocupaba su espacio con una dignidad serena que Davies, un hombre que había pasado décadas valorando la fuerza y la fortaleza, respetaba instintivamente. Se encontró catalogando estas observaciones, no por un interés estratégico, sino por una curiosidad creciente, casi académica, sobre la capacidad del espíritu humano para adaptarse y encontrar la luz incluso en las circunstancias más difíciles.

Él notó el sutil cambio en su expresión cuando sus miradas se cruzaron. No fue un sobresalto, sino una relajación, una leve dilatación de las pupilas que transmitía una sensación de apertura, de genuino interés. Era una invitación, sintió, no a un diálogo profundo y confesional, sino a un simple reconocimiento de la existencia compartida. Era el tipo de mirada que decía: «Te veo. Reconozco el esfuerzo que supone estar aquí, hacer esto». Evitaba la necesidad de explicaciones, de disculpas, del relato a menudo doloroso de cómo habían llegado a esa coyuntura particular de sus vidas. En esa mirada compartida, había una comprensión implícita de que su realidad actual era compartida, un terreno común sobre el que se asentaban, por muy precario que fuera.

Se preguntó, por un instante fugaz, cuál sería su historia. ¿Era una veterana, como él, lidiando con las secuelas físicas y psicológicas del servicio? ¿O su experiencia fue de otra naturaleza, una enfermedad inesperada, un accidente que le cambió la vida? Los detalles, comprendió, eran secundarios. Lo que importaba era la chispa inmediata e innegable de conexión humana que se había encendido en el comedor. Era una brasa diminuta, frágil y fácil de extinguir con la reanudación de las rutinas cotidianas, pero potente a pesar de todo.

Él logró un pequeño, casi imperceptible asentimiento, una sutil inclinación de la barbilla. Era un gesto que, en su vida anterior, habría transmitido multitud de significados, desde reconocimiento de rango hasta un simple "entendido". Aquí, era una silenciosa confirmación de su invitación tácita. Sus labios se curvaron en una leve, casi tímida sonrisa, una delicada elevación de las comisuras de los labios que transmitía una sensación de reconocimiento mutuo. Era una sonrisa que no borraba las dificultades que ambos soportaban, pero las reconocía y, al hacerlo, ofrecía un poco de consuelo.

Entonces rompió el contacto visual y volvió a concentrarse en su comida. Pero el breve encuentro perduró, un sutil cambio en la atmósfera que lo rodeaba. Era como si un nuevo hilo se hubiera tejido en el tapiz del comedor, una hebra de silenciosa posibilidad. Se encontró rememorando el momento, no obsesivamente, sino con una silenciosa contemplación. Era un recordatorio de que incluso dentro de la estructura rígida de un centro de rehabilitación, donde el enfoque estaba en recuperar la función física y dominar nuevas rutinas, la necesidad humana fundamental de conexión persistía, aflorando en momentos inesperados.

Pensó en cómo solían comenzar las conversaciones en Meadowbrook. Rara vez empezaban con preguntas inquisitivas sobre la gravedad de las lesiones o el pronóstico de recuperación. Más a menudo, empezaban con observaciones sobre el clima, conversaciones sobre la comida o comentarios compartidos sobre la programación televisiva del día. Estos eran los puntos de partida tentativos y seguros, las aguas poco profundas antes de atreverse a adentrarse en las corrientes más profundas de la experiencia personal. Sin embargo, esta mirada compartida había superado esos pasos iniciales, saltando directamente a un nivel más profundo de reconocimiento. Era como si su mirada hubiera visto más allá de la superficie de su identidad como "Sargento Mayor Davies, paciente en recuperación" y hubiera reconocido algo más fundamental: un ser humano que transitaba un camino difícil.

Reflexionó sobre sus propias interacciones. Se había esforzado, conscientemente, por conectar con los demás. Había aprendido a preguntarles sobre su día, a animar a quienes tenían dificultades con los ejercicios, a participar en las actividades comunitarias, incluso las que al principio parecían triviales, como el bingo. Descubrió que contribuir al espíritu colectivo, incluso con pequeñas cosas, tenía un impacto profundamente positivo en su moral. Era un contrapunto a la batalla interna, un recordatorio de que formaba parte de algo más grande que su propia lucha individual. La mirada de esta mujer, en cierto modo, validaba ese esfuerzo. Sugería que sus intentos de conectar se estaban notando, que estaban resonando con los demás.

Terminó de comer; el sabor del pastel de pastor había quedado relegado a un segundo plano ante la persistente resonancia de aquel breve momento compartido. Al levantarse de la mesa, la vio de nuevo. Seguía sentada, con la mirada fija en su plato, pero había un sutil cambio en su actitud, una serena confianza que no había estado presente antes. Era como si esa mirada compartida hubiera calmado algo en su interior, como si le hubiera ofrecido una silenciosa tranquilidad.

Se dirigió a la sala común; el ritmo familiar de su andar era testimonio de su progreso. Sabía que la vida en Meadowbrook era un proceso continuo de adaptación, de aprender a vivir con nuevas limitaciones y, al mismo tiempo, descubrir nuevas fortalezas. Y comenzaba a comprender que la fuerza que se encontraba en la comunidad, en el simple acto de ver y ser visto, era tan crucial para ese proceso como cualquier fisioterapia. Esa mirada compartida al otro lado del comedor, aunque fugaz, había sido un pequeño pero significativo recordatorio de esta profunda verdad. Era un recordatorio de que bajo los uniformes, las vendas y las sillas de ruedas, había individuos, cada uno con su propia historia, sus propias batallas y su propia capacidad de conectar. Era una silenciosa confirmación de que, incluso en medio de la adversidad, el potencial para brotes inesperados de comprensión y camaradería permanecía, esperando desplegarse en los momentos más modestos.

Encontró un asiento junto a la ventana; el sol del atardecer proyectaba largas sombras sobre la habitación. Observó el ir y venir, el lento caminar de los residentes, el paso decidido del personal. Ya no era un simple observador, un soldado que analizaba el terreno. Formaba parte de este paisaje en evolución, un participante en la narrativa de Meadowbrook. Y esa mirada compartida, esa comunicación silenciosa a través de la inmensidad del comedor, había alterado sutil pero irrevocablemente su perspectiva. Era una semilla de conexión, plantada en el terreno fértil de la experiencia compartida, y sentía una silenciosa anticipación por lo que, con el tiempo, podría surgir de ella. Comprendió que el camino por delante seguía siendo largo y, sin duda, desafiante, pero la conciencia de que no estaba completamente solo, de que había otros que entendían la valentía silenciosa que se requiere para simplemente existir, hizo que el camino por delante pareciera menos abrumador, más transitable. El simple acto de ser visto, de ser reconocido en ese momento, fue una poderosa afirmación, una pequeña pero significativa victoria en la continua campaña por la recuperación y por un renovado sentido de propósito. Fue un recordatorio de que la humanidad, en su forma más esencial, se basaba en el reconocimiento, en los pactos silenciosos forjados en la vulnerabilidad compartida y la promesa tácita de solidaridad. El tintineo de los platos se había desvanecido, reemplazado por el suave zumbido de la posibilidad, la sutil promesa de un futuro compartido, una mirada compartida a la vez. Se dio cuenta de que estos encuentros aparentemente insignificantes eran los verdaderos cimientos de la recuperación, la argamasa que unía los ladrillos de la resiliencia. Eran los momentos que le recordaban que el espíritu humano, incluso maltratado y herido, poseía una increíble capacidad de renovación, un impulso persistente para conectar, para encontrar consuelo en la compañía de otros que comprendían los desafíos únicos de su camino compartido. El comedor, antaño un simple lugar de sustento, se había convertido en escenario de estas interacciones sutiles pero profundas, un testimonio del poder perdurable de la conexión humana frente a la adversidad. Y en esa mirada compartida, Davies había encontrado no solo un respiro momentáneo, sino una sutil pero poderosa afirmación de su propio camino continuo hacia la sanación y el redescubrimiento.

El tintineo de su bandeja contra el mostrador de acero inoxidable fue más fuerte de lo que pretendía, un áspero signo de puntuación en el bajo murmullo del comedor. El Sargento Mayor Davies se había acercado a la fila del bufé con una indiferencia cuidadosamente calibrada, una máscara de compostura practicada que llevaba como una segunda piel. Sin embargo, un destello de anticipación, una sensación que no había sentido en meses, estaba innegablemente presente. La mirada compartida al otro lado de la sala la noche anterior había sido un cambio sutil, casi imperceptible, pero había sido suficiente para empujar la estructura monolítica de su aislamiento solo un milímetro. Se encontró observando los rostros familiares, su mirada se posó en ella. Estaba en una mesa redonda más pequeña cerca de la ventana, un punto estratégico que ofrecía tanto privacidad como una vista despejada de la sala. Hoy, estaba sola.

Recogió su comida —una pechuga de pollo pasable, unas verduras al vapor y una cucharada de puré de patatas— y, con una deliberación que le pareció casi teatral, eligió una mesa no muy lejos de la de ella, pero tampoco directamente contigua. Quería estar cerca, crear la posibilidad de un encuentro sin forzarlo, una delicada danza cuyos pasos aún estaba aprendiendo. Se sentó, acomodando los cubiertos con los movimientos precisos y económicos de un soldado, y empezó a comer, sin prestar toda su atención a la comida. La observó con discreción. Se movía con una economía de movimientos silenciosa, con las manos firmes al levantar un bocado de ensalada. Una leve cicatriz trazaba una delicada línea desde la sien hasta el pómulo, testimonio de una historia que aún desconocía, pero que ahora sentía una naciente curiosidad por comprender.

El silencio se prolongó, interrumpido por los sonidos ambientales del comedor: el roce de las sillas, el murmullo de las conversaciones, el jadeo ocasional de algún residente mayor. Davies se encontró ensayando mentalmente las frases iniciales, descartándolas por demasiado bruscas, demasiado tentativas o demasiado francamente inquisitivas. La estrategia militar, tan fácilmente aplicada a la logística y al combate, parecía ofrecer poco para gestionar estas interacciones humanas más suaves y complejas. Finalmente, se decidió por la estrategia más inocua. Se aclaró la garganta, un sonido suave, y cuando ella levantó la vista, él asintió levemente, casi imperceptiblemente, como un reflejo del gesto de la noche anterior.

"Parece que hoy ha habido una comida decente", ofreció con voz de barítono, cuidadosamente modulada para no ser intrusiva. Era una oportunidad segura, una incursión diplomática en territorio neutral.

Parpadeó, y sus ojos color avellana, tan claros y pensativos, se encontraron con los de él. Una leve sonrisa se dibujó en sus labios, un fantasma de la que él había visto antes. "Sí", respondió con una voz sorprendentemente suave, un timbre delicado con un dejo de cansancio. "Mucho mejor que la cazuela misteriosa de ayer".

Davies soltó una breve risita. "Ah, sí. La Cazuela Misteriosa. Creo que fue un valiente intento de... algo. Todavía no estoy del todo seguro de qué". Hizo una pausa y añadió: "Soy Davies, por cierto. Sargento Mayor Davies, retirado". Sintió una necesidad familiar, casi instintiva, de ofrecer su rango, su designación, como si fuera el identificador más importante.

—Eleanor —dijo, extendiendo la mano por el pequeño espacio entre las mesas. Su agarre era firme, sorprendentemente firme, sus dedos fríos contra los de él—. Eleanor Vance. Me temo que no hay títulos aquí. Solo Eleanor.

"Eleanor", repitió, dejando que el nombre le quedara bien. Le sentaba bien, pensó. Sólida, pero elegante. "Es un placer hablar por fin contigo, Eleanor".

—Y usted, Sargento Mayor —dijo, con una leve sonrisa—. Aunque sospecho que «Davies» bastará.

"Davies es más que suficiente", confirmó, sintiendo una sutil liberación de tensión. Las formalidades, los ecos de una vida que se sentía cada vez más distante, se desvanecían lentamente. "Te... te vi ayer. En el comedor". Mantuvo la mirada fija, no queriendo romper la naciente conexión apartando la mirada demasiado rápido.

"Yo también te vi", admitió, sosteniendo la mirada de él un instante más de lo estrictamente necesario. No había vergüenza ni incomodidad en su admisión, solo una simple constatación de un hecho. "Parecías estar reflexionando sobre la integridad estructural de tu plato".

Volvió a reírse entre dientes, esta vez con un sonido más cálido. "Quizás sí. O quizás solo estaba pensando si valía la pena terminarlo". Señaló vagamente su pollo. "Aunque esto sí que es una mejora".

"En efecto", asintió, volviendo la atención brevemente a su comida antes de volver a mirarlo. "Son las pequeñas victorias, ¿verdad? Una buena comida, un poco de sol por la ventana". Señaló el gran cristal junto a su mesa, donde el sol del atardecer proyectaba un cálido resplandor. "Eso es lo que te mantiene en marcha en días como... bueno, en días como este".

Davies comprendió. El tácito «así» flotaba en el aire, una comprensión compartida de las dificultades de su realidad actual. «Lo es», dijo en voz baja. «Las pequeñas victorias. Se acumulan». Sintió ganas de preguntarle por su cicatriz, por qué la había traído a Meadowbrook, pero las palabras le resultaron demasiado pesadas, demasiado intrusivas para esta etapa inicial de su relación. En cambio, devolvió la conversación al tema inmediato. «¿Disfrutas del bingo esta tarde? Escuché un buen alboroto en la sala común hace un rato».

Eleanor frunció el ceño ligeramente, con un toque juguetón de exasperación en su expresión. "Oh, el bingo. Confieso que todavía estoy intentando dominar el arte de colocar estratégicamente mis fichas sin que se resbalen del cartón cuando la mesa tiembla". Señaló su propia mesa con una ligera inclinación de cabeza. "Parece que mi mesa tiembla de una manera única".

Davies asintió con comprensión. Había visto desafíos similares, sutiles limitaciones físicas que podían convertir la tarea más sencilla en una experiencia frustrante. "Es un reto, ¿verdad? Aprender a adaptarse. Encontrar nuevas maneras de hacer las cosas".

"Lo es", dijo, volviendo la mirada a su plato por un momento. "A veces parece un trabajo de tiempo completo, simplemente... adaptarse". Había un suspiro en su voz, apenas audible, pero presente. Era un sonido que resonó profundamente en Davies, un eco familiar de sus propias frustraciones.

"Conozco esa sensación", dijo en voz baja. "Esta es una campaña diferente. Sin objetivos claros, sin un enemigo claro".

Eleanor levantó la vista y lo miró con renovada intensidad. "Una campaña para la que no estabas preparado, me imagino."

Esbozó una sonrisa irónica. "La subestimación del año. Mi entrenamiento se orientó a un conjunto bastante diferente de... desafíos operativos". Pensó en el caos de su accidente, la transición abrupta de entornos controlados a la impredecible realidad de su recuperación. "Esto es... territorio desconocido".

"Inexplorado, y a menudo rodeado de niebla", añadió Eleanor, con un tono más contemplativo. "Das un paso adelante, creyendo haber encontrado tierra firme, y entonces la niebla se arremolina, y vuelves a tantear el camino a lo largo de una pared".

"Exactamente", asintió Davies, sintiendo una sorprendente tranquilidad ante esta descripción compartida de su situación. Era más que simple conmiseración; era un reconocimiento mutuo de la incertidumbre generalizada que definía sus vidas en Meadowbrook. "Hay que confiar en el instinto y en la ayuda que se ofrece, incluso cuando no se ve el camino a seguir".

"Y confía en que hay otros que caminan a tu lado, aunque no siempre puedas verlos con claridad", dijo Eleanor, recorriendo brevemente la habitación con la mirada, abarcando a los demás residentes. "Esa es una lección más difícil, quizás".

"Lo más difícil", coincidió Davies, una silenciosa admisión de sus propias luchas pasadas con el aislamiento. "Pasé mucho tiempo creyendo que la lucha era solo mía. Que admitir la vulnerabilidad era una debilidad". Bajó la mirada hacia sus manos, las manos que una vez habían ejercido autoridad y precisión, ahora a veces luchaban con el simple acto de sostener un tenedor. "Eso fue... un error".

"Es un error que muchos cometemos", dijo Eleanor con suavidad, sin juzgar. "El ejército inculca un fuerte sentido de autosuficiencia. Y la enfermedad, o una lesión, a menudo se siente como algo muy personal. Como si fuera un defecto personal".

"Un defecto que tienes que superar tú solo", añadió Davies, asintiendo. "Pero aquí... bueno, no puedes. En realidad no. No si quieres mejorar."

"Exactamente", dijo, recuperando la sonrisa, un poco más genuina esta vez. "Entonces, Sargento Mayor Davies, dígame, ¿cuál es el mayor desafío que ha enfrentado en esta nueva campaña?"

La pregunta, tan directa pero formulada con tanta curiosidad, lo pilló desprevenido. Esperaba una charla informal y educada, observaciones sobre el tiempo, pero esto le pareció una invitación a ir más allá de la superficialidad de la conversación. Consideró su respuesta con detenimiento. No era el dolor, aunque era significativo. No era la pérdida de su carrera, aunque aún le dolía. Era algo más insidioso.

"El silencio", dijo finalmente, con la voz más baja, más introspectiva. "El silencio interior. Los momentos en que solo estoy yo y mis pensamientos. Las preguntas sin respuestas fáciles. Los '¿Y si...?' y los 'si tan solo...'". Señaló vagamente su cabeza. "Ese es el campo de batalla en el que me encuentro luchando con más frecuencia".

Eleanor escuchaba atentamente, con una expresión de silenciosa empatía. «La cámara de resonancia de tu propia mente», murmuró. «La conozco bien». Hizo una pausa y luego continuó, con un toque de silenciosa fuerza en su voz. «Para mí, es la pérdida de… espontaneidad. El hecho de que una simple decisión, como salir a caminar, ahora requiera una operación logística. La planificación, la preparación, la posibilidad de contratiempos inesperados». Señaló sutilmente su pierna, que estaba apoyada en un aparato ortopédico debajo de la mesa. «Es la constante conciencia de mis propias limitaciones, los recordatorios físicos de que ya no soy la persona que solía ser. Y la frustración que eso conlleva».

"El fantasma de quién eras", dijo Davies, con la comprensión asomándose en sus ojos. "El recuerdo de lo que podías hacer, comparado con lo que puedes hacer ahora".

—Exactamente —confirmó—. Y el miedo de que... esa persona se haya ido para siempre. Que esto sea todo lo que quede. —Lo miró fijamente, con una mirada firme—. ¿Alguna vez sientes eso, Davies?

Sostuvo su mirada, invadido por una profunda sensación de reconocimiento. Era la misma pregunta que se había hecho en la quietud de su habitación, en el aislamiento estéril de sus propias angustias. «Con más frecuencia de la que me gustaría admitir», confesó, sintiéndose como un desahogo. «Ese miedo es un adversario poderoso. Susurra dudas, magnifica cada revés».

"Sí", asintió Eleanor. "Pero hay momentos. Como este, quizás. Cuando hablas con alguien y te das cuenta de que no eres el único que lucha esa batalla. Y el silencio se siente un poco menos ensordecedor. La niebla se disipa, solo un poquito."

Davies sintió que una calidez lo recorría, una sensación desconocida que nada tenía que ver con la temperatura del comedor. Era la calidez de ser comprendido, de ser visto de una manera que trascendía las limitaciones físicas y las etiquetas sociales. Había pasado tanto tiempo cultivando una imagen de fuerza inquebrantable, de resiliencia estoica, que el simple hecho de admitir sus propias luchas internas le parecía un acto monumental de valentía. Y allí, con Eleanor, se sentía no solo aceptado, sino correspondido.

"Creo que tienes razón", dijo, con una sonrisa sincera en los labios. "Este es... un buen momento". Bajó la mirada hacia su plato; el pollo y las patatas ahora parecían más sustanciosos, más nutritivos. "Es bueno saber que, incluso en este 'territorio inexplorado', todavía hay oportunidades para... conectar".

"Flores inesperadas", murmuró Eleanor, con la mirada fija en él. "Así es como he empezado a llamarlas. Pasas por todo esto, esperando solo dificultades, y entonces, inesperadamente, algo hermoso empieza a crecer".

Davies reflexionó sobre sus palabras. Flores inesperadas. Era una descripción poética y sorprendentemente precisa. Había llegado a Meadowbrook con la firme determinación de un soldado que entra en territorio hostil, esperando solo cicatrices de batalla y la triste satisfacción de sobrevivir. No había previsto los momentos de tranquilidad y comprensión mutua, las amistades incipientes que se forjaban, la esperanza creciente que brillaba en los ojos de sus compañeros residentes.

"Me gusta eso", dijo, con una voz que resonaba con una serena convicción. "Florecimientos inesperados. Es una forma mucho mejor de verlo que 'campaña larga y ardua'".

La sonrisa de Eleanor se ensanchó, llegando a sus ojos. "Mucho mejor. Implica cierta resiliencia, ¿verdad? Que incluso en terrenos difíciles, la vida encuentra la manera de florecer."

La conversación continuó, fluyendo con una naturalidad que sorprendió a Davies. Hablaron de las diferentes terapias, las excentricidades de algunos miembros del personal y la naturaleza sorprendentemente competitiva de los desafíos diarios de la sala de fisioterapia. Evitaron los detalles de sus lesiones y los escabrosos detalles de sus accidentes, pero hablaron con sinceridad sobre el impacto emocional, la frustración, el miedo y la silenciosa determinación que los impulsaba a seguir adelante.

Davies se sintió atraído por la fuerza serena de Eleanor, su capacidad para expresar las dificultades tácitas de su situación con una gracia que suavizaba la cruda realidad. Ella, a su vez, pareció apreciar su franqueza, su pragmatismo de soldado atemperado por una creciente empatía. Fue un intercambio genuino, un frágil puente que se construía, tabla a tabla, sobre el abismo de sus luchas individuales.

Al acercarse el final de la comida, Davies sintió cierta reticencia a terminar la conversación. Era una sensación que no había experimentado en mucho tiempo, una sutil atracción hacia la continuación, hacia la profundización de esta nueva conexión.

—Bueno, Eleanor —dijo, colocando cuidadosamente los cubiertos en el plato—. Esto ha sido… esclarecedor. Gracias.

"Gracias, Davies", respondió ella, mirándolo a los ojos. "Me alegra saber que no soy la única que intenta entenderlo todo".

"Parece que estamos todos juntos en esto", dijo, una simple declaración de hecho, pero imbuida de un nuevo significado.

"En efecto", asintió. "Quizás, si no tienes nada más que hacer, podríamos continuar con esta... exploración de flores inesperadas algún día". Señaló vagamente hacia la sala común. "¿Quizás tomando un café?"

Una sonrisa genuina y espontánea se extendió por el rostro de Davies, llegando hasta sus ojos. Era una sonrisa que parecía la manifestación física del inesperado florecimiento que comenzaba a florecer en su interior. «Me encantaría, Eleanor». Se levantó, recogió su bandeja y, con un último asentimiento, salió del comedor. La cálida conversación, una presencia reconfortante, le reconfortaba. El tintineo de su bandeja era ahora un recuerdo lejano, reemplazado por la silenciosa resonancia de la comprensión mutua y la promesa de más conversaciones. Había salido del comedor no como un soldado solitario, sino como un hombre que había encontrado, en las circunstancias más improbables, a una compañera de viaje en el tortuoso, a menudo neblinoso, camino de la recuperación. Y sintió, por primera vez en mucho tiempo, una silenciosa sensación de anticipación por lo que le esperaba. El viaje seguía siendo largo, los desafíos innegables, pero el camino se sentía un poco menos solitario, un poco más brillante, ahora que había conocido a Eleanor Vance. El cambio sutil, iniciado por una mirada fugaz, había florecido en una conexión tangible, un testimonio del poder perdurable de la interacción humana, incluso en el corazón de la adversidad.

El tintineo de su bandeja contra el mostrador de acero inoxidable fue más fuerte de lo que pretendía, un áspero signo de puntuación en el bajo murmullo del comedor. El Sargento Mayor Davies se había acercado a la fila del bufé con una indiferencia cuidadosamente calibrada, una máscara de compostura practicada que llevaba como una segunda piel. Sin embargo, un destello de anticipación, una sensación que no había sentido en meses, estaba innegablemente presente. La mirada compartida al otro lado de la sala la noche anterior había sido un cambio sutil, casi imperceptible, pero había sido suficiente para empujar la estructura monolítica de su aislamiento solo un milímetro. Se encontró observando los rostros familiares, su mirada se posó en ella. Estaba en una mesa redonda más pequeña cerca de la ventana, un punto estratégico que ofrecía tanto privacidad como una vista despejada de la sala. Hoy, estaba sola.

Recogió su comida —una pechuga de pollo pasable, unas verduras al vapor y una cucharada de puré de patatas— y, con una deliberación que le pareció casi teatral, eligió una mesa no muy lejos de la de ella, pero tampoco directamente contigua. Quería estar cerca, crear la posibilidad de un encuentro sin forzarlo, una delicada danza cuyos pasos aún estaba aprendiendo. Se sentó, acomodando los cubiertos con los movimientos precisos y económicos de un soldado, y empezó a comer, sin prestar toda su atención a la comida. La observó con discreción. Se movía con una economía de movimientos silenciosa, con las manos firmes al levantar un bocado de ensalada. Una leve cicatriz trazaba una delicada línea desde la sien hasta el pómulo, testimonio de una historia que aún desconocía, pero que ahora sentía una naciente curiosidad por comprender.

El silencio se prolongó, interrumpido por los sonidos ambientales del comedor: el roce de las sillas, el murmullo de las conversaciones, el jadeo ocasional de algún residente mayor. Davies se encontró ensayando mentalmente las frases iniciales, descartándolas por demasiado bruscas, demasiado tentativas o demasiado francamente inquisitivas. La estrategia militar, tan fácilmente aplicada a la logística y al combate, parecía ofrecer poco para gestionar estas interacciones humanas más suaves y complejas. Finalmente, se decidió por la estrategia más inocua. Se aclaró la garganta, un sonido suave, y cuando ella levantó la vista, él asintió levemente, casi imperceptiblemente, como un reflejo del gesto de la noche anterior.

"Parece que hoy ha habido una comida decente", ofreció con voz de barítono, cuidadosamente modulada para no ser intrusiva. Era una oportunidad segura, una incursión diplomática en territorio neutral.

Parpadeó, y sus ojos color avellana, tan claros y pensativos, se encontraron con los de él. Una leve sonrisa se dibujó en sus labios, un fantasma de la que él había visto antes. "Sí", respondió con una voz sorprendentemente suave, un timbre delicado con un dejo de cansancio. "Mucho mejor que la cazuela misteriosa de ayer".

Davies soltó una breve risita. "Ah, sí. La Cazuela Misteriosa. Creo que fue un valiente intento de... algo. Todavía no estoy del todo seguro de qué". Hizo una pausa y añadió: "Soy Davies, por cierto. Sargento Mayor Davies, retirado". Sintió una necesidad familiar, casi instintiva, de ofrecer su rango, su designación, como si fuera el identificador más importante.

—Eleanor —dijo, extendiendo la mano por el pequeño espacio entre las mesas. Su agarre era firme, sorprendentemente firme, sus dedos fríos contra los de él—. Eleanor Vance. Me temo que no hay títulos aquí. Solo Eleanor.

"Eleanor", repitió, dejando que el nombre le quedara bien. Le sentaba bien, pensó. Sólida, pero elegante. "Es un placer hablar por fin contigo, Eleanor".

—Y usted, Sargento Mayor —dijo, con una leve sonrisa—. Aunque sospecho que «Davies» bastará.

"Davies es más que suficiente", confirmó, sintiendo una sutil liberación de tensión. Las formalidades, los ecos de una vida que se sentía cada vez más distante, se desvanecían lentamente. "Te... te vi ayer. En el comedor". Mantuvo la mirada fija, no queriendo romper la naciente conexión apartando la mirada demasiado rápido.

"Yo también te vi", admitió, sosteniendo la mirada de él un instante más de lo estrictamente necesario. No había vergüenza ni incomodidad en su admisión, solo una simple constatación de un hecho. "Parecías estar reflexionando sobre la integridad estructural de tu plato".

Volvió a reírse entre dientes, esta vez con un sonido más cálido. "Quizás sí. O quizás solo estaba pensando si valía la pena terminarlo". Señaló vagamente su pollo. "Aunque esto sí que es una mejora".

"En efecto", asintió, volviendo la atención brevemente a su comida antes de volver a mirarlo. "Son las pequeñas victorias, ¿verdad? Una buena comida, un poco de sol por la ventana". Señaló el gran cristal junto a su mesa, donde el sol del atardecer proyectaba un cálido resplandor. "Eso es lo que te mantiene en marcha en días como... bueno, en días como este".

Davies comprendió. El tácito «así» flotaba en el aire, una comprensión compartida de las dificultades de su realidad actual. «Lo es», dijo en voz baja. «Las pequeñas victorias. Se acumulan». Sintió ganas de preguntarle por su cicatriz, por qué la había traído a Meadowbrook, pero las palabras le resultaron demasiado pesadas, demasiado intrusivas para esta etapa inicial de su relación. En cambio, devolvió la conversación al tema inmediato. «¿Disfrutas del bingo esta tarde? Escuché un buen alboroto en la sala común hace un rato».

Eleanor frunció el ceño ligeramente, con un toque juguetón de exasperación en su expresión. "Oh, el bingo. Confieso que todavía estoy intentando dominar el arte de colocar estratégicamente mis fichas sin que se resbalen del cartón cuando la mesa tiembla". Señaló su propia mesa con una ligera inclinación de cabeza. "Parece que mi mesa tiembla de una manera única".

Davies asintió con comprensión. Había visto desafíos similares, sutiles limitaciones físicas que podían convertir la tarea más sencilla en una experiencia frustrante. "Es un reto, ¿verdad? Aprender a adaptarse. Encontrar nuevas maneras de hacer las cosas".

"Lo es", dijo, volviendo la mirada a su plato por un momento. "A veces parece un trabajo de tiempo completo, simplemente... adaptarse". Había un suspiro en su voz, apenas audible, pero presente. Era un sonido que resonó profundamente en Davies, un eco familiar de sus propias frustraciones.

"Conozco esa sensación", dijo en voz baja. "Esta es una campaña diferente. Sin objetivos claros, sin un enemigo claro".

Eleanor levantó la vista y lo miró con renovada intensidad. "Una campaña para la que no estabas preparado, me imagino."

Esbozó una sonrisa irónica. "La subestimación del año. Mi entrenamiento se orientó a un conjunto bastante diferente de... desafíos operativos". Pensó en el caos de su accidente, la transición abrupta de entornos controlados a la impredecible realidad de su recuperación. "Esto es... territorio desconocido".

"Inexplorado, y a menudo rodeado de niebla", añadió Eleanor, con un tono más contemplativo. "Das un paso adelante, creyendo haber encontrado tierra firme, y entonces la niebla se arremolina, y vuelves a tantear el camino a lo largo de una pared".

"Exactamente", asintió Davies, sintiendo una sorprendente tranquilidad ante esta descripción compartida de su situación. Era más que simple conmiseración; era un reconocimiento mutuo de la incertidumbre generalizada que definía sus vidas en Meadowbrook. "Hay que confiar en el instinto y en la ayuda que se ofrece, incluso cuando no se ve el camino a seguir".

"Y confía en que hay otros que caminan a tu lado, aunque no siempre puedas verlos con claridad", dijo Eleanor, recorriendo brevemente la habitación con la mirada, abarcando a los demás residentes. "Esa es una lección más difícil, quizás".

"Lo más difícil", coincidió Davies, una silenciosa admisión de sus propias luchas pasadas con el aislamiento. "Pasé mucho tiempo creyendo que la lucha era solo mía. Que admitir la vulnerabilidad era una debilidad". Bajó la mirada hacia sus manos, las manos que una vez habían ejercido autoridad y precisión, ahora a veces luchaban con el simple acto de sostener un tenedor. "Eso fue... un error".

"Es un error que muchos cometemos", dijo Eleanor con suavidad, sin juzgar. "El ejército inculca un fuerte sentido de autosuficiencia. Y la enfermedad, o una lesión, a menudo se siente como algo muy personal. Como si fuera un defecto personal".

"Un defecto que tienes que superar tú solo", añadió Davies, asintiendo. "Pero aquí... bueno, no puedes. En realidad no. No si quieres mejorar."

"Exactamente", dijo, recuperando la sonrisa, un poco más genuina esta vez. "Entonces, Sargento Mayor Davies, dígame, ¿cuál es el mayor desafío que ha enfrentado en esta nueva campaña?"

La pregunta, tan directa pero formulada con tanta curiosidad, lo pilló desprevenido. Esperaba una charla informal y educada, observaciones sobre el tiempo, pero esto le pareció una invitación a ir más allá de la superficialidad de la conversación. Consideró su respuesta con detenimiento. No era el dolor, aunque era significativo. No era la pérdida de su carrera, aunque aún le dolía. Era algo más insidioso.

"El silencio", dijo finalmente, con la voz más baja, más introspectiva. "El silencio interior. Los momentos en que solo estoy yo y mis pensamientos. Las preguntas sin respuestas fáciles. Los '¿Y si...?' y los 'si tan solo...'". Señaló vagamente su cabeza. "Ese es el campo de batalla en el que me encuentro luchando con más frecuencia".

Eleanor escuchaba atentamente, con una expresión de silenciosa empatía. «La cámara de resonancia de tu propia mente», murmuró. «La conozco bien». Hizo una pausa y luego continuó, con un toque de silenciosa fuerza en su voz. «Para mí, es la pérdida de… espontaneidad. El hecho de que una simple decisión, como salir a caminar, ahora requiera una operación logística. La planificación, la preparación, la posibilidad de contratiempos inesperados». Señaló sutilmente su pierna, que estaba apoyada en un aparato ortopédico debajo de la mesa. «Es la constante conciencia de mis propias limitaciones, los recordatorios físicos de que ya no soy la persona que solía ser. Y la frustración que eso conlleva».

"El fantasma de quién eras", dijo Davies, con la comprensión asomándose en sus ojos. "El recuerdo de lo que podías hacer, comparado con lo que puedes hacer ahora".

—Exactamente —confirmó—. Y el miedo de que... esa persona se haya ido para siempre. Que esto sea todo lo que quede. —Lo miró fijamente, con una mirada firme—. ¿Alguna vez sientes eso, Davies?

Sostuvo su mirada, invadido por una profunda sensación de reconocimiento. Era la misma pregunta que se había hecho en la quietud de su habitación, en el aislamiento estéril de sus propias angustias. «Con más frecuencia de la que me gustaría admitir», confesó, sintiéndose como un desahogo. «Ese miedo es un adversario poderoso. Susurra dudas, magnifica cada revés».

"Sí", asintió Eleanor. "Pero hay momentos. Como este, quizás. Cuando hablas con alguien y te das cuenta de que no eres el único que lucha esa batalla. Y el silencio se siente un poco menos ensordecedor. La niebla se disipa, solo un poquito."

Davies sintió que una calidez lo recorría, una sensación desconocida que nada tenía que ver con la temperatura del comedor. Era la calidez de ser comprendido, de ser visto de una manera que trascendía las limitaciones físicas y las etiquetas sociales. Había pasado tanto tiempo cultivando una imagen de fuerza inquebrantable, de resiliencia estoica, que el simple hecho de admitir sus propias luchas internas le parecía un acto monumental de valentía. Y allí, con Eleanor, se sentía no solo aceptado, sino correspondido.

"Creo que tienes razón", dijo, con una sonrisa sincera en los labios. "Este es... un buen momento". Bajó la mirada hacia su plato; el pollo y las patatas ahora parecían más sustanciosos, más nutritivos. "Es bueno saber que, incluso en este 'territorio inexplorado', todavía hay oportunidades para... conectar".

"Flores inesperadas", murmuró Eleanor, con la mirada fija en él. "Así es como he empezado a llamarlas. Pasas por todo esto, esperando solo dificultades, y entonces, inesperadamente, algo hermoso empieza a crecer".

Davies reflexionó sobre sus palabras. Flores inesperadas. Era una descripción poética y sorprendentemente precisa. Había llegado a Meadowbrook con la firme determinación de un soldado que entra en territorio hostil, esperando solo cicatrices de batalla y la triste satisfacción de sobrevivir. No había previsto los momentos de tranquilidad y comprensión mutua, las amistades incipientes que se forjaban, la esperanza creciente que brillaba en los ojos de sus compañeros residentes.

"Me gusta eso", dijo, con una voz que resonaba con una serena convicción. "Florecimientos inesperados. Es una forma mucho mejor de verlo que 'campaña larga y ardua'".

La sonrisa de Eleanor se ensanchó, llegando a sus ojos. "Mucho mejor. Implica cierta resiliencia, ¿verdad? Que incluso en terrenos difíciles, la vida encuentra la manera de florecer."

La conversación continuó, fluyendo con una naturalidad que sorprendió a Davies. Hablaron de las diferentes terapias, las excentricidades de algunos miembros del personal y la naturaleza sorprendentemente competitiva de los desafíos diarios de la sala de fisioterapia. Evitaron los detalles de sus lesiones y los escabrosos detalles de sus accidentes, pero hablaron con sinceridad sobre el impacto emocional, la frustración, el miedo y la silenciosa determinación que los impulsaba a seguir adelante.

Davies se sintió atraído por la fuerza serena de Eleanor, su capacidad para expresar las dificultades tácitas de su situación con una gracia que suavizaba la cruda realidad. Ella, a su vez, pareció apreciar su franqueza, su pragmatismo de soldado atemperado por una creciente empatía. Fue un intercambio genuino, un frágil puente que se construía, tabla a tabla, sobre el abismo de sus luchas individuales. Al acercarse el final de la comida, Davies sintió cierta reticencia a terminar la conversación. Era una sensación que no había experimentado en mucho tiempo, una sutil atracción hacia la continuación, hacia la profundización de esta nueva conexión.

—Bueno, Eleanor —dijo, colocando cuidadosamente los cubiertos en el plato—. Esto ha sido… esclarecedor. Gracias.

"Gracias, Davies", respondió ella, mirándolo a los ojos. "Me alegra saber que no soy la única que intenta entenderlo todo".

"Parece que estamos todos juntos en esto", dijo, una simple declaración de hecho, pero imbuida de un nuevo significado.

"En efecto", asintió. "Quizás, si no tienes nada más que hacer, podríamos continuar con esta... exploración de flores inesperadas algún día". Señaló vagamente hacia la sala común. "¿Quizás tomando un café?"

Una sonrisa genuina y espontánea se extendió por el rostro de Davies, llegando hasta sus ojos. Era una sonrisa que parecía la manifestación física del inesperado florecimiento que comenzaba a florecer en su interior. «Me encantaría, Eleanor». Se levantó, recogió su bandeja y, con un último asentimiento, salió del comedor. La cálida conversación, una presencia reconfortante, le reconfortaba. El tintineo de su bandeja era ahora un recuerdo lejano, reemplazado por la silenciosa resonancia de la comprensión mutua y la promesa de más conversaciones. Había salido del comedor no como un soldado solitario, sino como un hombre que había encontrado, en las circunstancias más improbables, a una compañera de viaje en el tortuoso, a menudo neblinoso, camino de la recuperación. Y sintió, por primera vez en mucho tiempo, una silenciosa sensación de anticipación por lo que le esperaba. El viaje seguía siendo largo, los desafíos innegables, pero el camino se sentía un poco menos solitario, un poco más brillante, ahora que había conocido a Eleanor Vance. El cambio sutil, iniciado por una mirada fugaz, había florecido en una conexión tangible, un testimonio del poder perdurable de la interacción humana, incluso en el corazón de la adversidad.

Con el paso de los días, la conversación inicial, aunque tímida, evolucionó hacia un intercambio más regular. Davies se encontró buscando activamente a Eleanor, no con la precisión calculada de una operación militar, sino con una genuina, casi eufórica, anticipación. Sus encuentros, inicialmente confinados al comedor, se expandieron para incluir momentos compartidos en el soleado atrio o en tranquilos rincones de la biblioteca, lugares que ofrecían un respiro de las actividades más estructuradas de Meadowbrook. Cada encuentro socavaba el aislamiento que Davies había construido con tanto esmero a su alrededor. Descubrió que Eleanor, al igual que él, había sido una mujer activa e independiente antes de que un evento repentino y catastrófico alterara irrevocablemente su vida. Había sido una ávida senderista, amante de la naturaleza, una vida llena del ritmo de las estaciones y la libertad de los espacios abiertos. La cicatriz en su sien, descubrió, era un duro recordatorio de un accidente de coche, un momento de pérdida de control que la había dejado lidiando con un terreno diferente: el panorama del dolor crónico y la movilidad limitada.

"Es curioso, ¿verdad?", reflexionó una tarde, sentadas junto al gran ventanal, observando las nubes deslizarse perezosamente por el cielo. "Antes, mi mayor preocupación era si había empacado suficiente agua para una caminata de dieciséis kilómetros. Ahora, mi mayor preocupación es si puedo atravesar la estrecha puerta de la sala de fisioterapia sin que mi andador se enganche en el marco". Esbozó una sonrisa melancólica, con un destello de su antiguo espíritu aventurero aún en sus ojos. "Esta es una expedición diferente".

Davies asintió, sintiendo una profunda sensación de reconocimiento. Comprendió esa recalibración interna, el constante cálculo mental necesario para realizar tareas que antes le resultaban fáciles. Para él, el simple acto de vestirse, de abotonarse una camisa, podía transformarse en una experiencia frustrante. La otrora fiable destreza de sus manos, perfeccionada durante años de meticuloso entrenamiento e innumerables ejercicios de campo, ahora lo traicionaba con una exasperante inconsistencia. «Antes podía desmontar un rifle con los ojos vendados», admitió, con un dejo de humor autocrítico en la voz. «Ahora, abrir un tarro de mermelada puede parecer una misión de las fuerzas especiales».

Sus experiencias compartidas, aunque específicas de sus circunstancias individuales, tenían una resonancia universal. Hablaron de las sensaciones fantasma, la frustrante desconexión entre la mente y el cuerpo, cómo una extremidad podía doler con un dolor que se sentía a la vez intensamente real y frustrantemente intangible. Eleanor describió la sensación de su pierna, incluso con la férula, como si a veces la sintiera como un objeto extraño, pesada e inerte. Davies confesó el dolor persistente en la espalda, un recordatorio constante del impacto, una pulsación sorda que parecía intensificarse en las tranquilas horas de la noche.

"A veces es la indignidad de todo esto", confesó Eleanor, con la voz apenas por encima de un susurro. "La forma en que de repente te das cuenta de lo frágil que eres. La forma en que un simple estornudo puede provocar una punzada de pánico, preguntándote si vas a perder el control".

"Sé a qué te refieres", respondió Davies con la mirada perdida. "Es como vivir con una amenaza constante y de baja intensidad. Siempre estás alerta, anticipando el próximo fracaso, el próximo revés". Hizo una pausa y añadió: "Y la pérdida de privacidad. Tener que depender de otros para cosas que antes dabas por sentado. Es un trago difícil de tragar".

"Una píldora muy difícil", asintió Eleanor, llevándose la mano instintivamente a la sien, recorriendo la tenue cicatriz. "Pero entonces... encuentras estos momentos. Estas conexiones. Y de repente, la píldora se siente un poco menos amarga". Lo miró; sus ojos color avellana reflejaban la suave luz de la tarde. "Es como encontrar un jardín secreto, en medio de una zona de guerra".

Davies se encontró totalmente de acuerdo. La zona de guerra era Meadowbrook, el entorno estéril y clínico que se había convertido en su inesperada nueva realidad. Pero dentro de sus confines, descubrían rincones de inesperada calidez, pequeños remansos de comprensión. Descubrió que Eleanor, a pesar de sus limitaciones físicas, poseía un ingenio agudo y una curiosidad insaciable por el mundo. Leía con voracidad, devorando libros de historia, arte y ciencia, con la mente tan activa y concentrada como siempre. Davies, a su vez, se encontró compartiendo anécdotas de su carrera militar, no las historias de combate que solía guardar en secreto, sino los momentos más ligeros y humanos: la camaradería, los absurdos de la burocracia militar, los inesperados momentos de gracia que había presenciado ante la adversidad.

"Sabes", comentó Eleanor un día, después de que Davies contara una anécdota particularmente graciosa sobre un intento fallido de camuflaje durante un ejercicio de entrenamiento, "siempre pensé que los soldados eran simplemente... estoicos. Imperturbables. Pero al oírte hablar, me doy cuenta de que todos son personas, lidiando con circunstancias extraordinarias".

"Somos solo personas, Eleanor", repitió Davies en voz baja. "Intentando encontrarle sentido a todo. Intentando encontrar nuestro equilibrio cuando el suelo bajo nuestros pies se ha tambaleado". Encontró un sorprendente consuelo en su perspectiva, una forma de replantear sus propias experiencias, y quizás las de ella, no como una historia de derrota, sino como una historia de resiliencia.

Descubrieron intereses comunes más allá de su situación inmediata. Ambos sentían una gran afición por la música clásica, una sorprendente afinidad que los llevó a pasar muchas horas en la biblioteca, escuchando sinfonías y conciertos, encontrando consuelo e inspiración en las complejas armonías. Ambos disfrutaban de las películas antiguas en blanco y negro, encontrando cierto encanto y claridad en la narrativa de una época pasada. Fue durante una de esas proyecciones compartidas —la de "Casablanca" en la sala común— que Davies sintió un profundo cambio. Eleanor, a pesar de su aparato ortopédico y de la necesidad de maniobrar con cuidado, se había acomodado en el sillón junto a él, rozándose ocasionalmente los hombros. La experiencia compartida, la sorpresa colectiva ante el dilema de Ilsa, la silenciosa anticipación de la estoica resolución de Rick, crearon una palpable sensación de compañerismo.

"¿No es simplemente... perfecto?", susurró Eleanor durante una escena particularmente conmovedora, con la voz cargada de emoción. "El sacrificio, el anhelo, la fuerza silenciosa."

Davies, con la mirada fija en la pantalla, sintió un nudo en la garganta. No era solo la película; era el sentimiento compartido, la comprensión tácita que se transmitía entre ellos. Miró a Eleanor, cuyo perfil se recortaba contra la luz parpadeante, y sintió una profunda gratitud. Ya no estaba solo en su silenciosa reflexión sobre la pérdida y la resistencia. Estaba sentado junto a alguien que comprendía, alguien que podía ver los ecos de sus propias luchas en el dramático desarrollo de la historia.

—Lo es —respondió con la voz ronca por la emoción—. De verdad que lo es.

Esta apreciación compartida por el arte, la música y la narración sirvió como un poderoso testimonio de la perseverancia del espíritu humano. Fue un recordatorio de que, incluso cuando el mundo físico se había encogido, sus mundos interiores aún podían expandirse, encontrando belleza y conexión en lugares inesperados. Se dieron cuenta de que, si bien sus circunstancias los habían traído a Meadowbrook, era su humanidad compartida, su deseo innato de comprensión y compañía, lo que realmente florecía. No eran solo dos personas recuperándose de eventos devastadores; eran dos almas que encontraban un punto en común, tendiendo un puente a través de la inmensidad de sus experiencias individuales. El entorno estructurado de la residencia de ancianos, que inicialmente había visto como una jaula, se estaba transformando poco a poco en un espacio donde las flores inesperadas podían, de hecho, echar raíces y florecer. Se encontró deseando sus encuentros, no por obligación, sino por un deseo genuino de compartir su día, de escuchar el de ella, simplemente de estar en compañía de alguien que veía más allá de las cicatrices y las limitaciones, y reconocía a la persona interior. La conexión tentativa forjada en el comedor se había profundizado, evolucionando hacia una comprensión tranquila y poderosa, un testimonio de la capacidad duradera del corazón humano para encontrar consuelo y alegría, incluso en las circunstancias más inesperadas.
El afecto entre Davies y Eleanor no fue una tormenta repentina, sino una marea lenta y persistente. Se deslizó, no con grandes declaraciones, sino con la silenciosa acumulación de momentos compartidos, cada uno como una pequeña piedra pulida que se añadía a la creciente orilla de su conexión. No hubo gestos dramáticos ni declaraciones drásticas; en cambio, fue el suave desarrollo de experiencias compartidas, una sutil atenuación de los límites de su soledad.

Una tarde, mientras recorría los laberínticos pasillos hacia la sala de fisioterapia, el andador de Eleanor se enganchó en una alfombra suelta. La sacudida la recorrió con una oleada de incomodidad y dejó escapar un suspiro de frustración. Davies, caminando unos pasos detrás, llegó al instante. No solo la ayudó a recuperar el equilibrio; se arrodilló, con sus grandes manos sorprendentemente delicadas mientras alisaba la alfombra, sus acciones eran más elocuentes que cualquier palabra de preocupación. Eleanor lo miró, con una suave sonrisa en los labios. "Gracias, Davies", dijo, con un dejo de alivio en la voz. "Siempre estás ahí, ¿verdad?". Él sostuvo su mirada, con un ligero rubor en sus mejillas curtidas. "Solo... vigilando", murmuró, olvidando por un momento el estoicismo de su vida anterior. Ese pequeño gesto de ayuda práctica, carente de compasión, se sintió como una profunda expresión de cariño. Fue el tipo de apoyo instintivo que decía mucho, una promesa silenciosa de una carga compartida.

Más tarde esa semana, durante su habitual paseo nocturno por los cuidados jardines de Meadowbrook, cayó un repentino y fuerte aguacero. Los tomó desprevenidos, pues el sol poniente proyectaba largas sombras que los habían adormecido con una falsa sensación de seguridad. Eleanor, cautelosa incluso en el sendero seco, se tambaleó al ver que la lluvia caía con fuerza. Sin dudarlo, Davies se quitó la chaqueta ligera y, con una rapidez experta que lo sorprendió incluso a él mismo, se la colocó sobre la cabeza, protegiéndola del diluvio. Se apresuraron hacia el cenador cubierto más cercano, acelerando el paso por la urgencia compartida. Acurrucados bajo el precario refugio, la lluvia tamborileando frenéticamente en el tejado, una calidez diferente floreció entre ellos. Eleanor, con el pelo pegado a la frente, lo miró; sus ojos brillaban con una mezcla de diversión y algo parecido a la ternura. «Es usted todo un protector, Sargento Mayor», bromeó, con la voz entrecortada. Davies sintió una peculiar ligereza en el pecho. «Solo cumplía con mi deber», respondió, pero las palabras le resultaron huecas, inadecuadas. Su deber ya no era hacia una bandera ni una nación, sino hacia esta mujer a su lado, hacia su consuelo, su seguridad. Notó cómo se estremecía ligeramente y, sin pensarlo dos veces, se acercó más, su cuerpo como una barrera contra el frío, su brazo rozándole el de ella. El contacto fue eléctrico, un reconocimiento silencioso de su creciente intimidad. La lluvia, que al principio había parecido una molestia, se había convertido en un catalizador inesperado, obligándolos a una vulnerabilidad compartida que profundizó su vínculo.

La risa también se convirtió en una forma de expresar su afecto. Empezó sutilmente, con la diversión compartida ante las excentricidades de sus compañeros residentes o las declaraciones a veces desconcertantes del personal de enfermería. Pero fue creciendo, convirtiéndose en un sonido más frecuente y genuino. Una tarde, mientras intentaba armar un rompecabezas particularmente complejo en la sala común —una tarea que a menudo derivaba en suaves discusiones y la colocación estratégica de las piezas de los bordes—, Eleanor extravió una pieza crucial de la esquina. Buscó en su regazo, debajo de la mesa, con el ceño fruncido por la concentración. Davies, al observar su creciente frustración, recuperó silenciosamente la pieza de detrás de su oreja, donde aparentemente se le había adherido a la piel. Los ojos de Eleanor se abrieron de par en par y luego se entrecerraron juguetonamente. "¡Tú... tú lo tuviste todo este tiempo!", acusó, con la voz teñida de fingida indignación. Davies, con la risa a flor de piel, levantó las manos en señal de rendición. "Un lapsus momentáneo en el despliegue táctico", admitió, con la jerga militar en una cadencia familiar y reconfortante. La risa resultante, una cascada de alegría genuina, llenó la sala, atrayendo miradas curiosas. Fue en esos momentos compartidos de tonterías, de engaño juguetón y de liberación de tensión a través de la risa, que Davies sintió que los últimos vestigios de su armadura emocional comenzaban a desmoronarse. Descubrió que la risa de Eleanor era contagiosa, un sonido brillante y claro que ahuyentaba las sombras de sus propias luchas internas. Y él, a su vez, descubrió que podía hacerla sonreír, una sonrisa genuina y desinhibida que llegaba a sus ojos, una imagen que apreciaba más que cualquier medalla que hubiera ganado.

La silenciosa compañía que cultivaban era quizás la expresión más potente de su creciente afecto. No era la ausencia de conversación, sino más bien un silencio reconfortante, una comprensión que trascendía la necesidad de comunicación verbal constante. Se sentaban juntos en el atrio iluminado por el sol, Eleanor con su libro, Davies con su periódico, su presencia como un silencioso ancla para el otro. A veces, sus manos se rozaban al alcanzar un posavasos compartido, o sus miradas se cruzaban al otro lado de la habitación, un silencioso reconocimiento de su mundo compartido. Fue en estos tranquilos interludios que Davies sintió una profunda sensación de paz, un sentimiento de pertenencia que lo había eludido durante tanto tiempo. Se dio cuenta de que no necesitaba estar actuando constantemente, proyectando constantemente una imagen de fuerza inquebrantable. Con Eleanor, simplemente podía ser ...

Descubrió que ella tenía una especial predilección por el té Earl Grey, y a menudo se aseguraba de tener una taza esperándola cuando se encontraban. Ella, a su vez, se aseguraba de guardarle la última galleta del plato común, un pequeño gesto que decía mucho de su consideración. No eran grandes gestos románticos, sino pequeños actos de consideración, arraigados en la vida cotidiana, que forjaban una base de confianza y cariño mutuo. Eran la silenciosa confirmación de que su conexión no era fugaz, sino algo sustancial, algo que valía la pena cultivar.

Una noche, sentadas en la terraza, viendo cómo las estrellas comenzaban a puntear el cielo aterciopelado, Eleanor suspiró suavemente. "¿Sabes?", dijo con voz pensativa, "antes... daba tantas cosas por sentado. El simple acto de caminar, de alcanzar algo sin pensarlo dos veces. Todo parece tan... lejano ahora". Hizo una pausa, con la mirada perdida en el horizonte que se oscurecía. "A veces, siento que vivo en una fotografía de mi antigua vida, y mi yo real simplemente está fuera de escena".

Davies sintió una punzada familiar de empatía. Entendía esa sensación de ser espectador de la propia vida. "Sé a qué te refieres", respondió en voz baja. "Es como si tu cuerpo fuera una casa y tú solo fueras un invitado, incapaz de controlar el termostato ni las tuberías". Extendió la mano, que se quedó suspendida un instante antes de posarse suavemente sobre su brazo. El roce no era intrusivo, sino una suave muestra de solidaridad. Eleanor se inclinó ante su toque, relajando ligeramente los hombros. "Pero entonces", continuó, con la voz recuperando un toque de firmeza, "hay momentos. Como este. Sentada aquí, contigo. Y se siente... real. Presente. Y por un instante, la persona fuera de cuadro no parece tan importante".

Davies sintió una oleada de emoción, una alegría silenciosa que floreció en su pecho. Siempre había sido un hombre de acción, de estrategia, de órdenes contundentes. Pero en presencia de Eleanor, aprendió un nuevo idioma: el del tacto suave, del silencio compartido, de la comprensión tácita. Comprendió que el afecto no siempre se basaba en grandes gestos; a menudo se encontraba en los espacios tranquilos, en las pequeñas muestras de cariño, en la presencia inquebrantable de alguien que te veía, te veía de verdad y te aceptaba, con defectos y todo. Ya no era solo el Sargento Mayor Davies, retirado, un hombre definido por su pasado. Era Davies, un hombre que estaba aprendiendo a sentir de nuevo, a conectar de nuevo, a permitirse la vulnerabilidad del afecto. Y en Eleanor, había encontrado un alma gemela, una compañera de viaje en este inesperado viaje, y el tranquilo florecimiento de sus sentimientos fue el descubrimiento más hermoso y preciado de todos. El conocimiento provisional se había transformado, con asombrosa gracia, en una profunda y entrañable compañía, un testimonio del perdurable poder de la conexión humana para sanar, nutrir y dar vida incluso en las circunstancias más improbables. Fue un desarrollo lento, un florecimiento delicado, y no lo cambiaría por nada.

La fuerza silenciosa que siempre había definido a Davies, forjada en el crisol de la disciplina militar, ahora encontraba una expresión nueva y más suave. No era la presencia imponente de un Sargento Mayor orquestando una maniobra compleja, sino la mano firme y tranquilizadora que se le ofrecía a Eleanor, la comprensión silenciosa que se intercambiaba en las horas silenciosas de la noche. Sus miradas compartidas a través de la sala común, ahora cargadas de una calidez tácita, hablaban de un futuro que comenzaban a construir, ladrillo a ladrillo con cuidado, no de hormigón y acero, sino de risas compartidas y sueños susurrados. Esta conexión floreciente era un salvavidas, alejándolos de la oscura resaca de la desesperación que amenazaba con consumirlos. El camino de la recuperación, a menudo una escalada solitaria y ardua, se había convertido de repente en un viaje compartido, iluminado por la suave luz del afecto mutuo.

Eleanor, que antes veía sus días a través de la pérdida y la limitación, se encontró anticipando las sencillas rutinas de la vida con renovado entusiasmo. El ritual matutino de reunirse con Davies para tomar un café en el soleado atrio ya no era un simple punto más en un programa de terapias y ejercicios. Era un evento, un momento que anhelaba, para el que prepararse, incluso en los detalles más pequeños. Podría elegir una bufanda más colorida, o cuidar un poco más su cabello, pequeños gestos que denotaban el deseo de ser vista, de ser apreciada. Davies también notó un cambio en su propio ritmo. La soledad de su existencia tras la lesión, antes una aceptación estoica, ahora se sentía como un vacío que la presencia de Eleanor llenaba poco a poco. Se encontró tomando deliberadamente el camino más largo hacia el comedor, solo para verla, o deteniéndose en la lectura del periódico en el salón, esperando que sus caminos se cruzaran. No eran grandes declaraciones de amor, sino acciones silenciosas, casi inconscientes, de un corazón que estaba despertando.

El simple acto de tomarse de la mano, un gesto tan común en la vida de muchos, se había convertido, para Eleanor y Davies, en un profundo símbolo de su resiliencia compartida. La primera vez que sus dedos se entrelazaron tentativamente, un roce vacilante, casi accidental, les provocó una sacudida, un reconocimiento silencioso de la intimidad que se había ido forjando. Ahora, era un acto más deliberado, una elección consciente de conexión. Mientras caminaban, con las manos entrelazadas, Eleanor sintió una calidez constante que se filtraba en su palma, una certeza tangible de que no estaba sola. Davies, a su vez, sintió la suave presión de sus dedos contra los suyos, un testimonio silencioso de la frágil pero persistente fuerza que residía en su interior. Era un lenguaje de tacto, un dialecto de consuelo y apoyo, hablado con fluidez entre ellos. En el apretón compartido, las ansiedades del día, los dolores persistentes, el espectro siempre presente de los "qué hubiera pasado si...", parecieron retroceder, reemplazados por una tranquila sensación de pertenencia.

Sus sueños compartidos no eran visiones de grandes propiedades ni viajes exóticos, sino de las alegrías más sencillas y profundas que una vez parecieron perdidas para siempre. Hablaban de tranquilas tardes leyendo juntos, de paseos relajados por los jardines, de la posibilidad de compartir una comida con amigos, de la clase de compañerismo natural que caracterizaba su creciente vínculo. Eleanor, con la voz teñida de un optimismo melancólico, a veces describía un futuro en el que podría volver a cuidar el pequeño jardín de su balcón, con el aroma a lavanda y romero impregnando el aire. Davies, con la mirada firme y tranquilizadora, los imaginaba sentados en su propio porche, con el sol del atardecer calentándoles el rostro y una taza de té humeante entre ellos. No eran meras fantasías; eran aspiraciones cuidadosamente construidas, alimentadas por la comprensión de que, juntos, estos sueños albergaban una posibilidad tangible de cumplimiento.

El aliento mutuo para perseverar era un hilo conductor constante y tácito en sus interacciones. Cuando Eleanor tenía dificultades con un ejercicio de fisioterapia particularmente difícil, y su frustración aumentaba, Davies estaba allí, no con clichés, sino con un suave aliento. «Un poco más, Eleanor», murmuraba, con una voz firme como un ancla. «Eres más fuerte de lo que crees». La acomodaba, le ofrecía un brazo para estabilizarla o simplemente la elogiaba cuando finalmente lograba una pequeña victoria. De igual manera, cuando Davies se encontraba refugiándose en su caparazón, con las sombras de su pasado ensombreciendo su presente, Eleanor lo convencía con dulzura para que volviera. Le preguntaba cómo le había ido el día, compartía alguna anécdota divertida de la sala común o simplemente se sentaba a su lado; su silenciosa presencia era un bálsamo para su alma. Tenía una capacidad extraordinaria para ver a través de su fachada estoica, para reconocer la vulnerabilidad que se escondía bajo ella y para ofrecerle una amabilidad a la vez potente y tierna.

Esta esperanza compartida por el futuro no era una negación ingenua de sus realidades actuales, sino un poderoso testimonio de la capacidad de resiliencia del espíritu humano. Ambos habían enfrentado profundos desafíos, soportado dolor físico y emocional, y lidiado con la esencia misma de sus identidades. Sin embargo, el uno en el otro, habían encontrado una chispa de esperanza que casi se había extinguido. Era la esperanza de que sus vidas, aunque irrevocablemente alteradas, no hubieran terminado. Era la esperanza de que aún se pudiera encontrar la alegría, de que aún se pudiera forjar la conexión, y de que el amor, en sus innumerables formas, pudiera florecer en los lugares más inesperados. La adversidad que habían enfrentado no los había quebrado, sino que, de una manera extraña y hermosa, los había refinado, preparándolos para la profunda conexión que ahora compartían.

La risa compartida, que había comenzado como pequeñas ondas, ahora fluía como un río apacible, arrastrando la tristeza y la soledad residuales. Era el sonido de la comprensión mutua, de las bromas internas nacidas de experiencias compartidas, del simple placer de la compañía mutua. Encontraban humor en lo cotidiano: las peculiaridades de sus compañeros residentes, los ocasionales contratiempos culinarios en el comedor, las absurdeces de la vida en el centro de rehabilitación. Una observación irónica de Eleanor sobre el residente que insistía en usar bata en todas las comidas, correspondida con una risa discreta de Davies, se convertía en un estallido de alegría compartida. O Davies, al relatar un intento particularmente torpe de un residente más joven por moverse por los pasillos, arrancaba una risita de alegría a Eleanor, con las comisuras de los ojos arrugándose. Esta risa no era un eco hueco, sino una expresión genuina de su alegría compartida y una poderosa afirmación de su renovada ilusión por la vida.

El concepto de "mañana" había sido una fuente de temor para Eleanor, un vasto territorio inexplorado lleno de incertidumbre y dolor potencial. Ahora, era un horizonte que podía mirar con un atisbo de anticipación. La perspectiva de un desayuno compartido, de un paseo por el jardín, de simplemente sentarse con Davies y escuchar el ritmo de su respiración, transformó el concepto abstracto de "futuro" en una serie de momentos concretos y preciados. Su recuperación ya no se trataba solo de recuperar la función física; se trataba de reconstruir una vida, una vida rica en conexiones humanas y la promesa de experiencias compartidas. Davies también experimentó un cambio de perspectiva. La mentalidad rígida y orientada a objetivos que tanto le había servido en su carrera militar ahora se veía atenuada por un enfoque más suave y paciente. Comprendió que el verdadero progreso, tanto en la vida como en la recuperación, no siempre consistía en victorias rápidas, sino en el compromiso firme e inquebrantable de avanzar, día a día, de la mano.

Los momentos de reflexión, cuando simplemente se sentaban en un cómodo silencio, eran tan significativos como sus conversaciones. En estos silencios compartidos, se forjaba una profunda comprensión entre ellos. Eleanor a menudo se encontraba mirando a Davies, invadida por una profunda gratitud. Él no era un hacedor de milagros, ni un caballero de brillante armadura, pero era firme, amable, y la veía, la veía de verdad, más allá de los confines de su herida. Davies, a su vez, encontraba paz en la presencia de Eleanor. La constante batalla interna que había librado contra sus propios demonios parecía aquietarse en su compañía. Su espíritu amable, su resiliencia, su serena fortaleza, eran una fuente constante de inspiración, recordándole que incluso después de las heridas más profundas, la curación era posible y la felicidad estaba al alcance.

El simple acto de compartir una comida, antes un asunto solitario y a menudo sombrío para Eleanor, se había transformado. Sentarse frente a Davies, con sus rodillas rozándose ocasionalmente bajo la mesa, el tintineo de los cubiertos y el murmullo de otros comensales desvaneciéndose en un murmullo distante, se sentía como un ritual compartido. Hablaban de sus días, compartían observaciones y se intercambiaban palabras de aliento. Fue en estos entornos sin pretensiones donde su vínculo se profundizó, forjado en la tranquila intimidad de las comidas compartidas y las conversaciones cotidianas. Davies descubrió que sentía una especial predilección por el humor discreto de Eleanor, su capacidad para encontrar un ángulo humorístico incluso en las situaciones más difíciles. Eleanor, a su vez, quedó cautivada por la sabiduría serena de Davies, la perspectiva sensata que aportaba a las complejidades de la vida, una sabiduría forjada en el fuego de la experiencia.

Su esperanza compartida no era una espera pasiva por un futuro mejor, sino un cultivo activo de él. Comprendieron que la recuperación no era un destino, sino un viaje, y que este requería esfuerzo constante, paciencia y apoyo incondicional. Se convirtieron en los mayores defensores el uno del otro, celebrando cada pequeña victoria: unos pasos más en el pasillo, una sonrisa más segura, un momento de risa desinhibida. También se convirtieron en el consuelo mutuo en los momentos de dificultad. Cuando el dolor físico se intensificaba, o el desgaste emocional de la recuperación se sentía abrumador, encontraban fuerza en saber que el otro estaba ahí, una mano firme para sostener, un oído atento, una presencia reconfortante. Esta confianza mutua, esta comprensión de que estaban juntos en esto, fue la piedra angular de su esperanza compartida.

El florecimiento de su afecto fue un testimonio de las inesperadas maneras en que la vida puede sorprendernos. Justo cuando la desesperación parecía una barrera infranqueable, cuando el futuro se presentaba sombrío y sin posibilidades, el amor encontró la manera de florecer. Fue un amor que nació no de una historia compartida ni de un noviazgo convencional, sino de la vulnerabilidad compartida, el respeto mutuo y el profundo reconocimiento de almas gemelas que navegan por las a menudo traicioneras aguas de la recuperación. Eleanor y Davies, dos almas que habían superado sus propias tormentas, encontraron consuelo, fuerza y, en última instancia, un amor profundo y duradero, en las circunstancias más inesperadas. Su historia fue una afirmación serena, pero poderosa, de que incluso después de las pérdidas más devastadoras, el corazón humano tiene una extraordinaria capacidad para sanar, para tener esperanza y para encontrar la felicidad, demostrando que, a veces, las flores más hermosas crecen en el suelo más inesperado. La anticipación compartida de cada nuevo día, la tranquilidad reconfortante de sus manos entrelazadas y los sueños susurrados de un futuro juntos, tejieron un tapiz de esperanza compartida, un faro que los guiaba hacia un mañana lleno de conexión y alegría duradera.

Capítulo 10. El ritmo de la recuperación

El bullicio del centro de rehabilitación, un ritmo constante de actividad con propósito, a menudo parecía contenido, un mundo dictado por la eficiencia estéril de sus pasillos y salas de terapia. Sin embargo, justo al otro lado de las puertas de cristal del área común, se desarrollaba una sanación diferente, orquestada no por profesionales de bata blanca, sino por la mano suave y persistente de la naturaleza. Resultó que Meadowbrook poseía un santuario secreto, un remanso de vida vibrante que ofrecía un profundo contrapunto a las rutinas reglamentadas de la recuperación. Era su jardín terapéutico, un espacio que rápidamente se convirtió en un salvavidas para Eleanor y una silenciosa revelación para Davies.

Al verlo por primera vez, Eleanor quedó impresionada por su color puro y puro. No se trataba de la perfección cuidada, casi austera, de los jardines formales, sino de una exhibición de vida más orgánica y desenfrenada. Los parterres, diseñados con la consideración de un arquitecto por la accesibilidad, rebosaban de un tapiz de flores. La lavanda, con su aroma relajante ya familiar, se mezclaba con las vibrantes púrpuras de la salvia y el optimismo soleado de las caléndulas. Bajo ellos, una alfombra de tomillo y manzanilla desprendía sus aromas terrosos con cada suave brisa que susurraba entre las hojas. Los senderos, una mezcla de tierra lisa y compactada y adoquines anchos estratégicamente colocados, serpenteaban entre los parterres, invitando a la exploración sin exigir un esfuerzo extenuante. Para Eleanor, cuyo mundo se había vuelto tan íntimamente definido por sus limitaciones físicas, el diseño mismo del jardín se sentía como un acto de profunda bondad. Era un espacio que reconocía sus necesidades sin definirla por ellas.

Davies, siempre observador, se había acercado inicialmente al jardín con una distancia innata. Su entrenamiento militar le había inculcado una aguda sensibilidad para el orden y la funcionalidad, y veía el jardín como un elemento más del programa de rehabilitación, aunque más estético. Pero al observar a Eleanor, con el rostro iluminado por una maravilla que no había visto en meses, su perspectiva comenzó a cambiar. Se movía lenta y deliberadamente, apoyando la mano a menudo en el borde liso de madera de una jardinera elevada mientras recorría los senderos suavemente sinuosos. Su expresión, habitualmente marcada por una tranquila determinación durante sus sesiones de terapia, se suavizó, reemplazada por una mirada de alegría pura y sin adulterar. Se detenía, rozando con los dedos los aterciopelados pétalos de una rosa, o inhalaba profundamente el intenso y vigorizante aroma de la menta, con los ojos cerrados, en un momento de puro deleite sensorial. Fue en esos momentos, lejos de la mirada atenta de los terapeutas y del entorno clínico de las salas de tratamiento, que Eleanor pareció desprenderse de los últimos vestigios de su enfermedad, revelando el espíritu vibrante que yacía debajo.

El jardín se convirtió en una extensión natural de sus sesiones de fisioterapia. La Dra. Anya Sharma, fisioterapeuta jefe, reconoció desde el principio el inmenso potencial del espacio exterior. En lugar de simplemente realizar ejercicios dentro del gimnasio, se animaba a los pacientes a realizar movimientos suaves entre la vegetación. Para Eleanor, esto se tradujo en actividades sencillas, pero profundamente efectivas. Alcanzar una regadera colocada en un estante ligeramente más alto de una maceta, o agacharse para podar una ramita de romero rebelde, se convirtieron en ejercicios de equilibrio y coordinación, realizados con un propósito mucho más atractivo que simplemente seguir instrucciones verbales. Davies, presente a menudo en estas sesiones, ayudaba con una mano firme, un toque tranquilizador y discreto a la vez. Encontraba una satisfacción silenciosa al ayudar a Eleanor a recorrer el jardín, una sensación de logro compartido cuando ella alcanzaba un objetivo o mantenía el equilibrio durante unos preciosos segundos más.

Una tarde, la Dra. Sharma sugirió una sesión centrada en la motricidad fina. Le dieron a Eleanor una pequeña paleta y una bandeja con plántulas. La tarea era sencilla: transferir con cuidado las delicadas plantas a macetas más grandes. La tierra fresca y húmeda, rica y productiva, se sentía sorprendentemente firme bajo sus dedos. La intrincada tarea de sujetar las diminutas raíces, colocarlas en la tierra y palmear suavemente la tierra a su alrededor requería una precisión que Eleanor desconocía. Mientras trabajaba, una profunda paz la invadió. El movimiento rítmico de sus manos, la sensación táctil de la tierra, el sutil aroma de la tierra húmeda y las plantas en crecimiento: todo conspiraba para crear un estado meditativo, un bienvenido respiro del constante parloteo mental de su recuperación.

Davies la observó, con una lenta sonrisa extendiéndose por su rostro. Siempre había admirado la fuerza serena de Eleanor, su resiliencia ante la adversidad abrumadora. Pero allí, en el jardín, vio una faceta diferente de su fuerza: un espíritu amable y protector que parecía resonar con los seres vivos que la rodeaban. Observó cómo hablaba suavemente a las plantas, como animándolas, un hábito que reflejaba la forma en que ella misma había recuperado la salud. Se sintió atraído por el proceso, ofreciéndole consejos sobre cómo sostener mejor un tallo marchito o ayudándola a elegir la maceta perfecta para una planta en particular. La actividad compartida, tan sencilla y natural, forjó un nuevo tipo de conexión entre ellos, una que trascendió lo verbal, basada en una apreciación compartida por el milagro silencioso del crecimiento.

El jardín era más que un espacio para fisioterapia; era un santuario para el alma. El aire, más limpio y fresco que el del interior, parecía revitalizar los sentidos de Eleanor. La sinfonía de la naturaleza —el canto de los pájaros, el susurro de las hojas, el suave zumbido de los insectos— proporcionaba una banda sonora natural para su recuperación, un marcado contraste con el pitido de las máquinas y los tonos apagados de los profesionales médicos. A menudo pasaba horas simplemente sentada en uno de los bancos estratégicamente ubicados, con un libro en el regazo, aunque su mirada a menudo se desviaba hacia la vibrante vida que se desplegaba a su alrededor. Descubrió una profunda conexión con el mundo vivo, la sensación de que ella también formaba parte de este intrincado y resiliente ecosistema. Esta conexión no era meramente estética; era un recordatorio visceral de que la vida, en sus innumerables formas, era tenaz, adaptable y, en definitiva, hermosa.

Davies descubrió su propio y tranquilo consuelo en el jardín. Siempre había sido un hombre de acción, con una vida definida por un propósito y un objetivo. La quietud de su recuperación había sido una adaptación difícil, un vacío que había luchado por llenar. Pero el jardín le ofrecía una experiencia diferente. Se sintió atraído por el cuidado meticuloso que requerían las plantas, la paciencia que esperaba a que los brotes se desplegaran, a que la fruta madurara. Empezó a comprender que la curación, como la jardinería, no se trataba de resultados rápidos, sino de un esfuerzo constante y dedicado. A menudo le llevaba una taza de té a Eleanor, se sentaba con ella en el banco y simplemente se sentaban en un silencio acogedor, rodeados por el suave ritmo del jardín. En estos momentos compartidos de tranquila contemplación, Eleanor encontró una profunda sensación de paz, una profunda calma que la había eludido durante tanto tiempo.

Sin embargo, el acto de cuidar las plantas era donde se percibían los beneficios terapéuticos más profundos. Eleanor, con su recién descubierto amor por el jardín, asumió el papel de cuidadora no oficial de un pequeño huerto de hierbas. El fragante romero, cuyas hojas aciculares desprendían un aroma penetrante al cepillarlo, se convirtió en uno de sus favoritos. Lo podaba con delicadeza, con movimientos lentos y meditados, completamente concentrada en la tarea. El simple acto de sentir la tierra entre los dedos, fresca y húmeda, resultaba sorprendentemente reconfortante. Era una conexión tangible con la tierra, un recordatorio de los ciclos de crecimiento y renovación. Esta experiencia táctil, tan primitiva y elemental, le proporcionó una profunda sensación de paz, un antídoto muy necesario para las ansiedades abstractas que a menudo acompañaban su recuperación.

Davies también se sintió atraído por los aspectos prácticos de la jardinería. Descubrió una sorprendente aptitud para identificar las malas hierbas y una serena satisfacción al eliminarlas. Las arrancaba con cuidado de la tierra, con movimientos precisos y eficientes, un eco familiar de su antigua disciplina. Pero no se trataba de erradicar nada; se trataba de crear espacio para el crecimiento, de cuidar lo valioso. Encontró cierta cualidad meditativa en la tarea, una simplicidad concentrada que aquietaba el agitado vaivén de sus propios pensamientos. El jardín, se dio cuenta, no era solo un lugar de observación pasiva, sino un participante activo en su propia sanación, ofreciéndole una forma suave pero poderosa de reconectar con el mundo.

El impacto del jardín trascendió al individuo. Se convirtió en un espacio comunitario, un lugar donde los residentes, a menudo aislados por sus propias dificultades físicas y emocionales, podían interactuar en un ambiente relajado e informal. Eleanor y Davies veían a menudo a otros residentes, algunos arrastrando los pies con bastones, otros usando andadores, abriéndose paso por los senderos. Las conversaciones surgían de forma natural, provocadas por una flor particularmente vibrante o por la apreciación compartida de la tranquilidad del espacio. Fue un cambio sutil pero significativo respecto a las interacciones, a menudo tensas, dentro del centro, un deshielo del hielo emocional que a menudo envolvía a quienes se sometían a rehabilitación intensiva. La experiencia compartida del jardín creó una sensación de puntos en común, una comprensión silenciosa de que todos, a su manera, buscaban consuelo y fortaleza en medio de la vegetación.

Uno de los aspectos más destacables del jardín era su capacidad para fomentar un enfoque holístico de la curación. No se trataba solo de recuperar la fuerza muscular o mejorar la coordinación; se trataba de nutrir a la persona en su totalidad. La experiencia sensorial del jardín —los colores vibrantes, las diversas texturas, la infinidad de aromas, los sonidos relajantes— conectaba la mente y el espíritu de maneras que la terapia tradicional a menudo no podía. Eleanor descubrió que la paz que experimentaba entre las plantas a menudo se trasladaba a sus sesiones de terapia, lo que le permitía abordar ejercicios desafiantes con una mentalidad más tranquila y centrada. Davies también notó un cambio sutil en su propia disposición.

La tranquila contemplación que ofrecía el jardín parecía suavizar sus ansiedades internas, permitiéndole una mayor sensación de presencia y paz.

La dedicación necesaria para mantener un espacio tan vibrante era evidente. Un equipo de voluntarios, a menudo compuesto por antiguos pacientes o miembros de la comunidad local, trabajaba incansablemente para asegurar que el jardín prosperara. Eleanor, con creciente confianza, comenzó a ayudarlos, seleccionando cuidadosamente sus tareas para que se ajustaran a sus habilidades actuales. Ayudaba a descabezar las flores marchitas, retirando con cuidado las flores marchitas para estimular el crecimiento de las nuevas o regando con esmero las plantas más delicadas. Davies, siempre práctico, a menudo ayudaba con las tareas más pesadas, como remover el compost o mover bolsas de tierra; su fuerza y disciplina se aplicaban a un nuevo propósito, más sutil. Su participación compartida en el jardín creó un sentido de responsabilidad compartida, un proyecto común que los unió aún más.

Los sutiles matices del diseño del jardín daban testimonio de la meticulosa planificación invertida en su creación. La inclusión de plantas de diferentes alturas permitió que incluso personas en silla de ruedas pudieran acceder fácilmente y disfrutar de las flores. La provisión de herramientas de jardinería robustas y ergonómicas facilitó las tareas y redujo la exigencia física. También se incluyeron zonas destinadas a la reflexión en silencio, rincones apartados con cómodos asientos, que ofrecían un espacio privado para la contemplación en medio de la belleza natural. Esta meticulosa atención al detalle garantizó que el jardín no solo fuera un espacio bonito, sino también un espacio verdaderamente terapéutico, que satisfacía las diversas necesidades de quienes buscaban su consuelo.

Con el cambio de estaciones, el jardín ofrecía una fuente constante de nuevas experiencias y deleites visuales. Los vibrantes verdes del verano daban paso a los cálidos tonos terrosos del otoño, con el aroma a manzanas maduras y hojas marchitas impregnando el aire. El invierno traía consigo una belleza austera: las ramas esqueléticas de los árboles se recortaban contra el cielo gris, la promesa de renovación contenida en la tierra dormida. Eleanor y Davies esperaban con ilusión cada nueva estación, cada una con sus propios dones únicos. La naturaleza cíclica del jardín reflejaba su propio camino de recuperación: periodos de crecimiento vibrante intercalados con épocas de tranquilo letargo, todo ello parte de un proceso mayor en desarrollo.

El impacto del jardín terapéutico se extendió mucho más allá de los beneficios físicos y psicológicos que ofreció a los residentes de Meadowbrook. Sirvió como un poderoso símbolo de esperanza y resiliencia, una manifestación tangible de la creencia de que la sanación puede ocurrir incluso en los entornos más inesperados. El aroma a romero y lavanda, los vibrantes tonos de las flores de verano, el suave susurro de las hojas: estas experiencias sensoriales se entrelazaron profundamente con la recuperación de Eleanor, grabándose en su memoria como testimonio del profundo poder sanador de la naturaleza. Para Davies, el jardín proporcionó un espacio tranquilo para la introspección, un lugar donde pudo conectar con un sentido de propósito que trascendía sus pasadas experiencias militares. Era un santuario, una fuente de fortaleza y un hermoso testimonio viviente del poder perdurable del espíritu humano para encontrar la belleza y la paz, incluso después de una profunda adversidad. El jardín, con su serenidad y perseverancia, se había convertido en parte integral de su ritmo de recuperación, un suave recordatorio de que la vida, en su forma más hermosa y resiliente, seguía floreciendo.
Las paredes blancas y estériles de las salas de terapia en Meadowbrook a menudo parecían un lienzo desolado, esperando un toque de color, un indicio de algo más allá de lo clínico. Para Eleanor, acostumbrada a la silenciosa introspección que propiciaba el jardín, la idea de la arteterapia al principio la intimidaba un poco. Su vida se había definido por las palabras, por la precisión, por la elaboración deliberada de narrativas. ¿Podrían las salpicaduras de pintura, las líneas al azar o el tacto de la arcilla transmitir realmente los cambios radicales que habían ocurrido en su interior? Sin embargo, la Dra. Sharma, con su amable insistencia en explorar todas las vías de recuperación, lo había sugerido, presentándolo no como una actuación, sino como una conversación sin palabras.

El estudio de arteterapia fue una revelación. No era un espacio impecable ni organizado. En cambio, bullía con un caos creativo que resultaba extrañamente atractivo. Las mesas estaban abarrotadas de pinturas —tubos de acrílicos vibrantes, acuarelas relucientes, óleos espesos y mantecosos—

junto a pinceles de todos los tamaños y tipos. Rollos de papel, lienzos, cuadernos de dibujo e incluso trozos de arcilla cruda estaban fácilmente disponibles. El aire estaba impregnado de la mezcla de aromas a trementina, aceite de linaza y el suave y agradable aroma a arcilla. Era un espacio diseñado para la libertad, para la experimentación, para abrazar el desorden de la creación.

Eleanor dudó al principio. Sus manos, que aún recuperaban destreza y confianza, se sentían torpes. La vasta extensión de un lienzo en blanco la intimidaba, un juez silencioso de sus capacidades artísticas, que sospechaba eran mínimas en el mejor de los casos. Se sintió atraída por un juego de lápices de colores, cuyas puntas afiladas le ofrecían una familiar sensación de control. Empezó a dibujar, no con un tema en particular en mente, sino con el deseo de simplemente dejar marcas en el papel. Dibujó líneas ondulantes, bordes dentados, curvas suaves y ondulantes. Se encontró seleccionando colores que resonaban con su estado interior: azules y grises profundos cuando una oleada de melancolía la invadía, destellos de amarillo y naranja cuando se encendía un destello de esperanza. Fue un proceso lento, casi tímido, una exploración tentativa de su paisaje interior.

Davies, observando desde un rincón de la sala donde se le animaba a participar en actividades paralelas, observaba a Eleanor con discreta curiosidad. Él también había encontrado en las sesiones de arteterapia un desafío inesperado. Su vida había sido una vida de acciones calculadas, de objetivos claros y ejecución decisiva. La naturaleza abstracta del arte le resultaba extraña, casi frustrante. Había probado suerte con las acuarelas, pero sus intentos de controlar el flujo del agua y el pigmento resultaban en manchas turbias e indistintas. Anhelaba la firme certeza de un plano, el resultado predecible de una maniobra bien planificada. Sin embargo, se sentía atraído por el proceso, por la palpable sensación de liberación que veía en los demás y, cada vez más, en Eleanor.

En una sesión, la terapeuta introdujo arcilla. La tierra fresca y húmeda le brindó una sensación táctil que a Eleanor le brindó un punto de apoyo. A diferencia de la etérea incertidumbre de la pintura, la arcilla ofrecía resistencia, forma. Empezó a amasarla, y sus dedos recuperaron poco a poco su fuerza y flexibilidad. El movimiento repetitivo era relajante, casi hipnótico. Se encontró moldeando la arcilla sin pensar conscientemente, sus manos respondiendo a un impulso interior. Creó una forma pequeña y abstracta, un objeto redondeado y liso que encajaba perfectamente en la palma de su mano. Comprendió que era un símbolo de resiliencia, de algo que podía moldearse y remodelarse, pero que conservaba su esencia.

A medida que la confianza de Eleanor crecía, su arte se volvió más audaz. Pasó de los lápices de colores a las pinturas, adoptando los vibrantes tonos que el Dr. Sharma tenía a mano. Empezó a pintar lienzos grandes, no con detalles meticulosos, sino con pinceladas amplias y envolventes. Describió su proceso como "dejar que los colores hablen". Cuando sentía una oleada de frustración, usaba rojos y negros intensos, extendiéndolos por el lienzo con una energía casi visceral. Cuando surgían momentos de paz y gratitud, usaba verdes suaves y azules cielo, creando patrones delicados y fluidos. El acto de exteriorizar estas emociones, de verlas manifestarse de forma tangible, era increíblemente catártico. Era como si se hubiera roto una presa, permitiendo que los sentimientos reprimidos fluyeran libremente, transformándose en algo hermoso, o al menos, en algo real.

Davies, por otro lado, encontró su camino hacia la innovación en materiales menos convencionales y "artísticos". Mientras otros experimentaban con pinturas y pasteles, él se sentía atraído por los retales de tela, los trozos de alambre, los botones y las hojas secas que guardaba en grandes contenedores. Empezó a armar collages, y su precisión militar se tradujo en una meticulosa disposición de texturas y formas. Seleccionaba minuciosamente cada elemento, considerando su peso, su color y su potencial contribución a la composición general. Sus primeras piezas eran austeras, casi abstractas, y reflejaban su lucha interna por el orden en medio del caos. Pero poco a poco, un nuevo elemento comenzó a emerger. Empezó a incorporar objetos encontrados con un significado personal: una piedra lisa y desgastada por el mar, una pluma perfectamente formada, un trozo de madera a la deriva que le recordaba los árboles esqueléticos que había visto durante su servicio. Estos elementos añadían una capa de narrativa, una narración silenciosa que decía mucho sobre sus experiencias, sus pérdidas y sus nacientes esperanzas.

El arte terapeuta, una mujer amable llamada Clara, desempeñó un papel crucial para facilitar este proceso. No ofreció críticas ni juicios. En cambio, planteó preguntas abiertas, fomentando la introspección. "¿Qué te hace sentir este color?", le preguntaba a Eleanor, o "¿Qué historia te cuenta este arreglo, Davies?". Su enfoque consistía en guiar, no en dictar, permitiendo que cada persona descubriera su propio significado en sus creaciones. Enfatizó que el objetivo no era crear una obra maestra, sino embarcarse en un proceso de autodescubrimiento. Las sensaciones táctiles de los propios materiales —la suave textura de la pintura, la textura granulada del carboncillo, la resistencia maleable de la arcilla— proporcionaban una vía directa al subconsciente, eludiendo los filtros intelectuales que a menudo obstaculizaban la expresión emocional.

Para Eleanor, las sesiones de arteterapia se convirtieron en un espejo de su mundo interior, reflejando no solo el dolor y la lucha, sino también la resiliencia y la creciente sensación de alegría. Creó una serie de pinturas abstractas, cada una una vibrante explosión de color que capturaba un momento específico de su recuperación. Una pieza, dominada por rojos intensos y morados profundos, representaba la conmoción y la ira iniciales que sintió. Otra, un torbellino de verdes y azules, representaba el período de confusión y desorientación. Pero luego vinieron pinturas como "Amanecer", un lienzo inundado de amarillos dorados y rosas suaves, que simboliza el retorno gradual de la esperanza, o "Resonancia", una pieza caracterizada por círculos entrelazados de tonos vibrantes, que representan las nuevas conexiones que estaba forjando con otras personas en Meadowbrook. Estas pinturas no eran solo representaciones visuales; eran catarsis emocionales, manifestaciones físicas de su viaje.

Los collages de Davies también evolucionaron. Sus austeros arreglos iniciales comenzaron a suavizarse, incorporando formas más orgánicas y colores más cálidos. Una pieza en particular, titulada "Ancla", presentaba un robusto trozo de madera flotante en el centro, rodeado por un mosaico de elementos más pequeños e intrincadamente dispuestos: fragmentos de mapas, fotografías descoloridas, fragmentos de texto. Hablaba de arraigo, de encontrar estabilidad en medio de un pasado turbulento. Otra, "Constelación", era un lienzo oscuro salpicado de pequeñas cuentas brillantes y fragmentos de lámina metálica, que representaban los momentos dispersos de luz y esperanza que lo guiaron a través de la oscuridad. Estas creaciones no eran solo decorativas; eran intrincados mapas de su alma, que revelaban el complejo terreno de su mundo interior.

Las sesiones de arteterapia fomentaron un sentido de comunidad en Meadowbrook, aunque discreto y poco convencional. Los residentes se reunían a menudo, no para hablar de sus progresos en voz baja, sino simplemente para observar las creaciones de los demás. No había elogios ni comparaciones, solo una comprensión compartida de la vulnerabilidad y la valentía que requería involucrarse en un trabajo tan profundamente personal. Un gesto de agradecimiento, una sonrisa amable, un momento compartido de reconocimiento: estas eran las muestras de conexión que florecían en el estudio de arte. Eleanor se encontraba deseando ver lo que Davies creaba, no por competencia, sino por un creciente respeto por su singular forma de procesar sus experiencias. De igual manera, Davies se sentía atraído por la intensidad emocional de las pinturas de Eleanor, reconociendo en ellas una honestidad cruda que resonaba con sus propias luchas no verbalizadas.

El impacto de la arteterapia trascendió las paredes del estudio. Eleanor descubrió que la capacidad de expresarse visualmente se traducía en una mayor confianza para verbalizar sus sentimientos. El proceso de exteriorizar sus emociones en el lienzo, de alguna manera, había aflojado los nudos de ansiedad que antes le impedían expresar plenamente sus necesidades y miedos. Empezó a participar más activamente en las discusiones grupales, y sus contribuciones a menudo se basaban en las reflexiones que había adquirido a través de su arte. Davies también experimentó un cambio sutil en su comportamiento. Si bien seguía siendo un hombre de pocas palabras, sus interacciones con los demás se volvieron más abiertas y accesibles. La silenciosa contemplación que requería su trabajo de collage parecía haber suavizado su exterior reservado, permitiéndole una mayor empatía y comprensión.

La naturaleza táctil de los materiales de arte resultó ser especialmente beneficiosa para quienes aún tenían dificultades físicas. Para Eleanor, el acto de sujetar un pincel o moldear arcilla era una forma de terapia en sí misma, una forma suave de recuperar la motricidad fina y la coordinación ojo-mano. La resistencia de la arcilla suponía un reto satisfactorio, mientras que la fluidez de la pintura ofrecía una sensación de movimiento sin esfuerzo. Clara, el arte terapeuta, era experta en adaptar las actividades a las necesidades individuales, asegurando que todos pudieran participar de forma significativa. Podía ofrecer pinceles más grandes para quienes tenían poca destreza o formas precortadas para quienes tenían dificultades con el corte fino. El enfoque siempre se centraba en la participación y los beneficios terapéuticos del proceso creativo, más que en lograr un resultado artístico específico.

Los colores vibrantes y las diversas texturas de los materiales de arte sirvieron como un poderoso estímulo sensorial, despertando partes latentes del cerebro y fomentando nuevas vías neuronales. Para quienes habían sufrido lesiones cerebrales traumáticas, como Eleanor, esta interacción sensorial fue crucial para la recuperación cognitiva. El acto de elegir colores, observar la interacción de luces y sombras, sentir las diferentes texturas de los materiales: todas estas actividades contribuyeron a un enfoque más holístico de la sanación, involucrando mente, cuerpo y espíritu en un esfuerzo unificado. El estudio de arte, con su caos controlado y su ilimitado potencial creativo, se convirtió en un terreno fértil para esta sanación interconectada.

El profundo impacto de estas sesiones de arteterapia demostró que la sanación no era un camino lineal y predecible. Era un viaje multifacético, que a menudo requería diversos enfoques para abordar la compleja interacción de las necesidades físicas, emocionales y psicológicas. Mientras que el jardín terapéutico ofrecía un santuario de paz natural y una conexión tangible con la tierra, el estudio de arte proporcionaba un espacio para la exploración interior, para dar forma a lo intangible. Fue en estos espacios, lejos de las intervenciones médicas directas, donde comenzaron a producirse las transformaciones más profundas, permitiendo a personas como Eleanor y Davies redescubrir no solo sus capacidades físicas, sino también las almas vibrantes y creativas que siempre habían residido en su interior, esperando el momento oportuno para florecer. Las sesiones de arteterapia no fueron simplemente un complemento a su recuperación; fueron un lenguaje esencial, una forma vital de comunicación que permitió que las historias no contadas de su resiliencia finalmente se contaran.

El silencio que a menudo se instalaba en la sala común de Meadowbrook, un silencio cargado de pensamientos no expresados y el suave zumbido de la recuperación, estaba a punto de ser interrumpido por un sonido diferente. No era el suave susurro de las páginas de los preciados libros de Eleanor, ni el rítmico sonido de las pesas del gimnasio de fisioterapia. Era la intrusión deliberada y orquestada de la melodía, una fuerza diseñada para despertar partes latentes de la mente y conmover las profundidades del alma. La musicoterapia, como antes la arteterapia, se introdujo con una reverencia silenciosa, la promesa de liberar lo que las palabras por sí solas no podían expresar.

La sala, normalmente un espacio de conversación discreta y contemplación individual, se transformó. Se instaló un equipo de música, modesto pero potente, y la Dra. Sharma, con una sonrisa cómplice, comenzó a crear una lista de reproducción que abarcaba décadas. Las primeras notas que llenaron el aire eran de un disco de vinilo crepitante, una melodía alegre de los años cuarenta, con un ritmo contagioso, una letra imbuida de un espíritu esperanzador y resiliente. Eleanor, que había estado dibujando en su cuaderno, hizo una pausa, con el lápiz suspendido sobre la página. Una leve sonrisa se dibujó en sus labios al sentir las melodías familiares. Era una canción que su madre solía tararear mientras cuidaba el jardín, una melodía sencilla y reconfortante que había perdido durante meses, enterrada bajo la niebla de su lesión.

Al otro lado de la sala, Davies, que había estado organizando meticulosamente una colección de piedras pulidas, levantó la vista. Frunció el ceño por un instante, con un destello de reconocimiento en los ojos. No tarareó ni cantó, pero su pie empezó a golpear el suelo de linóleo, un golpe constante, casi imperceptible. Fue un cambio sutil, una relajación de la postura rígida que solía mantener, un silencioso reconocimiento de la influencia de la música. El ritmo, tan preciso e inquebrantable, parecía resonar con su innato sentido del orden, pero también, a su manera, invitar a liberarse de él.

A medida que la música continuaba, se desplegaba una mezcla de épocas. Estaban las melodías suaves de los años cincuenta, los ritmos enérgicos de los sesenta, las baladas más introspectivas de los setenta. Cada canción era un ancla temporal, un portal a una época diferente, a un yo diferente. La Dra. Sharma animó a los residentes a compartir cualquier recuerdo o sentimiento que la música evocara. Eleanor, animada por la melodía familiar de su infancia, se encontró hablando en voz baja sobre el jardín de su madre, sobre el aroma de las rosas y la sensación de la tierra húmeda entre sus dedos. Su voz, aunque tranquila, era clara, testimonio de la claridad que la música parecía aportar.

Para otros, la respuesta fue más gestual. Una mujer llamada Martha, que padecía una afasia significativa, comenzó a balancearse suavemente al ritmo de un estándar de jazz, con los ojos cerrados y una expresión serena en el rostro. Aunque las palabras la eludían, el ritmo y la melodía le proporcionaron un lenguaje que aún podía comprender, una forma de conectar con el momento presente y las emociones que este albergaba. Otro residente, un exmúsico llamado Arthur, que había sufrido un derrame cerebral que afectó su control motor, notó que sus dedos se crispaban al intentar tocar un piano imaginario mientras una pieza clásica llenaba la sala. La música parecía eludir las vías dañadas, conectando con el profundo conocimiento y la pasión que aún residían en su interior.

Las sesiones no se basaban en la escucha pasiva. La Dra. Sharma solía sacar diversos instrumentos: instrumentos de percusión sencillos como maracas y panderetas, un pequeño teclado e incluso una guitarra. El objetivo no era el virtuosismo, sino la participación, la exploración. Eleanor, cuyas habilidades motoras finas aún se recuperaban, se sintió atraída por un juego de maracas de madera lisas. El movimiento suave y repetitivo de agitarlas, el suave sonido de percusión, era increíblemente relajante. Era una forma de interacción accesible, indulgente y, a la vez, profundamente gratificante. Cada sacudida era una pequeña victoria, una expresión tangible de su renovada conexión con su cuerpo y sus capacidades.

Davies, sorprendentemente, se sintió atraído por el potencial rítmico de los objetos sencillos. Tomaba dos bloques de madera y los golpeaba al ritmo de la música, con movimientos precisos y deliberados. Empezó a ver la música no solo como sonido, sino como una estructura, un patrón que podía replicarse y explorarse físicamente. Incluso empezó a experimentar creando sus propios ritmos, con su reloj interno perfectamente afinado, testimonio de su mente disciplinada. Había una satisfacción serena en este diálogo rítmico, una forma de comunicarse sin necesidad de lenguaje complejo.

El impacto de la música en la función cognitiva fue evidente de inmediato. Para quienes tenían recuerdos fragmentados o parecían perdidos en la neblina de sus afecciones, la música actuó como una poderosa clave de recuperación. Una canción popular conocida podía evocar un vívido recuerdo de un picnic infantil, o un éxito popular de los años 60 podía transportar a alguien a su adolescencia, permitiéndole relatar historias y experiencias que momentos antes parecían inaccesibles. No eran solo imágenes fugaces; eran experiencias inmersivas, con detalles sensoriales, emociones y una profunda sensación de continuidad con su yo pasado. Era como si la música hubiera proporcionado la pieza que faltaba en un rompecabezas, permitiendo que los fragmentos dispersos de la memoria se fusionaran en un todo coherente.

El Dr. Sharma explicó que la música activa simultáneamente múltiples áreas del cerebro. Los centros de procesamiento auditivo, los centros emocionales e incluso la corteza motora pueden activarse al escuchar y participar en la música. Esta activación generalizada puede ayudar a fortalecer las conexiones neuronales, promover la neuro plasticidad y mejorar funciones cognitivas como la memoria, la atención y la función ejecutiva. Para las personas que se recuperan de lesiones cerebrales o accidentes cerebrovasculares, esta estimulación multimodal ofrece una vía única y placentera para recuperar las capacidades perdidas.

Más allá de los beneficios cognitivos, la resonancia emocional de la música era innegable. Tenía el poder de calmar la ansiedad, animar y brindar una vía de escape para emociones que, de otro modo, quedarían reprimidas. Una balada melancólica podía brindar un espacio seguro para reconocer y procesar la tristeza, mientras que una canción alegre y conmovedora podía evocar una poderosa sensación de alegría y empoderamiento. Eleanor descubrió que ciertas melodías tenían la capacidad de liberar lágrimas que no se había dado cuenta de que estaba conteniendo, lágrimas que le brindaban una sensación de liberación y catarsis. Por el contrario, una pieza particularmente conmovedora podía generar una sensación casi abrumadora de gratitud por el simple hecho de estar vivo, por la posibilidad de seguir sanando.

La estructura predecible de la música también proporcionaba una sensación de consuelo y estabilidad. En el panorama a menudo impredecible de la recuperación, donde el progreso podía parecer irregular y los contratiempos eran una realidad, el ritmo y la melodía constantes de una canción ofrecían un punto de apoyo fiable. Para quienes habían experimentado un trauma o luchaban contra la desorganización, esta previsibilidad podía ser increíblemente tranquilizadora. Les proporcionaba un marco en el que podían sentirse seguros para explorar sus emociones e interactuar con su entorno.

Arthur, el ex músico, encontraba un consuelo particular en la belleza estructurada de la música clásica. Se sentaba con los ojos cerrados y la cabeza ligeramente inclinada, como si escuchara no solo con los oídos, sino con todo su ser. Cuando un pasaje en particular le resonaba, a veces extendía la mano y tocaba suavemente el altavoz, como si intentara sentir las vibraciones, conectar con la manifestación física del sonido. Su capacidad para expresar verbalmente sus experiencias era limitada, pero su conexión con la música era profunda, un testimonio silencioso de su poder para trascender las limitaciones de su condición física.

El aspecto social de las sesiones de musicoterapia también fue un elemento crucial de su éxito. Si bien la arteterapia fomentaba una camaradería discreta, la musicoterapia a menudo despertaba una sensación más evidente de experiencia compartida. Cuando sonaba una canción conocida, la gente empezaba a cantar espontáneamente; sus voces, a veces vacilantes al principio, se fundían gradualmente. Había una sensación de unidad en esta vocalización compartida, una ruptura de las barreras individuales que a menudo separaban a los residentes. Las risas estallaban cuando el recuerdo de alguien era particularmente vívido, o cuando un grupo comenzaba espontáneamente a cantar a coro una canción que todos recordaban de su juventud.

Eleanor encontró estos momentos de canto compartido sorprendentemente liberadores. Siempre había sido una persona reservada, no de las que se ponían a cantar fácilmente. Pero en el ambiente de apoyo de Meadowbrook, rodeada de otras personas que estaban en sus propios y singulares caminos de recuperación, se unió a la comunidad, con la voz vacilante al principio, pero luego ganando confianza. El acto de cantar, de respirar al ritmo de los demás, creó un vínculo poderoso, un sentido de pertenencia que trascendió sus luchas individuales. Fue un recordatorio de que, incluso en su vulnerabilidad, no estaban solos.

Davies, aunque no era de los que participaban en los cantos colectivos, solía observar estos momentos de expresión musical compartida con una discreta fascinación. Veía las sonrisas, el ritmo de los pies, los gestos animados, y reconocía el profundo impacto que tenían en el paisaje emocional de la sala. Empezó a incorporar elementos rítmicos a sus propias actividades tranquilas, a veces marcando un ritmo constante con las manos en el regazo mientras sonaba una canción; una participación silenciosa e interna que decía mucho sobre su creciente capacidad de conexión.

Las listas de reproducción seleccionadas no fueron arbitrarias. El Dr. Sharma fue consciente del potencial terapéutico de los diferentes géneros y épocas. Se utilizó música animada y enérgica para estimular la actividad y mejorar el estado de ánimo, especialmente por las mañanas. Se emplearon piezas más suaves y melódicas para promover la relajación y reducir la ansiedad por las tardes. Para los residentes con agitación o inquietud, la música con un ritmo fuerte y constante resultó ser la más eficaz para proporcionar una sensación de calma y orden. La selección musical fue un acto deliberado de regulación emocional, una herramienta para guiar a los residentes a través de las corrientes, a menudo turbulentas, de su recuperación.

Una tarde, el Dr. Sharma interpretó una pieza instrumental particularmente evocadora. Era una partitura orquestal imponente, llena de cuerdas imponentes y potentes metales. Eleanor la describió como una sensación de «viajar a través de un vasto e indómito paisaje». Habló de percibir montañas, ríos y cielos abiertos, una poderosa metáfora de las inmensas posibilidades que se extendían ante ella. Davies, escuchando atentamente, asintió lentamente. Más tarde, compartió que la música le había recordado la inmensidad del océano, el inmenso poder y belleza de la naturaleza, y la pequeñez de los esfuerzos humanos ante tanta grandeza. Estas interpretaciones compartidas, nacidas del mismo estímulo sonoro, resaltaron la naturaleza profundamente personal y a la vez universalmente resonante de la música.

El uso de la música en terapia no era un concepto nuevo, pero su aplicación en Meadowbrook se adaptaba a las necesidades específicas de las personas que se recuperaban de eventos médicos que les cambiaron la vida. Era un reconocimiento de que la recuperación no se trataba solo de la restauración física de la función, sino también del bienestar emocional, cognitivo y espiritual de cada persona. La música, con su capacidad inherente para conectar con estos aspectos multifacéticos de la experiencia humana, demostró ser una herramienta invaluable en este enfoque holístico. Era un recordatorio de que incluso cuando las palabras fallaban, cuando los recuerdos flaqueaban, el lenguaje de la música aún podía decir mucho, ofreciendo consuelo, conexión y un ritmo suave y persistente en el camino hacia la recuperación. La melodía, antes un eco tenue, ahora era una parte vibrante e integral de la sinfonía de la sanación.
El olor estéril del desinfectante, antes un compañero constante, comenzó a desvanecerse, reemplazado por el reconfortante aroma de las palomitas de maíz, el dulce sabor a sidra caliente o el tenue perfume festivo de las flores marchitas de Navidad. Meadowbrook, en su silenciosa búsqueda de la sanación holística, comprendió que la recuperación no se limitaba al silencio de las salas de terapia ni al progreso mesurado en el gimnasio de fisioterapia. Florecía con mayor intensidad en la luz compartida de la alegría comunitaria, en el abrazo estructurado de las reuniones sociales. Estas no eran meras distracciones; eran sacramentos vitales en la liturgia de la recuperación de una vida, ofreciendo un antídoto tangible contra el aislamiento que tan fácilmente podía invadir las vidas de quienes lidiaban con profundos desafíos físicos y cognitivos.

La planificación de estos eventos era un arte sutil, una danza entre la aspiración y la accesibilidad. Existían los elementos recurrentes que se convirtieron en los pilares del ritmo semanal: las sesiones de bingo de los martes, una cacofonía de murmullos emocionados y gritos triunfales que resonaban por las zonas comunes. Eleanor, inicialmente indecisa, se vio atraída por la vibrante energía. La letra grande de los cartones de bingo, una adaptación bien pensada, hacía que los números fueran legibles, y la amable guía de los voluntarios garantizaba que nadie se sintiera excluido. Descubrió una silenciosa emoción en la anticipación, el toque esperanzador de su rotulador y la camaradería genuina y espontánea que surgía con cada número cantado. Incluso Davies, hombre de pocas palabras y movimientos precisos, encontraba una peculiar satisfacción en el toque estratégico de su cartón, una pequeña victoria contenida en un mundo que a menudo parecía abrumadoramente vasto. La risa que estallaba cuando alguien gritaba "¡Bingo!" Era un lenguaje universal, una clara señal de que, incluso dentro de los confines de su rehabilitación, los momentos de diversión pura y sin adulterar no sólo eran posibles sino que se cultivaban activamente.

Luego llegaron las noches de cine de los viernes. El salón principal, normalmente un santuario de lectura tranquila y dibujo introspectivo, se transformó en un cine improvisado. Se distribuyeron cojines mullidos, se atenuaron las luces y el proyector proyectó su magia parpadeante sobre una gran pantalla. La selección de películas fue deliberadamente variada, un tapiz tejido entre clásicos queridos y estrenos más contemporáneos, siempre con la mirada puesta en historias que ofrecían esperanza, humor o una exploración sutil de la condición humana. Eleanor encontró estas noches particularmente reparadoras. Acurrucada con una manta suave, la experiencia compartida de sumergirse en una narrativa, incluso con la ocasional necesidad de una explicación susurrada o un pequeño empujón para mantener la concentración, creó una poderosa sensación de conexión. Recordó una proyección en particular de una vieja comedia romántica, una película que no había visto desde antes de su lesión. El diálogo familiar, las bromas encantadoras, el desenlace predecible pero satisfactorio: todo se sintió como un cálido abrazo, un recordatorio de los placeres sencillos que aún tenían un lugar en su vida en constante evolución. Observó cómo otros también se sentían atraídos por las historias. Martha, quien a menudo tenía dificultades para comunicarse oralmente, expresaba su alegría con sonrisas y suaves suspiros de satisfacción, con la mirada fija en la pantalla. Arthur, a pesar de sus dificultades motoras, solía gesticular expresivamente durante escenas particularmente dramáticas o humorísticas; sus comentarios silenciosos eran tan conmovedores como cualquier palabra hablada.

Las celebraciones más grandes fueron donde Meadowbrook realmente brilló, transformándose en un centro de vibrante espíritu comunitario. Los eventos festivos, en particular, fueron orquestados meticulosamente. En Navidad, la sala común se adornó con luces centelleantes y un fragante pino, con residentes y personal contribuyendo a la decoración festiva. Una actuación de villancicos en vivo, a menudo a cargo de coros locales o incluso de los propios residentes con talento, llenó el aire de un sonido alegre y resonante. El tintineo de platos llenos de dulces festivos, cuidadosamente preparados teniendo en cuenta las necesidades dietéticas, acompañó animadas conversaciones. Eleanor encontró un profundo sentido de pertenencia mientras ayudaba a ensartar palomitas para el árbol; sus manos, aún un poco temblorosas, encontraron un propósito en una tarea compartida y festiva. El simple acto de contribuir, de ser parte de algo más grande que uno mismo, fue una poderosa afirmación de su continua presencia y valor.

La Pascua trajo consigo coloridas búsquedas de huevos, adaptadas a diferentes niveles de movilidad, con premios que iban desde pequeños chocolates hasta artículos artesanales elaborados por los propios residentes. La alegría en los rostros de jóvenes y mayores al descubrir tesoros escondidos era un testimonio del poder de la interacción lúdica. Los meses de verano solían estar salpicados de barbacoas al aire libre, si el tiempo lo permitía. El aroma a comida a la parrilla impregnaba el aire, y los residentes, algunos en silla de ruedas, otros con andadores, se reunían en el patio, disfrutando del sol y del simple placer de una comida al aire libre. Estos eran momentos en los que las rutinas habituales del cuidado se suavizaban, propiciando una auténtica conexión intergeneracional y risas compartidas.

Más allá de las actividades programadas, Meadowbrook promovió activamente un ambiente de interacción social espontánea. Pequeñas y cómodas zonas de descanso se ubicaron estratégicamente por todo el centro, fomentando las charlas informales y la formación de amistades naturales. Un residente podía ofrecer ayuda con una pieza perdida del rompecabezas, o compartir un recuerdo preciado, inspirado por una canción particular que sonaba suavemente de fondo. Estos momentos espontáneos, nacidos de un espacio compartido y una trayectoria común, eran tan valiosos como cualquier evento organizado. Eran los hilos que tejían la estructura de la comunidad, fortaleciendo los lazos a través de la humanidad compartida.

La llegada de artistas invitados fue un acontecimiento especialmente emocionante. Músicos locales, desde cuartetos clásicos hasta cantantes folclóricos, visitaban el lugar, ofreciendo con su talento una grata diversión y una ventana al mundo exterior. Una velada especialmente memorable contó con la presencia de un mago visitante, cuyas ilusiones cautivaron a los residentes, provocando exclamaciones de asombro y estallidos de aplausos. Estas actuaciones no eran solo entretenimiento; fueron cuidadosamente seleccionadas para ser inclusivas y atractivas, ofreciendo estimulación sensorial y fomentando una sensación de asombro compartido. Eleanor recordó una actuación de un joven conjunto de cuerda; las intrincadas melodías y la apasionada ejecución de la música despertaron algo profundo en ella, una sensación de belleza y resiliencia que resonó con su propio camino. Davies, quien inicialmente mantuvo una actitud más reservada, se encontró inclinado hacia adelante, con la mirada fija en los artistas, una silenciosa apreciación evidente en su mirada concentrada.

El impacto de estas reuniones en la lucha contra el aislamiento fue inconmensurable. Para quienes habían experimentado una pérdida repentina de independencia, la sensación de estar desconectados de sus antiguos círculos sociales podía ser profunda. Los eventos organizados por Meadowbrook proporcionaron un puente vital, creando nuevas vías de conexión y reafirmando el lugar de los residentes en una comunidad solidaria. Participar, incluso de forma pequeña, les permitió sentirse vistos, escuchados y valorados. Las risas compartidas durante una escena particularmente divertida de una película, la satisfacción serena de un cartón de bingo ganador, la calidez de una comida navideña compartida: todas estas fueron poderosas afirmaciones de que la vida, en su estado transformado, aún guardaba momentos de alegría y conexión.

Además, estos eventos ofrecieron a los residentes la oportunidad de practicar y reforzar las habilidades recién adquiridas en un entorno menos clínico. Para quienes trabajaban en logopedia, una conversación informal durante una noche de cine o una anécdota compartida en una fiesta navideña les proporcionó una práctica invaluable. Para quienes recuperaban el control motor, el simple acto de sostener una copa de sidra o tocar un cartón de bingo se convirtió en una pequeña, pero significativa, victoria celebrada en el contexto de la experiencia compartida. No había presión para actuar; en cambio, se les animaba a simplemente ser , a participar en el ritmo de la vida comunitaria lo mejor posible.

Los comités de planificación, a menudo formados por personal, voluntarios e incluso residentes interesados, desempeñaron un papel crucial para garantizar el éxito de estos eventos. Su dedicación implicó que cada detalle, desde la disposición de los asientos accesibles hasta el volumen adecuado de la música, fuera considerado. Esta meticulosa atención al detalle garantizó que los eventos no solo fueran divertidos, sino también verdaderamente inclusivos, atendiendo a una amplia gama de necesidades y capacidades. Eleanor, con su agudo ojo para los detalles, a veces ofrecía sugerencias desde su silla de ruedas; sus ideas resultaron invaluables para realizar pequeños pero significativos ajustes.

El efecto dominó de estos encuentros sociales se extendió más allá de los participantes directos. Los familiares que visitaban a sus seres queridos solían destacar el ambiente positivo y el palpable sentido de comunidad que observaban. Ver a sus familiares comprometidos, sonrientes e interactuando con los demás les infundía tranquilidad y esperanza, un poderoso contrapunto a la ansiedad que suele acompañar la recuperación de un ser querido. Una visita durante una celebración navideña, llena de música y risas, podía transformar una reunión potencialmente sombría en una ocasión alegre, reforzando la creencia de que los momentos importantes de la vida aún se podían compartir y atesorar.

La risa que resonaba por los pasillos de Meadowbrook durante estas reuniones era más que un sonido agradable; era un bálsamo terapéutico, una potente medicina para el alma. Significaba una liberación de tensión, un alivio momentáneo de las cargas de la enfermedad y la recuperación, y un despertar del espíritu. Cada sonrisa compartida, cada esfuerzo colaborativo, cada acto de bondad intercambiado entre los residentes, construía una comunidad más fuerte y resiliente. Estos fueron los momentos que transformaron a Meadowbrook de un lugar de rehabilitación a un verdadero hogar, un lugar donde el ritmo de la recuperación no se trataba solo de sanar el cuerpo, sino de reavivar la alegría de vivir, una experiencia compartida a la vez. El acto aparentemente simple de reunirse, de celebrar, de simplemente estar juntos, resultó ser uno de los elementos más profundos y poderosos del proceso de sanación, tejiendo un tapiz de recuerdos compartidos y un apoyo inquebrantable que sostendría a sus residentes mucho después de su estancia entre sus muros.

El suave murmullo de Meadowbrook era más que el sonido ambiental de un lugar dedicado a la sanación; era el pulso subyacente de una existencia cuidadosamente orquestada. En este entorno cuidadosamente seleccionado, donde el flujo y reflujo de la recuperación se comprendía y se fomentaba activamente, emergió un pilar fundamental del bienestar: la profunda importancia de la rutina. No se trataba solo de llenar las horas; se trataba de crear un ritmo predecible y reconfortante que anclara a las personas que navegaban por las aguas, a menudo turbulentas, de la rehabilitación física y cognitiva. Para Eleanor, quien había sido arrastrada por un evento que le cambió la vida, la introducción de un horario diario estructurado en Meadowbrook se sintió como el regreso gradual a tierra firme bajo sus pies. La desorientación inicial, la persistente niebla de incertidumbre que había envuelto sus días, comenzó a disiparse a medida que se desarrollaba la cadencia familiar del día.

El día solía comenzar con el suave repiqueteo de un reloj, una suave invitación a despertar. No era una sacudida brusca, sino una transición gradual, que permitía un momento de tranquila contemplación antes de que las actividades del día comenzaran realmente. A continuación, llegaba el desayuno, una reunión comunitaria en el comedor, donde el aroma del café recién hecho y el pan tostado se mezclaba con el murmullo de las conversaciones en voz baja. Fue entonces cuando el plan del día comenzó a consolidarse. Saber que el desayuno se servía a una hora específica, y que sería seguido por la fisioterapia matutina, proporcionaba una sensación de anticipación, un claro presagio de lo que estaba por venir. Esta previsibilidad era un poderoso antídoto contra la ansiedad que a menudo acompañaba a lo desconocido. Para Eleanor, cuyo cuerpo la había traicionado de maneras que aún estaba asimilando, la certeza de una comida caliente y la promesa de una sesión de terapia para recuperar las funciones perdidas le ofrecían una estabilidad reconfortante. Aprendió a controlar su ritmo, a saborear la comodidad de la comida familiar, sabiendo que sus reservas de energía serían necesarias para los desafíos y triunfos que la esperaban.

Las horas de media mañana se dedicaban a diversas intervenciones terapéuticas. No se trataba de un caos total, sino de una secuencia cuidadosamente planificada. Las sesiones de terapia ocupacional, donde las personas practicaban las actividades de la vida diaria, desde vestirse hasta preparar una comida sencilla, se ubicaban estratégicamente. Estas sesiones, que a menudo exigían esfuerzo físico y mental, se programaban cuando los niveles de energía solían estar en su punto máximo. De igual manera, la logopedia, vital para quienes se recuperaban de problemas de comunicación, se integraba en la jornada con la misma consideración para un rendimiento óptimo. Eleanor esperaba con ilusión estas sesiones, no necesariamente por la dificultad inherente, sino por la estructura que proporcionaban. El objetivo claro de cada terapia, sumado a la guía de terapeutas expertos, transformó lo que podría haber sido una tarea abrumadora en una serie de pasos manejables. Saber que después de la fisioterapia habría un periodo tranquilo para descansar o hacer ejercicios cognitivos le permitió abordar cada actividad con una intención clara, sabiendo que un periodo de respiro también formaba parte de la secuencia planificada.

El ritmo del día se extendía también a los periodos más tranquilos. El mediodía solía estar marcado por un periodo de descanso o actividad suave, una oportunidad para consolidar los esfuerzos de la mañana y prepararse para las actividades de la tarde. Para Eleanor, esto podía implicar leer en la soleada zona común o conversar tranquilamente con otro residente. Estos momentos de quietud no se consideraban un descanso, sino una parte integral del proceso de recuperación, permitiendo que la mente y el cuerpo integraran el progreso logrado. La ausencia de presión por hacer constantemente era tan importante como la presencia de actividad estructurada. Este enfoque equilibrado para la gestión de la energía era un principio clave de la filosofía de Meadowbrook, reconociendo que la verdadera recuperación implicaba no solo superar los límites, sino también respetarlos.

La tarde solía traer consigo una participación más activa, aunque dentro del marco cuidadosamente calibrado del día. Esto podía incluir sesiones de terapia grupal, donde las personas compartían sus experiencias y se ofrecían apoyo mutuo, o quizás un taller de artes creativas, diseñado para estimular la función cognitiva y fomentar la autoexpresión. La naturaleza programada de estas actividades permitía a los residentes anticiparlas, preparándose mentalmente para la interacción social o los desafíos creativos que conllevaban. Eleanor, quien al principio le costaba aceptar la participación en grupo, descubrió que el horario predecible facilitaba su asistencia. Saber que la sesión comenzaría a una hora determinada y duraría un tiempo definido le permitía gestionar su energía social, asegurándose de participar plenamente sin sentirse agotada.

Las comidas eran, y siguen siendo, puntos clave en el ritmo diario. El almuerzo, al igual que el desayuno, era una experiencia comunitaria, un momento para reponer fuerzas y reconectar. La variedad de platos, siempre teniendo en cuenta las necesidades y preferencias dietéticas, proporcionaba un sutil pero importante elemento de elección y disfrute. El acto de reunirse alrededor de una mesa, compartir comida y conversar, reforzaba el sentido de comunidad que Meadowbrook cultivaba con tanta asiduidad. La cena, a menudo una comida más ligera, seguía un patrón similar, permitiendo un suave final de las actividades del día. La previsibilidad de estas comidas, los horarios constantes y el ambiente acogedor proporcionaban una sensación de normalidad en vidas que se habían visto tan profundamente trastocadas.

Las horas de la tarde ofrecían una suave transición hacia el descanso. Este podía implicar la participación en una actividad social discreta, como un grupo de lectura o una sesión de juegos de mesa, o simplemente un período de reflexión personal. La ausencia de actividades exigentes al final del día era una elección deliberada, reconociendo la necesidad de descanso y recuperación. Eleanor a menudo se sentía atraída por los rincones tranquilos de la biblioteca durante este tiempo, donde un libro le ofrecía un agradable escape y un reconfortante consuelo. Saber que se acercaba la hora de dormir y que el día siguiente comenzaría con el mismo ritmo tranquilizador le permitía relajarse con una sensación de paz.

Esta estructura general, el flujo y reflujo predecible de la vida diaria en Meadowbrook, era más que un simple horario; era una herramienta terapéutica. Para quienes lidiaban con la incertidumbre y el miedo que suelen acompañar a enfermedades o lesiones graves, una rutina constante proporcionaba una sensación de control. Ofrecía un marco predecible para navegar por el impredecible terreno de la recuperación. La capacidad de saber, con un grado razonable de certeza, qué sucedería a continuación —cuándo se servirían las comidas, cuándo tendrían lugar las sesiones de terapia, cuándo habría tiempo para descansar— reducía significativamente la ansiedad. Esta reducción de la ansiedad, a su vez, liberaba valiosa energía mental y emocional que podía dedicarse al exigente trabajo de sanación.

Además, la rutina establecida permitió a las personas gestionar mejor sus niveles de energía. La recuperación es un proceso inherentemente intensivo en energía. El esfuerzo físico requerido durante la fisioterapia, el esfuerzo cognitivo que exige la logopedia o los ejercicios de memoria, y la carga emocional de afrontar la nueva realidad consumen cantidades significativas de energía. Una jornada estructurada, con sus períodos planificados de actividad y descanso, permitió a los residentes regular su ritmo de forma eficaz. Podían realizar actividades exigentes con la seguridad de que se incluían períodos de recuperación en el programa, lo que prevenía el agotamiento y optimizaba su capacidad para participar en el proceso de recuperación. Eleanor, quien inicialmente había sido propensa al sobreesfuerzo, aprendió a escuchar a su cuerpo dentro del marco de la rutina. Comprendió que una sesión de fisioterapia exigente iría seguida de una tarde tranquila, y ese conocimiento la capacitó para esforzarse con seguridad durante la terapia.

La rutina también desempeñó un papel crucial para facilitar la adquisición y el refuerzo de nuevas habilidades. Para quienes reaprendían tareas básicas, la práctica repetida en un entorno estructurado fue esencial. Una sesión diaria de terapia ocupacional centrada en la vestimenta, por ejemplo, permitió una repetición constante y una mejora gradual. De igual manera, la secuencia predecible de eventos significó que los residentes tuvieran oportunidades regulares para practicar sus habilidades de comunicación, ya sea al pedir su comida, conversar durante actividades grupales o participar en terapia del habla programada. El entorno clínico de la terapia se vio reforzado por la aplicación en el mundo real dentro del ritmo diario, lo que hizo que el aprendizaje fuera más significativo y transferible.

Los beneficios psicológicos de la rutina fueron igualmente profundos. La sensación de logro derivada de completar las actividades planificadas para un día, incluso las que parecían pequeñas o mundanas, contribuyó a un creciente sentido de autoeficacia. Cada día superado con éxito, cada tarea completada dentro del ritmo establecido, sirvió como un recordatorio tangible de progreso. Esto fue particularmente importante para las personas que habían experimentado una pérdida significativa de independencia, donde las habilidades y capacidades previas podrían haber sido aparentemente borradas. La rutina proporcionó una afirmación constante de que, a pesar de los desafíos, la vida continuaba y el progreso era posible.

Además, la rutina fomentó un sentido de pertenencia. La experiencia compartida de seguir un mismo horario diario creó un espacio común para todos los residentes. Las comidas, las actividades grupales e incluso los momentos de descanso tranquilo se convirtieron en rituales compartidos, uniendo a las personas en una comunidad cohesionada. Esta sensación de experiencia compartida fue un poderoso antídoto contra el aislamiento que tan a menudo acompaña a la enfermedad y la discapacidad. Saber que otros seguían un camino similar, participaban en las mismas actividades y experimentaban los mismos ritmos del día, creó un sentimiento de solidaridad y comprensión mutua.

La flexibilidad de la rutina también fue un componente crucial de su éxito. Si bien la estructura era primordial, Meadowbrook comprendió que la recuperación no era un proceso rígido e invariable. La rutina proporcionaba un marco, pero dentro de él, había espacio para las necesidades y preferencias individuales. Los terapeutas ajustaban los horarios de las sesiones según el nivel de energía o las necesidades de manejo del dolor del residente. Las sesiones de artes creativas ofrecían una variedad de actividades, adaptadas a diferentes intereses y capacidades. Las comidas permitían modificaciones dietéticas y preferencias personales. Este equilibrio entre estructura y flexibilidad garantizaba que la rutina sirviera como guía de apoyo en lugar de una restricción.

Para Eleanor, abrazar la rutina se convirtió en una revolución silenciosa. No fue una rendición a la monotonía, sino una decisión consciente de anclarse en lo predecible, de encontrar fuerza en la cadencia familiar de cada día. El despertador de la mañana, el desayuno compartido, las sesiones de terapia enfocadas, las tardes tranquilas, las cenas comunitarias y la suave transición a la noche: cada elemento fue una piedra cuidadosamente colocada en el camino de su recuperación. Fue dentro de este ritmo confiable que encontró el espacio para respirar, procesar, sanar y, finalmente, redescubrir el ritmo perdurable de su propio espíritu resiliente. La estructura, lejos de sofocarla, la liberó, brindándole el apoyo constante e inquebrantable que necesitaba para reconstruir su vida, un día a la vez, predecible y con propósito. La importancia de este ritmo diario es innegable; era el latido silencioso y constante de la esperanza dentro de Meadowbrook, un recordatorio constante de que, incluso en medio de cambios profundos, la vida continuaba, y con ella, la posibilidad de crecimiento, adaptación y bienestar duradero. Fue el motor silencioso pero potente que impulsó el motor de la recuperación, asegurando que cada día, por desafiante que fuera, fuera un paso adelante, basado en la reconfortante certeza de lo que nos depararía el mañana.

Capítulo 11. Ecos del pasado, promesas del futuro

Las horas de silencio, esos intervalos silenciosos entre las actividades estructuradas del día, a menudo se convertían en terreno fértil para la semilla de la memoria. Para Eleanor, estos momentos eran un santuario, un espacio donde el clamor de su presente podía retroceder, permitiendo que los suaves ecos de su pasado afloraran. No era un acto deliberado de reflexión, sino más bien un desenvolvimiento natural, como las hojas que se despliegan al sol. Una melodía particular, quizá proveniente de la radio de la sala común, o el sutil aroma a lavanda del jardín que entraba por una ventana abierta, podía abrir las puertas a un torrente de recuerdos.

Recordaba, con una claridad casi visceral, las tardes soleadas de su infancia. El mundo de entonces era un patio de recreo infinito, pintado en vibrantes tonos de libertad e inocencia. Sentía el escozor de las rodillas raspadas sobre el asfalto resecado por el sol, seguido del dulce bálsamo del beso de una madre. El aire vibraba con la alegre cacofonía de los niños del barrio jugando, cuyas risas eran un contrapunto melódico al zumbido de las cigarras. No eran solo imágenes fugaces; eran experiencias sensoriales plenamente desarrolladas. Casi podía sentir la textura áspera de la hierba bajo sus pies descalzos mientras perseguía luciérnagas en el crepúsculo, la tierra fresca y húmeda aferrándose a sus dedos. Podía saborear la dulzura ácida de las bayas recién arrancadas del arbusto, tiñendo sus dedos de púrpura. Estos recuerdos, inmaculados por las complejidades y las pruebas de la edad adulta, ofrecían un potente recordatorio de una época en la que la vida parecía sencilla y rebosante de promesas. Eran anclas que la sujetaban a un sentido fundamental de sí misma que existía mucho antes de las circunstancias actuales.

Luego estaban los recuerdos de su primer amor. Los torpes titubeos, las miradas vacilantes por los pasillos abarrotados del colegio, el emocionante roce de una mano accidental. Fue una época de emociones florecientes, un paisaje de secretos susurrados y sueños compartidos bajo cielos estrellados. Recordó el embriagador aroma de su desgastada chaqueta de cuero, el estruendo de su risa, cómo se le arrugaban las comisuras de los ojos al sonreír. No eran momentos grandiosos ni cinematográficos, sino un tapiz tejido con innumerables pequeños detalles íntimos. Los helados compartidos que se derretían demasiado rápido en un día de verano, la excitación nerviosa de un primer baile, la tranquila comodidad de caminar de la mano mientras el mundo parecía contener la respiración solo para ellos. Estos recuerdos la impregnaron de una calidez, una conmovedora comprensión de la capacidad de conexión profunda y el afecto que siempre había formado parte de ella, un testimonio del poder perdurable de la intimidad humana.

El orgullo por los hitos profesionales también regresó, no como un relato jactancioso, sino como una silenciosa afirmación de sus capacidades y dedicación. Las noches dedicadas a estudiar informes, la emoción de presentar un proyecto exitoso, la silenciosa satisfacción de ser mentora de un colega joven. Recordó el firme apretón de manos de su jefe tras una tarea particularmente exigente, el suspiro colectivo de alivio y celebración tras un gran avance. Estos fueron momentos que hablaron de su capacidad de acción, su intelecto y su empuje. Le recordaron que era una mujer con propósito, con logros, alguien que se había forjado un espacio en el mundo a base de trabajo duro y perseverancia. Estos recuerdos contrastaban con la experiencia actual de dependencia, ofreciendo un atisbo de la fuerza y la resiliencia que siempre habían residido en su interior.

Incluso los momentos aparentemente mundanos tenían cierta magia al verlos a través del recuerdo. El ritual de preparar el desayuno para su familia un domingo por la mañana, el reconfortante aroma del café que llenaba la cocina. Las risas compartidas con un juego de mesa tonto en una tarde lluviosa. La tranquila satisfacción de cuidar su jardín, despertando la vida de la tierra. Estos eran los cimientos de una vida vivida, las pequeñas y persistentes alegrías que se acumulaban con el tiempo para crear una existencia plena y significativa. Eran el silencioso zumbido de satisfacción que subyacía en lo cotidiano. Recordaba el simple placer de una taza de té perfectamente preparada, la forma en que la luz del sol se filtraba por la ventana de la cocina, iluminando las motas de polvo que bailaban en el aire. No eran grandes acontecimientos, pero eran sin duda su vida, los hilos que tejían la tela de su ser.

Estos recuerdos no siempre eran una progresión fluida y lineal. A menudo llegaban como destellos fragmentados, inesperados y vívidos. Un tono particular de azul podía evocar la imagen de un vestido de la infancia. El silbato de un tren lejano podía transportarla a las tardes de verano pasadas en el columpio del porche. Un giro específico en una conversación podía evocar la forma distintiva de hablar de un ser querido. Era como si el entorno presente, con sus propias entradas sensoriales únicas, actuara como un detonante, abriendo puertas a espacios dentro de su mente que habían permanecido cerrados durante años, o tal vez simplemente oscurecidos por las exigencias de la vida diaria.

A veces, el afloramiento de estos recuerdos venía acompañado de una punzada de añoranza, un suave dolor por lo que ya no era tangible. La calidez del abrazo de un ser querido, la facilidad de movimiento antes de su enfermedad, el ritmo sencillo de la vida antes de la profunda disrupción. Pero este anhelo rara vez era abrumador. En cambio, estaba atenuado por un profundo sentimiento de gratitud. Estos no eran solo recuerdos de una vida que tuvo, sino un testimonio de la riqueza y plenitud de esa vida. Eran prueba de experiencias vividas, de amor compartido, de contribuciones realizadas. Esta comprensión proporcionó una poderosa sensación de continuidad. Fue un recordatorio de que la persona que experimentaba estos desafíos presentes era la misma persona que había vivido esos vibrantes momentos pasados. Su esencia, su historia, permaneció intacta, incluso mientras su forma física navegaba su propio arduo viaje de sanación.

Los terapeutas de Meadowbrook comprendieron el valor terapéutico de estos recuerdos. Reconocieron que, para quienes lidian con la desorientación de un evento que les cambió la vida, estos fragmentos del pasado podían servir como puntos de referencia cruciales. Ofrecían una sensación de arraigo, un recordatorio de quiénes eran antes de la enfermedad, antes del accidente, antes del diagnóstico. No eran intentos de escapar del presente, sino más bien de extraer fuerza de la narrativa perdurable de una vida ya vivida. Una conversación con un logopeda podría derivar naturalmente hacia el relato de un viaje memorable al extranjero, extrayendo detalles sobre los desafíos de comunicación enfrentados y superados en un país extranjero. Un terapeuta ocupacional podría usar una tarea doméstica familiar como estímulo para recordar la realización de esa tarea en el pasado, desbloqueando tanto la resonancia emocional como las vías cognitivas.

Para Eleanor, estos recuerdos se convirtieron en una silenciosa fuente de resiliencia. Cuando las exigencias físicas de la terapia la abrumaban, podía recordar un momento en el que había afrontado un reto difícil con una determinación inquebrantable. Cuando el peso emocional de su situación la aplastaba, podía evocar el recuerdo de un amor eterno y un apoyo incondicional. No eran conceptos abstractos; eran experiencias vividas, grabadas en su ser. Le servían como una silenciosa confirmación de que poseía una fortaleza interior, una fuente de fuerza que la había ayudado a superar las tormentas anteriores de la vida y que, con el tiempo, la ayudaría a superar esta.

La continuidad que proporcionaban estos recuerdos también era esencial para una sensación de plenitud. La persona en rehabilitación no era una hoja en blanco, sino una persona compleja con una rica historia personal. Reconocer e integrar esta historia era vital para una recuperación holística. Significaba que la persona no solo se definía por sus limitaciones actuales, sino por la totalidad de su experiencia vivida. La alegría de bailar en la boda de su hija, la serena satisfacción de dominar un nuevo idioma, el simple placer de un paseo por el bosque: todo esto formaba parte de su historia y seguía conformando su identidad. Esta comprensión le permitió abordar su recuperación no como una negación de su pasado, sino como una continuación y adaptación de él. La narrativa de su vida seguía desarrollándose, aunque por un camino nuevo y desafiante.

Fue un profundo consuelo darse cuenta de que, incluso mientras su cuerpo experimentaba una profunda transformación, la esencia de su identidad permanecía intacta. Los recuerdos no eran instantáneas estáticas, sino un testimonio vivo de su carácter, sus valores, su capacidad de crecimiento y conexión. Eran un recordatorio de que el presente era solo un capítulo, no el libro completo. Y dentro de ese capítulo, aún existía el potencial de belleza, significado y alegría, por muy diferente que pareciera de lo anterior. La risa de sus nietos, aunque quizás ahora la oía a distancia, seguía siendo una melodía que resonaba en lo más profundo de su ser, un eco poderoso del amor que siempre había sido un tema central en su vida. El orgullo de una carrera exitosa, aunque las exigencias de esa carrera pudieran ser un recuerdo lejano, aún alimentaba una sensación de logro y capacidad. La calidez de las amistades pasadas, aunque la proximidad física pudiera ser limitada, aún ofrecía un abrazo reconfortante.

Estos recuerdos, que afloraban en los espacios tranquilos, eran más que simples distracciones nostálgicas. Eran parte integral del proceso de reconstrucción. Afirmaban el valor de su pasado, validando así la importancia de su lucha presente y la promesa de su futuro. Eran los susurros de una vida bien vivida, impulsándola a seguir adelante, recordándole la fuerza y la belleza perdurables que siempre la habían acompañado y que seguirían moldeando la narrativa de su vida. Eran recordatorios sutiles, pero poderosos, de que, si bien su camino pudo haber dado un giro inesperado, la brújula de su espíritu, guiada por la riqueza de sus recuerdos, se mantuvo firme. El presente era un desafío, sí, pero se construyó sobre los cimientos de una vida ya imbuida de significado, amor y logros, unos cimientos que ninguna enfermedad ni lesión podría borrar jamás. Fue este profundo pozo de historia personal lo que le proporcionó una reserva inagotable de esperanza, una fuerza silenciosa y persistente que la impulsó hacia adelante, recuerdo a recuerdo, hacia la promesa de un futuro, por muy diferente que fuera. Los ecos del pasado no eran solo sonidos; eran los cimientos de su presente y futuro, un testimonio del poder perdurable de una vida vivida plenamente.

La quietud del sol de la tarde, generalmente un bálsamo, a veces podía sentirse como un foco, iluminando el marcado contraste entre lo que fue y lo que podría haber sido. Eleanor se encontraba en esos momentos lidiando con el espectro del "¿y si...?". No era un revolcarse en la autocompasión, sino un reconocimiento más matizado, casi reticente, de los desvíos que su vida se había visto obligada a tomar. El derrame cerebral, esa interrupción abrupta y violenta, no solo había alterado sus capacidades físicas, sino que también había remodelado sutilmente, y a veces no tanto, el panorama de su futuro. Los sueños, antes vibrantes y claros, ahora brillaban como una neblina de calor en un camino lejano, cuestionando su posibilidad de alcanzarlos.

Estaban las aspiraciones profesionales, por supuesto. Había estado a punto de un ascenso significativo, un puesto que prometía mayor responsabilidad, libertad creativa y un reconocimiento tangible a años de dedicación. El recuerdo de esa oficina en la esquina, aquella con la amplia vista del horizonte de la ciudad, aún la punzaba. Recordaba las sesiones de estrategia nocturnas, la emoción de analizar problemas complejos, la tranquila satisfacción de saber que su aportación marcaba la diferencia. Ahora, el mero hecho de sostener un bolígrafo con firmeza durante más de unos minutos era un reto, por no hablar de redactar una propuesta detallada. No se trataba solo de la pérdida del trabajo en sí, sino de la pérdida de la identidad que lo acompañaba: la profesional aguda y capaz. El eco de los murmullos impresionados de los colegas, los respetuosos gestos de asentimiento en las reuniones de la junta directiva, eran melodías que tocaban una melodía agridulce en su mente. Había imaginado una trayectoria, una ascensión hacia una cima que ahora parecía permanentemente envuelta en niebla. Este era un tipo particular de duelo, uno que lamentaba no una muerte, sino una vida no vivida, un potencial incumplido. La ambición que una vez la había impulsado se sentía como una brasa lejana, su calor aún detectable, pero su fuego significativamente disminuido. No se trataba de culpar a nadie, y menos a sí misma, sino de reconocer la ausencia tangible de un futuro que había sido planeado tan meticulosamente. El mundo profesional, con su ritmo acelerado y la constante demanda de máximo rendimiento, se sentía como una tierra extraña, una en la que tal vez nunca podría volver a entrar por sus propios medios. Las habilidades que había perfeccionado, el conocimiento que había adquirido, se sentían como tesoros guardados en una bóveda cuya llave ya no poseía. Esta contemplación de las oportunidades profesionales perdidas no era un incidente aislado; era un tema recurrente que se entretejía en el tapiz de su recuperación, un recordatorio constante de los sacrificios hechos, los caminos irrevocablemente alterados.

Más allá del ámbito profesional, existían las ambiciones personales, los deseos más discretos e íntimos que habían permanecido reprimidos, esperando el momento oportuno. Siempre había anhelado aprender a tocar el violonchelo. Los tonos profundos y resonantes del instrumento siempre le habían llegado al alma, evocando una sensación de profunda emoción y belleza contemplativa. Incluso había dado sus primeros pasos, asistiendo a algunas clases introductorias, sintiendo la suave madera del instrumento, la gratificante sensación del arco. La idea de crear música, de extraer sonidos tan ricos de un trozo de madera y una cuerda, le había resultado profundamente atractiva. Ahora, la motricidad fina requerida, el delicado control necesario para sujetar el arco y presionar las cuerdas con precisión, parecían insuperables. El recuerdo del suave estímulo del instructor, la sensación del violonchelo apoyado contra su pecho, ahora cargaba con un matiz de melancolía. Era un sueño pequeño, quizás en el gran esquema de las cosas, pero representaba un anhelo de expresión artística, de una salida creativa completamente suya, separada de las exigencias del trabajo o la familia. Esta oportunidad perdida se sentía como el silenciamiento de una voz particular dentro de ella, una melodía que ahora permanecería inaudita. La idea de las salas de conciertos en las que se había imaginado, incluso como una simple oyente apreciando el arte, ahora se sentía como un sueño demasiado lejano.

Luego estaban los planes de viaje, meticulosamente guardados y esperados con ansias. La belleza agreste de las Tierras Altas de Escocia, el vibrante caos de un zoco marroquí, los serenos templos de Kioto: estos eran destinos que habían ocupado sus ensoñaciones durante años. Había evocado vívidas imágenes de sí misma caminando por valles cubiertos de niebla, regateando especias en mercados bulliciosos, encontrando momentos de tranquila contemplación en medio de la arquitectura antigua. El derrame cerebral la había enraizado, transformando esos viajes, antes factibles, en imaginaciones lejanas, casi fantásticas. La idea de navegar por aeropuertos desconocidos, del esfuerzo físico que implicaba explorar nuevos territorios, ahora era una perspectiva desalentadora. Los folletos, antaño fuente de emoción, habían sido guardados discretamente, sus páginas satinadas ahora contenían una silenciosa crítica a sus limitaciones actuales. No se trataba solo de ver nuevos lugares; se trataba de la libertad y la autonomía que representaba viajar, la capacidad de explorar el mundo a su manera, de abrazar lo inesperado. Esta pérdida mermó su espíritu aventurero, redujo su mundo. Los recuerdos de viajes pasados, aunque atesorados, ahora se tiñeron de una melancólica conciencia de cuánto más había deseado experimentar. Los pasaportes, antaño símbolos de posibilidad, ahora se sentían como reliquias de un yo pasado, un yo que podía cruzar fronteras libremente.

Incluso las alegrías más sencillas, como poder asistir espontáneamente a la obra de teatro de su nieto o a la reunión improvisada de un amigo, se habían convertido en motivo de arrepentimiento. Antes, bastaba con una llamada rápida para decidir asistir. Ahora, coordinar la logística, asegurarse del apoyo necesario y gestionar su energía se sentía como orquestar una campaña militar. En innumerables ocasiones tuvo que rechazar invitaciones, no por falta de ganas, sino por necesidad. Cada cortés "no" era una pequeña admisión de su realidad alterada, un discreto reconocimiento de las oportunidades de conectar que se le escapaban. La facilidad con la que antes se desenvolvía en los eventos sociales, la capacidad de simplemente "estar presente" sin pensar constantemente, era un lujo que ahora echaba profundamente de menos. Esto suponía una sutil erosión de su vida social, un desvanecimiento gradual de las interacciones espontáneas que antes enriquecían sus días. Recordaba la emoción de los planes de última hora, la camaradería de las experiencias compartidas, la simple alegría de formar parte del flujo y reflujo de la vida social. Éstas no eran grandes ambiciones, pero eran los hilos que tejían la tela de una existencia vibrante y conectada, y su desgaste era una fuente de tristeza silenciosa.

La confrontación con estas oportunidades perdidas no fue un evento único y dramático, sino un proceso lento, a menudo doloroso, de comprensión. Fue como descubrir un hermoso jardín que una vez fue accesible, pero que ahora se encontraba tras un muro infranqueable. Hubo días en que el dolor era palpable, un pesado manto que la envolvía. Sentía una oleada de ira ante la injusticia, un anhelo por la gracia natural de su antiguo yo. Estos sentimientos eran inquietantes, y luchó contra ellos, sin querer ser definida por lo que ya no podía hacer. Terapeutas y seres queridos la animaron a reconocer estas emociones, a comprender que el duelo por la pérdida de habilidades, sueños y potencial era una parte natural y necesaria de la sanación. Se trataba de permitirse sentir la tristeza, la decepción, sin dejar que la consumieran.

Uno de los mayores desafíos fue distinguir entre las limitaciones genuinas y las barreras autoimpuestas, fruto del miedo. La mente, tan acostumbrada a operar sin restricciones físicas significativas, tuvo que recalibrar sus expectativas. Hubo momentos en que Eleanor dudaba en probar algo nuevo, no por incapacidad física, sino porque el miedo al fracaso, el miedo a la lucha, la abrumaba. Esta batalla interna era tan significativa como cualquier batalla física. Requirió un esfuerzo consciente para superar las ansiedades que le susurraban dudas, para recordarse a sí misma que incluso los pequeños pasos hacia adelante eran progreso. El recuerdo de su determinación en su carrera, la determinación que había demostrado al superar obstáculos profesionales, fue un recurso valioso en esta lucha interna. Tuvo que conectar con ese mismo espíritu, aunque dirigido hacia un conjunto diferente de desafíos.

El proceso de afrontar estas oportunidades perdidas también implicó una profunda aceptación. No se trató de una resignación pasiva, sino de una decisión activa y consciente de aceptar su realidad actual. Significó reconocer que el futuro que había imaginado ya no era el que tenía ante sí, y que eso estaba bien. Se trataba de encontrar la belleza y el significado de la vida que tenía, en lugar de lamentarse perpetuamente por la que le habían arrebatado. Este cambio de perspectiva fue gradual, a menudo marcado por momentos de profunda tristeza, pero fue crucial para su bienestar emocional. Empezó a comprender que su identidad no se definía únicamente por sus capacidades físicas o sus logros pasados, sino por su espíritu, su resiliencia y su capacidad de amar y conectar.

Lentamente, con cautela, Eleanor comenzó a reevaluar sus deseos y aspiraciones desde la perspectiva de sus capacidades actuales. Si el violonchelo ya no era viable, ¿podría haber otro instrumento, quizás uno que requiriera una destreza física menos exigente? Si los grandes viajes internacionales estaban fuera de su alcance, ¿qué tal explorar los parques y reservas naturales locales, lugares que siempre había querido visitar, pero para los que nunca había tenido tiempo? Se trataba de redefinir el éxito y la plenitud, no en términos de grandes gestos, sino en victorias más pequeñas y alcanzables. Esta recalibración fue un paso vital para pasar del duelo a un estado de aceptación y un propósito renovado. Empezó a buscar actividades que, si bien eran diferentes de sus sueños originales, aún le ofrecían una sensación de logro y alegría. Quizás fue descubrir su pasión por los audiolibros, sumergirse en historias que ya no podía leer con facilidad. O tal vez fue encontrar consuelo en formas de arte suaves, como la acuarela, donde el ritmo era más lento y las exigencias a su motricidad fina eran menos extremas. No se trataba de reemplazos, sino de nuevos caminos, nuevos capítulos en el desarrollo de su vida. La clave fue abordarlos con un corazón abierto y la disposición a adaptarse, a encontrar alegría en el camino, cualquiera que fuera. Este período de confrontación de oportunidades perdidas fue, paradójicamente, un paso crucial hacia la construcción de un nuevo futuro, basado no en lo que faltaba, sino en lo que quedaba y en lo que aún podía crearse. Fue un testimonio de la perdurable capacidad humana de adaptación, de encontrar luz incluso en las sombras más profundas.

El peso de lo perdido era una presencia tangible, un zumbido constante bajo la superficie de los días de Eleanor. Era fácil, casi instintivo, detenerse en los vibrantes colores de la vida que se había desvanecido abruptamente, trazar las nítidas líneas del futuro que ahora parecía irrevocablemente alterado. La carrera que había construido meticulosamente, las pasiones personales que había cultivado, la misma libertad de movimiento que había dado por sentada: cada una representaba un vacío significativo, una fuente de dolor silencioso que susurraba su tristeza en la quietud. Simplemente reconocer estas pérdidas se sentía como un acto necesario de validación, un reconocimiento de la inmensa perturbación. Sin embargo, a medida que el impacto inicial comenzaba a desvanecerse, una comprensión más profunda comenzó a surgir: centrarse únicamente en la ausencia era como mirar fijamente una habitación oscura sin siquiera buscar el interruptor de la luz.

El cambio, cuando llegó, no fue una epifanía repentina, sino una lenta y deliberada relajación de un puño que había estado cerrado durante demasiado tiempo. Comenzó con la decisión consciente de dejar de enmarcar su recuperación como una crónica de sustracción. El derrame cerebral, por devastador que fuera, no había borrado toda su existencia; más bien, le había impuesto un nuevo conjunto de parámetros. No se trataba de minimizar la gravedad de su condición ni de desestimar el dolor genuino de lo que había sacrificado. En cambio, se trataba de reconocer que la narrativa de su vida, al igual que una novela compleja, podía dar cabida a nuevos giros argumentales, desarrollos inesperados de personajes e incluso arcos temáticos completamente nuevos. El acto de replantear fue, en esencia, un acto de autoría creativa sobre su propia historia.

Empezó por modificar conscientemente su monólogo interior. En lugar de suspirar: «Ya no puedo hacer X», se retaba a preguntarse: «Dadas mis capacidades actuales, ¿cuál es el equivalente o la alternativa más cercana a X que puedo hacer?». Esta simple reformulación, repetida innumerables veces, comenzó a alterar sutilmente su percepción. Las puertas cerradas de sus antiguas ambiciones no desaparecieron, pero empezó a notar otras puertas, antes inadvertidas, que ahora estaban entreabiertas. El mundo, se dio cuenta, no era una entidad monolítica que la había excluido irrevocablemente; era un paisaje con terrenos variados, algunos ahora más desafiantes, sí, pero otros que ofrecían nuevas, aunque diferentes, posibilidades de exploración.

Este replanteamiento se extendió a su definición de éxito. Los indicadores de logro que antes parecían tan claros —ascensos, reconocimientos, ambiciosos itinerarios de viaje— ahora parecían distantes y quizás incluso irrelevantes en el contexto de su realidad actual. Tuvo que construir nuevas métricas, profundamente personales y alineadas con sus capacidades y valores actuales. El éxito, comenzó a comprender, se encontraba en la tenacidad necesaria para aprender una nueva forma de realizar una tarea familiar, en la valentía que requería salir de su zona de confort, incluso en la silenciosa resiliencia que demostraba cada día. El simple hecho de completar una sesión de fisioterapia sin sucumbir a la frustración, o lograr tener una conversación significativa con un ser querido a pesar de las dificultades del habla, no eran victorias menores; eran logros monumentales en el panorama de su recuperación.

La narrativa de la pérdida también se vio activamente cuestionada por la exploración de lo que quedaba. Su mente, aguda e inquisitiva, estaba intacta. Su capacidad para el amor, la empatía y el humor no se vieron disminuidos. Sus relaciones, aunque quizás requerían un tipo diferente de interacción, siguieron siendo una fuente de profunda conexión y apoyo. Comenzó a cultivar activamente estas fortalezas perdurables, reconociéndolas no como simples vestigios de su antiguo yo, sino como componentes vitales y vivos de su identidad. Su capacidad para escuchar, ofrecer consuelo, compartir sabiduría: todo esto seguía muy presente y, en cierto modo, quizás incluso potenciado por la vulnerabilidad que su situación había expuesto. El derrame cerebral le había arrebatado ciertas habilidades, pero también, paradójicamente, había revelado una mayor fortaleza interior y profundidad emocional.

Este proceso de reevaluación implicó confrontar las narrativas sociales arraigadas sobre la discapacidad y la recuperación. A menudo existía una expectativa implícita, tanto de los demás como de ella misma, de que la recuperación significaba un retorno completo al funcionamiento previo a la enfermedad. Cuando eso no era posible, la narrativa solía recurrir a una de disminución o tragedia. El reto de Eleanor fue desmontar esta visión simplista. Su historia no era una tragedia; era un testimonio de la capacidad humana de adaptación. Se trataba de descubrir que una vida vivida con limitaciones podía ser rica, significativa e incluso alegre. Se trataba de comprender que la esencia de quién era —su espíritu, sus valores, su perspectiva única— no dependía de sus capacidades físicas.

Encontró un inmenso poder al reconocer el derrame cerebral no como el final, sino como un punto de inflexión profundo, aunque involuntario. Era una línea divisoria, una clara división entre la vida que había conocido y la que ahora transitaba. Pero dentro de este nuevo territorio, había espacio para crecer, aprender y redescubrir. El ritmo cuidadoso y pausado que requería su recuperación, inicialmente percibido como una restricción, poco a poco comenzó a revelar sus propias ventajas. Le obligó a una especie de atención plena, una mayor conciencia del momento presente, que a menudo había pasado por alto en la incansable búsqueda de metas futuras. Empezó a notar la sutil belleza de los sucesos cotidianos: la forma en que la luz del sol se filtraba entre las hojas de un árbol, la reconfortante calidez de una taza de té en sus manos, el ritmo de su propia respiración. Eran momentos pequeños, quizás, pero eran anclas en el presente, que la anclaban de una manera que su anterior vida, más acelerada, no le había permitido.

Este cambio de narrativa también le permitió liberarse de la carga de las expectativas. Ya no sentía la presión de rendir a un nivel que estaba fuera de su alcance. La constante comparación con su yo anterior, una práctica que le había generado considerable frustración, comenzó a desvanecerse. En cambio, se centró en su trayectoria personal, celebrando cada pequeño paso adelante sin la sombra intimidante de lo que solía ser. Fue una liberación de un estándar imposible, una libertad para simplemente ser y crecer a su propio ritmo. Esta aceptación de su propio y único cronograma fue increíblemente liberadora, permitiéndole afrontar los desafíos con curiosidad en lugar de temor.

El impacto de esta nueva narrativa se extendió a sus relaciones. En lugar de sentirse una carga, comenzó a verse como alguien que, a pesar de sus desafíos, aún tenía mucho que ofrecer. Sus conversaciones con amigos y familiares se profundizaron al pasar de preguntas educadas sobre su progreso físico a intercambios más significativos sobre la vida, el amor y su propósito. Aprendió a expresar sus necesidades con mayor claridad, no como exigencias, sino como solicitudes de apoyo para afrontar su nueva realidad. Esta comunicación abierta fomentó una mayor comprensión mutua y fortaleció los lazos de amor y cuidado. Sus seres queridos, a su vez, comenzaron a verla no solo como alguien en recuperación, sino como alguien que se adaptaba y evolucionaba activamente, y encontraron inspiración en su resiliencia.

La historia de su vida ya no era un capítulo cerrado, interrumpido abruptamente por un evento devastador. Era una saga continua, que se escribía y reescribía día tras día. El derrame cerebral alteró innegablemente la trama, introduciendo obstáculos imprevistos y forzando desvíos inesperados. Pero también abrió la posibilidad de historias completamente nuevas, que enfatizaban la valentía, la perseverancia y la profunda belleza de la conexión humana. El viaje de Eleanor se convirtió en un testimonio viviente del poder de la perspectiva: la capacidad de ver las mismas circunstancias desde una perspectiva diferente y encontrar no solo la supervivencia, sino una existencia plena y plena, forjada dentro de los límites de su nueva realidad.

Comenzó a buscar activamente experiencias que, si bien diferían de sus aspiraciones originales, aún ofrecían la promesa de compromiso y crecimiento. Los ambiciosos planes de viaje podrían haber quedado en el olvido, pero el deseo de explorar y conectar con el mundo permaneció. Esto se tradujo en una nueva apreciación por su entorno local. Descubrió joyas ocultas en su propio pueblo: pequeñas librerías independientes con acogedores rincones de lectura, jardines comunitarios repletos de actividad tranquila, galerías de arte que exhibían el talento local. No eran lugares exóticos, pero ofrecían oportunidades para la exploración, la contemplación serena y la interacción significativa. La energía y el esfuerzo que requerían estas pequeñas excursiones eran manejables, pero la sensación de descubrimiento y la alegría que brindaban no eran menos profundas que cualquier aventura lejana.

Además, las limitaciones de su movilidad física, paradójicamente, fomentaron una conexión más profunda con el mundo de la mente. Si ya no podía recorrer el accidentado terreno de sus sueños, aún podía recorrer continentes a través de la literatura. El mundo de los audiolibros, antes una opción secundaria, se convirtió en un portal principal hacia nuevos mundos e ideas. Se adentró en biografías de figuras inspiradoras, historias que iluminaron las complejidades de la civilización humana y novelas que la transportaron a tierras lejanas y a las mentes de diversos personajes. Esta exploración intelectual no solo estimuló su mente, sino que también le proporcionó una sensación de autonomía y evasión, un recordatorio de que su imaginación seguía siendo ilimitada. Era una forma de viajar que no requería esfuerzo físico, solo una mente abierta y la disposición a dejarse llevar.

El dolor inicial por la pérdida de la motricidad fina, la incapacidad de manejar con destreza un pincel o tocar con delicadeza un instrumento musical, comenzó a suavizarse a medida que descubrió alternativas creativas. Encontró satisfacción en los medios más sencillos y tolerantes. El arte digital, donde los botones de deshacer y las capas ofrecían una red de seguridad para la experimentación, se convirtió en una sorprendente vía de expresión. La sensación táctil de crear algo, incluso a través de un medio diferente, fue profundamente gratificante. De igual manera, exploró la música de nuevas maneras: escuchando con un oído más perspicaz, aprendiendo teoría musical o incluso experimentando con instrumentos de percusión sencillos que requerían una coordinación menos compleja. No se trataba de replicar lo perdido, sino de encontrar nuevas maneras de conectar con sus inclinaciones artísticas.

Este proceso de replanteamiento no fue un esfuerzo solitario. Implicó un esfuerzo consciente por comunicar sus necesidades y deseos cambiantes a su red de apoyo. Aprendió a expresar que, si bien apreciaba la ayuda práctica, lo que realmente necesitaba era ánimo para explorar su potencial, sin importar cómo se manifestara. Animó a sus seres queridos a verla no como una paciente con necesidad constante de atención, sino como una persona que navegaba por una nueva etapa, alguien que aún poseía autonomía y capacidad para la alegría. Este diálogo abierto transformó sus relaciones de compasión a relaciones de compañerismo, donde sus seres queridos se convirtieron en colaboradores en su camino de redescubrimiento.

La narrativa estaba cambiando de una vida truncada a una vida redefinida. Los desafíos persistían, las limitaciones eran reales, pero ya no eran el único enfoque. Eran el paisaje, el contexto en el que se desarrollaba su vida, pero no representaban la totalidad de la historia. La historia trataba cada vez más sobre su resiliencia, su adaptabilidad y su espíritu inquebrantable. Se trataba de encontrar la belleza en lo inesperado, la fuerza en la vulnerabilidad y la alegría en los momentos de tranquilidad que antes se habían pasado por alto. Los ecos del pasado seguían presentes, pero ya no eran el coro dominante. A ellos se unían las melodías florecientes de un futuro que se escribía de forma activa, decidida y valiente, un futuro que, aunque diferente, albergaba en sí la promesa de una profunda plenitud. El derrame cerebral, inicialmente percibido como un final catastrófico, se reinterpretaba como un catalizador poderoso, aunque doloroso, para una conexión más profunda y auténtica con la vida. La narrativa ya no era un lamento; era un testamento.

Los primeros días tras el derrame cerebral fueron una maraña de intensos trastornos físicos y emocionales. La cruda confrontación con las limitaciones, el ritmo implacable de la terapia y la persistente ansiedad por el futuro. Era fácil, casi demasiado fácil, dejarse consumir por el peso de lo perdido. El vibrante tapiz de la vida anterior de Eleanor parecía deshilacharse, los hilos de independencia y capacidad se deshacían con cada día que pasaba. El silencio en su hogar, antaño bullicioso, ahora lleno del silencioso zumbido de las máquinas y los tonos apagados de las visitas preocupadas, era un recordatorio constante del cambio radical que se había producido. Pensar en el "antes" era invitar a una desesperación que amenazaba con ahogarla, un torbellino de interrogantes. El mero esfuerzo que requería realizar tareas básicas —vestirse, comer sin ayuda, articular una frase coherente— era agotador. Cada pequeña victoria en la terapia se veía eclipsada por la inmensa montaña que aún le quedaba por delante, una escalada desalentadora que parecía insuperable. La constante batalla interna para reconciliar a la persona vibrante que sabía que era con la realidad físicamente comprometida era una lucha agotadora e implacable. Se encontró aferrándose a recuerdos de movimiento sin esfuerzo, de alegría espontánea, de un futuro que había sido tan claramente trazado, ahora un fantasma de lo que podría haber sido.

Sin embargo, a medida que la tormenta del impacto inicial comenzaba a amainar, una sutil semilla recalcitrante empezó a brotar en el árido paisaje de su recuperación. No fue un rayo de sol repentino, sino un destello tenue y persistente, nacido no de la negación, sino de una necesidad desesperada e incipiente de encontrar algo, cualquier cosa, a lo que aferrarse, además de la abrumadora sensación de pérdida. Este destello era el naciente atisbo de gratitud. Fue un acto consciente, casi desafiante, de apartar la mirada del abismo de lo que faltaba y dirigirla hacia los pequeños, a menudo ignorados, restos de lo que quedaba.

Los primeros destellos de esta profunda emoción fueron sutiles. Quizás fue el calor del sol en su rostro mientras estaba sentada junto a la ventana, una simple sensación que antes apenas había percibido en su prisa por ir de un compromiso a otro. Ahora, era un profundo consuelo, una conexión tangible con el mundo exterior a sus dificultades inmediatas. O quizás fue el suave roce de la mano de su hija al ayudarla a acomodarse, un gesto de cariño que expresaba un amor inquebrantable. En esos momentos, Eleanor hacía una pausa, respiraba lenta y deliberadamente, y se permitía reconocer la presencia de esta sencilla gracia. Fue una decisión consciente reconocer el regalo, por pequeño que fuera, en medio de los abrumadores desafíos.

Esta gratitud naciente empezó a encontrar terreno fértil en los rituales diarios de su rehabilitación. La fisioterapeuta, con sus palabras de aliento y su paciente guía, se convirtió en un faro de esperanza. Eleanor empezó a reconocer no solo el esfuerzo que implicaba cada ejercicio repetitivo, sino también la intención subyacente: el proceso deliberado y minucioso de reconstruir lo que se había roto. Empezó a apreciar la habilidad de la terapeuta, su inquebrantable creencia en el potencial de Eleanor y la dedicación absoluta que cada sesión exigía. Salía de cada cita no solo con el dolor del esfuerzo, sino con una silenciosa sensación de logro, un testimonio de que, de alguna manera, estaba avanzando. Cada avance, por minúsculo que fuera —un agarre ligeramente más fuerte, un paso más controlado, una articulación más clara de una palabra—, se convertía en motivo de silenciosa celebración. No eran simples ejercicios; eran bloques de construcción, cada uno colocado con esmero, que contribuían a la lenta y ardua construcción de una nueva base.

El apoyo de su familia y amigos también se convirtió en una fuente de profunda gratitud. Sus visitas, que antes eran una obligación que sentía que debía cumplir, se transformaron en momentos de genuina conexión y vulnerabilidad compartida. Veía la preocupación grabada en sus rostros, pero también el amor inquebrantable que la sustentaba. Aprendió a aceptar su ayuda no como una señal de su propia debilidad, sino como un testimonio de la fuerza de sus vínculos. Las risas compartidas por una anécdota tonta, el consuelo de una mano agarrada, el paciente escuchándola relatar las frustraciones del día: todos estos fueron actos de profundo amor y apoyo que comenzó a apreciar. Se dio cuenta de que, si bien el derrame cerebral la había aislado de muchas maneras, también, paradójicamente, la había acercado a quienes más le importaban. Su presencia inquebrantable era un recordatorio constante de que no estaba sola en esta lucha. Las comidas preparadas, los recados hechos, las horas simplemente sentadas a su lado: no eran meros actos de deber, sino profundas expresiones de compromiso que la llenaban de un profundo sentimiento de agradecimiento.

Incluso las interacciones con desconocidos empezaron a cobrar un nuevo significado. La breve y amable sonrisa de una enfermera, la atención del cajero en el supermercado, el gesto comprensivo de un compañero en la sala de espera: estos pequeños gestos de conexión humana, antes considerados simples cortesías sociales, ahora resonaban profundamente. Eran recordatorios de la bondad inherente que existía en el mundo, pequeños actos de gracia que acentuaban el camino, a menudo difícil. Eleanor empezó a buscar activamente estos momentos, a reconocerlos y a ofrecer una palabra de agradecimiento, ya sea en silencio o en voz alta, comprendiendo que estos intercambios aparentemente insignificantes contribuían a la complejidad de su experiencia.

Este cultivo deliberado de la gratitud no era una emoción pasiva; era una práctica activa, una disciplina diaria. Eleanor comenzó a incorporarlo a su rutina, reservando conscientemente un tiempo cada día para reflexionar sobre aquello por lo que estaba agradecida. Empezó un diario de gratitud, un cuaderno sencillo donde anotaba esos momentos de agradecimiento. Al principio, las entradas eran escasas, vacilantes. "Agradecida por una mañana tranquila", solía escribir, o "Agradecida por el sabor del café". Pero a medida que continuaba, las entradas se volvían más detalladas, más sinceras. Describía la forma específica en que la luz entraba por la ventana, la inflexión particular en la voz de su hijo cuando llamaba, la satisfacción que sentía en los músculos después de una sesión de terapia particularmente difícil. Este acto de escribir sus bendiciones, por pequeñas que fueran, servía para amplificarlas, para darles peso y sustancia. Era como cuidar un jardín, regando con esmero los frágiles brotes de agradecimiento hasta que crecieran hasta convertirse en plantas robustas que pudieran soportar las tormentas.

El impacto de esta práctica fue transformador. No borró mágicamente el dolor ni las dificultades, pero transformó su paisaje interior. Su enfoque comenzó a pasar del déficit a la abundancia, de lo que faltaba a lo que quedaba. Fue una reorientación fundamental de su perspectiva. Donde antes solo veía las limitaciones de su habla, ahora también escuchaba la calidez y el amor en las voces de quienes la escuchaban pacientemente. Donde antes sentía la frustración de sus extremidades debilitadas, ahora también sentía el orgullo silencioso por el progreso que estaba logrando. La gratitud se convirtió en un ancla, anclada en el momento presente e impidiéndole ser arrastrada por la abrumadora ola de desesperación. Era un recordatorio constante y suave de que, incluso en medio de inmensas dificultades, aún había destellos de luz, momentos de alegría y razones para perseverar.

Esta decisión consciente de centrarse en la gratitud también fue un poderoso acto de autocompasión. En un mundo que a menudo equipara el valor con la productividad y la capacidad física, Eleanor estaba aprendiendo a valorarse por quién era, no por lo que podía hacer. Reconoció que su valor intrínseco no se vio disminuido por su derrame cerebral. Esta comprensión le permitió ser más amable consigo misma, perdonarse por los días en que el progreso parecía imposible y celebrar las pequeñas victorias con genuino entusiasmo. El diario se convirtió no solo en un registro de bendiciones, sino también de su propia resiliencia, un testimonio de su capacidad para encontrar la luz incluso en la oscuridad más profunda.

Empezó a notar cómo la práctica de la gratitud influía en sus interacciones con los demás. En lugar de abordar las conversaciones con una sensación de carga u obligación, se vio involucrada con una renovada sensación de apertura y aprecio. Estaba más presente, más atenta a las necesidades y sentimientos de quienes la rodeaban. Esto, a su vez, fomentó conexiones más profundas y una retroalimentación más positiva. Cuando expresaba gratitud, a menudo recibía una respuesta cálida y amable, lo que reforzaba aún más la práctica y sus efectos positivos. Era un círculo virtuoso, donde reconocer lo bueno en su vida parecía atraer aún más cosas buenas.

El camino hacia la recuperación fue, y seguiría siendo, largo y arduo. Habría reveses, momentos de duda y días en los que el peso de sus circunstancias se volvería insoportable. Pero Eleanor había descubierto una herramienta poderosa, una fuerza silenciosa que residía no en su recuperación física, sino en el jardín cultivado de su corazón. La gratitud no era una panacea, pero sí un poderoso antídoto contra la desesperación, un recordatorio constante de la belleza y la bondad imperecederas que persistían en el mundo y en ella misma. Era una promesa susurrada en la quietud de la mañana, un rayo de esperanza que iluminaba el camino a seguir, un camino que, si bien indudablemente desafiante, también estaba, como comenzaba a comprender, lleno de una riqueza inesperada y profunda. Este giro consciente hacia la gratitud no consistía en ignorar el dolor; se trataba de reconocerlo, aceptarlo y luego elegir enfocarse en la luz que aún persistía, la luz que la gratitud le ayudaba a ver. Fue un acto deliberado de autoría sobre su propia narrativa, al elegir escribir una historia no solo de supervivencia, sino de resiliencia, gracia y agradecimiento duradero.
La incansable búsqueda de la perfección, una fuerza impulsora que antaño había impulsado a Eleanor a través de la vida, ahora se sentía como un miembro fantasma, un doloroso y residual impulso que ya no le servía. Tras el derrame cerebral, el concepto mismo de perfección se había convertido en una broma cruel. Su cuerpo, antaño un instrumento finamente afinado capaz de una gracia natural y una ejecución precisa, era ahora un paisaje marcado por la imperfección. Esto no era un leve susurro de imperfección, sino una rotunda declaración de alteración. La motricidad fina que le permitía esbozar detalles intrincados, el paso fluido que la llevaba por mercados bulliciosos, la voz clara y resonante que llamaba la atención en una sala de juntas: todo había cambiado radicalmente, algunos de forma irrevocable.

Al principio, el instinto le impulsó a luchar contra esta nueva realidad, a recuperar su forma original, a borrar la evidencia del derrame cerebral como si fuera una mancha en un lienzo prístino. La terapia se convirtió en un campo de batalla, cada sesión en un intento desesperado por obligar a sus extremidades a obedecer, por persuadir a su habla a recuperar su claridad anterior. La frustración era una compañera constante, un sabor amargo y caliente que perduraba mucho después de terminar las sesiones. Se miraba la mano, deseando que el temblor cesara, mientras su mente gritaba órdenes que sus nervios se negaban a obedecer. El espejo reflejaba a una extraña, una persona marcada por la asimetría, por las cicatrices visibles e invisibles de su calvario. Esta guerra interna se desataba, drenándole su valiosa energía, dejándola exhausta y derrotada al final de cada día. El ideal de su antiguo yo, un fantasma de capacidad sin esfuerzo, la acechaba durante las horas de vigilia, un marcado contraste con el arduo trabajo que requería incluso para las tareas más sencillas.

Pero la marea, como suele ocurrir, empezó a cambiar, no con un giro drástico, sino con una erosión lenta, casi imperceptible, de su resistencia. Comenzó con las pequeñas concesiones, los reconocimientos de que quizás la guerra era imposible de ganar, y más importante aún, imposible de ganar de una manera que, en última instancia, era perjudicial. Una tarde, mientras intentaba abrocharse la blusa —una tarea que antes le había llevado apenas unos segundos—, sus dedos se tambalearon, dejando caer el diminuto botón de perla por tercera vez. Las lágrimas le picaban en los ojos, la familiar ola de frustración amenazaba con engullirla. Pero entonces, algo cambió. En lugar de retroceder avergonzada, miró su mano, el ligero temblor que hacía la tarea tan exasperantemente difícil, y por primera vez, no vio a una traidora. Vio una mano que había sufrido un trauma, una mano que se esforzaba al máximo. Miró el botón ligeramente torcido, la forma en que no encajaba del todo, y una extraña idea floreció en su mente: era imperfecto, sí, pero era su blusa, y estaba consiguiendo ponérsela. No tenía el acabado perfecto y nítido que antes habría exigido, pero era funcional. Era un paso adelante.

Este fue el comienzo de una profunda comprensión: la búsqueda de la perfección no solo era inalcanzable en su estado actual, sino que obstaculizaba activamente su progreso. Era una pérdida de energía, una fuente constante de decepción que le robaba la alegría a las pequeñas victorias. La energía que gastaba en lamentarse por lo que estaba "mal" podía redirigirse a celebrar lo que era "posible". Esto no era una rendición a la mediocridad, sino una reevaluación estratégica de sus objetivos. El objetivo ya no era ser quien era , sino ser la mejor versión de sí misma , dadas las circunstancias.

Este cambio de perspectiva fue notablemente liberador. Fue como deshacerse de una pesada capa que había llevado durante años. La presión por ser impecable, por tener siempre la respuesta perfecta, la compostura perfecta, la forma física perfecta, comenzó a disiparse. Empezó a notar la belleza en lo poco convencional, la gracia en la lucha. Empezó a experimentar con diferentes maneras de hacer las cosas, no solo por necesidad, sino por una renovada curiosidad. Por ejemplo, cuando arrastraba las palabras al hablar, aprendió a hacer pausas, a articular con más cuidado y a aceptar que a veces sus palabras podían sonar diferentes a lo que pretendía. En lugar de angustiarse por el matiz que se le escapaba, se centró en transmitir la esencia de su mensaje, en la conexión que establecía con el oyente. Descubrió que las personas solían ser más pacientes y comprensivas cuando reconocía sus desafíos con un toque de humor o una explicación sencilla, en lugar de con un aire de defensa o vergüenza.

La comprensión de que la imperfección podía ser hermosa fue un descubrimiento gradual. Empezó a verla en las arrugas de los rostros de las personas mayores, en las ramas nudosas de los árboles centenarios, en la melodía ligeramente desafinada de una sentida canción popular. No eran defectos que borrar, sino características que le daban profundidad, textura y un encanto único. Aplicar esto a sí misma fue un acto radical de autoaceptación. Su habla, aunque a veces vacilante, ahora llevaba el peso de su experiencia, un testimonio de su resiliencia. Sus movimientos, aunque menos fluidos, ahora estaban imbuidos de una fuerza deliberada, cada acción una elección consciente, una victoria de la voluntad sobre la limitación física. El temblor en su mano, antes motivo de profunda vergüenza, empezó a verse no como un defecto, sino como una manifestación física de su continuo viaje, un recordatorio de la batalla que libraba y del progreso que lograba, por muy gradual que fuera.

Esta aceptación de la imperfección también fomentó una mayor autocompasión. Ya no se reprendía por necesitar ayuda, por tardar más en completar una tarea o por tener un mal día. En cambio, se ofrecía la misma amabilidad y comprensión que le brindaría a una amiga en una situación similar. Aprendió a escuchar a su cuerpo, a descansar cuando lo necesitaba y a no forzarse al máximo en los días en que sus reservas de energía eran bajas. Este autocuidado no era un lujo, sino una necesidad, un componente vital de su recuperación. Le permitió reponer sus reservas físicas y emocionales, haciéndola más resiliente ante los desafíos.

La energía que antes consumía la inútil búsqueda de la perfección se liberó. Eleanor se encontró con mayor capacidad mental y emocional para conectar con la vida de forma más significativa. Pudo dedicarse más plenamente a sus relaciones, a sus aficiones y a explorar nuevas áreas de interés. Empezó a pintar de nuevo, no los paisajes hiperrealistas de su pasado, sino piezas abstractas llenas de colores intensos y emoción pura. Las pinceladas eran menos precisas, las líneas más fluidas, reflejando la nueva libertad que sentía. Encontró una alegría sorprendente en la creación espontánea, en los patrones inesperados que surgían en el lienzo, en el mero acto de expresarse sin la carga del juicio externo ni la crítica interna.

Además, aceptar sus imperfecciones le permitió conectar con los demás de forma más auténtica. Ya no sentía la necesidad de mostrar una fachada refinada e invencible. Podía ser vulnerable, compartir sus dificultades y, al hacerlo, a menudo encontraba que otros le correspondían con sus propias historias de imperfección y resiliencia. Esto creó una conexión más profunda y genuina, un vínculo forjado en la humanidad compartida, más que en la pretensión de perfección. Las interacciones superficiales que antes había desenvuelto con soltura fueron reemplazadas por conversaciones con más peso, más verdad y una empatía más genuina. Descubrió que la gente se sentía atraída por su honestidad, por su disposición a ser auténtica, y que esta autenticidad era mucho más valiosa que cualquier apariencia de perfección.

Este viaje no fue en línea recta; aún había días en que los viejos hábitos de autocrítica afloraban, en que el eco del perfeccionismo le susurraba dudas al oído. Pero ahora, Eleanor tenía las herramientas para reconocer estos pensamientos por lo que eran: una programación obsoleta, vestigios de una vida que ya no la definía. Podía desafiarlos con delicadeza, redirigir su atención y recordarse la liberación que había encontrado al aceptar su realidad alterada. Comprendió que la verdadera fuerza no residía en borrar sus imperfecciones, sino en integrarlas en su identidad, en reconocer que no eran señales de fracaso, sino insignias de supervivencia y crecimiento.

La aceptación de la imperfección fue, en esencia, un acto de auto reclamación. Se trataba de recuperar el control, no forzando su cuerpo a conformarse a un viejo ideal, sino redefiniendo lo que era bello, lo que era capaz y lo que merecía amor y admiración. Se trataba de comprender que su valor como persona no estaba ligado a sus capacidades físicas ni a su capacidad para ejecutar tareas a la perfección, sino a su espíritu, su resiliencia y su capacidad de amar y conectar. Esta constatación fue la piedra angular de su recuperación, una revolución silenciosa que le permitió seguir adelante, no a pesar de sus imperfecciones, sino celebrándolas. Fue el amanecer de una nueva era, una donde la paz no residía en la búsqueda inalcanzable de la perfección, sino en la profunda aceptación de su yo auténtico, imperfecto y bellamente transformado. La energía que antes dedicaba a esforzarse por alcanzar un estándar imposible ahora se canalizaba hacia una vida plena, auténtica y con una paz profunda y renovada, mucho más valiosa que cualquier fugaz ilusión de perfección.

Capítulo 12. El camino que se despliega

El silencio de la noche a menudo amplificaba el parloteo interno. Era un fenómeno peculiar cómo la ausencia de estímulos externos podía aumentar el volumen de los ecos en la propia mente. Para Eleanor, estas horas tardías, cuando el mundo fuera de su ventana estaba silencioso y quieto, se convirtieron en un crisol para su determinación. Los dolores en sus extremidades, las sensaciones fantasmales, el agotamiento absoluto y profundo por las batallas terapéuticas del día, todo se fusionaba en una sinfonía de incomodidad que amenazaba con ahogar cualquier atisbo de esperanza. La duda, un susurro venenoso, se colaba, plantando insidiosas semillas de desesperación. " ¿Para qué?", siseaba. No estás mejorando. Se acabó. Esta es tu nueva normalidad, y una menos.

La naturaleza insidiosa de estos pensamientos residía en su capacidad de explotar sus miedos más profundos. Evocaban vívidas imágenes de limitaciones, de un futuro constreñido por sus realidades físicas. Hablaban de oportunidades perdidas, de relaciones tensas, de una vida irrevocablemente mermada. Era un cruel teatro mental que representaba los peores escenarios con una precisión escalofriante. El mero esfuerzo de superar un solo ejercicio de fisioterapia, la agonizante lentitud de recuperar un objeto caído, la frustración de una palabra arrastrada: estas microderrotas diarias eran repetidas, magnificadas y utilizadas como arma por la voz de la duda. Cuestionaba su propia capacidad de resiliencia, sugiriendo que la lucha era inútil, que la rendición era la única conclusión lógica, aunque dolorosa.

Sin embargo, como convocada por la intensidad misma de la duda, otra voz se alzaba. Esta no era un susurro, sino un zumbido constante e inquebrantable, una profunda resonancia que parecía emanar de lo más profundo de su ser. Era la voz de su determinación, una fiel compañera forjada en el fuego de su calvario. Contrarrestaba los susurros insidiosos con sus propias afirmaciones, más potentes. No, declaraba, firme y resuelta. Este no es el final. Este es un desafío, y yo soy más fuerte que este desafío. Era un diálogo interno constante, una persistente reformulación de la narrativa. Donde la duda veía un muro infranqueable, la determinación veía una escalada empinada, alcanzable con suficiente esfuerzo e ingenio. Donde la duda evocaba imágenes de fracaso, la determinación evocaba visiones de progreso gradual, de pequeñas victorias que, al unirse, formarían un tapiz de recuperación.

Durante esas arduas sesiones de terapia, este monólogo interior era su herramienta más vital. El fisioterapeuta la guiaba a través de un movimiento complejo, sus músculos protestaban a gritos, su coordinación la traicionaba a cada paso. La tentación de rendirse, de dejar que sus extremidades se aflojaran y admitir la derrota, era abrumadora. En esos momentos, la voz de la determinación se convertía en un mantra. «Solo una repetición más», le instaba. «Concéntrate en la respiración. Siente el músculo trabajando. No pienses en las diez que siguen, solo en esta». Era una estrategia de micro batallas, de superar el obstáculo inmediato en lugar de sucumbir a la enormidad de toda la guerra.

Aprendió a descomponer cada tarea, cada movimiento, en sus componentes más pequeños imaginables. Al reaprender a sostener un tenedor, no se trataba del gran acto de comer, sino de la sutil interacción de su muñeca, el suave agarre de sus dedos, el controlado movimiento del plato a la boca.

Cada maniobra exitosa, aunque vacilante, era correspondida con un gesto interno de reconocimiento de la voz de la determinación. Bien. Lo hiciste. Lo mantuviste firme por un momento. Eso es progreso. Estas pequeñas afirmaciones, aunque silenciosas, tenían un peso inmenso. Eran el combustible que mantenía en marcha el motor de su recuperación, la contra narrativa que desmoronaba el edificio de la duda.

El esfuerzo físico era inmenso y, a menudo, el desgaste emocional era aún mayor. Había días en que las lágrimas corrían por su rostro, no necesariamente de dolor, sino de pura frustración. La disparidad entre lo que su mente deseaba y lo que su cuerpo podía ejecutar era un abismo que parecía imposible de salvar. En esos momentos oscuros, la voz de la determinación adoptaba un tono más suave, una presencia reconfortante. Está bien sentirse así, decía. Es difícil. Tienes derecho a estar enojada, a estar triste. Pero no dejes que esos sentimientos te definan. Déjalos pasar y lo intentaremos de nuevo. Esta aceptación de su vulnerabilidad emocional, paradójicamente, fortaleció su determinación. No se trataba de reprimir sus sentimientos, sino de reconocerlos y luego elegir seguir adelante, en lugar de dejarse paralizar por ellos.

Empezó a ver su recuperación no como una carrera hacia el final, sino como un viaje continuo, un proceso de adaptación y aprendizaje constantes. Sus estribillos internos evolucionaron. Ya no se trataba solo de fuerza bruta y de superar el dolor, sino de pensamiento estratégico, de encontrar caminos alternativos. Si este agarre no funciona, ¿qué más puedo intentar? ¿Puedo usar un utensilio diferente? ¿Puedo pedir ayuda? La voz de la determinación se convirtió en una fuente de resolución creativa de problemas, animándola a experimentar, a ser flexible y a aceptar los desvíos inesperados.

Las afirmaciones no eran meras declaraciones pasivas; eran órdenes activas, dirigidas a su propia mente y cuerpo. «Sigue adelante» era un tema recurrente, un recordatorio de que incluso el movimiento más pequeño, el progreso más lento y laborioso, seguía siendo un avance en la dirección correcta. «Eres capaz», era otro, una refutación directa de las dudas que susurraban lo contrario. Repetía estas frases, a veces en voz alta en la silenciosa soledad de su habitación, otras en silencio, como un conjuro. Eran los cimientos de su perseverancia, el constante refuerzo de su voluntad contra la insidiosa erosión de la fatiga y el desánimo.

Se dio cuenta de que este diálogo interno no era señal de debilidad ni indicio de una mente fracturada. Más bien, era un testimonio de la perseverancia del espíritu humano, de la capacidad innata de resiliencia que yacía latente en su interior, esperando ser despertada. Era un acto consciente de automotivación, el cultivo deliberado de una mentalidad positiva que pudiera soportar las inmensas presiones de su situación. Participaba activamente en su propia sanación, no solo siguiendo los pasos de la terapia, sino ejerciendo activamente su fortaleza mental.

El concepto de "solo una repetición más" trascendió lo físico. Se aplicó a todos los aspectos de su recuperación. Un intento más de encontrar la solución, una palabra más pronunciada con claridad, un paso más dado sin titubear. Cada "una más" era un pequeño acto de desafío a las limitaciones impuestas por el derrame cerebral. Fue una decisión consciente de conectar con la vida, de negarse a ser un receptor pasivo de sus circunstancias.

Hubo momentos, por supuesto, en que la determinación flaqueó. Cuando el agotamiento absoluto parecía insuperable, cuando el dolor era un tamborileo implacable contra sus nervios, cuando el progreso se sentía agonizantemente lento, casi imperceptible. En esos momentos, la voz de la duda surgía, sus susurros momentáneamente más fuertes. Fue durante estos momentos de calma, estos momentos de vulnerabilidad, que la práctica de la autocompasión se volvió primordial. La voz de la determinación cambiaba de tono, ofreciendo no una orden, sino una suave seguridad. Descansa ahora, susurraba. Ya has hecho suficiente por hoy. Has luchado duro. Mañana es otro día, y lo intentaremos de nuevo. Esta capacidad de reconocer sus límites, de darse permiso para descansar sin culpa, fue en sí misma una parte crucial de su fortaleza. Evitaba el agotamiento y le permitía afrontar cada nuevo día con energía renovada, aunque frágil.

Empezó a comprender que su monólogo interior no se trataba solo de hacer ; también se trataba de ser . Se trataba de cultivar una autoestima independiente de sus capacidades físicas. «Soy más que mis limitaciones» se convirtió en otro mantra silencioso. Fue una declaración poderosa, una reivindicación de su identidad más allá de las alteraciones físicas. El derrame cerebral había cambiado su cuerpo, pero no había disminuido su esencia, su espíritu, su capacidad de amar y conectar. La voz de la determinación era la guardiana de esta verdad, recordándole con diligencia su valor intrínseco.

El proceso era similar a desarrollar un músculo, pero el músculo que se fortalecía era su voluntad. Cada vez que contrarrestaba un pensamiento negativo con una afirmación positiva, cada vez que se esforzaba un poco más de lo que creía posible, creaba nuevas vías neuronales, no solo en su cerebro para la recuperación física, sino también en su mente para la resiliencia emocional. El diálogo interno era el entrenamiento continuo de este músculo mental vital.

Reconoció que esta conversación interna era una práctica continua. No era un logro puntual, sino un esfuerzo diario, a veces de cada hora. Siempre habría días difíciles, momentos en los que la oscuridad parecía acosarla. Pero ahora, Eleanor tenía una aliada formidable en su mente. El monólogo interior de determinación ya no era solo una colección de frases esperanzadoras; era un instrumento bien afinado, una fuerza poderosa que le permitía navegar las complejidades de su recuperación con valentía, gracia y una fe inquebrantable en su propia fortaleza. Era el zumbido silencioso y persistente bajo la superficie de su vida, el latido inquebrantable de su voluntad de sanar, crecer y encontrar la alegría, sin importar los obstáculos. Era la encarnación de la fuerza interior.

Las consecuencias inmediatas del derrame cerebral fueron una terrible caída a lo desconocido, un silenciamiento repentino y brutal de la vida que conocía. Durante un tiempo, las ganas de vivir se sintieron como una vela distante y parpadeante, fácilmente extinguida por la abrumadora oscuridad. Hubo momentos en que la absoluta impotencia, la profunda desconexión entre mi mente y mi cuerpo, me tentaron a simplemente dejarme llevar, a alejarme de la ardua lucha de la existencia. El paisaje de mi cuerpo se había convertido en un territorio extraño, plagado de dolor, sensaciones desconocidas y limitaciones frustrantes. Cada intento fallido de realizar una tarea sencilla, cada balbuceo, cada temblor en mi mano, era un duro recordatorio de lo perdido, un susurro constante de que tal vez no valía la pena luchar por esta nueva realidad. El miedo a ser una carga, al futuro desconocido que se extendía ante mí, pesaba sobre mi espíritu, amenazando con aplastar cualquier chispa naciente de esperanza.

Sin embargo, bajo las capas de miedo y desesperación, algo primario se agitó. Era un instinto, crudo e indómito, un imperativo biológico profundamente arraigado de sobrevivir, de simplemente ser . Esta no fue una decisión consciente al principio, sino una reacción visceral, una respuesta de lucha o huida en una situación en la que huir era imposible y la lucha era una batalla agotadora y cuesta arriba. Era la negativa automática del cuerpo a rendirse, incluso cuando la mente daba vueltas. Recuerdo el terror puro y puro de darme cuenta de lo cerca que había estado de... bueno, del final de todo. Esa comprensión visceral, ese roce escalofriante con la mortalidad, actuó como un potente catalizador. Fue como si se hubiera accionado un interruptor, un mecanismo de supervivencia que se puso en marcha a toda marcha, alimentado por la profunda conmoción del casi olvido.

A medida que la niebla de la crisis inicial se disipaba, este instinto primario empezó a transformarse en algo más deliberado, más consciente. Ya no se trataba solo de sobrevivir la siguiente hora, sino de elegir activamente vivir. Este cambio fue sutil al principio, casi imperceptible. Empezó con pequeñas victorias, momentos en los que podía ejercer un mínimo de control. La capacidad de levantar un vaso de agua con mano temblorosa, el éxito de formar una frase coherente, por breve que fuera, la sensación de los dedos de los pies moviéndose al responder a una orden: cada uno de estos se convirtió en una pequeña brasa que avivaba las llamas de una voluntad renovada.

No fue una epifanía repentina, sino un despertar gradual. Fue la comprensión de que, si bien el derrame cerebral había alterado irrevocablemente el lienzo de mi vida, no había borrado al artista. Seguía aquí. Mi consciencia, mis recuerdos, mi capacidad de sentir y pensar, todo permanecía intacto, testimonio de la perdurable fortaleza de mi espíritu. El profundo aprecio por el puro don de la existencia, por el simple acto de respirar, de ver el amanecer, de oír la risa de los seres queridos, comenzó a superar el dolor y la frustración. Fue como si el roce con la muerte hubiera agudizado mis sentidos, haciéndome plenamente consciente de la preciosidad de cada instante.

El proceso de rehabilitación, que antes parecía una montaña insalvable, comenzó a verse desde una perspectiva diferente. Ya no era un castigo, sino una oportunidad. Cada estiramiento doloroso, cada ejercicio arduo, ya no era un recordatorio de mi fragilidad, sino un paso hacia la recuperación de lo perdido. Los fisioterapeutas, que al principio parecían unos supervisores estrictos, se convirtieron en aliados invaluables en esta nueva búsqueda de la vida. Su guía y ánimo, sumados a mi creciente determinación, transformaron las agotadoras sesiones en esfuerzos con propósito.

El "deseo de vivir" se convirtió en un verbo activo, no en un sustantivo pasivo. Fue una búsqueda incansable, un compromiso consciente con la vida en toda su complejidad, compleja, desafiante y hermosa. Empecé a buscar activamente oportunidades, a superar mis límites percibidos. Esto significó aceptar la incomodidad, aceptar el dolor y negarme a dejar que los contratiempos definieran mi trayectoria. Significó participar activamente en mi propia recuperación, no solo física, sino mental y emocional. Se trataba de negarme a ser víctima de las circunstancias y, en cambio, convertirme en arquitecto de mi propio futuro, por muy diferente que fuera del que alguna vez había imaginado.

Esta férrea determinación de vivir plenamente, de abrazar esta segunda oportunidad, impregnó cada aspecto de mi existencia. Influyó en cómo abordaba mi terapia, cómo interactuaba con mis seres queridos y cómo percibía el mundo que me rodeaba. Comencé a cultivar un sentido de gratitud, no solo por el progreso que estaba logrando, sino por el hecho mismo de seguir aquí para experimentarlo. Esta gratitud actuó como un poderoso antídoto contra la negatividad y la desesperación persistentes, anclando mi vida en el presente y alimentando mi deseo de crear un futuro con sentido.

El camino no fue nada fácil. Hubo incontables días en que el mero esfuerzo de vivir me abrumaba, en que la frustración amenazaba con consumirme. Pero cada vez que la duda susurraba sus insidiosas mentiras, el eco de ese instinto primario, ahora afinado en voluntad consciente, rugía de vuelta. Era la comprensión de que rendirse significaba dejar que el golpe ganara, no solo física, sino espiritualmente. Y yo no estaba lista para concederle esa victoria. Había vislumbrado el abismo y me había recuperado, y esa experiencia había forjado en mí una resiliencia que nunca supe que poseía.

Esta participación activa en la vida se extendió a mis relaciones. Hice un esfuerzo consciente por estar presente, comunicar mis necesidades y corresponder al amor y el apoyo que recibía. Comprendí que mi recuperación no era una tarea solitaria, sino un camino compartido, y que la fuerza que obtenía de mis conexiones con los demás era tan vital como cualquier fisioterapia. Esta interdependencia, en lugar de sentirla como una debilidad, se convirtió en una fuente de inmensa fortaleza, un recordatorio de que no estaba sola en mi lucha.

El derrame cerebral me había arrebatado muchísimo, pero a su paso, había revelado un núcleo interno de resiliencia, una tenacidad que había estado ahí todo el tiempo, esperando ser puesta a prueba. La voluntad de vivir, antes un hilo frágil, se había rehecho en un tapiz robusto, imbuido de los colores de la gratitud, la determinación y una creencia inquebrantable en la posibilidad de una vida plena, incluso en medio de la adversidad. Era la comprensión de que la vida, en su forma más pura, es un regalo precioso, y que cada momento, por difícil que sea, es una oportunidad para vivirlo con propósito y pasión. Esta profunda determinación se convirtió en la piedra angular de mi recuperación, el motor inquebrantable que me impulsó, día a día, hacia un futuro que ahora estaba decidido a forjar.
El laberinto de mi recuperación, un camino plagado de giros inesperados y obstáculos abrumadores, no se recorrió en el vacío de la desesperación presente. En cambio, me encontré nutriendo profundamente de una fuente interior, una reserva de experiencias y observaciones que, quizás sin saberlo, me habían estado preparando para este preciso momento. Cuando las limitaciones físicas se sentían aplastantes y la niebla mental amenazaba con engullirme, mi mente a menudo se desviaba, no hacia la vida perdida, sino hacia los momentos en los que ya había demostrado una formidable capacidad de resiliencia. Estas no fueron victorias grandiosas ni trascendentales, sino más bien los triunfos silenciosos de mi carácter, los momentos en los que me negué a dejarme vencer por las circunstancias.

Recordé, por ejemplo, un período de mis veintes, una época de inmensa incertidumbre profesional. Había puesto toda mi alma en un proyecto, una iniciativa creativa que parecía la culminación de años de aprendizaje y aspiración. Cuando flaqueó, no por falta de esfuerzo, sino por fuerzas externas del mercado que escapaban a mi control, el golpe fue considerable. La decepción fue un trago amargo, y durante un tiempo, la tentación de simplemente rendirme, de buscar un camino menos exigente, fue fuerte. Sin embargo, en medio del naufragio de mis sueños iniciales, había elegido conscientemente un rumbo diferente. Me había sentado, no para regodearme en lo que había salido mal, sino para analizar por qué . Había analizado los cambios del mercado, el panorama competitivo y mi propio papel en el resultado. Este enfoque analítico, esta negativa a ser una víctima pasiva del destino, me había llevado a cambiar de rumbo. No había abandonado mi pasión, sino que había encontrado una nueva vía para ella, una más sostenible, más alineada con la realidad cambiante. Recordé el coraje que me había costado recapacitar, forjar nuevas conexiones y presentar una visión renovada con renovada convicción. El recuerdo de esa ardua escalada y el éxito final, aunque diferente, que le siguió, fue un poderoso testimonio de que, incluso cuando el suelo bajo mis pies se derrumbó, logré encontrar un punto de apoyo sólido. No se trataba de negar el dolor del fracaso inicial, sino de reconocer la fuerza que había surgido de mi decidida respuesta.

Este recuerdo no fue un simple acto de nostalgia; fue un acto deliberado de auto-recuerdo. Fue como sacar una herramienta vieja y desgastada de un cofre, una herramienta que demostró ser eficaz en batallas pasadas. La perseverancia que había reunido entonces, la capacidad de replantear un revés como una oportunidad de aprendizaje, no eran conceptos abstractos. Eran experiencias encarnadas, grabadas en la esencia misma de mi ser. Cuando los terapeutas me indicaban que intentara un movimiento que parecía imposible, cuando mis músculos gritaban en protesta y mi cerebro luchaba por enviar la señal, evocaba la imagen de mí mismo, una versión más joven, quizás más ingenua, mirando fijamente ese abismo profesional. Me recordaba el silencioso zumbido de determinación que me había impulsado hacia adelante entonces, la inquebrantable creencia de que el progreso era posible, aunque fuera lento y gradual. Ese yo del pasado, a su manera, también había sido un paciente, trabajando en las complejidades de un problema complejo. Y yo, el yo actual, estaba inmerso en una reconstrucción similar, aunque físicamente más exigente. Lo que estaba en juego era innegablemente mayor ahora, las pérdidas potenciales más profundas, pero el principio fundamental seguía siendo el mismo: el poder del esfuerzo persistente y concentrado.

Más allá de mis experiencias personales, también me fortaleció observar la silenciosa resiliencia de los demás. Recordé a mi abuela, una mujer que había vivido épocas de inmensas dificultades. Había soportado pérdidas, pobreza y convulsiones sociales, pero poseía una paz interior inquebrantable. Su fuerza no era ruidosa ni ostentosa. Se reflejaba en la amabilidad con la que ofrecía consuelo, la mirada firme que transmitía comprensión y el simple acto de perseverar. Nunca hablaba de "luchar" contra sus desafíos; en cambio, hablaba de "arreglárselas", de "encontrar la manera". Recordé su jardín, un derroche de color y vida, cultivado con manos que habían presenciado años de duro trabajo. Incluso cuando amenazaban sequías o se avecinaban heladas, cuidaba meticulosamente sus plantas; sus acciones eran un silencioso desafío a los elementos. Regaba, podaba y protegía, no con la expectativa de un éxito garantizado, sino con un profundo respeto por el ciclo de la vida y el crecimiento. Su inquebrantable compromiso con la vida, incluso ante la incertidumbre, fue una profunda lección. Me enseñó que la resiliencia no se trata de fuerza bruta ni conquista agresiva, sino de un compromiso persistente y enriquecedor con la vida misma.

Durante mi rehabilitación, cuando el agotamiento era profundo y la monotonía de los ejercicios repetitivos amenazaba con quebrarme el ánimo, solía visualizar a mi abuela en su jardín. Imaginaba su paciencia, su tranquila determinación, su comprensión de que crecer requiere tiempo y esfuerzo constante. Esta imaginería no consistía en comparar mi lucha con la suya, sino en conectar con la misma fuente de fortaleza serena que ella había encarnado con tanta naturalidad. Era un recordatorio de que la fuerza se encontraba en la suave persistencia de ocuparse de lo importante, en el trabajo constante y sin glamour de reconstruir. Las lecciones de su jardín se aplicaban al jardín de mi propio cuerpo y mente. Cada estiramiento cuidadosamente ejecutado, cada respiración forzada, era una semilla que se plantaba, un brote que se nutría.

Además, los recuerdos de amigos y conocidos que habían enfrentado sus propias adversidades sirvieron como una fuente constante de inspiración. Pensé en un amigo que, tras un accidente devastador, no solo había aprendido a caminar de nuevo, sino que había logrado completar una maratón. Su camino estuvo marcado por el dolor, la frustración y momentos de profunda duda, que compartió abiertamente. Pero lo que más resonó en él fueron sus reflexiones sobre el sistema de apoyo que había cultivado. Habló no solo de sus fisioterapeutas y médicos, sino también de los amigos que lo habían acompañado durante horas, la familia que había celebrado cada pequeño logro, las comunidades en línea que le ofrecieron solidaridad y compartieron sabiduría. Había buscado y aceptado activamente este apoyo, entendiendo que su fuerza individual se veía amplificada por la energía colectiva de quienes lo cuidaban.

Esta fue una lección crucial que integré conscientemente en mi propia recuperación. El instinto inicial, quizás un vestigio de una personalidad más independiente, fue intentar afrontarlo todo sola. Pero recordar la experiencia de mi amigo y su vulnerabilidad manifiesta me permitió apoyarme. Empecé a expresar mis necesidades con mayor claridad a mi familia y amigos. Aprendí a aceptar la ayuda, no como una señal de debilidad, sino como un acto de sabiduría. Empecé a ver la alegría y el propósito genuinos que mis seres queridos encontraban al contribuir a mi recuperación. Su ánimo, su presencia, su disposición a escuchar sin juzgar, se convirtieron en parte integral de mi progreso. No se trataba solo de los ejercicios físicos; se trataba del andamiaje emocional que los apoyaba. Cuando una sesión de terapia me resultaba particularmente desmoralizante, una simple llamada telefónica, una risa compartida o una presencia reconfortante podían restablecer mi perspectiva y reavivar mi determinación. Las lecciones del maratón de mi amigo no se centraron solo en la resistencia física, sino en el poder de la humanidad compartida para superar desafíos aparentemente insuperables.

Estos recuerdos no eran recuerdos pasivos; eran herramientas activas. Los traía conscientemente a mi mente durante los momentos difíciles. Era una forma de reentrenamiento cognitivo, un acto deliberado de cambiar mi enfoque mental de lo que era difícil en ese momento a lo que había superado. Este proceso reforzó una creencia fundamental: que poseía una capacidad innata de resiliencia. El derrame cerebral había presentado un desafío nuevo y profundo, pero no había borrado las fortalezas fundamentales que había cultivado a lo largo de mi vida. Era como encontrar un rompecabezas nuevo y más complejo. Las habilidades que había aprendido al resolver rompecabezas más simples (paciencia, reconocimiento de patrones, ensayo y error) seguían siendo aplicables, incluso si las piezas eran diferentes y la escala era mayor.

La importancia de una mentalidad positiva, un concepto que a veces había descartado por simplista o incluso ingenuo, comenzó a revelar su verdadero poder. Recordé casos en los que un cambio de perspectiva había alterado radicalmente el resultado de una situación. Hubo una ocasión en que una gran decepción personal me dejó sintiéndome completamente derrotado. Mi reacción inicial fue de ira y autocompasión. Pasé semanas dándole vueltas a la injusticia. Pero finalmente, llegué a un punto de agotamiento con mi propia negatividad. Decidí conscientemente intentar ver la situación desde otra perspectiva. Me pregunté: "¿Qué bien puede salir de esto, por pequeño que sea?". Esta pregunta, tan simple pero tan poderosa, abrió una grieta en el edificio de mi desesperación. Me llevó a explorar caminos alternativos, a descubrir oportunidades que de otro modo nunca habría considerado. El resultado no fue idéntico al que originalmente había deseado, pero fue, a su manera, profundamente gratificante, y quizás incluso más enriquecedor por el viaje inesperado que había conllevado.

Durante mi rehabilitación, tendía a centrarme en lo que no podía hacer. La extremidad paralizada, la dificultad para hablar, las lagunas cognitivas: estos eran los recordatorios omnipresentes del impacto del derrame cerebral. Era fácil quedar atrapado en este ciclo de centrarme en los déficits. Pero las lecciones de experiencias pasadas me impulsaron a redirigir conscientemente mi atención. Comencé a buscar y reconocer activamente lo que podía hacer, por pequeño que fuera el logro. La capacidad de mover un dedo, de pronunciar una sola palabra clara, de recordar un recuerdo olvidado: estos se convirtieron en los puntos focales. Cada uno era una victoria, un testimonio de la notable plasticidad del cerebro y de mi propio esfuerzo persistente. No se trataba de ignorar los desafíos, sino de cultivar activamente una contra narrativa, una que enfatizara el progreso y las posibilidades. Se trataba de alimentar las partes esperanzadoras de mi mente, en lugar de saturarlas con un enfoque implacable en lo negativo. La mentalidad no consistía en negar la realidad; se trataba de elegir qué aspecto de la realidad priorizar y nutrir.

La aplicación de estos triunfos pasados no fue un evento puntual, sino un proceso continuo. Fue una recalibración continua de mi brújula interna. Cuando sentía que mi determinación flaqueaba, cuando el esfuerzo de la recuperación parecía superar cualquier beneficio percibido, participaba activamente en esta recuperación mental. Me preguntaba: "¿Cómo superé momentos difíciles antes?". Las respuestas siempre estaban ahí, entretejidas en el tapiz de mi vida: la determinación serena, el enfoque analítico ante los problemas, la disposición a aprender y adaptarme, el coraje para pedir ayuda y la creencia fundamental en mi propia capacidad de perseverar. Estas no eran virtudes abstractas; eran estrategias prácticas, perfeccionadas con la experiencia.

El derrame cerebral había sido una profunda disrupción, una violenta sacudida de los cimientos de mi existencia. Pero no había destruido al arquitecto. Las habilidades, el conocimiento y la resiliencia inherente que había construido durante años seguían presentes, aunque en un estado de desorientación temporal. Al recurrir a triunfos pasados, no solo recordaba; reforzaba activamente la creencia de que este desafío presente también era superable. Era un testimonio de que la adversidad, aunque dolorosa y transformadora, también podía ser un poderoso catalizador para descubrir y fortalecer el espíritu indomable que reside en todos nosotros. El recuerdo de victorias pasadas servía como un susurro constante y tranquilizador: «Ya lo has hecho antes. Lo has superado. Y puedes volver a hacerlo». Este diálogo interno, alimentado por los ecos de mi propia resiliencia y la sabiduría encarnada de otros, se convirtió en una parte indispensable de mi camino de sanación, una fuerza vital que me impulsaba hacia adelante, paso a paso, ganado con esfuerzo.
La esperanza, ese elemento esquivo pero esencial, se convirtió en el faro de mi recuperación. No era un optimismo ciego y optimista, una creencia ingenua de que todo volvería mágicamente a su estado anterior al ictus. Era, en cambio, una expectativa profundamente arraigada y firme: una convicción silenciosa y persistente de que la mejora no solo era posible,

sino probable. Era la comprensión de que, incluso con las huellas indelebles del ictus, aún se podía forjar una vida plena, aunque diferente, paso a paso. Esta esperanza no era un deseo pasivo; era una fuerza activa, un potente combustible que impulsaba y sostenía mi compromiso diario con la agotadora rutina de la terapia. Me susurraba ánimos cuando mi cuerpo protestaba a gritos, cuando los mismos movimientos repetitivos se sentían tortuosos e inútiles. Era el sutil empujón para fijar la vista en nuevas metas alcanzables, pequeñas victorias que me servirían de trampolín, en lugar de sucumbir al peso abrumador de lo perdido.

En esos momentos en que el dolor físico era un compañero implacable, o cuando la niebla mental descendía, oscureciendo la claridad y alimentando la frustración, la esperanza ofrecía un refugio. Era el susurro silencioso al oído de la desesperación, un recordatorio suave pero firme de que las cosas podían mejorar. No se trataba de fingir que la realidad actual no existía, sino de creer en un futuro más brillante, un futuro donde las limitaciones de hoy serían superadas por los esfuerzos del mañana. Esta creencia en un futuro más brillante se convirtió en la piedra angular sobre la que construí mi resiliencia. Iluminó el camino, a menudo oscuro y tortuoso, de la recuperación, transformándolo de un túnel aparentemente interminable en un viaje con un horizonte discernible, aunque lejano.

Recuerdo una tarde particularmente difícil durante la fisioterapia. El objetivo era simple, pero se sentía titánico: levantar el brazo afectado apenas unos centímetros de la colchoneta. Mis músculos temblaban violentamente, una sinfonía de protesta contra la orden. Mi cerebro luchaba por enviar la señal; las vías neuronales parecían obstruidas. La frustración empezó a hervir, amenazando con desbordarse en desesperación. Sentí el familiar escozor de las lágrimas, la abrumadora sensación de "¿para qué?". Fue en ese preciso momento de casi rendición que conscientemente busqué esperanza. No concibí grandes visiones de maratones o bailar en una boda. En cambio, me concentré en una esperanza más pequeña y manejable: la esperanza de que, si me esforzaba un poco más, si conseguía un intento más, ese pequeño movimiento podría ser infinitamente mejor que el anterior. Esperaba que esta única y ardua repetición fortaleciera algunas conexiones neuronales más, que pudiera reducir, aunque fuera mínimamente, el bloqueo. Era la esperanza de un progreso gradual, la convicción de que incluso los más pequeños avances eran significativos en el gran plan de reconstrucción. Esta esperanza no era un escudo contra el dolor ni la decepción; era una brújula que me guiaba en medio de la tormenta, apuntando hacia la posibilidad de un mar más tranquilo.

Esta esperanza arraigada no fue una revelación repentina; se cultivó. Se alimentó observando la silenciosa persistencia de otros y buscando activamente historias de triunfo ante la adversidad. Devoré libros, vi documentales y escuché atentamente las anécdotas que compartían otros pacientes en el centro de rehabilitación. Cada historia, ya fuera de alguien que reaprendía a hablar, recuperaba la capacidad de caminar o dominaba una nueva habilidad a pesar de desafíos significativos, servía como un poderoso recordatorio de que la recuperación no era un mito. Estas narrativas no solo eran inspiradoras; eran planes prácticos. Demostraban que el camino podía ser tortuoso, lleno de desvíos y contratiempos, pero que era posible alcanzar un destino de mejor funcionamiento y una vida plena.

Una historia que resonó especialmente fue la de una mujer que, tras un grave accidente, perdió el uso de las manos. Su pasión era la pintura, un oficio que parecía irrevocablemente perdido. Sin embargo, se negó a renunciar a ese sueño. Comenzó a experimentar con la pintura con la boca, un proceso minucioso que requería inmensa destreza, paciencia y una fe inquebrantable en su capacidad de adaptación. Sus primeros intentos fueron toscos, sus trazos menos precisos que antes. Pero su esperanza, su inquebrantable convicción de que aún podía crear belleza, la impulsaron a seguir adelante. Soportó incontables horas de práctica, luchando contra la frustración y el malestar físico. Con el tiempo, no solo recuperó su capacidad para pintar, sino que desarrolló un estilo único y expresivo que cosechó elogios de la crítica. Su historia no se trataba solo de recuperar una habilidad; se trataba de redefinir lo posible. Era un testimonio de que la esperanza, unida a una determinación inquebrantable, podía liberar un potencial inimaginable.

Esta historia se convirtió en una poderosa ancla mental para mí. Cuando los ejercicios para recuperar la motricidad fina de mis dedos me parecían imposibles, la visualizaba pintando con la boca, con la fuerza de voluntad y el ingenio que requerían. No se trataba de comparar mi lucha con la suya, sino de encontrar fuerza en su ejemplo. Su éxito era la prueba de que lo aparentemente imposible podía hacerse posible con pura fuerza de voluntad y la creencia persistente en un resultado mejor. Reforzaba la idea de que mis propias limitaciones no eran necesariamente barreras permanentes, sino desafíos que debía superar mediante la innovación y la perseverancia.

La esperanza también se manifestó como un antídoto vital contra la sensación generalizada de aislamiento que a menudo acompaña a un evento médico que cambia la vida. El derrame cerebral, por su propia naturaleza, creó un abismo entre mi antiguo yo y la persona que era ahora. Muchas de mis actividades previas, mis interacciones sociales, incluso mi capacidad para comunicarme con fluidez, se vieron comprometidas. Esto fácilmente podía llevarme al aislamiento, a una sensación de estar fuera, observando un mundo que continuaba sin mí. La esperanza, sin embargo, actuó como un puente. Era la tranquila seguridad de que no estaba realmente solo, de que había personas que se preocupaban, que comprendían y que estaban comprometidas con mi recuperación. Era la creencia de que podía, y que lo haría, reconectarme con el mundo, aunque en nuevos términos.

Esto se manifestó de maneras pequeñas, pero significativas. Fue la esperanza la que impulsó mi disposición a participar en terapia del habla, incluso cuando mis intentos de formar palabras se topaban con sonidos confusos y malentendidos frustrantes. Esperaba que cada sesión, cada expresión incómoda, fuera un paso hacia una comunicación más clara, hacia poder expresar mis pensamientos y necesidades una vez más. Fue la esperanza la que me animó a participar en sesiones de terapia de grupo, a sentarme entre otras personas que transitaban experiencias similares. Al principio, estos encuentros eran abrumadores. La vulnerabilidad compartida podía ser abrumadora. Sin embargo, en ese espacio compartido, entre las historias de lucha y resiliencia, surgió una esperanza diferente: la esperanza de la solidaridad, de la comprensión compartida y de la creencia colectiva de que todos, juntos, luchábamos por un futuro mejor.

Además, la esperanza me brindó un marco crucial para establecer y perseguir nuevas metas. Antes del derrame cerebral, mis aspiraciones se habían basado en ciertas capacidades percibidas. Ahora, esas capacidades habían cambiado. Habría sido fácil simplemente abandonar todas mis aspiraciones, resignarme a una vida sin ambiciones futuras. Pero la esperanza intervino. Me impulsó a reevaluar, redefinir y establecer metas nuevas, aunque diferentes. No se trataba de lograr lo que había perdido, sino de descubrir lo que aún era posible. Esto me llevó a centrarme nuevamente en la rehabilitación cognitiva, en ejercicios diseñados para mejorar la memoria y la resolución de problemas. También despertó mi interés por los deportes adaptados, actividades que podían modificarse para adaptarse a mis limitaciones físicas.

Recuerdo la vacilación inicial cuando mi terapeuta ocupacional me sugirió probar el kayak adaptado. La idea de estar en el agua, con su inherente imprevisibilidad, me intimidaba. Mi equilibrio se veía comprometido, mi fuerza disminuida. Pero el terapeuta habló de kayaks especialmente diseñados, de protocolos de seguridad y de la pura alegría de estar al aire libre, sintiendo el movimiento del agua. Mi esperanza, ese silencioso susurro de posibilidad, me impulsó hacia adelante. Era la esperanza de poder seguir experimentando la libertad de estar en el agua, de poder encontrar una manera de conectar de nuevo con la naturaleza, incluso con mi paisaje físico alterado. Aquella primera salida en kayak fue una experiencia profunda. Con ayuda, subí a la embarcación y, mientras remaba, al principio con cautela, luego con creciente confianza, una sensación de liberación me invadió. El viento en mi pelo, el sol en mi cara, el suave ritmo de la remada: era una poderosa confirmación de esperanza. Era la prueba de que nuevas experiencias, nuevas alegrías, aún estaban a mi alcance, aunque parecieran diferentes a lo que alguna vez había imaginado.

La esperanza también jugó un papel crucial en la gestión de los altibajos emocionales de la recuperación. Hubo días de profunda tristeza, días en los que el peso del derrame cerebral se sentía insoportable. En esos días, era fácil sucumbir a una perspectiva oscura y nihilista. Pero la esperanza actuó como un ancla, impidiéndome hundirme demasiado en el abismo. Era la creencia de que incluso los días más oscuros darían paso a otros más luminosos. Era la comprensión de que los reveses no eran permanentes, que los momentos de desesperación eran pasajeros y que el camino subyacente de mi recuperación seguía siendo ascendente.

Esto era particularmente evidente durante los periodos de estancamiento. Había momentos en que mi progreso parecía estancarse, en que las mejoras a las que me había acostumbrado parecían desvanecerse. Estos eran a menudo los momentos más desalentadores, ya que ponían a prueba mi fe en el progreso continuo. En estos casos, la esperanza no consistía en negar el estancamiento, sino en replantearlo. Era la esperanza de que se tratara de una pausa temporal, un periodo de consolidación antes del siguiente impulso de mejora. Era la esperanza de que mi cerebro siguiera funcionando, reorganizándose, aunque las señales externas aún no fueran evidentes. Esta perspectiva me permitió perseverar durante estos periodos difíciles, continuar con mis terapias y confiar en que el esfuerzo seguía dando resultados, aunque no fueran visibles de inmediato.

Cultivar la esperanza fue un proceso activo y continuo. Implicaba un esfuerzo consciente, una redirección deliberada de mis pensamientos y mi enfoque. Implicaba buscar activamente influencias positivas, tanto externas como internas. Implicaba celebrar las pequeñas victorias, por insignificantes que parecieran. Implicaba reconocer y procesar las emociones negativas sin permitir que me consumieran. Y, lo más importante, implicaba mantener una perspectiva de futuro, la creencia en la posibilidad de un futuro pleno, incluso en medio de los desafíos presentes. La esperanza no era una receptora pasiva de la buena fortuna; era una participante activa en la creación de una realidad mejor. Era la voz serena y persistente que susurraba: «Eres más que tus limitaciones. Tu historia no ha terminado. Sigue adelante». Y en esa creencia simple e inquebrantable residía la profunda fuerza para continuar el arduo, pero a la vez gratificante, camino de la recuperación.

Aceptación, una palabra que a menudo conlleva el peso de la rendición, se convirtió, para mí, en la clave inesperada para liberar una fuerza profunda y resiliente. No fue una epifanía repentina y dramática, sino un desarrollo lento y deliberado, un silencioso amanecer de comprensión que cambió el panorama mismo de mi recuperación. En el primer y crudo período posterior al derrame cerebral, mi mente, como un luchador acorralado, se vio enfrascada en una feroz batalla contra la innegable realidad de mi nueva existencia. Despotricé contra las limitaciones, las habilidades robadas, la percepción alterada de mí misma y del mundo. Cada expectativa incumplida, cada tropiezo frustrante, se sentía como una derrota personal, un testimonio de mi incapacidad para volver a ser la persona que una vez fui. Esta constante guerra interna, esta negación implacable de lo que era, consumió una cantidad inconmensurable de energía emocional y mental, dejando muy poco para la ardua labor de reconstrucción.

El punto de inflexión, aunque sutil, fue transformador. No fue una decisión consciente de "abandonar" la lucha, sino más bien un reconocimiento gradual de que la lucha en sí misma era el principal impedimento para progresar. Empecé a observar la absoluta inutilidad de gastar tanta energía en desear que las cosas fueran diferentes, en lamentar lo irrevocablemente perdido. Era como intentar frenar la marea; el esfuerzo fue inmenso, el resultado, en última instancia, inútil. Esta comprensión no llegó con fanfarrias, sino como un leve susurro de agotamiento, un profundo cansancio de la lucha. Fue en ese espacio de absoluto agotamiento donde se plantó la semilla de la aceptación.

Llegué a comprender que la aceptación no era resignación. No era un acto pasivo de tirar la toalla. Al contrario, era una confrontación activa y valiente con la realidad. Era el reconocimiento honesto e inquebrantable de que el derrame cerebral había alterado fundamentalmente la trayectoria de mi vida y que la persona que era antes ya no era plenamente accesible. No se trataba de aceptar las limitaciones como algo deseable, sino de reconocerlas como hechos, como los nuevos parámetros dentro de los cuales debía operar. Este pragmatismo, sin autocompasión ni culpa, fue increíblemente liberador. Fue como soltar por fin una pesada carga que había llevado durante demasiado tiempo.

El cambio en mi diálogo interno era palpable. En lugar del incesante "¿Por qué a mí?" y "Esto no es justo", empezó a surgir una nueva pregunta: "Esta es mi realidad. ¿Qué puedo hacer con ella?". Esta pregunta, nacida de la aceptación, abrió nuevas posibilidades. La energía que la resistencia había agotado estaba de repente disponible para aplicarla, para crear, para reconstruir. Ya no se trataba de lamentar las capacidades perdidas, sino de descubrir y cultivar las que quedaban, y explorar formas innovadoras de compensar las disminuidas.

Considere el simple acto de caminar. Antes del derrame cerebral, era un acto inconsciente y sin esfuerzo. Después, fue un esfuerzo consciente y minucioso, que a menudo requería dispositivos de asistencia y una concentración inmensa. Mi instinto inicial fue luchar contra esto. Me exigía demasiado, frustrado por la lentitud, la inestabilidad y el enorme esfuerzo. Esto a menudo resultaba en caídas, aumento del dolor y una mayor sensación de desesperación. Era un círculo vicioso alimentado por la negación. Sin embargo, a medida que la aceptación empezó a arraigarse, mi enfoque cambió. Empecé a aceptar que mi forma de caminar sería diferente. Acepté la necesidad de un bastón, no como símbolo de debilidad, sino como una herramienta para la estabilidad y la independencia. Me centré en la calidad de cada paso, en los sutiles cambios en mi forma de andar, en fortalecer los músculos que eran capaces, en lugar de lamentarme por los que no lo eran. Esta aceptación me permitió involucrarme de forma más plena y productiva en la fisioterapia. En lugar de luchar contra la lentitud percibida, aprendí a apreciar las mejoras graduales, las sutiles ganancias en equilibrio y resistencia. La frustración no desapareció por completo, pero ya no me aprisionaba. Se convirtió en una emoción manejable, en lugar de una fuerza abrumadora.

Este principio se extendió a innumerables otras áreas de mi vida. Mi capacidad de comunicarme, por ejemplo, se vio significativamente afectada. Hablar se volvió dificultoso, encontrar las palabras adecuadas se convertía en un reto. Mi reacción inicial fue aislarme, evitar conversaciones por miedo a la falta de comunicación o a la vergüenza. Sentía un rubor en las mejillas cuando me trababa con una palabra, cuando una frase simple requería un esfuerzo titánico para articularla. Sin embargo, este aislamiento solo profundizó el aislamiento. La aceptación me ofreció un camino diferente. Empecé a aceptar que mi estilo de comunicación cambiaría. Empecé a señalar verbalmente mis dificultades, diciendo cosas como: "Ten paciencia, hoy hablo un poco lento" o "Quizás necesite que lo repitas". Esta honestidad preventiva desarmó la incomodidad potencial y fomentó una mayor comprensión por parte de los demás. También me liberó de la presión interna de actuar a la perfección. Podía concentrarme en transmitir mi mensaje, en ser comprendido, en lugar de en la pronunciación impecable de mis palabras. Esto abrió caminos para conexiones más profundas, ya que las personas estaban más dispuestas a participar cuando comprendían los desafíos que enfrentaba y apreciaban mi esfuerzo.

El ámbito de mi vida profesional también se vio profundamente afectado. Mi carrera se había basado en habilidades que ahora estaban en peligro. El impulso inmediato fue ver esto como un obstáculo insuperable, el fin definitivo de mi identidad profesional. Pero la aceptación me proporcionó una reformulación crucial. Me permitió reconocer que mi trayectoria profesional anterior podría estar cerrada, pero no significaba que todas las vías profesionales estuvieran bloqueadas. Cambió mi enfoque de lo que ya no podía hacer a lo que aún podía aportar. Esto me llevó a explorar nuevos roles, a buscar puestos que aprovecharan mis fortalezas e intelecto restantes, incluso si diferían significativamente de mi trabajo anterior. Implicaba reciclarme, aprender nuevas habilidades y adaptarme a diferentes entornos laborales. El proceso no fue nada fácil, lleno de momentos de inseguridad y el dolor de los reveses percibidos. Sin embargo, la aceptación fundamental de mis nuevas circunstancias me permitió perseverar. Me permitió abordar estos desafíos no como fracasos, sino como pasos necesarios en una nueva dirección.

Además, la aceptación fomentó una profunda sensación de paz interior. Antes de poder realmente empezar a sanar y reconstruirme, tuve que detener la guerra civil interna. La constante resistencia a mi realidad era un esfuerzo agotador e inútil. Era como intentar nadar contracorriente. Al aceptar la corriente, al reconocer su fuerza y dirección, pude aprender a navegarla con mayor eficacia. Esto no significaba que me gustara la corriente ni desear que fuera diferente, sino comprenderla y trabajar con ella. Esta paz interior no era un estado pasivo; era un proceso activo de soltar los "qué hubiera pasado si..." y los "debería haber sido". Se trataba de elegir conscientemente habitar el momento presente, con todas sus imperfecciones, y encontrarle valor y significado.

Esta aceptación también tuvo un impacto notable en mis relaciones. Mis seres queridos a menudo luchaban por encontrar la mejor manera de apoyarme. Quizás albergaban sus propios deseos tácitos de una recuperación completa, sus propias batallas internas con mi realidad alterada. Mi propia lucha con la aceptación había, en muchos sentidos, reflejado y amplificado la suya. Cuando comencé a aceptar verdaderamente mi situación, a los demás también les resultó más fácil aceptarla. Les proporcionó una base clara y honesta sobre la que podían ofrecer su apoyo sin la carga adicional de intentar "arreglarme" o lidiar con mi negación. Mi disposición a ser abierta sobre mis limitaciones y a articular mis necesidades basándome en mi realidad actual facilitó una conexión más profunda y auténtica. Les permitió amar y apoyar la persona que era ahora , en lugar de la persona que recordaban o esperaban que fuera. Esta aceptación compartida creó un entorno más estable y de apoyo para mi recuperación, reduciendo la carga emocional de todos los involucrados.

El proceso de aceptación no fue un evento único, sino un viaje continuo. Hubo días, incluso semanas, en que los viejos patrones de resistencia resurgieron. Una sesión de terapia particularmente difícil, un malentendido frustrante o un momento de intensa incomodidad física podían desencadenar una ola de negación. Fue en estos momentos que la práctica consciente de la aceptación se volvió crucial. Aprendí a reconocer las señales —la opresión en el pecho, la familiar oleada de ira o tristeza— y a guiarme suavemente de vuelta a la realidad presente. Esto a menudo implicaba una simple afirmación interna: «Esto es difícil. Así es ahora mismo. ¿Cuál es el siguiente paso constructivo que puedo dar?». No se trataba de reprimir las emociones difíciles, sino de reconocerlas sin dejar que dictaran mis acciones ni descarrilaran mi progreso. Se trataba de comprender que, incluso dentro del marco de la aceptación, todavía había espacio para emociones como la tristeza, la frustración y el duelo. La diferencia radicaba en que estas emociones ya no eran el motor; eran pasajeros reconocidos en el viaje, no los capitanes del barco.

La paradoja de la aceptación residía en su poder para alimentar, en lugar de disminuir, la resiliencia. Al renunciar a la agotadora lucha contra mis limitaciones, liberé una increíble cantidad de energía. Esta energía, una vez liberada, podía canalizarse hacia estrategias proactivas, hacia la resolución creativa de problemas y hacia la búsqueda persistente de mis metas redefinidas. La aceptación se convirtió en el terreno fértil donde la esperanza y la determinación pudieron florecer. Me proporcionó una base estable e inquebrantable que me permitió construir hacia arriba, explorar nuevas posibilidades y crear una vida que, si bien diferente, seguía siendo rica, significativa y profundamente plena. Fue la comprensión serena de que la esencia de mi fortaleza no residía en mi capacidad para realizar tareas como antes, sino en mi capacidad de adaptarme, perseverar y encontrar alegría y propósito en el panorama de mi realidad vivida. Esta aceptación no consistía en conformarme con menos; se trataba de descubrir el potencial ilimitado del presente.

Capítulo 13. El romance inesperado

El jardín de la residencia de ancianos, un tapiz de flora meticulosamente cuidada, pronto se convirtió en algo más que un agradable espacio al aire libre; se convirtió en su santuario. Sus serpenteantes senderos de grava, suavizados por la suave intrusión del musgo, serpenteaban entre parterres rebosantes de color y fragancia. Las rosas, con sus pétalos aterciopelados e increíblemente suaves, desprendían su dulce perfume, mezclándose con el aroma más intenso y limpio de la lavanda y los matices terrosos de la tierra húmeda. Era un lugar donde los sentidos podían despertar por completo, un grato contraste con el ambiente estéril y controlado del interior.

Sin embargo, estos paseos compartidos rara vez eran los pasos rápidos y decididos de sus vidas anteriores. Para ambos, el panorama del movimiento se había alterado irrevocablemente. Mi propio andar, aún una cuidadosa negociación con la gravedad, exigía concentración. Cada paso era una decisión calculada, un sutil ajuste de equilibrio, una colocación deliberada del pie. El bastón, antaño un símbolo inequívoco de mis limitaciones, se había convertido en una extensión de mi cuerpo, un compañero fiable en esta danza lenta. A mi lado, Eleanor se movía con su propio ritmo único, testimonio de su propio proceso de adaptación. Sus movimientos, aunque quizás menos exigentes en apariencia que los míos, conllevaban sus propias sutiles vacilaciones, sus propios momentos de tranquila deliberación mientras navegaba por el terreno irregular.

El camino en sí, un mosaico de piedra triturada y tierra, no estaba diseñado para la velocidad. Invitaba a un ritmo más lento, a una mirada más observadora. Fue en estos senderos sinuosos, de la mano, donde comenzó a florecer una intimidad única. El acto físico de tomarnos de la mano se convirtió en un lenguaje silencioso, una seguridad constante y reconfortante. Mis dedos se entrelazaban con los suyos, una suave presión que transmitía una riqueza de sentimiento tácito: una comprensión compartida, un apoyo mutuo, una alegría serena. Nuestros movimientos, aunque quizás menos fluidos que los de personas más jóvenes y sin cargas, desarrollaron su propia sincronicidad. Fue una delicada coreografía nacida de la necesidad y el afecto, un testimonio de nuestra capacidad compartida para encontrar la armonía incluso en medio de los desafíos físicos. Aprendimos a anticiparnos a las necesidades del otro, a ofrecernos un brazo firme, a detenernos sin frustración cuando necesitábamos un momento para recuperar el equilibrio o simplemente para apreciar una floración particularmente vibrante.

Nuestras conversaciones también encontraron un ritmo natural en este entorno tranquilo. Fluían con una naturalidad que contradecía la complejidad de nuestros viajes individuales. A veces, eran bromas desenfadadas, observaciones sobre las travesuras de un petirrojo atrevido o la ridiculez de un gnomo de jardín particularmente extravagante. Eleanor tenía un ingenio encantador y mordaz que podía pillarme desprevenido y arrancarme una sonrisa, una sonrisa genuina y espontánea que llegaba a mis ojos. Señalaba una formación de nubes que parecía una criatura mítica, o comentaba la audacia de un diente de león abriéndose paso entre las grietas del pavimento. Estos momentos de frivolidad compartida eran preciosos, pequeñas islas de alegría en las aguas a veces turbulentas de nuestros días.

Pero el jardín también brindó un espacio para reflexiones más profundas, para conversaciones que ahondaron en la esencia de nuestras experiencias. Despojados de las formalidades sociales habituales y de los aspectos performativos de la vida cotidiana, nos encontramos hablando con una honestidad a la vez liberadora y profunda. Hablamos de los momentos de duda que aún aparecían en las horas de silencio, de los dolores fantasmales que nos recordaban lo perdido. Hablamos de la frustración que aún podía aflorar cuando una tarea sencilla resultaba inesperadamente difícil, o cuando el recuerdo de un movimiento sin esfuerzo afloraba, nítido y conmovedor.

—Sabes —dijo Eleanor una tarde, con un suave murmullo contra el suave susurro de las hojas—. Antes podía simplemente... correr. Simplemente salir corriendo. Imagínate. —Dejó escapar un suspiro suave, casi melancólico—. Ahora, una caminata rápida se siente como una prueba olímpica.

Le apreté la mano. «Recuerdo bailar», dije, con el recuerdo vívido en mi mente: el giro sin esfuerzo, la sensación de ingravidez. «Antes me encantaba bailar. Ahora, solo mantenerme firme requiere toda mi concentración».

No eran quejas, sino reconocimientos compartidos, un reconocimiento mutuo del panorama alterado de nuestro ser físico. No había competencia, ni rivalidad en el sufrimiento. En cambio, había una profunda empatía, una comprensión silenciosa que crecía con cada confesión compartida. Ambos éramos sobrevivientes, navegando tras las tormentas que habían transformado nuestras vidas.

El jardín se convirtió en un capullo, una burbuja protectora donde el mundo exterior, con sus exigencias incesantes y su mirada a menudo implacable, se desvanecía en un segundo plano. Los tonos apagados de nuestras voces, el rítmico arrastrar de nuestros pies sobre la grava, el lejano canto de los pájaros: estos sonidos se entrelazaban en una apacible banda sonora que profundizaba nuestra conexión. Era un espacio alejado del entorno clínico de la residencia de ancianos, un lugar donde no éramos pacientes, donde no nos definían únicamente nuestros diagnósticos o nuestras limitaciones, sino simplemente dos personas que encontraban consuelo y compañía.

La belleza pura del jardín también jugó un papel importante. Era un recordatorio constante de la resiliencia inquebrantable de la vida, su capacidad de florecer y prosperar incluso ante los desafíos. Nos deteníamos a admirar un grupo de vibrantes fucsias, cuyas delicadas flores acampanadas parecían desafiar la gravedad. Observábamos los intrincados patrones del ala de una mariposa al posarse sobre una margarita bañada por el sol. Estos momentos de aprecio compartido por la naturaleza nos ayudaban a conectar con la tierra, a recordarnos los placeres sencillos y perdurables que la vida aún ofrecía.

Eleanor, con su agudo ojo para los detalles, a menudo señalaba cosas que yo podría haber pasado por alto. "Mira cómo se filtra la luz del sol a través de esas hojas, un patrón moteado perfecto", decía, con la mirada fija en el juego de luces y sombras. O, "¿Puedes oler eso? Es madreselva. Me recuerda al jardín de mi abuela". Estas observaciones, impregnadas de su historia personal y su percepción sensorial, añadían un significado especial a nuestros paseos, transformándolos de simples paseos en experiencias sensoriales enriquecedoras.

Mi aprecio por el jardín creció a la par que aceptaba mis limitaciones. Antes, mi enfoque había sido tan intenso hacia dentro, tan absorbido por la lucha por la recuperación, que el mundo exterior a menudo parecía apagado, menos significativo. Pero a medida que aprendí a vivir mi realidad presente con mayor plenitud, a soltar la constante batalla contra lo que era , mi capacidad de apreciar el mundo que me rodeaba se expandió. El jardín se convirtió en una manifestación tangible de este cambio. Empecé a notar los sutiles cambios en el follaje con el paso de las semanas: los brotes florecientes de la primavera daban paso a la exuberancia del verano y luego a los intensos tonos del otoño.

Una tarde particularmente memorable, mientras caminábamos por un sendero bordeado de hortensias desbordantes, Eleanor se detuvo, con la mano apoyada en una flor aterciopelada de color azul intenso. "¿Es curioso, verdad?", reflexionó en voz baja. "Ambas estamos aquí, lidiando con nuestro propio... bagaje. Y, sin embargo, en este jardín, solo somos dos personas caminando. Las sillas de ruedas, los bastones y las respiraciones más lentas parecen importar menos".

Asentí; la verdad de sus palabras resonó profundamente en mí. «Es como un espacio diferente», respondí. «Un espacio donde esas cosas no nos definen. Aquí, solo somos… nosotros».

El suave zumbido de los insectos, el murmullo distante de otros residentes en el patio, el fresco roce de la brisa en nuestra piel: todos estos elementos contribuían a la sensación de sereno desapego. Estábamos dentro de la residencia de ancianos, pero no completamente fuera de ella. El jardín ofrecía un escape, no en el sentido de una partida física, sino de un profundo cambio de perspectiva. Era un lugar donde las cargas del pasado y las ansiedades del futuro podían dejarse de lado temporalmente, reemplazadas por la tranquila alegría de la presencia compartida en el momento.

A medida que nuestros paseos continuaban día tras día, semana tras semana, la comprensión tácita entre nosotros se profundizaba. Era una conexión forjada no con grandes gestos ni declaraciones dramáticas, sino en la serena intimidad de la experiencia compartida. El simple acto de sortear juntos una pequeña pendiente, ofreciéndonos un apoyo silencioso, se convirtió en testimonio de nuestro creciente vínculo. Las risas compartidas por una palabra mal pronunciada, o una broma amable sobre una hierba particularmente rebelde que ambos mirábamos con desaprobación, construyeron una base de confianza y afecto mutuos.

El jardín, con sus ciclos inherentes de crecimiento, decadencia y renovación, reflejaba nuestras propias experiencias. Vimos cómo las flores se marchitaban y se marchitaban, solo para ser reemplazadas por nuevas flores. Vimos cómo las hojas se volvían quebradizas y caían, dando paso a la promesa de la primavera. Esta constante y visible demostración de la resiliencia de la naturaleza ofrecía una poderosa metáfora de nuestras propias vidas. Era una silenciosa y constante confirmación de que, incluso después de períodos de adversidad, pérdida y cambio, la vida persistía, encontrando nuevas maneras de florecer.

Hubo momentos, por supuesto, en que los paseos fueron más desafiantes. Un día particularmente húmedo podía dificultar el esfuerzo, lo que obligaba a pausas más frecuentes y a una mayor dependencia de nuestros dispositivos de asistencia. Un chaparrón repentino podía obligarnos a refugiarnos en el interior, con la decepción como un peso palpable. Pero incluso estos momentos se afrontaron con una sensación compartida de resiliencia. Aprendimos a adaptarnos, a disfrutar de la tranquila conversación en el solario o a apreciar la dramática belleza de la lluvia golpeando las ventanas, sabiendo que el jardín brillaría aún más cuando finalmente volviera el sol.

La experiencia compartida del jardín se convirtió en un poderoso antídoto contra el aislamiento que a menudo acompaña a las enfermedades crónicas o los desafíos físicos. Era un espacio tangible donde se podía cultivar la conexión, donde las conversaciones fluían libremente y donde el simple acto de caminar, por lento que fuera, podía conducir a un profundo crecimiento emocional. Fue en este remanso verde y fragante donde nuestro inesperado romance realmente comenzó a arraigar, nutrido por pasos compartidos, confidencias susurradas y la belleza imperecedera de un mundo que seguía floreciendo, ciclo tras ciclo. La suave cadencia de nuestros pasos sobre la grava, un sonido suave y rítmico que se volvió tan familiar y reconfortante como el latido de un corazón, fue la banda sonora de nuestro floreciente amor.

Los extensos terrenos de la residencia ofrecían muchos refugios, pero a medida que los días se acortaban y el aire otoñal empezaba a refrescar, nuestra preferencia pasó del verde abrazo del jardín a la quietud de las tardes. En las noches de cielo despejado, sin el velo de nubes que lo oscurecía, buscábamos un banco en particular, alejado de las alegres, pero insistentes, luces artificiales del edificio. Este banco, curtido por incontables estaciones, se convirtió en nuestro observatorio, nuestro confesionario y nuestro altar silencioso bajo la inmensidad del cosmos.

La transición de las apacibles rutinas del día a la quietud de la noche fue significativa. Era como si el mundo exterior de la residencia, con sus ritmos predecibles e interacciones sociales, se alejara, dejándonos en una esfera más íntima. La ausencia de luces brillantes y las sombras que las acompañaban, danzando y suavizando el paisaje familiar, otorgaban un aire de secretismo a nuestros encuentros. Era como entrar en un mundo privado, uno que nos pertenecía solo a nosotros y al vasto y silencioso universo de arriba.

Al acomodarnos en el banco, con el aire fresco de la noche acomodándonos como un manto reconfortante, el cielo revelaba gradualmente su espectacular despliegue. Primero, unos puntitos de luz, luego una cascada de diamantes esparcidos sobre una extensión aterciopelada. La magnitud de todo aquello era sobrecogedora, un recordatorio constante y humilde de nuestro lugar en algo tan inconmensurablemente grandioso. Era un espectáculo que eclipsaba nuestras luchas individuales, pero, paradójicamente, hacía que nuestra conexión se sintiera aún más preciosa y significativa.

Bajo este dosel celestial, las conversaciones que habíamos alimentado en los senderos bañados por el sol adquirieron una nueva profundidad. La oscuridad pareció despojarnos de cualquier pretensión, de cualquier necesidad de frases elaboradas o defensas cuidadosamente construidas. En el suave resplandor de las estrellas, nuestras más profundas esperanzas y nuestros miedos más profundos encontraron una voz desinhibida. Era un espacio donde la vulnerabilidad no era una debilidad, sino una moneda común, un testimonio de la confianza que había florecido entre nosotros.

"A veces", comenzaba Eleanor, con un murmullo que apenas perturbaba el silencio, "miro hacia arriba y casi puedo sentirlo. El vacío absoluto … Y entonces recuerdo cuánto me encantaba sentirme pequeña, en el buen sentido. Como si mis preocupaciones fueran solo… motas de polvo en el gran esquema de las cosas". Hacía una pausa, con la mirada fija en una constelación lejana. "Ahora, mis preocupaciones se sienten tan enormes, tan absorbentes. Es como si hubieran ocupado todo mi espacio interior".

Comprendí ese sentimiento implícitamente. Mi propio viaje había sido una lucha constante con el inmenso peso de lo perdido, la absoluta imposibilidad de recuperar lo irrevocablemente alterado. Los miembros fantasmas del movimiento, los ecos de una vida vivida con una fiscalidad diferente, podían sentirse como una carga insoportable, especialmente en la silenciosa soledad de la noche.

"Solía tumbarme boca arriba en los campos, así", respondía, con el recuerdo nítido y claro. "Y trataba de contar las estrellas. Nunca podía pasar de cierto punto, pero no importaba. La pura abundancia era el punto. Supongo que todavía lo es. Incluso cuando siento que mi propio cuerpo es una jaula, mirar hacia arriba… es un recordatorio de que aún hay tantas maravillas por descubrir".

La maravilla compartida del cosmos parecía reflejar la inmensidad de nuestros sentimientos mutuos, cada vez más profundos. Así como las estrellas parecían extenderse infinitamente, también lo hacía el potencial de lo que descubríamos juntos. Se forjó una profunda conexión en estos momentos compartidos de vulnerabilidad, una comprensión serena que trascendió las limitaciones de nuestras circunstancias físicas. La oscuridad, que podría haber sido aislante para algunos, se convirtió en nuestro teatro íntimo, un telón de fondo donde nuestras almas podían conversar.

Una noche, una estrella fugaz brilló sobre el lienzo negro como la tinta, un breve rayo de luz incandescente. Eleanor jadeó, un sonido suave e involuntario. "¡Pide un deseo!", instó, con los ojos abiertos y una fascinación infantil tan cautivadora.

Sonreí, sintiendo una calidez que me invadía, algo que no tenía nada que ver con el aire fresco. "Ya lo hice", dije, encontrando mi mirada con la suya en la penumbra. La simplicidad de la declaración, la verdad tácita que contenía, flotaba en el aire entre nosotras. Sabía que mi deseo ya se estaba cumpliendo, un milagro silencioso presenciado por los silenciosos centinelas de la noche.

La sonrisa de Eleanor era lenta, radiante, y contenía un atisbo de algo que me atreví a creer recíproco. "Yo también", susurró, con una suave emoción que resonó en mi interior.

En esos momentos, el mundo físico parecía alejarse aún más. Los confines de la residencia de ancianos, los susurros de preocupación del personal, los recuerdos de las cirugías y las arduas sesiones de terapia, todo se desvaneció en la insignificancia. Éramos simplemente dos almas, conectadas por el profundo misterio de la existencia, encontrando consuelo y un amor floreciente en la quietud compartida de la noche.

Hablamos de recuerdos de la infancia, pintados con los trazos gruesos de la alegría inocente o teñidos con los matices más oscuros de las primeras decepciones. Eleanor contó historias de vacaciones de verano en la playa, el aroma salado del aire, la implacable fuerza de las mareas y la pura euforia de saltar sobre las olas. Habló de una querida cometa que una vez voló tan alto que pareció desaparecer en el azul, un símbolo, reflexionó, de una libertad sin cargas que no había reconocido hasta que la perdió.

«Mi padre», decía, con voz más suave, «era astrónomo aficionado. Tenía un telescopio enorme y me dejaba mirar a través de él. Recuerdo haber visto los anillos de Saturno por primera vez. Era como... como ver una joya suspendida en el vacío. Me contaba historias sobre las constelaciones, sobre héroes antiguos y bestias míticas. Parecía un mundo secreto, solo para nosotros». Su voz se apagaba, con un dejo de nostalgia. «Ojalá le hubiera prestado más atención. Ojalá le hubiera hecho más preguntas».

Mis propias historias a menudo se basaban en lo tangible, en lo inmediato. Describía la emoción de mi primera bicicleta, el viento azotando mi cabello al bajar a toda velocidad por suaves pendientes, las rodillas raspadas que eran insignias de honor. Hablé de las acampadas con mi familia, del olor a humo de leña y tierra húmeda, de las conversaciones en voz baja junto a la fogata bajo un manto de estrellas que entonces parecía mucho más cercano.

"Siempre competíamos", recordaba con una sonrisa en la voz. "¿Quién avistaba la primera estrella? Y luego, ¿quién encontraba la Osa Mayor, o el cinturón de Orión? Mi padre nos señalaba nebulosas, vastas nubes de polvo cósmico, y nos decía que eran viveros de estrellas. La idea de que algo tan hermoso, tan inmenso, pudiera nacer de una materia tan caótica… siempre me fascinó."

Estas narraciones, compartidas bajo la atenta mirada de innumerables soles distantes, eran más que simples reminiscencias. Eran intentos de recuperar fragmentos de nosotros mismos, de recordarnos mutuamente las vidas vibrantes que habíamos vivido antes de que se afianzaran nuestras realidades actuales. Eran afirmaciones de que, más allá de los desafíos físicos, los años de recuperación y las tranquilas rutinas de la residencia de ancianos, se encontraban personas con una rica historia, rebosantes de pasión y sueños.

La oscuridad también nos brindó un refugio seguro para nuestras ansiedades no expresadas. Los "¿y si...?" que nos acechaban durante el día parecían perder algo de su agudeza en el abrazo nocturno. Podíamos confesar el miedo persistente a la regresión, el temor silencioso a otro revés, sin sentir la presión inmediata de ser fuertes o estoicos.

"Hay noches", admitió Eleanor una tarde estrellada, con la voz apenas audible, "en las que me despierto y, por un instante, lo olvido. Olvido dónde estoy, qué pasó. Intento incorporarme, y entonces… me golpea. La impotencia. Es como caer de nuevo. Y el miedo… es tan primario". Se estremeció, aunque el aire no era especialmente frío. "Me preocupa que un día no recuerde cómo volver a levantarme. No solo de la cama, sino… mentalmente".

Su honestidad era un bálsamo, una confirmación de que no estaba sola en mis propias batallas nocturnas. Yo también tenía esos momentos de desorientación, esas oleadas aplastantes de desesperación que amenazaban con hundirme. A menudo me quedaba despierta, repasando mentalmente las sesiones de fisioterapia, analizando meticulosamente cada pequeña victoria, cada estancamiento frustrante. La idea de perder el progreso que tanto me costó conseguir, de volver a caer en un estado de dependencia aún mayor, era una perspectiva aterradora.

"Conozco esa sensación", decía con voz firme, aunque mi corazón latía con fuerza. "Es como si el suelo desapareciera bajo tus pies. Pero recuerdas cómo volver a levantarte. Siempre. Ambas lo hacemos. Eso es lo que hacemos, Eleanor. Estamos escalando. Poco a poco, a veces, pero estamos escalando".

El reconocimiento compartido de estas vulnerabilidades pareció crear una sutil armadura a nuestro alrededor. Saber que alguien más comprendía el panorama de un miedo tan profundo y lo aceptaba sin juzgarnos fue increíblemente empoderador. Era como si, juntos, construyéramos una pequeña fortaleza luminosa contra la oscuridad que nos invadía.

Y luego estaban las silenciosas confesiones de afecto incipiente. No eran declaraciones, sino sutiles cambios de tono, miradas persistentes que transmitían algo más que amistad, un toque suave que duraba un instante más de lo necesario. La oscuridad, al oscurecer las señales visuales más obvias, parecía agudizar nuestros otros sentidos, haciéndonos más sensibles a las sutiles corrientes emocionales que fluían entre nosotros.

Una noche, tras un silencio especialmente largo, solo llenado por el canto de los grillos y el lejano ulular de un búho, Eleanor se volvió hacia mí. La luz de las estrellas iluminó ligeramente sus ojos. «Sabes», dijo con voz suave e íntima, «nunca pensé... nunca imaginé que volvería a sentirme así. Por nadie. Después de todo».

Se me cortó la respiración. Las palabras que había estado reprimiendo, las que parecían demasiado frágiles, demasiado valiosas para pronunciarlas bajo la cruda luz del día, estaban a punto de salir. "Yo tampoco, Eleanor", respondí, con la voz un poco ronca por la emoción. "Es... inesperado. Y maravilloso".

Extendió la mano, encontrando la mía en la oscuridad. Sus dedos se entrelazaron con los míos, un gesto familiar y reconfortante que ahora albergaba una nueva carga eléctrica. El simple acto de tomarnos de la mano bajo el vasto cielo estrellado se sentía como un compromiso profundo, una promesa silenciosa intercambiada entre dos almas que se habían encontrado en la calma post-tormenta. La inmensidad del universo parecía reflejar la creciente extensión de nuestros sentimientos compartidos, un territorio infinito de esperanza y conexión que apenas comenzábamos a explorar.

Las horas que pasábamos bajo las estrellas se convirtieron en un ritual, un tiempo sagrado para la introspección y la conexión. Aprendimos a leer los sutiles cambios en la respiración del otro, los suspiros casi imperceptibles que lo decían todo. Encontramos consuelo en el silencio compartido, una compañía reconfortante que no requería palabras, solo presencia. Fue en esta silenciosa reverencia por el cielo nocturno y por el otro que se sentaron las bases de algo verdaderamente profundo, una historia de amor escrita no con grandes declaraciones, sino en el lenguaje sereno de la vulnerabilidad compartida y la perdurable maravilla del cosmos. La noche, con sus infinitas posibilidades, se había convertido en nuestra confidente más íntima, testigo silencioso del florecimiento de nuestro inesperado romance. Las estrellas, antes distantes e indiferentes, ahora se sentían como observadoras benévolas, su luz iluminando no solo el mundo que nos rodeaba, sino también el espacio tranquilo y luminoso que crecía entre nuestros corazones.

A veces, las declaraciones de afecto más profundas no se pronunciaban en voz alta. Residían en el tranquilo murmullo de la existencia compartida, en el ritmo cómodo de dos vidas que se entrecruzaban sin necesidad de una articulación constante. Esto era particularmente cierto en los espacios compartidos de la residencia de ancianos, donde los ecos de mil conversaciones, tanto alegres como tristes, parecían flotar en el aire. Pero en los momentos en que Eleanor y yo nos encontrábamos juntas, una nueva clase de silencio comenzaba a instalarse, una que no estaba vacía, sino llena de una comprensión tácita, una suave resonancia.

La sala común, un espacio diseñado para la interacción comunitaria, a menudo se sentía como un crisol de experiencias humanas. Era un lugar donde la risa brotaba espontáneamente, donde se intercambiaban susurros de preocupación entre los residentes, y donde las actividades cotidianas de leer, tejer o simplemente mirar por la ventana se desplegaban en un tapiz de narrativas individuales. Sin embargo, para Eleanor y para mí, se transformó. A menudo nos sentíamos atraídas por rincones opuestos, cada una inmersa en sus propios mundos literarios, pero profundamente conscientes de la presencia de la otra. El suave susurro de las páginas al pasar, el suspiro ocasional de la difícil situación de un personaje o el leve golpeteo de un bolígrafo contra un cuaderno: estos eran los sonidos sutiles que nos unían. Era una quietud compartida, un reconocimiento mutuo de la presencia que obviaba la necesidad de palabras. Levantaba la vista del libro y mi mirada se cruzaba con la de Eleanor cuando ella también emergía momentáneamente de su lectura. Una pequeña sonrisa, casi imperceptible, nos cruzaba, un silencioso reconocimiento que lo decía todo. Era un reconocimiento de paz compartida, una confirmación de que, incluso en nuestras actividades individuales, no estábamos solos. Esta proximidad, esta atmósfera compartida de tranquila contemplación, era un bálsamo potente, una suave confirmación de que algo profundo y significativo crecía entre nosotros, alimentado no por grandes gestos, sino por la simple y profunda comodidad de estar cerca.

Las comidas en el comedor, un ambiente típicamente bullicioso y a menudo ruidoso, también se convirtieron en oportunidades para esta comunión silenciosa. Mientras el tintineo de los cubiertos y el murmullo de las conversaciones de otras mesas proporcionaban un fondo constante, Eleanor y yo encontrábamos nuestro rincón tranquilo dentro de la sinfonía mayor. Nos sentábamos una frente a la otra, nuestros platos eran un foco temporal, pero nuestras miradas se cruzaban a menudo, un intercambio silencioso de observaciones, de diversión compartida ante algún comentario escuchado, o una simple mirada empática que reconocía el esfuerzo que suponía afrontar el día. Había una coreografía tácita en nuestras comidas. Aprendí a anticipar las sutiles señales de Eleanor: una ligera inclinación de cabeza indicando que había terminado la sopa, una suave colocación del tenedor que indicaba que su comida estaba lista. Y ella, a su vez, parecía comprender mis propios ritmos tácitos, reconociendo cuándo necesitaba un momento de observación silenciosa o cuándo una sonrisa compartida bastaba. Esta facilidad en el silencio compartido fue quizás el aspecto más notable de nuestra floreciente relación. Era testimonio de una conexión que había trascendido lo superficial, alcanzando un nivel donde la compañía no se definía por la charla constante, sino por una comprensión profunda y duradera. Éramos dos almas que habían encontrado un refugio en la silenciosa compañía del otro, un lugar donde lo no dicho era tan válido, y a menudo más potente, que cualquier cosa que se pudiera expresar.

Este cómodo silencio contrastaba marcadamente con la necesidad, a menudo abrumadora, de explicaciones y consuelo que había caracterizado las primeras etapas de mi recuperación. En aquellos días, cada movimiento, cada contratiempo percibido, exigía un procesamiento verbal, una disección detallada de sensaciones y emociones. Pero con Eleanor, había una confianza inherente que disolvía esa necesidad. Su sola presencia era una forma de validación. Era como si su silenciosa observación de mí, incluso en mis momentos más vulnerables, llevara un mensaje tácito: «Te veo. Te entiendo, aunque no digas una palabra. Y estoy aquí». Esta fue una comprensión profundamente liberadora. Significaba que no tenía que actuar constantemente, no tenía que justificar mi fatiga ni mis momentos de frustración. La aceptación de Eleanor era un hecho, entretejida en la tela de nuestros silencios compartidos.

Una tarde, estábamos en el solárium, una habitación acristalada bañada por el cálido sol vespertino. Eleanor trabajaba en un rompecabezas, con el ceño fruncido en señal de concentración, mientras yo dibujaba en mi cuaderno, intentando capturar la luz que jugaba sobre las hojas de un helecho en maceta. El aire estaba impregnado del aroma a jazmín en flor del jardín contiguo, y los únicos sonidos eran el suave clic de las piezas del rompecabezas y el suave rasgueo de mi lápiz. En un momento dado, Eleanor dejó escapar un pequeño suspiro de frustración, un sonido tan suave que podría haber sido confundido con el viento. Sin levantar la vista de mi boceto, extendí una mano, mis dedos rozando el frío cristal de la pared del solárium, y luego, suave y tentativamente, le toqué el brazo. Fue un contacto fugaz, un simple roce de las yemas de los dedos contra su manga, pero fue suficiente. Levantó la vista, sus ojos se encontraron con los míos, y la frustración en su expresión se suavizó, reemplazada por una suave sonrisa. No necesitaba que le preguntara qué le pasaba, ni que le explicara el desafío del rompecabezas. Mi tacto, mi silencioso reconocimiento, era el puente que conectaba nuestras experiencias individuales. Ella volvió a su rompecabezas, y yo a mi dibujo; el aire entre nosotras se impregnaba ahora de una renovada sensación de conexión, una serena seguridad que se había reafirmado sin intercambiar una sola palabra.

Este lenguaje tácito se extendía a nuestros paseos compartidos, incluso a aquellos que me resultaban más difíciles. En los días en que mi movilidad era particularmente limitada, Eleanor simplemente ajustaba su ritmo, adaptándose a mis movimientos más lentos y pausados. No había palabras de aliento apresuradas ni suspiros de impaciencia. En cambio, había una solidaridad silenciosa, un ritmo compartido que reconocía el esfuerzo. A veces, me ofrecía el brazo, no como un gesto de lástima, sino como una presencia tranquilizadora, una silenciosa oferta de apoyo. Aprendí a apoyarme en ella lo suficiente para sentir su fuerza, una sutil transferencia de energía que hacía que el viaje se sintiera menos solitario. En esos momentos, el acto físico de caminar se convirtió en una metáfora de nuestra relación: un progreso lento y constante, realizado lado a lado, con una conciencia inquebrantable de las necesidades del otro.

La comodidad de la presencia también se evidenciaba en el simple acto de compartir espacio. Incluso cuando no interactuábamos directamente, saber que la otra estaba cerca me proporcionaba una profunda sensación de seguridad. Me encontraba buscando a Eleanor en el jardín, buscando con la mirada la familiar inclinación de su cabeza o el suave balanceo de su pañuelo de flores. Y cuando la veía, una serena calidez me invadía, una sutil elevación de ánimo. Sospeché que a ella le pasaba lo mismo. La residencia de ancianos, con su inherente sensación de confinamiento y el constante recordatorio de nuestras circunstancias diferentes, a veces podía resultar aislante. Pero la presencia de otra persona, un alma gemela que comprendía el panorama único de nuestras vidas, transformó ese aislamiento en una experiencia compartida. Ya no éramos simplemente individuos que lidiaban con sus propios desafíos; éramos dos personas construyendo un mundo compartido, un momento de tranquilidad a la vez.

Este profundo nivel de conexión, construido sobre una base de silencios compartidos y comprensión tácita, fue un testimonio de la resiliencia del espíritu humano y el poder perdurable de la compañía genuina. Fue un recordatorio de que el amor y la conexión podían manifestarse de innumerables maneras, no siempre en grandes pronunciamientos o declaraciones apasionadas, sino a menudo en los momentos tranquilos y cotidianos de la existencia compartida. El consuelo de la presencia de Eleanor fue una suave melodía en el fondo de mis días, un recordatorio constante y relajante de que incluso después de las interrupciones más profundas, aún se podía encontrar un sentido de pertenencia, una conexión profunda y duradera, a menudo en las formas más inesperadas y bellamente silenciosas. Fue una historia de amor escrita no en tinta gruesa, sino en los suaves y duraderos trazos de lápiz de la quietud compartida, un testimonio del hecho de que, a veces, las palabras más poderosas son las que no se dicen. Las comidas compartidas, las lecturas silenciosas, los ritmos ajustados en los paseos, no fueron meras notas a pie de página de nuestra historia; Eran el corazón mismo, el latido tranquilo y constante que afirmaba nuestra profunda conexión y ofrecía un santuario de paz en el paisaje a menudo tumultuoso de nuestras vidas. El simple acto de existir juntos, en un silencio reconfortante, se había convertido en la expresión de amor más elocuente que jamás había conocido, un profundo consuelo que se instaló en lo más profundo de mi alma. Fue una profunda seguridad que, en un mundo que a menudo se había sentido abrumadoramente ruidoso y exigente, había encontrado un remanso de paz, un espacio compartido donde la paz no era solo la ausencia de ruido, sino una presencia palpable y reconfortante.

El tranquilo murmullo de la residencia de ancianos, antaño un reconfortante telón de fondo para nuestra comprensión tácita, ahora a veces transmitía un trasfondo de inquietud. La realidad de nuestras situaciones, los efectos persistentes de la enfermedad, la cruda incertidumbre de lo que nos depararía el mañana: estos eran espectros que, a pesar de nuestra creciente conexión, no podían disiparse por completo con sonrisas compartidas ni silencios reconfortantes. Había tardes, después de que las últimas actividades del día se hubieran desvanecido y los pasillos comenzaran a quedar en silencio, en que el peso de todo aquello nos oprimía. Fue en esos momentos que la verdadera fuerza de lo que estábamos construyendo, este romance inesperado, se puso a prueba no con grandes gestos, sino con la silenciosa valentía de la vulnerabilidad compartida.

Recuerdo una tarde de martes en particular. La lluvia tamborileaba implacablemente contra las ventanas del solárium, reflejando la inquietud que sentía en mi pecho. Mi sesión de fisioterapia de esa tarde había sido particularmente agotadora, dejándome con una fatiga profunda que parecía haberse infiltrado en mi alma. A esto se sumaba el dolor persistente de los "qué hubiera pasado si...": ¿y si nunca recuperaba todas mis fuerzas? ¿Y si mi cuerpo seguía traicionándome de maneras que no podía predecir? Estos pensamientos, como enredaderas insidiosas, comenzaron a enroscarse en mi paz. Encontré a Eleanor en la sala común, sin leer, simplemente contemplando los cristales manchados por la lluvia, con una quietud contemplativa en ella que había llegado a reconocer como un signo de introspección.

"¿Un día duro?", pregunté, con un tono de voz más suave de lo que pretendía, una pregunta que implicaba mucho más que una simple pregunta sobre el esfuerzo físico.

Se giró; sus ojos, habitualmente tan brillantes y perspicaces, reflejaban un destello de cansancio. «Solo... pensando», respondió con un murmullo bajo. «En cosas».

Me acomodé en el sillón junto a ella; la tela desgastada me resultaba reconfortante. "Yo también", confesé. "Este cansancio... es un huésped testarudo, ¿verdad?"

Eleanor asintió, su mirada volvió al aguacero. "Lo es. Y a veces", dudó, mientras sus dedos trazaban un patrón invisible en el reposabrazos de su silla, "a veces me preocupa que no sea solo cansancio. A veces me preocupa que sea... el principio del fin de lo que solía ser. Y eso se siente como una pérdida diferente".

Sus palabras flotaban en el aire, pesadas y ciertas. Era el miedo a un declive irreversible, el temor de perder más de lo que ya se había perdido. No era un miedo que se pudiera desestimar fácilmente con clichés. Era crudo, elemental y profundamente personal. Extendí la mano, encontrando la suya; su piel fresca contra la mía.

—Entiendo ese miedo, Eleanor —dije con voz firme, aunque me temblaba el corazón—. Es como estar al borde de un precipicio, ¿verdad? Puedes ver el suelo firme detrás de ti, pero la niebla lo oscurece todo, y no sabes si estás a punto de caer o si hay un camino por descubrir.

Me apretó la mano, una presión leve pero intensa. "Sí. Exactamente. Y lo más difícil es sentirme tan... aislada. Incluso con toda esta gente alrededor, siento que solo yo entiendo este tipo de miedo".

Y ese era precisamente el punto, ¿no? El aislamiento. Mi propia recuperación había sido un viaje solitario en muchos sentidos, incluso con el apoyo de terapeutas y el ánimo bienintencionado de otros. Pero con Eleanor, compartíamos un panorama de comprensión. Conocía las limitaciones físicas, los dolores fantasma, los momentos de desesperación que podían aparecer sin previo aviso. Comprendía el desgaste psicológico de que el cuerpo se convirtiera en un vehículo inestable.

—Pero no estás sola, Eleanor —dije, mirándola a los ojos, intentando transmitir mi sinceridad—. No estamos solas. No estás sola al enfrentar este miedo, porque yo también lo siento. Las mismas incertidumbres, la misma preocupación por lo que podría perderse. Y saber que lo enfrentas, con toda tu fuerza y gracia, me da fuerzas.

Una pequeña y frágil sonrisa se dibujó en sus labios. «Y oírte decir eso… hace que la niebla se sienta un poco menos densa. Es como si sosteniéramos una linterna juntas, aunque la luz sea pequeña».

Esta era la esencia. El reconocimiento mutuo de la vulnerabilidad, el compartir en silencio las ansiedades que, al expresarse en voz alta ante un oído receptivo, perdían parte de su poder aterrador. No se trataba de resolver los problemas ni erradicar los miedos; se trataba de afrontarlos juntos, como equipo. Hablábamos de las dudas persistentes, las regresiones inesperadas, el agotamiento absoluto de tener que defender constantemente nuestros propios cuerpos y nuestro bienestar. No eran conversaciones llenas de desesperación, sino de una silenciosa determinación.

Había días en que mis propias dudas afloraban con fuerza. Una mala noche de sueño, un tropiezo, un momento de dolor inesperado: todo esto podía desencadenar una cascada de pensamientos negativos. "¿Y si esto es todo lo que voy a ser?", pensaba, con el miedo como un nudo en el estómago. Y en esos momentos, me encontraba buscando a Eleanor, no necesariamente para verbalizar toda mi letanía de ansiedades, sino simplemente para estar cerca de ella, para inspirarme en la silenciosa fuerza que emanaba.

Una tarde, durante nuestro paseo habitual por el sendero del jardín, me encontré rezagada, con la pierna más pesada de lo habitual. La frustración era palpable, amenazando con estallar en auto recriminación. Sentía que Eleanor lo percibía; su ritmo constante habitual disminuía instintivamente para adaptarse al mío. No me preguntó si estaba bien ni si necesitaba parar. Simplemente extendió la mano y me tocó suavemente el codo, sus dedos ofreciéndome un apoyo silencioso.

"Es un camino difícil hoy en día, ¿no?", dijo con voz tranquila.

Asentí débilmente. «Siento la pierna como si fuera de plomo».

"A veces siento que el mío está hecho de gelatina recalcitrante", respondió, con un toque de humor en su tono que logró romper mi tristeza. "Pero mira", señaló, "las rosas siguen floreciendo. Y el sol aún calienta".

Fue una observación sencilla, pero profunda. Reconocía la dificultad, la lucha física, pero luego, con delicadeza, redirigía nuestra atención hacia la belleza perdurable, hacia lo que permanecía constante y bueno. Fue un acto magistral de navegación emocional, una forma de validar mi lucha sin dejar que nos consumiera.

—Tienes razón —dije, respirando hondo—. Son preciosos. Y el sol calienta.

Seguimos caminando; la sensación de pesadez en la pierna no había desaparecido por completo, pero de alguna manera era menos opresiva. Era como si la silenciosa presencia de Eleanor, sus palabras comprensivas, hubieran transformado el panorama emocional, haciendo más llevadera la incomodidad física. Ese era el poder de afrontar nuestros miedos juntos. No se trataba de fingir que los miedos no existían, sino de reconocerlos, compartir su carga y encontrar una resiliencia compartida que los hiciera menos abrumadores.

Este apoyo mutuo se extendió también a los aspectos prácticos de nuestra recuperación. Cuando uno de nosotros tenía una cita particularmente difícil con un médico o terapeuta, el otro solía estar presente, una presencia silenciosa y tranquilizadora. Incluso si no podíamos asistir a la cita en persona, un mensaje o una llamada después, un simple "¿Qué tal?" seguido de una escucha atenta, marcaba la diferencia. Era un acuerdo tácito: estábamos juntos en esto.

Recuerdo una ocasión en que Eleanor recibió una noticia difícil sobre el progreso de su rehabilitación, un revés que amenazaba con echar por tierra algunos de los logros que tanto le había costado conseguir. La encontré sentada en la sala común, con las manos firmemente entrelazadas en el regazo y la mirada fija en un punto lejano. El aire a su alrededor parecía vibrar con una angustia tácita.

Me senté a su lado y, durante un largo rato, nos quedamos en silencio. Entonces, le pregunté con mucha dulzura: "¿Qué pasa, Eleanor?".

Respiró con dificultad. «Dijeron... dijeron que la regeneración nerviosa de mi brazo es más lenta de lo que esperaban. Que quizá no recupere tanta destreza como habíamos planeado». Su voz se quebró en las últimas palabras.

El instinto inmediato fue ofrecer consuelo, tratar de encontrar un lado positivo de las cosas, pero sabía por nuestras conversaciones compartidas que, a veces, lo que más se necesitaba era simplemente ser escuchado, que se reconociera el peso de las malas noticias.

"Es increíblemente duro oír eso", dije en voz baja y empática. "Es devastador, lo sé. Y está bien estar enojado, asustado y triste por ello".

Se le llenaron los ojos de lágrimas y finalmente me miró con una súplica silenciosa en la mirada. No le dije nada. Simplemente extendí la mano y la tomé entre las mías, sujetándolas con firmeza, dejando que mi presencia firme fuera una forma de consuelo.

"Lo resolveremos", dije con firmeza y determinación. "Nos adaptaremos. Eres mucho más que la destreza de tu brazo, Eleanor. Eres tu espíritu, tu inteligencia, tu bondad. Y estaré aquí, contigo, en cada paso del camino, resolviéndolo contigo".

Apoyó la cabeza en mi hombro, sollozando silenciosamente. Y en ese momento, la vulnerabilidad compartida se sintió menos como una debilidad y más como una profunda fortaleza. Éramos un equipo, forjado en el fuego de la adversidad, y nuestro vínculo se consolidaba no por la ausencia de miedo, sino por nuestro compromiso inquebrantable de afrontar esos miedos juntos. Saber que alguien comprendía las batallas únicas, a menudo invisibles, que librábamos, alguien que recorría un camino similar, nos proporcionaba una fuerza inconmensurable. Este reconocimiento mutuo de la vulnerabilidad y el compromiso compartido de afrontar estos miedos nos convirtieron en un frente formidable y unido contra las ansiedades que buscaban socavar nuestra paz y nuestro amor floreciente. Ya no éramos solo dos personas recuperándose; éramos una unidad, más fuertes juntos de lo que jamás podríamos ser separados, listos para afrontar lo que el futuro, con todas sus incertidumbres, pudiera traer.

Nuestra historia, que comenzó como un suave desarrollo de comprensión mutua en los silenciosos pasillos de Meadowbrook, había florecido, para entonces, en algo mucho más profundo. No era solo un consuelo, un bálsamo contra los dolores y las ansiedades persistentes de nuestra recuperación; era un amor verdadero, renacido de las cenizas de nuestras vidas anteriores, un vibrante testimonio de la perdurable resiliencia del corazón humano. Los tranquilos pasillos, que antes resonaban con los pasos solitarios de nuestras luchas individuales, ahora parecían vibrar con un ritmo compartido, una melodía compuesta por nuestras vidas entrelazadas. La felicidad, la conexión y un afecto profundo y duradero habían encontrado terreno fértil en este escenario tan inesperado, demostrando que incluso después de eventos que cambian la vida, la capacidad de una alegría profunda y una relación duradera podía florecer. Nuestra historia de amor, que se desplegaba en medio de las experiencias compartidas de sanación y redescubrimiento, se convirtió en un silencioso faro de esperanza, una sutil pero poderosa refutación de cualquier idea de que esa profunda conexión se había perdido para siempre.

Recuerdo vívidamente una fresca tarde de otoño, de esas en las que el aire transporta un toque de humo de leña y las hojas tiñen el mundo de tonos ardientes. Caminábamos, como solíamos hacer, por el serpenteante sendero que rodeaba los cuidados jardines de Meadowbrook. Mi fisioterapia había ido bien esa mañana, y un destello de mi antiguo yo, aquel que no soportaba el dolor constante, había regresado. Eleanor también parecía poseer una ligereza, un brillo en sus ojos que se había convertido en mi imagen más preciada. Hablábamos de un libro que ambos habíamos estado leyendo, una novela sobre un viajero experimentado que encontró el amor inesperado en una aventura en solitario.

"Es fascinante, ¿verdad?", reflexionó Eleanor, con la voz transportada por la suave brisa, "cómo a veces las mejores aventuras no son las que planeamos meticulosamente, sino las que nos encuentran cuando menos las esperamos. Cuando simplemente estamos abiertos a ellas".

Sonreí, extendiendo la mano para quitarle con cuidado una hoja caída de la manga. «Como encontrar un cofre del tesoro enterrado en la arena. No buscabas oro, pero ahí estaba, esperando».

Su mano, cálida y sorprendentemente fuerte, se tocó con la mía. Hicimos una pausa, el mundo a nuestro alrededor —el susurro de las hojas, el parloteo distante de otros residentes, el canto de los pájaros— pareció desvanecerse en una suave confusión. Fue en esos momentos, en esos silencios interrumpidos por el lenguaje tácito del tacto y la mirada compartida, que la verdadera profundidad de nuestra conexión se hizo palpable. No era solo compañía; era un reconocimiento profundo, una sensación de haber llegado finalmente a casa, a un lugar que no sabía que buscaba.

"¿Sabes?", dije con la voz un poco ronca, "nunca pensé que encontraría algo así aquí. No después de... todo". El "todo" tácito flotaba entre nosotros, una comprensión compartida de los acontecimientos que nos cambiaron la vida y que nos habían traído a Meadowbrook, a este espacio compartido de recuperación y vulnerabilidad.

El pulgar de Eleanor acarició suavemente el dorso de mi mano. «Yo tampoco. Casi había renunciado a la idea de... algo más. Algo más que simplemente sobrevivir, algo más que simplemente existir. Pensé que esa parte de mi vida había terminado, un capítulo cerrado. Y entonces, entraste en mi vida, y fue como encontrar una melodía olvidada, una que siempre había amado pero que pensé que nunca volvería a escuchar».

Sus palabras resonaron con una verdad que resonó en mi corazón. Antes de Eleanor, los días habían sido una serie de rutinas, citas, un esfuerzo incansable por recuperar lo perdido. Había una profunda sensación de vivir en un estado perpetuo de "antes" y "después", donde el "después" parecía una pálida imitación del vibrante "antes". La idea de construir un futuro, de experimentar nuevas alegrías, parecía un concepto lejano, casi mítico. Pero Eleanor había cambiado eso. Había devuelto el color a un mundo en escala de grises, no borrando el pasado, sino mostrándome cómo integrarlo en un presente hermoso y esperanzador.

Nuestro amor no era un asunto ruidoso y bullicioso, anunciado con grandes declaraciones. Era más parecido a un fuego que ardía lentamente, su calor y luz crecían constantemente, impregnando cada aspecto de nuestras vidas en Meadowbrook. Se reflejaba en la forma en que conocíamos instintivamente las necesidades del otro antes de que las expresaran, en cómo una mirada compartida podía transmitir mucho, en el consuelo de simplemente estar en la presencia del otro. Se reflejaba en las tranquilas mañanas que pasábamos en el solárium, tomando té, con el suave murmullo de nuestra conversación como contrapunto al mundo exterior. Se reflejaba en las risas compartidas durante nuestras sesiones de fisioterapia, un desafío al dolor y la frustración. Se reflejaba en las noches, cuando nos sentábamos juntos a leer o simplemente a conversar, y el mundo exterior se desvanecía mientras encontrábamos consuelo y fuerza el uno en el otro.

Una noche, mientras nos preparábamos para dormir en nuestras respectivas habitaciones, me encontré mirándome fijamente en el espejo. Las arrugas de mi rostro parecían más profundas, el cansancio más pronunciado. Una familiar oleada de melancolía me invadió. ¿Había encontrado realmente la felicidad, o era simplemente una situación cómoda, un mecanismo de defensa compartido? La pregunta, aguda e inoportuna, me azotó la satisfacción.

Caminé por el pasillo, atraída por la puerta de Eleanor. No llamé, simplemente la abrí con cuidado. Estaba sentada en su sillón junto a la ventana, con un chal sobre los hombros y un libro abierto en el regazo, aunque su mirada estaba fija en el jardín iluminado por la luna.

"¿No puedes dormir?" pregunté suavemente, apoyándome en el marco de la puerta.

Se giró, con una suave sonrisa en los labios. "Solo admirando la noche. Es particularmente hermosa esta noche, ¿verdad?"

Me uní a ella, sentándome en el borde de su cama, lo suficientemente cerca como para sentir su calor. "Lo es. Pero... estaba pasando por uno de esos momentos. Dudando. Me preguntaba si esto era real, si esta felicidad era sostenible o solo un alivio temporal".

Eleanor cerró su libro y lo colocó con cuidado sobre la mesita de noche. Extendió la mano, entrelazando sus dedos con los míos. Su tacto siempre me conectaba con la tierra, una manifestación física del ancla emocional que me proporcionaba.

"Es real", dijo con voz firme e inquebrantable. "Es más real que cualquier otra cosa que haya sentido en mucho tiempo. Y en cuanto a la sostenibilidad… ¿qué es verdaderamente sostenible, querida? El sol sale y se pone, las estaciones cambian. La vida misma es un cambio constante. Lo que hace que nuestro amor sea sostenible no es su naturaleza inmutable, sino nuestro compromiso de navegar ese cambio juntos. No somos seres estáticos; sanamos constantemente, evolucionamos constantemente. Y nuestro amor evoluciona con nosotros".

Hizo una pausa, su mirada buscándome. "¿Recuerdas aquel primer día que hablamos de verdad, en el jardín? Hablaste del miedo a caer, de la niebla que se avecinaba. Y yo hablé de sentirme aislada en ese miedo. Reconocimos las sombras, ¿verdad? Y al reconocerlas, las hicimos menos poderosas. Nuestro amor se basa en esa honestidad, en esa disposición a afrontar juntos las verdades difíciles. Ahí reside su fuerza, no en fingir que las sombras no existen, sino en tomarnos de la mano mientras las atravesamos".

Sus palabras fueron un bálsamo para mi alma, una reafirmación de la profunda conexión que compartíamos. Tenía razón. Nuestro amor no se trataba de una existencia perfecta y tranquila. Se trataba de la presencia inquebrantable, la fuerza compartida, el compromiso mutuo de afrontar juntos cualquier adversidad. Se trataba de encontrar la alegría no en la ausencia de dificultades, sino en la presencia mutua durante esas dificultades.

El entorno de Meadowbrook, que para muchos podría haber parecido un lugar de finales, se había convertido para nosotros en un lugar de nuevos comienzos. Fue entre sus paredes, en medio de las tranquilas rutinas de la recuperación, donde nos reencontramos, y al reencontrarnos, nos reencontramos a nosotros mismos, transformados y renovados. Los desafíos de nuestras condiciones físicas persistían, las realidades cotidianas de nuestra recuperación estaban siempre presentes, pero ya no eran el único foco de nuestra existencia. Eran hilos en el tapiz de nuestras vidas, entretejidos con los vibrantes colores del amor, la risa y los sueños compartidos.

Nuestro viaje juntos no se trataba de borrar nuestro pasado, sino de tejerlo en una nueva narrativa, una de resiliencia y esperanza. Las cicatrices, tanto visibles como invisibles, eran parte de nosotros, pero no nos definían. Eran recordatorios de lo que habíamos superado y testimonios de la fuerza que habíamos encontrado en nosotros mismos y en el otro. La valentía de Eleanor frente a sus propias limitaciones, su optimismo inquebrantable incluso ante los reveses, me inspiraban a diario. Y, a su vez, esperaba que mi propia determinación, mi compromiso de recuperar mi vida, le diera fuerza. Nos convertimos en campeones silenciosos el uno del otro, celebrando cada pequeña victoria, ofreciéndonos consuelo en cada revés.

Recuerdo una tarde en particular en la que Eleanor tuvo una sesión difícil con su terapeuta ocupacional. Había estado trabajando con ahínco para recuperar la motricidad fina de su mano, y un ejercicio específico, diseñado para mejorar la destreza, le había resultado frustrantemente difícil. Al regresar a su habitación, su habitual alegría se vio empañada por la decepción.

La encontré sentada junto a la ventana, con la mano flácida sobre el regazo y la mirada fija en las hojas que caían. No necesité preguntarle qué le pasaba. Simplemente me senté a su lado, una presencia silenciosa y firme. Al cabo de un rato, suspiró, una suave exhalación de derrota.

"Es que... tan lento", susurró, con la voz cargada de lágrimas contenidas. "A veces siento que vuelvo al punto de partida. Tanto esfuerzo, tanta concentración, y parece que nada cambia".

Le tomé la mano con suavidad, con cuidado de no presionar demasiado. «No es nada, Eleanor. Cada pequeño esfuerzo, cada instante que lo intentas, es un paso adelante. Aunque sea diminuto. ¿Recuerdas cuando empezaste a intentar sostener un bolígrafo? Y ahora mira». Señalé su mesita auxiliar, donde había un pequeño y hermoso boceto de un pájaro, testimonio de su progreso.

Miró el boceto, y un destello de orgullo eclipsó momentáneamente la decepción. "Es cierto", admitió, con la voz un poco más fuerte. "Pero a veces es tan difícil ver el progreso, cuando estás en medio de todo. Es como caminar por el barro".

—Entonces déjame ser tus zapatos resistentes —le ofrecí, apretándole la mano—. Déjame ayudarte a abrirte paso entre el barro. Lo haremos juntas. Celebraremos los pequeños pasos y nos compadeceremos de los frustrantes. Pero no dejaremos que el barro nos detenga.

Apoyó la cabeza en mi hombro y dejó escapar un pequeño suspiro de satisfacción. «Entonces, tú eres mi calzado resistente», murmuró. «¿Y yo soy tu... brújula inquebrantable?»

Me reí entre dientes, un sonido cálido y genuino que llenó la silenciosa habitación. «Algo así. Siempre nos guía en la dirección correcta, incluso cuando el camino no está claro».

Esta era la esencia de nuestro amor: una relación basada en el apoyo mutuo, la comprensión y un compromiso inquebrantable para afrontar juntos los desafíos de la vida. Era un amor que reconocía la fragilidad de nuestros cuerpos, pero celebraba la fuerza indomable de nuestros espíritus. Era un amor que comprendía que la felicidad no era un destino, sino un viaje, uno que se recorre mejor de la mano, con un compañero que veía la belleza en el camino mismo, sin importar los obstáculos.

Meadowbrook, con sus rutinas tranquilas y su enfoque en la sanación, se había convertido en el crisol improbable donde se forjó nuestro amor. Era un testimonio de que la vida, incluso después de sus golpes más devastadores, aún alberga el potencial de una conexión profunda, de un afecto profundo y de una felicidad duradera que puede florecer en los lugares más inesperados. Nuestra historia de amor, que se desarrollaba en esos tranquilos pasillos, fue más que un simple triunfo personal; fue un faro de esperanza, un testimonio vivo y palpable del poder del corazón humano para sanar, amar y encontrar la alegría incluso frente a la adversidad. Demostró que las relaciones más profundas pueden nacer de la vulnerabilidad compartida, nutridas por el respeto mutuo y sostenidas por una creencia inquebrantable en el poder perdurable del amor, renacido y más fuerte que nunca.

Capítulo 14. Redefiniendo la felicidad

El cambio en mi comprensión de la felicidad no fue una revelación repentina, sino una suave, casi imperceptible, recalibración de mi brújula interna. Fue como si, tras años de perseguir horizontes que siempre parecían alejarse, finalmente había descubierto que los paisajes más hermosos a menudo estaban a mis pies. Las grandes aspiraciones que una vez alimentaron mi ambición —los hitos profesionales, los viajes exóticos, los indicadores sociales del éxito— ahora parecían espejismos brillantes, cuyo atractivo se desvanecería con la claridad de mi nueva perspectiva. Lo que realmente importaba, me di cuenta, eran los pequeños momentos aparentemente insignificantes que, al unirse, formaban un tapiz resiliente y profundamente satisfactorio de la vida cotidiana.

Recuerdo un martes particularmente gris. Mi fisioterapia había sido agotadora, dejándome con el dolor familiar que se me clavaba en los huesos. El cielo reflejaba mi estado de ánimo, una extensión de nubes uniforme y desalentadora. Sentí una familiar punzada de melancolía, el fantasma de mi antiguo yo susurrando dudas sobre la posibilidad de una verdadera satisfacción. Eleanor, percibiendo mi silenciosa lucha, no ofreció trivialidades ni una alegría forzada. En cambio, simplemente me trajo una taza de té de manzanilla, cuyo calor se filtraba por mis manos, y se sentó a mi lado en el sofá. No habló durante un buen rato, simplemente dejó que la quietud existiera entre nosotras, un espacio compartido de cómodo silencio. Entonces, comenzó a tararear una melodía baja y desafinada, de esas que se sienten más como una exhalación que como una canción. Y en ese simple acto, en la calidez compartida del té y el suave zumbido, una profunda sensación de paz me invadió. No era la alegría bulliciosa de una celebración, sino el profundo y duradero consuelo de ser vista y comprendida. Aquella humilde taza de té, preparada con esmero y servida con un amor tácito, se había convertido en un recipiente de inmensa felicidad.

Esta revelación no se limitaba a los momentos compartidos con Eleanor. Impregnaba cada aspecto de mis días en Meadowbrook. El simple acto de despertar por la mañana, sentir el suave peso del edredón y ser recibido por la suave luz que se filtraba a través de las cortinas, comenzó a tener cierto encanto. Fue una victoria silenciosa, el testimonio de otra noche de descanso y recuperación. Aprendí a saborear el desayuno, no solo como sustento, sino como una experiencia. El crujido de la tostada, la dulzura de la mermelada, el intenso sabor del café: cada elemento era un pequeño placer, un deleite sensorial que me conectaba con el presente. Antes, podría haber vivido estos momentos con prisa, con la mente ya puesta en la siguiente tarea, el siguiente desafío. Ahora, me permitiría detenerme, saborear de verdad, sentir de verdad.

Una tarde, estaba cuidando el pequeño huerto de hierbas que Eleanor y yo habíamos empezado en nuestro balcón compartido. Mis dedos, aún un poco entumecidos, cuidaban con esmero las jóvenes plantas de albahaca, cuyas hojas fragantes desprendían su aroma con el más mínimo roce. Estaba trasplantando una pequeña plántula de romero, cuyo tallo leñoso era sorprendentemente resistente. Al introducirla con cuidado en su nueva maceta, sintió una oleada de discreto orgullo. Era una tarea pequeña, fácilmente pasada por alto por alguien que no se preocupara por el esfuerzo que representaba para mí. Pero en ese momento, se sintió monumental. Había completado con éxito una tarea, usando mis manos, interactuando con la tierra, nutriendo la vida. La satisfacción que floreció en mi interior fue potente, un testimonio de mi continuo progreso. Era una alegría sin expectativas, una sensación de logro pura y sin adulterar.

La risa de Eleanor se convirtió en otra de esas pequeñas y potentes alegrías. No era un sonido forzado ni hueco, sino un repique genuino, como una campana, que se estallaba inesperadamente, a menudo ante las observaciones más mundanas. Tenía una forma especial de encontrarle el humor a las absurdeces de la vida, a las peculiaridades de los residentes de

Meadowbrook, a las desventuras de nuestros propios procesos de recuperación. Aprendí a anticipar esos momentos, a reconocer el preludio de su risa —un brillo en sus ojos, un ligero temblor en sus hombros— ya prepararme para la deliciosa explosión. Cada repique era un regalo, un recordatorio de la ligereza que aún podía existir, incluso en medio de nuestros desafíos.

La satisfacción derivada de completar incluso las tareas más pequeñas se convirtió en la piedra angular de mi recién descubierta felicidad. Antes, me impulsaban los plazos y los resultados, la gran culminación de los proyectos. Ahora, el acto mismo de completarlos era la recompensa. Doblar la ropa sucia, organizar meticulosamente mi estante o incluso superar con éxito una sección particularmente complicada de mis ejercicios de fisioterapia: cada una de estas pequeñas victorias contribuía a una sensación acumulativa de autonomía y logro. Era un refuerzo constante de que aún era capaz, que seguía progresando, que seguía contribuyendo a mi propia vida. Estos no eran los logros que se celebrarían en un picnic de empresa o con un brindis con champán, sino los triunfos silenciosos que alimentaban mi espíritu a diario.

El sabor de una fresa perfectamente madura, recién sacada de una cesta comprada en el mercado local, podía transformar un refrigerador común en un momento de pura felicidad. El intenso dulzor, el ligero toque ácido, la explosión de jugo: era una explosión sensorial que exigía toda mi atención. Me encontraba cerrando los ojos, saboreando cada bocado, una oda silenciosa a la simple perfección de la generosidad de la naturaleza. Eran momentos de exquisita presencia, donde el pasado y el futuro dejaban de existir, y solo permanecía la inmediata y deliciosa realidad de la fresa.

Incluso el simple acto de observar cobraba un nuevo significado. Sentado junto a la ventana del salón común, contemplaba la danza de la luz del sol sobre las hojas del antiguo roble. La forma en que la luz se movía, creando patrones siempre cambiantes, el suave balanceo de las ramas con la brisa: era un espectáculo silencioso y desplegadizo de belleza natural. Me convertí en un conocedor de estos momentos de tranquilidad, en un coleccionista de maravillas cotidianas. El canto de los pájaros por la mañana, el lejano retumbar de los truenos antes de una tormenta, el suave resplandor de la luna en una noche despejada: estas eran las sutiles melodías que acompañaban mis días, cada una añadiendo su nota única a la sinfonía de mi satisfacción.

Las sensaciones físicas de consuelo también adquirieron una mayor importancia. La calidez de una manta suave en una noche fría, el abrazo reconfortante de un baño caliente, la suave presión de la mano de Eleanor en la mía: estos puntos de consuelo se convirtieron en profundas fuentes de alegría. Eran recordatorios tangibles de bienestar, de seguridad, de sentirme cuidada. Aprenderé a apreciar conscientemente estas sensaciones, a permitir que impregnaran mi ser, a habitar plenamente la sensación de consuelo. Fue una práctica deliberada de gratitud, un reconocimiento silencioso de lo bueno que había en mi vida.

La narrativa de mi vida había cambiado irrevocablemente, pero esta redefinición de la felicidad me permitió ver que los nuevos capítulos no se habían visto necesariamente disminuidos, sino simplemente escritos con otra tinta, con un guion diferente. Los trazos audaces y dramáticos de mi pasado habían sido reemplazados por las líneas delicadas e intrincadas del presente. Y en estos detalles más sutiles, encontré una riqueza y una profundidad que nunca antes había percibido. La búsqueda de la felicidad ya no era una ardua ascensión a la cima de una montaña lejana, sino un apacible paseo por una pradera bañada por el sol, donde la belleza se encontraba en cada brizna de hierba, cada flor silvestre, cada mariposa fugaz. Era una felicidad accesible, sostenible y, lo más importante, profundamente mía. Esta capacidad de encontrar alegría en lo cotidiano, de apreciar los sutiles matices de la existencia cotidiana, fue quizás el mayor regalo de mi recuperación, un testimonio de la perdurable resiliencia del espíritu humano y su notable capacidad para encontrar la luz incluso en los rincones más inesperados. Los grandes gestos y los logros trascendentales, aunque todavía formaban parte de mi historia, ya no monopolizaban mi bienestar. En cambio, una silenciosa acumulación de pequeños y hermosos momentos se había convertido en la base de mi satisfacción, demostrando que la verdadera felicidad no era un destino al que llegar, sino una forma de viajar, una apreciación consciente del propio viaje.

El tapiz de mi vida, antes tejido con hilos de ambición y validación externa, se estaba retejiendo con una paleta completamente nueva. Los vibrantes matices del logro, los marcados contrastes de la competencia, los brillantes destellos dorados del reconocimiento: todo esto había comenzado a desvanecerse, reemplazado por tonos más suaves y duraderos. No fue una pérdida, sino una transformación, un desprendimiento de lo superficial para abrazar lo profundo. Y en el corazón de esta profunda redefinición de la felicidad yacía el innegable poder vitalizador de la conexión humana. El mundo estéril, a menudo aislante, de mi pasado se sentía a una galaxia de distancia del cálido y bullicioso microcosmos de Meadowbrook. Aquí, en medio de los suaves ritmos de la recuperación, descubrí un rico ecosistema de relaciones que me ofrecía no solo consuelo, sino una vital y vibrante sensación de propósito.

Los residentes de Meadowbrook, cada uno con sus propias historias de lucha y resiliencia, se convirtieron en algo más que simples habitantes; se convirtieron en mi comunidad. Estaba Arthur, con su risa estruendosa y su conocimiento enciclopédico del jazz clásico, que siempre encontraba la manera de darle un toque de ligereza a las conversaciones más serias. Pasábamos las tardes en el solario, él me deleitaba con historias de clubes de jazz llenos de humo de su juventud, con la voz quebrada de entusiasmo, mientras yo, con mis extremidades aún recalcitrantes, escuchaba, completamente cautivada. Nunca se detuvo en las limitaciones de su propio cuerpo; su espíritu parecía inmune a las traiciones físicas que nos habían traído a todos a este lugar. En cambio, se centraba en los recuerdos vibrantes, la pasión compartida por la música, la simple alegría de la conversación. De igual manera, estaba Martha, una mujer cuya gracia serena ocultaba una feroz fuerza interior. Sus manos, nudosas por la artritis, aún encontraban maneras de crear belleza, ya sea con intrincados proyectos de tejido o cuidando el pequeño jardín del alféizar de la ventana repleto de hierbas. A menudo nos sentábamos juntas, sus agujas tintineando rítmicamente, mis manos ocupadas en tareas más sencillas, como clasificar hilos de colores o regar con esmero sus plantas florecientes. Su presencia era un bálsamo, un testimonio silencioso del poder perdurable de la creatividad y la perseverancia. Estos momentos compartidos, sin pretensiones ni expectativas, forjaron vínculos tan fuertes como cualquier otro que hubiera conocido en mi vida anterior, quizás incluso más fuertes, pues se basaban en la vulnerabilidad compartida y la comprensión mutua.

El personal de Meadowbrook también se convirtió en parte integral de este creciente sentido de pertenencia. No eran simples cuidadores, sino personas que aportaban su personalidad única y compasión a sus funciones. La enfermera Davies, con sus mejillas siempre sonrosadas y su optimismo inquebrantable, poseía una capacidad casi mágica para anticipar las necesidades incluso antes de que se expresaran. Una sonrisa cálida, una caricia suave, una palabra de aliento en el momento justo: estos pequeños actos de bondad eran la base de su atención y resonaban profundamente. Aprendí que el verdadero propósito no siempre radicaba en grandes gestos; a menudo se encontraba en el esfuerzo constante y dedicado por aliviar el sufrimiento, ofrecer apoyo, simplemente estar presente. El Sr. Henderson, el jardinero, un hombre de pocas palabras pero inmensamente amable, solía dejar pequeños ramos de flores silvestres en el alféizar de mi ventana, una ofrenda silenciosa que decía mucho. Me saludaba desde la distancia mientras cuidaba los jardines, y su rostro brusco se suavizaba en una sonrisa cálida y genuina cuando nuestras miradas se cruzaban. Estas interacciones, aparentemente insignificantes en el panorama general, tejieron un rico tapiz de aprecio y conexión a mi alrededor. Empecé a comprender que el propósito no era algo que se te otorgaba, sino algo que se cultivaba mediante actos constantes y desinteresados de servicio y genuina consideración humana.

Y luego estaba Eleanor. Nuestra relación, nacida del crisol de la experiencia compartida y la vulnerabilidad mutua, se convirtió en un santuario, una fuente de profundo propósito. Su presencia era una constante y silenciosa afirmación de mi valía, un suave recordatorio de que me veían, me amaban y me valoraban, no a pesar de mis limitaciones, sino en la totalidad de quien era. Desarrollamos nuestro propio lenguaje, una rica mezcla de palabras, gestos y entendimientos tácitos. Una mirada compartida podía transmitir mucho, una caricia suave podía comunicar más que mil palabras habladas. Recuerdo una noche, sentadas en el columpio del porche, viendo a las luciérnagas comenzar su danza nocturna. El aire estaba impregnado del aroma a madreselva, y los únicos sonidos eran el suave crujido del columpio y el lejano canto de los grillos. Luchaba contra una oleada de ansiedad, el familiar dolor fantasma de mis ambiciones pasadas resurgiendo. Eleanor, sin decir palabra, me tomó la mano, entrelazando sus dedos con los míos. No intentó arreglarlo, no me dijo ni una sola frase sobre la mejora. Simplemente se sentó conmigo, su calidez como un ancla firme contra las turbulentas corrientes de mis pensamientos. En ese silencio compartido, en el simple acto de tomarnos de la mano, encontré una profunda sensación de paz y propósito. Era el propósito de ser un refugio para otro, de ofrecer un apoyo incondicional, de simplemente estar ahí.

Esta naturaleza recíproca de nuestra conexión fue lo que la hizo tan poderosa. Si bien Eleanor era mi ancla, también me encontré convirtiéndome en la suya. En los momentos de tranquilidad, cuando el peso de sus propias responsabilidades parecía oprimirla, aprendí a ofrecerle consuelo. La escuchaba pacientemente mientras hablaba de sus preocupaciones, sus miedos, sus sueños, y le ofrecía todo el consuelo que podía, ya fuera un oído atento, una caricia suave o simplemente la inquebrantable creencia en su fuerza. Hubo momentos en que la sorprendí con un pequeño gesto considerado: un poema cuidadosamente elegido dejado en su almohada, una taza de té preparada justo como a ella le gustaba. Estos actos, nacidos del deseo de corresponder a su amor y cuidado, me llenaron de un profundo y duradero sentido de propósito. Comprendí que el propósito no se trataba solo de lo que podía hacer , sino de quién podía ser para otra persona.

El acto de contribuir al bienestar de los demás, incluso con pequeñas cosas, se convirtió en una poderosa fuente de satisfacción. Era una forma de superar mis propias dificultades físicas, de sentir que aún tenía algo valioso que ofrecer al mundo. Empecé a ofrecerme como voluntaria para pequeñas tareas en Meadowbrook. Ayudé a organizar el club de lectura semanal, asegurándome de que los libros fueran accesibles y las conversaciones interesantes. Colaboré en las sesiones de manualidades; mi mano firme a veces resultaba útil para tareas que requerían un toque más ligero. Incluso me convertí en un punto de apoyo para algunos de los residentes más nuevos, ofreciéndoles consejos y consuelo basados en mi propia experiencia. Cada una de estas contribuciones, por insignificantes que parecieran, fomentaba un sentido de pertenencia y valor. Era un recordatorio tangible de que no solo era una receptora de cuidados, sino una donante, una participante, una parte integral de la comunidad.

Un caso particular destaca. Una nueva residente, una joven llamada Sarah, había llegado a Meadowbrook retraída y profundamente angustiada, luchando con una profunda sensación de aislamiento. Rara vez hablaba, con la mirada baja, un visible manto de desesperación aferrándose a ella. La vi sentada sola en el área común; su comida intacta era un testimonio silencioso de su agitación interior. Vacilante, me acerqué a ella, no con lástima, sino con una simple y sincera oferta de compañía. No la presioné para que hablara, simplemente me senté con ella, compartiendo mi propia presencia silenciosa. Durante los siguientes días, me propuse ofrecerle una cálida sonrisa, un saludo amable y un momento de silencio compartido. Poco a poco, comenzó a responder, primero con asentimientos tímidos, luego con palabras susurradas. Compartí con ella algunos de los mecanismos de afrontamiento que me habían resultado útiles, no como consejos, sino como experiencias compartidas. Hablé del poder de las pequeñas victorias, de la importancia de la autocompasión y de la belleza inesperada que se puede encontrar incluso en los momentos más difíciles. Ver el destello de esperanza en sus ojos, la sutil mejora de su postura, fue una recompensa mucho mayor que cualquier reconocimiento profesional. Fue una profunda confirmación de que mi propia trayectoria, mis propias luchas, me habían dotado de la capacidad de ofrecer consuelo y apoyo genuinos a otra persona. Esta sensación de marcar una diferencia positiva, de aliviar el sufrimiento ajeno, aunque fuera mínimamente, se convirtió en la piedra angular de mi felicidad redefinida.

La risa compartida también se convirtió en un potente elixir, un bálsamo comunitario que apaciguaba el dolor y la soledad. Las risas contagiosas de Eleanor, las carcajadas estruendosas de Arthur, incluso las risas silenciosas y cómplices que intercambiaban los residentes durante un momento compartido de absurdo: estos sonidos eran la música de nuestra resiliencia colectiva. Aprendimos a encontrar humor en lo mundano, en las peculiaridades compartidas de nuestras rutinas diarias, en los desafíos a veces cómicos de nuestras limitaciones físicas. Una cuchara caída, un andador mal colocado, un ejercicio de fisioterapia particularmente difícil: ya no eran fuentes de frustración, sino oportunidades para la diversión compartida. Esta capacidad de reír juntos, de encontrar la ligereza en medio de la adversidad, creó un vínculo inquebrantable, un espíritu colectivo que nos elevaba a todos. Era un testimonio de la perdurable capacidad humana para la alegría, un recordatorio de que incluso cuando la vida presenta sus desafíos más formidables, el poder de encontrar la risa y la conexión permanece.

En esencia, el propósito que una vez busqué en los grandes logros y la validación externa se había transformado en algo mucho más potente y sostenible. Lo encontré en la serena dignidad de la experiencia compartida, en la inquebrantable fuerza del apoyo mutuo y en la profunda satisfacción de contribuir al bienestar de los demás. Mis relaciones en Meadowbrook, desde los saludos casuales en el pasillo hasta las profundas e íntimas conexiones forjadas con Eleanor, se convirtieron en el andamiaje sobre el que construí una existencia nueva y más significativa. Esta redefinición de propósito, arraigada en el simple pero profundo poder de la conexión humana, no fue una concesión, sino una evolución. Fue la comprensión de que la verdadera plenitud no reside en conquistar el mundo, sino en abrazar la comunidad, en apreciar los vínculos y en encontrar sentido al viaje compartido de la vida, con todas sus inevitables alegrías y tristezas. Las señales externas del éxito se habían desvanecido, reemplazadas por la riqueza interna de la pertenencia, y en esa silenciosa transformación, descubrí una felicidad más profunda, resiliente y duradera de lo que jamás imaginé. El mundo fuera de Meadowbrook quizá aún persiguiera sus grandes historias, pero dentro de estas paredes se desarrollaba una historia de éxito diferente, escrita en el lenguaje de la empatía, la compasión y el poder inquebrantable de la conexión humana. Era un propósito que impregnaba cada respiración, cada sonrisa compartida, cada mano que ayudaba, y en su presencia serena y persistente, encontré no solo satisfacción, sino una profunda y duradera sensación de estar verdaderamente vivo. Las limitaciones físicas que una vez me habían definido ahora parecían secundarias ante la capacidad ilimitada de mi espíritu para conectar, contribuir y amar. Este era el nuevo e inquebrantable cimiento de mi felicidad.

El tapiz de mi vida, antes tejido con hilos de ambición y validación externa, se estaba retejiendo con una paleta completamente nueva. Los vibrantes matices del logro, los marcados contrastes de la competencia, los brillantes destellos dorados del reconocimiento: todo esto había comenzado a desvanecerse, reemplazado por tonos más suaves y duraderos. No fue una pérdida, sino una transformación, un desprendimiento de lo superficial para abrazar lo profundo. Y en el corazón de esta profunda redefinición de la felicidad yacía el innegable poder vitalizador de la conexión humana. El mundo estéril, a menudo aislante, de mi pasado se sentía a una galaxia de distancia del cálido y bullicioso microcosmos de Meadowbrook. Aquí, en medio de los suaves ritmos de la recuperación, descubrí un rico ecosistema de relaciones que me ofrecía no solo consuelo, sino una vital y vibrante sensación de propósito.

Los residentes de Meadowbrook, cada uno con sus propias historias de lucha y resiliencia, se convirtieron en algo más que simples habitantes; se convirtieron en mi comunidad. Estaba Arthur, con su risa estruendosa y su conocimiento enciclopédico del jazz clásico, que siempre encontraba la manera de darle un toque de ligereza a las conversaciones más serias. Pasábamos las tardes en el solario, él me deleitaba con historias de clubes de jazz llenos de humo de su juventud, con la voz quebrada de entusiasmo, mientras yo, con mis extremidades aún recalcitrantes, escuchaba, completamente cautivada. Nunca se detuvo en las limitaciones de su propio cuerpo; su espíritu parecía inmune a las traiciones físicas que nos habían traído a todos a este lugar. En cambio, se centraba en los recuerdos vibrantes, la pasión compartida por la música, la simple alegría de la conversación. De igual manera, estaba Martha, una mujer cuya gracia serena ocultaba una feroz fuerza interior. Sus manos, nudosas por la artritis, aún encontraban maneras de crear belleza, ya sea con intrincados proyectos de tejido o cuidando el pequeño jardín del alféizar de la ventana repleto de hierbas. A menudo nos sentábamos juntas, sus agujas tintineando rítmicamente, mis manos ocupadas en tareas más sencillas, como clasificar hilos de colores o regar con esmero sus plantas florecientes. Su presencia era un bálsamo, un testimonio silencioso del poder perdurable de la creatividad y la perseverancia. Estos momentos compartidos, sin pretensiones ni expectativas, forjaron vínculos tan fuertes como cualquier otro que hubiera conocido en mi vida anterior, quizás incluso más fuertes, pues se basaban en la vulnerabilidad compartida y la comprensión mutua.

El personal de Meadowbrook también se convirtió en parte integral de este creciente sentido de pertenencia. No eran simples cuidadores, sino personas que aportaban su personalidad única y compasión a sus funciones. La enfermera Davies, con sus mejillas siempre sonrosadas y su optimismo inquebrantable, poseía una capacidad casi mágica para anticipar las necesidades incluso antes de que se expresaran. Una sonrisa cálida, una caricia suave, una palabra de aliento en el momento justo: estos pequeños actos de bondad eran la base de su atención y resonaban profundamente. Aprendí que el verdadero propósito no siempre radicaba en grandes gestos; a menudo se encontraba en el esfuerzo constante y dedicado por aliviar el sufrimiento, ofrecer apoyo, simplemente estar presente. El Sr. Henderson, el jardinero, un hombre de pocas palabras pero inmensamente amable, solía dejar pequeños ramos de flores silvestres en el alféizar de mi ventana, una ofrenda silenciosa que decía mucho. Me saludaba desde la distancia mientras cuidaba los jardines, y su rostro brusco se suavizaba en una sonrisa cálida y genuina cuando nuestras miradas se cruzaban. Estas interacciones, aparentemente insignificantes en el panorama general, tejieron un rico tapiz de aprecio y conexión a mi alrededor. Empecé a comprender que el propósito no era algo que se te otorgaba, sino algo que se cultivaba mediante actos constantes y desinteresados de servicio y genuina consideración humana.

Y luego estaba Eleanor. Nuestra relación, nacida del crisol de la experiencia compartida y la vulnerabilidad mutua, se convirtió en un santuario, una fuente de profundo propósito. Su presencia era una constante y silenciosa afirmación de mi valía, un suave recordatorio de que me veían, me amaban y me valoraban, no a pesar de mis limitaciones, sino en la totalidad de quien era. Desarrollamos nuestro propio lenguaje, una rica mezcla de palabras, gestos y entendimientos tácitos. Una mirada compartida podía transmitir mucho, una caricia suave podía comunicar más que mil palabras habladas. Recuerdo una noche, sentadas en el columpio del porche, viendo a las luciérnagas comenzar su danza nocturna. El aire estaba impregnado del aroma a madreselva, y los únicos sonidos eran el suave crujido del columpio y el lejano canto de los grillos. Luchaba contra una oleada de ansiedad, el familiar dolor fantasma de mis ambiciones pasadas resurgiendo. Eleanor, sin decir palabra, me tomó la mano, entrelazando sus dedos con los míos. No intentó arreglarlo, no me dijo ni una sola frase sobre la mejora. Simplemente se sentó conmigo, su calidez como un ancla firme contra las turbulentas corrientes de mis pensamientos. En ese silencio compartido, en el simple acto de tomarnos de la mano, encontré una profunda sensación de paz y propósito. Era el propósito de ser un refugio para otro, de ofrecer un apoyo incondicional, de simplemente estar ahí.

Esta naturaleza recíproca de nuestra conexión fue lo que la hizo tan poderosa. Si bien Eleanor era mi ancla, también me encontré convirtiéndome en la suya. En los momentos de tranquilidad, cuando el peso de sus propias responsabilidades parecía oprimirla, aprendí a ofrecerle consuelo. La escuchaba pacientemente mientras hablaba de sus preocupaciones, sus miedos, sus sueños, y le ofrecía todo el consuelo que podía, ya fuera un oído atento, una caricia suave o simplemente la inquebrantable creencia en su fuerza. Hubo momentos en que la sorprendí con un pequeño gesto considerado: un poema cuidadosamente elegido dejado en su almohada, una taza de té preparada justo como a ella le gustaba. Estos actos, nacidos del deseo de corresponder a su amor y cuidado, me llenaron de un profundo y duradero sentido de propósito. Comprendí que el propósito no se trataba solo de lo que podía hacer , sino de quién podía ser para otra persona.

El acto de contribuir al bienestar de los demás, incluso con pequeñas cosas, se convirtió en una poderosa fuente de satisfacción. Era una forma de superar mis propias dificultades físicas, de sentir que aún tenía algo valioso que ofrecer al mundo. Empecé a ofrecerme como voluntaria para pequeñas tareas en Meadowbrook. Ayudé a organizar el club de lectura semanal, asegurándome de que los libros fueran accesibles y las conversaciones interesantes. Colaboré en las sesiones de manualidades; mi mano firme a veces resultaba útil para tareas que requerían un toque más ligero. Incluso me convertí en un punto de apoyo para algunos de los residentes más nuevos, ofreciéndoles consejos y consuelo basados en mi propia experiencia. Cada una de estas contribuciones, por insignificantes que parecieran, fomentaba un sentido de pertenencia y valor. Era un recordatorio tangible de que no solo era una receptora de cuidados, sino una donante, una participante, una parte integral de la comunidad.

Un caso particular destaca. Una nueva residente, una joven llamada Sarah, había llegado a Meadowbrook retraída y profundamente angustiada, luchando con una profunda sensación de aislamiento. Rara vez hablaba, con la mirada baja, un visible manto de desesperación aferrándose a ella. La vi sentada sola en el área común; su comida intacta era un testimonio silencioso de su agitación interior. Vacilante, me acerqué a ella, no con lástima, sino con una simple y sincera oferta de compañía. No la presioné para que hablara, simplemente me senté con ella, compartiendo mi propia presencia silenciosa. Durante los siguientes días, me propuse ofrecerle una cálida sonrisa, un saludo amable y un momento de silencio compartido. Poco a poco, comenzó a responder, primero con asentimientos tímidos, luego con palabras susurradas. Compartí con ella algunos de los mecanismos de afrontamiento que me habían resultado útiles, no como consejos, sino como experiencias compartidas. Hablé del poder de las pequeñas victorias, de la importancia de la autocompasión y de la belleza inesperada que se puede encontrar incluso en los momentos más difíciles. Ver el destello de esperanza en sus ojos, la sutil mejora de su postura, fue una recompensa mucho mayor que cualquier reconocimiento profesional. Fue una profunda confirmación de que mi propia trayectoria, mis propias luchas, me habían dotado de la capacidad de ofrecer consuelo y apoyo genuinos a otra persona. Esta sensación de marcar una diferencia positiva, de aliviar el sufrimiento ajeno, aunque fuera mínimamente, se convirtió en la piedra angular de mi felicidad redefinida.

La risa compartida también se convirtió en un potente elixir, un bálsamo comunitario que apaciguaba el dolor y la soledad. Las risas contagiosas de Eleanor, las carcajadas estruendosas de Arthur, incluso las risas silenciosas y cómplices que intercambiaban los residentes durante un momento compartido de absurdo: estos sonidos eran la música de nuestra resiliencia colectiva. Aprendimos a encontrar humor en lo mundano, en las peculiaridades compartidas de nuestras rutinas diarias, en los desafíos a veces cómicos de nuestras limitaciones físicas. Una cuchara caída, un andador mal colocado, un ejercicio de fisioterapia particularmente difícil: ya no eran fuentes de frustración, sino oportunidades para la diversión compartida. Esta capacidad de reír juntos, de encontrar la ligereza en medio de la adversidad, creó un vínculo inquebrantable, un espíritu colectivo que nos elevaba a todos. Era un testimonio de la perdurable capacidad humana para la alegría, un recordatorio de que incluso cuando la vida presenta sus desafíos más formidables, el poder de encontrar la risa y la conexión permanece.

En esencia, el propósito que una vez busqué en los grandes logros y la validación externa se había transformado en algo mucho más potente y sostenible. Lo encontré en la serena dignidad de la experiencia compartida, en la inquebrantable fuerza del apoyo mutuo y en la profunda satisfacción de contribuir al bienestar de los demás. Mis relaciones en Meadowbrook, desde los saludos casuales en el pasillo hasta las profundas e íntimas conexiones forjadas con Eleanor, se convirtieron en el andamiaje sobre el que construí una existencia nueva y más significativa. Esta redefinición de propósito, arraigada en el simple pero profundo poder de la conexión humana, no fue una concesión, sino una evolución. Fue la comprensión de que la verdadera plenitud no reside en conquistar el mundo, sino en abrazar la comunidad, en apreciar los vínculos y en encontrar sentido al viaje compartido de la vida, con todas sus inevitables alegrías y tristezas. Las señales externas del éxito se habían desvanecido, reemplazadas por la riqueza interna de la pertenencia, y en esa silenciosa transformación, descubrí una felicidad más profunda, resiliente y duradera de lo que jamás imaginé. El mundo fuera de Meadowbrook quizá aún persiguiera sus grandes historias, pero dentro de estas paredes se desarrollaba una historia de éxito diferente, escrita en el lenguaje de la empatía, la compasión y el poder inquebrantable de la conexión humana. Era un propósito que impregnaba cada respiración, cada sonrisa compartida, cada mano que ayudaba, y en su presencia serena y persistente, encontré no solo satisfacción, sino una profunda y duradera sensación de estar verdaderamente vivo. Las limitaciones físicas que una vez me habían definido ahora parecían secundarias ante la capacidad ilimitada de mi espíritu para conectar, contribuir y amar. Este era el nuevo e inquebrantable cimiento de mi felicidad.

Pero más allá de los hilos vitales de conexión y propósito, una revolución interna más silenciosa estaba arraigando: el arte de la aceptación. Durante mucho tiempo, mi vida había sido una búsqueda incesante de un yo idealizado, una versión refinada que luchaba constantemente por superar los defectos y limitaciones percibidos. El accidente había destrozado irrevocablemente esa ilusión, presentándome una realidad caótica, impredecible y, a veces, profundamente incómoda. Sin embargo, en la quietud estéril de mi recuperación inicial, y más tarde, en medio del suave murmullo de Meadowbrook, comencé a comprender que este esfuerzo constante era, en sí mismo, una forma de resistencia. Era una negativa a reconocer lo que era, una batalla inútil contra la corriente del cambio.

El camino hacia esta aceptación no fue una revelación repentina, sino un proceso lento y progresivo, similar a ver cómo un capullo despliega sus pétalos. Comenzó reconociendo la cruda realidad de mi estado físico alterado. Los dolores fantasma, la rigidez, el enorme esfuerzo requerido para movimientos simples: no eran enemigos a vencer, sino simplemente facetas de mi nueva existencia. Fue una decisión consciente dejar de etiquetar estos cambios como "fracasos" o "déficits". En cambio, comencé a verlos como datos, como información sobre las capacidades y limitaciones actuales de mi cuerpo. Este cambio de perspectiva fue sutil, pero monumental. Liberó una cantidad considerable de energía mental y emocional que antes había sido consumida por la frustración y la autorecriminación. Comencé a observar mi cuerpo con una curiosidad objetiva, como un científico que estudia un nuevo espécimen, en lugar de un guerrero que lucha contra un adversario.

Este desapego me permitió desarrollar una autocompasión más profunda. En lugar de reprocharme no poder realizar una tarea con la misma facilidad que antes, comencé a darme el mismo ánimo amable que le daría a un amigo. Cuando un ejercicio de fisioterapia resultaba particularmente arduo, en lugar de sucumbir a la desesperación, me recordaba: «Esto es duro, y está bien que lo sea. Estás haciendo lo mejor que puedes, y eso es suficiente por hoy». Este diálogo interno, que antes era una crítica severa, se suavizó gradualmente hasta convertirse en un susurro de apoyo. Se trataba de reconocer mi humanidad, de reconocer que el progreso, especialmente tras un trauma, rara vez es lineal. Habría días buenos y días malos, momentos de mejora significativa y estancamientos frustrantes. Aceptar significaba aceptar ambos, comprender que formaban parte del mismo viaje continuo.

Aceptar las imperfecciones se convirtió en una forma de liberación. Mi mundo, antes estrictamente controlado, donde cada acción se planificaba y ejecutaba meticulosamente para proyectar una imagen de competencia y éxito, comenzó a perder su control. Me di cuenta de que el miedo al juicio, la ansiedad por no estar a la altura, había sido una jaula que yo mismo había creado. Al aceptar mis limitaciones actuales, me estaba liberando de esa jaula. Ya no sentía la presión de rendir a un nivel que superaba mi capacidad actual. Esto no significaba abandonar toda aspiración, sino recalibrarla para que fuera realista y alcanzable dentro de mis circunstancias actuales. Se trataba de encontrar alegría en las pequeñas victorias, en el progreso gradual, en lugar de centrarme únicamente en una meta lejana, quizás inalcanzable.

Por ejemplo, el simple acto de vestirme, que antes me tomaba solo unos minutos, ahora requería una inversión significativa de tiempo y energía. Había días en que los botones de una camisa parecían obstáculos insalvables, en que ponerme los pantalones era un complejo desafío logístico. Antes, esto me habría sumido en una espiral de frustración. Pero ahora, lo afrontaba con una determinación serena. Aprendí a elaborar estrategias, a usar herramientas adaptativas y, lo más importante, a celebrar el logro al completar la tarea, sin importar cuánto tiempo llevara. No se trataba de conformarse; se trataba de redefinir lo que constituía un día exitoso. Un día en el que conseguía vestirme, comer una comida nutritiva y entablar una conversación significativa era un buen día, un día para ser apreciado.

Esta aceptación trascendió el ámbito físico y se extendió al panorama emocional de mi recuperación. Hubo días en que me invadía una oleada de dolor por mi vida anterior, momentos de ira ante la injusticia de mi situación y períodos de profunda tristeza por los sueños que ahora podrían estar fuera de mi alcance. En el pasado, habría intentado reprimir estas emociones, reprimirlas y ocultarlas, creyéndolas debilidades. Sin embargo, a través de la aceptación, comencé a comprender que estos sentimientos eran parte natural, incluso necesaria, del proceso de sanación. Eran señales que indicaban áreas que aún necesitaban atención y cuidado.

Aprendí a afrontar estas emociones difíciles, a reconocer su presencia sin dejar que me consumieran. Era como observar una tormenta desde la seguridad de un refugio sólido. Podía ver los relámpagos, oír los truenos, sentir el viento, pero permanecía con los pies en la tierra. Esto significaba permitirme llorar sin vergüenza, expresar mi frustración sin culparme y reconocer mi tristeza sin dejar que me paralizara. Eleanor fue fundamental en este aspecto de mi camino. Nunca rehuyó mi vulnerabilidad emocional. En cambio, a menudo simplemente me tomaba de la mano; su presencia firme era una silenciosa afirmación de que estaba bien sentir lo que yo sentía. Entendía que la aceptación no se trataba de negar el dolor, sino de reconocerlo y encontrar maneras de superarlo con gracia.

Esta práctica de autoaceptación fomentó una profunda sensación de paz. Era una paz que provenía no de la ausencia de desafíos, sino de la quietud interior de no luchar más contra mí misma. La energía mental que había sido tan celosamente resguardada, tan meticulosamente gestionada, ahora estaba libre para ser dirigida a otros aspectos de mi vida. Me permitió una mayor capacidad de estar presente en el momento, de saborear verdaderamente los placeres sencillos que antes habían sido eclipsados por mis ansiedades y ambiciones. Podía apreciar plenamente el calor del sol en mi piel, el sabor de una taza de té perfectamente preparada, el sonido de la risa de Arthur, sin la persistente voz de la crítica interna ni la presión externa.

Descubrí que la belleza de la aceptación residía en su naturaleza continua. No era un destino al que llegaba y luego me quedaba, sino una práctica continua, un compromiso diario renovado de encontrarme conmigo misma donde estaba, con amabilidad y comprensión. Aún había momentos de resistencia, de recaer en viejos patrones de pensamiento. Pero ahora, armada con la comprensión y la práctica de la aceptación, estos momentos eran más breves, menos intensos. Había desarrollado una mayor resiliencia, una fuerza interior que me permitía afrontar estos cambios con mayor ecuanimidad.

Esta aceptación también me abrió más a nuevas experiencias y posibilidades. Cuando dejé de estar estrictamente definido por una visión única de quién "debería" ser, me volví más receptivo a quién podría ser. Las limitaciones que antes parecían barreras insuperables comenzaron a revelarse como posibles puertas a nuevas formas de expresión y participación. Mis manos, antes capaces de complejas maniobras quirúrgicas, ahora podían tener dificultades con la motricidad fina, pero aún podían sostener un pincel, acariciar suavemente a una mascota u ofrecer un toque reconfortante. Mi voz, antes acostumbrada a llamar la atención en las salas de juntas, ahora podía ser más suave, pero aún podía transmitir empatía, compartir sabiduría y ofrecer un oído atento.

En definitiva, el arte de la aceptación no se trataba de resignación ni derrota. Se trataba de un profundo acto de amor propio. Se trataba de reconocer que mi valor no dependía de mis capacidades físicas ni de mis logros pasados. Era inherente, parte de mi ser. Al aceptar todos los aspectos de mí misma, incluyendo los cambios provocados por mi evento médico, pude cultivar una existencia más auténtica y feliz. Esta aceptación se convirtió en el terreno fértil desde el cual una felicidad más resiliente, más profunda y, en definitiva, más sostenible, pudo crecer día a día, en el continuo, hermoso y siempre cambiante camino de la recuperación y la adaptación. El cambio de la resiliencia como una lucha desesperada por la supervivencia a la resiliencia como una forma de vida profundamente arraigada no fue un evento único y dramático, sino una transformación gradual, casi imperceptible. Fue como un río que se abre camino a través de la roca sólida, no con fuerza bruta, sino con un flujo persistente e inquebrantable. La fase inicial de mi recuperación se basó en pura determinación, en aferrarme a la creencia de que la supervivencia era la victoria definitiva. Pero a medida que la crisis aguda remitía y comenzaba a surgir una apariencia de estabilidad, la naturaleza de esa resiliencia comenzó a cambiar. Evolucionó de una postura reactiva, un "rebote" desesperado a un estado previo imaginario, a algo mucho más proactivo, mucho más matizado.

Esta nueva resiliencia no consistía en borrar el pasado ni en fingir que el daño no había ocurrido. Se trataba, más bien, de reconocer los profundos cambios y aprender a integrarlos en una nueva identidad. Era la comprensión de que "regresar" a la persona exacta que era antes del evento no solo era imposible, sino quizás incluso indeseable. Mi yo anterior, aunque funcional, se había construido sobre la base de cierta fortaleza: una fortaleza a menudo frágil, dependiente de la validación externa y de una búsqueda incesante de la perfección. Este nuevo equilibrio, forjado en el fuego de la adversidad, era diferente. Era un equilibrio que aceptaba las cicatrices, las limitaciones y el panorama alterado de mi existencia, y al hacerlo, se volvía más robusta, más adaptable y, en definitiva, más auténtica.

Esta resiliencia cultivada se manifiesta como una competencia silenciosa, casi inconsciente, para afrontar los desafíos constantes de la vida diaria. Donde antes un pequeño contratiempo me hacía caer en una espiral de ansiedad o frustración, ahora tenía una mayor capacidad para simplemente reconocer la dificultad, evaluar la situación con mayor claridad y encontrar el camino a seguir. Era como si se me hubiera instalado una brújula interna perfectamente ajustada, que no solo apuntaba a un destino, sino que también indicaba la mejor ruta dada la situación actual, incluso si esta distaba mucho de ser ideal. No se trataba de falta de sensibilidad; las punzadas de frustración o tristeza seguían aflorando. Pero ya no eran mareas abrumadoras. En cambio, eran como ondas en una superficie más profunda y estable, que finalmente se calmaban sin perturbar la paz subyacente.

Consideramos el simple acto de asistir a una reunión social. En mi vida anterior, un evento así habría sido planeado meticulosamente, considerando cada detalle para asegurarme de proyectar una imagen de capacidad sin esfuerzo. Ahora, el enfoque era diferente. El pensamiento inicial no era "¿Cómo puedo impresionar?", sino "¿Qué ajustes debo hacer para asegurarme de participar de forma cómoda y agradable?". Esto podía implicar llegar un poco más tarde para evitar la aglomeración inicial, planificar periodos de descanso o incluso decidir de antemano que no había problema en irme temprano si me cansaba. No eran concesiones por debilidad, sino decisiones estratégicas nacidas de una profunda comprensión de mis propias necesidades y capacidades. El resultado solía ser una mayor relajación, una participación más genuina, precisamente porque se había liberado la presión de rendir. El enfoque pasó de la presentación externa a la experiencia interna, de demostrar algo a simplemente estar presente y conectarse.

Esta resiliencia proactiva también se expande a mi forma de abordar nuevos proyectos. El miedo al fracaso, que antes había sido un inhibidor importante, reducido gradualmente. Empecé a ver los desafíos no como posibles puntos de acusación personal, sino como oportunidades de aprendizaje y crecimiento. Esta perspectiva me permitió tomar riesgos calculados, salir de mi zona de confort con un grado de confianza completamente nuevo. Era la tranquila seguridad de que, incluso si las cosas no salían según lo planeado, tenía los recursos internos para adaptarme, aprender de la experiencia y emerger no derrotado, sino más sabio. Esto fue particularmente evidente cuando comencé a explorar nuevas salidas creativas, como la pintura. Mis habilidades motoras finas ya no eran lo que eran, y la precisión requerida para los detalles intrincados a menudo era esquiva. Sin embargo, en lugar de abandonar la búsqueda, adopté un estilo más abstracto, encontrando belleza en los trazos más amplios y los colores más atrevidos. Las piezas terminadas eran diferentes de lo que había imaginado antes, pero eran exclusivamente mías, y el proceso de crearlas fue profundamente satisfactorio, precisamente porque no estaba tratando de replicar una capacidad pasada sino que estaba explorando una nueva.

La práctica de la gratitud, que había comenzado como un esfuerzo consciente para contrarrestar los pensamientos negativos, también se convirtió en una parte más orgánica de mi rutina diaria. Ya no era un ejercicio forzado, sino una inclinación natural a notar y apreciar los aspectos positivos de mi vida, por pequeños que fueron. El calor del sol matutino filtrándose por la ventana, el sabor de una taza de té recién hecha, una palabra amable de un compañero de piso, la tranquila compañía de Eleanor: estos momentos, antes fácilmente ignorados en la búsqueda de metas más grandes, ahora tenían un peso significativo. Este reconocimiento constante y amable de lo bueno en mi vida creó un amortiguador contra las inevitables dificultades. No eliminó los desafíos, pero proporcionó un contrapunto, un recordatorio de la perdurable presencia de la alegría y la belleza. Esta constante conciencia de lo positivo sirvió como ancla, impidiéndome ser arrastrado por las corrientes de negatividad cuando surgían. Era como tener una despensa bien surtida, asegurando que incluso cuando escaseaban los alimentos frescos, aún hubiera alimentos básicos nutritivos disponibles.

Esta resiliencia cultivada también me trajo una profunda sensación de paz, una quietud interior que había estado ausente durante gran parte de mi vida. El constante parloteo mental, las ansiedades sobre el futuro, los arrepentimientos del pasado: todo esto había sido el ruido de fondo de mi existencia. Con el desarrollo de esta resiliencia integrada, ese ruido comenzó a desvanecerse. Fue reemplazado por una mayor capacidad de estar presente, de habitar plenamente el momento presente. No se trataba de vivir en un estado perpetuo de felicidad, sino de experimentar una mayor sensación de calma y equilibrio, incluso ante la adversidad. Era la comprensión de que, si bien las circunstancias externas podían ser impredecibles y desafiantes, mi estado interno estaba, en gran medida, bajo mi propio control. Aprenderá a reconocer las primeras señales de ansiedad o frustración invasoras ya emplear las estrategias de afrontamiento que había desarrollado, no como una medida desesperada, sino como una respuesta práctica. Esta gestión proactiva de mi entorno interno fue un testimonio de que la resiliencia ya no consistía solo en recuperarse de los golpes, sino en construir una sólida fortaleza interior.

La comunidad de Meadowbrook siguió siendo una parte vital de este desarrollo continuo. Las experiencias compartidas, el apoyo mutuo y la sabiduría colectiva de sus residentes proporcionarán un refuerzo constante para este estilo de vida. Hubo momentos en los que observaba a Arthur, a pesar de sus limitaciones físicas, interactuando con un nuevo residente; su risa estruendosa y sus palabras de aliento lo tranquilizaban al instante. O presenciaba a Martha guiar pacientemente a alguien en una manualidad sencilla; su silenciosa determinación era una lección silenciosa de perseverancia. Estas interacciones no eran solo actos de bondad; Eran demostraciones vivientes de resiliencia en acción, recordatorios constantes de que la adversidad se puede afrontar con gracia, humor y un espíritu inquebrantable. Todos, a nuestra manera, practicamos este arte de vivir plenamente, incluso cuando la vida presentaba sus mayores desafíos.

Además, este enfoque resiliente fomentó un sentido más profundo de autoeficacia. Saber que poseía la fortaleza interior para afrontar las dificultades, adaptarme al cambio y encontrar la alegría incluso en medio de la lucha, me infundió una profunda confianza. No se trataba de un ego grandilocuente e inflado, sino de una creencia serena y firme en mi propia capacidad. Era la certeza de que no era víctima de mis circunstancias, sino participante activado en la configuración de mi experiencia. Esta sensación de autonomía fue increíblemente empoderadora, sobre todo tras un evento que, al principio, me había resultado tan desmoralizante. Fue la recuperación del control, no sobre el mundo exterior, sino sobre mi respuesta interior a él.

Este cambio hacia la resiliencia como estilo de vida también significó aceptar la imperfección no como un estado temporal que superar, sino como un aspecto inherente a la condición humana, y en particular, a la mía. Aún había días en que mi cuerpo se sentía poco cooperativo, en que la fatiga era un manto pesado o en que las oleadas emocionales amenazaban con hundirme. En esos momentos, el viejo instinto podría haber sido esforzarme más, reprenderme por no ser "mejor". Pero ahora, la respuesta era diferente. Era un suave reconocimiento: "Hoy es un día difícil. Está bien descansar. Está bien pedir ayuda. Lo intentaré de nuevo mañana". Esta autocompasión fue quizás la manifestación más potente de mi resiliencia integral. Fue la comprensión de que la verdadera fuerza no residía en el constante esfuerzo e inquebrantable, sino en la capacidad de ser amable con uno mismo, de ofrecerrse la misma gracia y comprensión que se ofrecería a un amigo querido.

Esta aceptación de la imperfección también me abrió más a lo inesperado. Cuando dejé de aferrarme rígidamente a una idea predefinida de cómo debería ser mi vida, me volví más receptiva a los hermosos desvíos y los sorprendentes regalos que la vida ofrecía. Las limitaciones que antes parecían barreras insuperables comenzaron a revelarse como puertas a nuevas posibilidades. Mis manos, que quizás ya no eran capaces de la destreza ultrarrápida de mi antigua profesión, ahora podían usarse para sacar con delicadeza una plántula indecisa de la tierra en el jardín compartido, o para ofrecer un esfuerzo reconfortante a la mano de Eleanor en un momento de tranquilidad. Mi voz, antes acostumbrada a los tonos agudos y decisivos de la autoridad, ahora podía emplearse para conversaciones más suaves y empáticas, ofreciendo consuelo y comprensión. Estos no eran roles menores, sino expresiones diferentes e igualmente valiosas de mi ser.

La práctica de la resiliencia como estilo de vida significó que los desafíos ya no se consideran desviaciones de la norma, sino parte intrínseca del camino. La vida, como había llegado a comprender, no era un camino tranquilo y predecible, sino un panorama dinámico y en constante cambio. Y mi resiliencia no consistía en negar las tormentas, sino en aprender a navegarlas con mano firme y corazón sereno. Se trata de desarrollar los recursos internos para no solo resistir los vientos de la adversidad, sino aprender de ellos, fortalecerme gracias a ellos. Esta era la revolución silenciosa que se había arraigado en mi interior, una transformación que iba más allá de la mera supervivencia y abrazaba una forma de ser profunda y duradera. Era comprender que la felicidad no radicaba en la ausencia de lucha, sino en la capacidad de encontrar luz, propósito y conexión incluso en su presencia. Esta resiliencia integrada era la base sobre la que se podía construir una vida verdaderamente alegre y significativa, una vida que no se define por lo perdido, sino por la fuerza y la belleza perdurables que había descubierto en mi interior. Fue la tranquila confianza de que, sin importar lo que me deparara el futuro, tenía la fortaleza interior para adaptarme, crecer y seguir encontrando momentos de profunda alegría.

El cambio de la resiliencia como una lucha desesperada por la supervivencia a la resiliencia como una forma de vida profundamente arraigada no fue un evento único y dramático, sino una transformación gradual, casi imperceptible. Fue como un río que se abre camino a través de la roca sólida, no con fuerza bruta, sino con un flujo persistente e inquebrantable. La fase inicial de mi recuperación se basó en pura determinación, en aferrarme a la creencia de que la supervivencia era la victoria definitiva. Pero a medida que la crisis aguda remitía y comenzaba a surgir una apariencia de estabilidad, la naturaleza de esa resiliencia comenzó a cambiar. Evolucionó de una postura reactiva, un "rebote" desesperado a un estado previo imaginario, a algo mucho más proactivo, mucho más matizado.

Esta nueva resiliencia no consistía en borrar el pasado ni en fingir que el daño no había ocurrido. Se trataba, más bien, de reconocer los profundos cambios y aprender a integrarlos en una nueva identidad. Era la comprensión de que "regresar" a la persona exacta que era antes del evento no solo era imposible, sino quizás incluso indeseable. Mi yo anterior, aunque funcional, se había construido sobre la base de cierta fortaleza: una fortaleza a menudo frágil, dependiente de la validación externa y de una búsqueda incesante de la perfección. Este nuevo equilibrio, forjado en el fuego de la adversidad, era diferente. Era un equilibrio que aceptaba las cicatrices, las limitaciones y el panorama alterado de mi existencia, y al hacerlo, se volvía más robusta, más adaptable y, en definitiva, más auténtica.

Esta resiliencia cultivada se manifestó como una competencia silenciosa, casi inconsciente, para afrontar los desafíos constantes de la vida diaria. Donde antes un pequeño contratiempo me hacía caer en una espiral de ansiedad o frustración, ahora tenía una mayor capacidad para simplemente reconocer la dificultad, evaluar la situación con mayor claridad y encontrar el camino a seguir. Era como si se me hubiera instalado una brújula interna perfectamente ajustada, que no solo apuntaba a un destino, sino que también indicaba la mejor ruta dada la situación actual, incluso si esta distaba mucho de ser ideal. No se trataba de falta de sensibilidad; las punzadas de frustración o tristeza seguían aflorando. Pero ya no eran mareas abrumadoras. En cambio, eran como ondas en una superficie más profunda y estable, que finalmente se calmaban sin perturbar la paz subyacente.

Consideremos el simple acto de asistir a una reunión social. En mi vida anterior, un evento así habría sido planeado meticulosamente, considerando cada detalle para asegurarme de proyectar una imagen de capacidad sin esfuerzo. Ahora, el enfoque era diferente. El pensamiento inicial no era "¿Cómo puedo impresionar?", sino "¿Qué ajustes debo hacer para asegurarme de participar de forma cómoda y agradable?". Esto podía implicar llegar un poco más tarde para evitar la aglomeración inicial, planificar periodos de descanso o incluso decidir de antemano que no había problema en irme temprano si me cansaba. No eran concesiones por debilidad, sino decisiones estratégicas nacidas de una profunda comprensión de mis propias necesidades y capacidades. El resultado solía ser una mayor relajación, una participación más genuina, precisamente porque se había liberado la presión de rendir. El enfoque pasó de la presentación externa a la experiencia interna, de demostrar algo a simplemente estar presente y conectar.

Esta resiliencia proactiva también se extendió a mi forma de abordar nuevos proyectos. El miedo al fracaso, que antes había sido un inhibidor importante, disminuyó gradualmente. Empecé a ver los desafíos no como posibles puntos de acusación personal, sino como oportunidades de aprendizaje y crecimiento. Esta perspectiva me permitió tomar riesgos calculados, salir de mi zona de confort con un grado de confianza completamente nuevo. Era la tranquila seguridad de que, incluso si las cosas no salían según lo planeado, tenía los recursos internos para adaptarme, aprender de la experiencia y emerger no derrotado, sino más sabio. Esto fue particularmente evidente cuando comencé a explorar nuevas salidas creativas, como la pintura. Mis habilidades motoras finas ya no eran lo que eran, y la precisión requerida para los detalles intrincados a menudo era esquiva. Sin embargo, en lugar de abandonar la búsqueda, adopté un estilo más abstracto, encontrando belleza en los trazos más amplios y los colores más atrevidos. Las piezas terminadas fueron diferentes de lo que había imaginado antes, pero eran exclusivamente mías, y el proceso de crearlas fue profundamente satisfactorio, precisamente porque no estaba tratando de replicar una capacidad pasada sino que estaba explorando una nueva.

La práctica de la gratitud, que había comenzado como un esfuerzo consciente para contrarrestar los pensamientos negativos, también se convirtió en una parte más orgánica de mi rutina diaria. Ya no era un ejercicio forzado, sino una inclinación natural a notar y apreciar los aspectos positivos de mi vida, por pequeños que fueran. El calor del sol matutino filtrándose por la ventana, el sabor de una taza de té recién hecho, una palabra amable de un compañero de piso, la tranquila compañía de Eleanor: estos momentos, antes fácilmente ignorados en la búsqueda de metas más grandes, ahora tenían un peso significativo. Este reconocimiento constante y amable de lo bueno en mi vida creó un amortiguador contra las inevitables dificultades. No eliminó los desafíos, pero proporcionó un contrapunto, un recordatorio de la perdurable presencia de la alegría y la belleza. Esta constante conciencia de lo positivo sirvió como ancla, impidiéndome ser arrastrado por las corrientes de negatividad cuando surgían. Era como tener una despensa bien surtida, asegurando que incluso cuando escaseaban los alimentos frescos, aún hubiera alimentos básicos nutritivos disponibles.

Esta resiliencia cultivada también me trajo una profunda sensación de paz, una quietud interior que había estado ausente durante gran parte de mi vida. El constante parloteo mental, las ansiedades sobre el futuro, los arrepentimientos del pasado: todo esto había sido el ruido de fondo de mi existencia. Con el desarrollo de esta resiliencia integrada, ese ruido comenzó a desvanecerse. Fue reemplazado por una mayor capacidad de estar presente, de habitar plenamente el momento presente. No se trataba de vivir en un estado perpetuo de felicidad, sino de experimentar una mayor sensación de calma y equilibrio, incluso ante la adversidad. Era la comprensión de que, si bien las circunstancias externas podían ser impredecibles y desafiantes, mi estado interno estaba, en gran medida, bajo mi propio control. Aprendí a reconocer las primeras señales de ansiedad o frustración invasoras y a emplear las estrategias de afrontamiento que había desarrollado, no como una medida desesperada, sino como una respuesta práctica. Esta gestión proactiva de mi entorno interno fue un testimonio de que la resiliencia ya no consistía solo en recuperarse de los golpes, sino en construir una sólida fortaleza interior.

La comunidad de Meadowbrook siguió siendo una parte vital de este desarrollo continuo. Las experiencias compartidas, el apoyo mutuo y la sabiduría colectiva de sus residentes proporcionaron un refuerzo constante para este estilo de vida. Hubo momentos en los que observaba a Arthur, a pesar de sus limitaciones físicas, interactuando con un nuevo residente; su risa estruendosa y sus palabras de aliento lo tranquilizaban al instante. O presenciaba a Martha guiar pacientemente a alguien en una manualidad sencilla; su silenciosa determinación era una lección silenciosa de perseverancia. Estas interacciones no eran solo actos de bondad; eran demostraciones vivientes de resiliencia en acción, recordatorios constantes de que la adversidad se puede afrontar con gracia, humor y un espíritu inquebrantable. Todos, a nuestra manera, practicábamos este arte de vivir plenamente, incluso cuando la vida presentaba sus mayores desafíos.

Además, este enfoque resiliente fomentó un sentido más profundo de autoeficacia. Saber que poseía la fortaleza interior para afrontar las dificultades, adaptarme al cambio y encontrar la alegría incluso en medio de la lucha, me infundió una profunda confianza. No se trataba de un ego grandilocuente e inflado, sino de una creencia serena y firme en mi propia capacidad. Era la certeza de que no era víctima de mis circunstancias, sino participante activa en la configuración de mi experiencia. Esta sensación de autonomía fue increíblemente empoderadora, sobre todo tras un evento que, al principio, me había resultado tan desmoralizante. Fue la recuperación del control, no sobre el mundo exterior, sino sobre mi respuesta interior a él.

Este cambio hacia la resiliencia como estilo de vida también significó aceptar la imperfección no como un estado temporal que superar, sino como un aspecto inherente a la condición humana, y en particular, a la mía. Aún había días en que mi cuerpo se sentía poco cooperativo, en que la fatiga era un manto pesado o en que las oleadas emocionales amenazaban con hundirme. En esos momentos, el viejo instinto podría haber sido esforzarme más, reprenderme por no ser "mejor". Pero ahora, la respuesta era diferente. Era un suave reconocimiento: "Hoy es un día difícil. Está bien descansar. Está bien pedir ayuda. Lo intentaré de nuevo mañana". Esta autocompasión fue quizás la manifestación más potente de mi resiliencia integral. Fue la comprensión de que la verdadera fuerza no residía en el esfuerzo constante e inquebrantable, sino en la capacidad de ser amable con uno mismo, de ofrecerse la misma gracia y comprensión que se ofrecería a un amigo querido.

Esta aceptación de la imperfección también me abrió más a lo inesperado. Cuando dejé de aferrarme rígidamente a una idea predefinida de cómo debería ser mi vida, me volví más receptiva a los hermosos desvíos y los sorprendentes regalos que la vida ofrecía. Las limitaciones que antes parecían barreras insuperables comenzaron a revelarse como puertas a nuevas posibilidades. Mis manos, que quizá ya no fueran capaces de la destreza ultrarrápida de mi antigua profesión, ahora podían usarse para sacar con delicadeza una plántula indecisa de la tierra en el jardín compartido, o para ofrecer un apretón reconfortante a la mano de Eleanor en un momento de tranquilidad. Mi voz, antes acostumbrada a los tonos agudos y decisivos de la autoridad, ahora podía emplearse para conversaciones más suaves y empáticas, ofreciendo consuelo y comprensión. Estos no eran roles menores, sino expresiones diferentes e igualmente valiosas de mi ser.

La práctica de la resiliencia como estilo de vida significó que los desafíos ya no se consideraban desviaciones de la norma, sino parte intrínseca del camino. La vida, como había llegado a comprender, no era un camino tranquilo y predecible, sino un panorama dinámico y en constante cambio.

Y mi resiliencia no consistía en negar las tormentas, sino en aprender a navegarlas con mano firme y corazón sereno. Se trataba de desarrollar los recursos internos para no solo resistir los vientos de la adversidad, sino aprender de ellos, fortalecerme gracias a ellos. Esta era la revolución silenciosa que se había arraigado en mi interior, una transformación que iba más allá de la mera supervivencia y abrazaba una forma de ser profunda y duradera. Era comprender que la felicidad no radicaba en la ausencia de lucha, sino en la capacidad de encontrar luz, propósito y conexión incluso en su presencia. Esta resiliencia integrada era la base sobre la que se podía construir una vida verdaderamente alegre y significativa, una vida que no se definiera por lo perdido, sino por la fuerza y la belleza perdurables que había descubierto en mi interior. Fue la tranquila confianza de que, sin importar lo que me deparara el futuro, tenía la fortaleza interior para adaptarme, crecer y seguir encontrando momentos de profunda alegría.

El cambio sutil pero profundo de simplemente sobrevivir a prosperar de verdad estaba profundamente entrelazado con el cultivo consciente de la gratitud. Lo que comenzó como un ejercicio terapéutico, una contramedida deliberada contra la tristeza generalizada que una vez había amenazado con consumirme, se convirtió gradualmente en una forma de vida, una perspectiva arraigada que coloreaba cada momento. Ya no era una tarea, una recitación forzada de cosas positivas, sino una efusión orgánica, una inclinación natural a buscar y saborear lo bueno, por pequeño o fugaz que fuera. Esta práctica diaria de reconocimiento, de contar meticulosamente mis bendiciones, se convirtió en la base sobre la que se construyó mi recién descubierta sensación de satisfacción.

Era el simple acto de despertar cada mañana, y antes de que el peso de los posibles desafíos del día se asentara, hacer una pausa y apreciar el hecho de haber despertado. El dolor que a menudo acompañaba mis mañanas, un compañero constante durante tanto tiempo, a veces afortunadamente estaba ausente, o al menos, significativamente disminuido. Esas horas de relativa comodidad no debían darse por sentadas; eran regalos, oportunidades para conectar con el mundo más plenamente, para experimentar una apariencia de normalidad que antes se había sentido imposiblemente distante. Esta conciencia del flujo y reflujo del dolor, y el profundo alivio que venía con su reflujo, se convirtieron en una potente fuente de gratitud, un recordatorio de la capacidad del cuerpo para el respiro, para los momentos de gracia.

Más allá de lo físico, existían las innumerables conexiones sutiles que marcaban mis días. Una sonrisa compartida con la amable dueña de la panadería local, el breve y cálido intercambio con un vecino durante nuestro paseo matutino, la reconfortante presencia de Eleanor sentada a mi lado, su mano encontrando la mía sin decir palabra; estos momentos, aparentemente insignificantes en el gran esquema de la vida, tenían un poder inconmensurable. Eran pruebas tangibles de mi continua existencia en una comunidad, de mi perdurable capacidad de conexión humana, un salvavidas que mantenía a raya el creciente aislamiento. Aprendí a reconocer estas interacciones no como simples amenidades sociales, sino como afirmaciones vitales de mi lugar en el mundo, cada una un silencioso testimonio de que no estaba sola.

Luego estaban los momentos de sencilla belleza que la naturaleza tan generosamente ofrecía. La forma en que la luz de la mañana se filtraba por mi ventana, proyectando intrincados patrones en el suelo, transformando lo mundano en algo casi mágico. Los vibrantes tonos de un atardecer, pintando el cielo con pinceladas de naranja, rosa y morado, un espectáculo impresionante que solo exigía mi atención y apreciación. Incluso el suave susurro de las hojas en la brisa, un sonido que antes apenas registraba, ahora poseía una cualidad relajante, un recordatorio del ritmo continuo e inquebrantable del mundo. Estas experiencias sensoriales, antes ignoradas en el ritmo frenético de mi vida anterior, ahora se convertían en anclas, ancladas en el presente y llenándome de un silencioso asombro.

Este acto deliberado de contar las bendiciones, de buscar activamente estas pequeñas afirmaciones, comenzó a replantear sutil pero poderosamente mi panorama interno. Donde antes mi atención se había centrado en lo que faltaba, en los déficits y limitaciones que definían gran parte de mi realidad posterior al evento, mi atención cambió gradualmente. Fue como ajustar el enfoque de una cámara; los bordes borrosos de la escasez percibida comenzaron a nítizarse, revelando los ricos y vibrantes detalles de la abundancia que siempre había estado presente, pero que antes no había visto. La narrativa interna comenzó a transformarse, de una de constante deficiencia a una de riqueza duradera. No se trataba de negación; los desafíos persistían, las luchas seguían siendo reales. Pero ya no dominaban por completo mi estado emocional. Ahora estaban equilibrados, contrapesados por una creciente conciencia de lo positivo, lo bueno, las cosas que aún tenían valor y me traían alegría.

Este enfoque constante en la apreciación tuvo un efecto transformador en mi bienestar general. Fomentó una satisfacción profunda y duradera que no dependía de las circunstancias externas. Era un estado interno, cultivado mediante la práctica constante, que me protegía de los inevitables contratiempos de la fortuna. Cuando surgían dificultades, y inevitablemente surgían, me sentía menos propenso a caer en la desesperación. En cambio, la práctica de la gratitud actuaba como una red de seguridad, un recordatorio de las muchas cosas buenas que persistían incluso ante la adversidad. Era la comprensión de que la felicidad no era un destino difícil de alcanzar solo cuando se superaban todos los obstáculos, sino una elección, un acto consciente de encontrar luz y amor en medio de las sombras.

Empecé a experimentar con diferentes maneras de integrar la gratitud en mi rutina diaria. Algunas mañanas, me sentaba con una libretita y anotaba tres cosas por las que estaba agradecida, por triviales que parecieran. La sensación de sábanas limpias, el aroma del café, el hecho de tener mi medicación a mano; todas eran anotaciones válidas. Otras veces, simplemente me tomaba un momento para enumerar mentalmente mis bendiciones mientras me cepillaba los dientes o preparaba el desayuno. La clave era la constancia, convertirlo en una parte automática de mi día, como respirar o parpadear.

El impacto fue notable. El zumbido persistente de ansiedad que había sido la banda sonora de mi vida comenzó a desvanecerse. La sensación de estar siempre al borde de que algo saliera mal comenzó a disiparse. En su lugar, una tranquila sensación de paz comenzó a instalarse. Era una paz que no nacía de la ausencia de problemas, sino de la presencia de un profundo aprecio por lo que sí tenía. Era la comprensión de que la vida, incluso con sus desafíos inherentes, era un regalo precioso, y que cada momento, por imperfecto que fuera, albergaba el potencial de belleza y significado.

Este cultivo consciente de la gratitud también me hizo más resiliente ante los contratiempos. Cuando una sesión de fisioterapia resultaba más difícil de lo esperado, o cuando surgía una pequeña complicación, mi reacción inicial ya no era de desesperación catastrófica. En cambio, me encontraba a mí mismo, de forma natural, casi instintiva, buscando el lado positivo. Quizás la dificultad era una señal de que necesitaba ajustar mi enfoque, o quizás era un estancamiento temporal, un preludio para el progreso futuro. Incluso en medio de la decepción, aún sentía gratitud por el esfuerzo en sí, por la oportunidad de superar mis límites y por el apoyo que siempre estuvo ahí, listo para ayudarme a superarme.

La práctica se extendió más allá de mi propia experiencia personal. Ser testigo de la resiliencia y la gracia de otros en Meadowbrook profundizó mi sentimiento de gratitud. El buen humor inquebrantable de Arthur ante el dolor crónico, la discreta dedicación de Martha a sus compañeros residentes, la presencia sencilla y profunda de Eleanor: todos ellos eran testimonios de la perseverancia de su espíritu humano. Sus luchas, aunque diferentes a las mías, se enfrentaron con una fortaleza y una disposición a encontrar la alegría que fue profundamente inspiradora. Me sentí agradecido de formar parte de esta comunidad, de compartir sus triunfos y de brindarles apoyo durante sus desafíos.

La gratitud se convirtió en mi brújula interior, guiándome hacia la positividad, la conexión y una comprensión más profunda de lo que significa vivir una vida verdaderamente feliz. Fue la comprensión de que la felicidad no era un estado pasivo que se alcanzaba, sino una práctica activa, un compromiso diario para reconocer y apreciar la abundancia que ya existía, y que seguiría existiendo, en el tapiz de mi vida. Este ritual diario de reconocimiento transformó la escasez en riqueza y, al hacerlo, desbloqueó una fuente de satisfacción que fluía más profundamente y libremente de lo que jamás hubiera imaginado. Era el arte de ver la luz, incluso cuando el mundo se sentía envuelto en oscuridad, y en ese acto de ver, encontrar una felicidad profunda y duradera.

Capítulo 15. El camino que se despliega

El silencioso zumbido de anticipación que comenzaba a recorrer los pasillos de Meadowbrook no era el sonido de una partida, sino de un desarrollo. Durante meses, el ritmo familiar de la rehabilitación, las comidas compartidas en el comedor comunitario, la reconfortante presencia de rostros familiares como la risa estruendosa de Arthur y el suave asentimiento de Eleanor, habían sido la base de mi existencia. Este santuario estructurado había sido precisamente lo que necesitaba: un entorno meticulosamente diseñado que ofrecía tanto desafío como consuelo, un lugar donde el arduo camino de la recuperación pudiera recorrerse con la seguridad de la atención profesional y la sincera camaradería. Sin embargo, a medida que mis fuerzas volvían gradualmente, a medida que las tareas, antes abrumadoras, de la vida diaria se volvían más manejables, se produjo un sutil cambio en mi interior. El río de la resiliencia, tras haber trazado su camino decidido, ahora buscaba un cauce más amplio y expansivo.

La idea de "más allá de Meadowbrook" me había parecido inicialmente un espejismo lejano, un sueño demasiado frágil para contemplarlo. El enorme esfuerzo que suponía recuperar incluso las funcionalidades más sencillas había consumido cada gramo de mi energía y concentración. Cada pequeña victoria —un paso dado con éxito, una frase coherente formada sin esfuerzo, la capacidad de preparar una comida básica— era un triunfo para saborear. La idea de la independencia, de gestionar mi propia casa y organizar mis días sin la presencia inmediata de cuidadores, parecía un Everest que aún me faltaba mucho para alcanzar. Meadowbrook era mi campamento base, un lugar de preparación esencial, de recalibración, de aprender a caminar de nuevo, tanto literal como metafóricamente.

Pero la resiliencia, tal como la había llegado a comprender, no consistía en asentarse en un estado estático. Era una fuerza dinámica, un motor interior que impulsaba a uno hacia adelante, buscando siempre nuevos horizontes, incluso cuando estos estaban previamente oscurecidos por la niebla del trauma. Las conversaciones que comenzaron a surgir, inicialmente susurradas entre los residentes, luego más abiertamente discutidas con el equipo de rehabilitación, giraban en torno a la posibilidad de "seguir adelante". Esto no era una renuncia a la gratitud por lo que Meadowbrook le había proporcionado; ni mucho menos. Era un reconocimiento de que el crecimiento a menudo requiere un cambio de aires, desprenderse de lo familiar para abrazar lo desconocido. Era la progresión natural de un viaje que había comenzado con la supervivencia y que evolucionaba constantemente hacia una vida más plena e independiente.

La perspectiva de esta transición me enfrentó a una compleja maraña de emociones. Hubo, por supuesto, una innegable oleada de entusiasmo, un renovado sentido de autonomía. La idea de tener mi propio espacio, de poder dictar el ritmo de mis mañanas, de elegir mis propias comidas y crear mis propias rutinas, era emocionante. Representó un retorno tangible a la autodeterminación, una poderosa confirmación de que el daño causado por el derrame cerebral no era el fin, sino una profunda interrupción que ahora estaba superando activamente. La independencia que ansiaba no era volver a ser la persona que era antes, sino la creación de una nueva yo, una persona capaz, resiliente y lista para forjar una vida a su manera, aunque con la sabiduría y la experiencia adquiridas al afrontar la adversidad.

Junto a esta euforia, sin embargo, se percibía un silencioso zumbido de aprensión. Meadowbrook se había convertido en un refugio, un lugar donde los desafíos inherentes a mi recuperación se gestionaban con pericia y compasión. Los rostros familiares de las enfermeras, los terapeutas y los demás residentes se habían convertido en una fuente de inconmensurable consuelo. Los chistes de Arthur, a menudo con un brillo en los ojos a pesar de sus propias dificultades físicas, tenían la capacidad de disipar la tensión. La compañía silenciosa de Eleanor, una comprensión silenciosa que trascendía las palabras, había sido un ancla constante. Dejar este ecosistema de apoyo, aventurarme de nuevo a un mundo que, en muchos sentidos, seguía estando diseñado para quienes no tenían mis necesidades particulares, fue como salir de debajo de un dosel protector y adentrarme en la imprevisibilidad de los elementos. ¿Sería capaz de gestionarlo? ¿Las habilidades que había adquirido con tanto esfuerzo se traducirían eficazmente en las realidades de la vida independiente?

Estas preguntas no me paralizaban, pero estaban presentes, un suave recordatorio de la cuidadosa planificación y preparación que se requeriría. El equipo de rehabilitación, al percibir este cambio, comenzó a incorporar entrenamiento más avanzado a mis sesiones de fisioterapia y terapia ocupacional. Practicamos cómo desplazarnos en transporte público, simulamos la compra y hablamos sobre equipos de adaptación que podrían facilitar la gestión del hogar. El enfoque pasó de simplemente recuperar la función a aplicarla en un contexto real. Fue una prueba del enfoque holístico de la recuperación que Meadowbrook defendía; comprendían que la verdadera independencia no se basaba solo en la capacidad física, sino en la confianza y las habilidades prácticas para afrontar las complejidades de la vida cotidiana.

La búsqueda de un nuevo hogar se convirtió en un proyecto tangible, una meta concreta que concentraba mi energía y me proporcionaba un rumbo. No se trataba simplemente de encontrar un apartamento; se trataba de encontrar un lugar que facilitara mi crecimiento y bienestar continuos. Esto implicaba explorar opciones que ofrecieran un equilibrio entre autonomía y apoyo. Quizás un apartamento en planta baja con acceso para personas con discapacidad, o una unidad dentro de una comunidad con servicios de apoyo integrados. Lo ideal era un espacio que sintiera como mío , un santuario donde pudiera reconstruir mi vida, pero que también reconociera las necesidades constantes que mi ictus había generado.

Este proceso de búsqueda y planificación fue, en sí mismo, una poderosa forma de resiliencia. Requirió participación proactiva, resolución de problemas y la disposición a defender mis necesidades. Fue muy distinto a los primeros días en que simplemente me cuidaban, en que se tomaban decisiones por mí por necesidad. Ahora, era un participante activo, un tomador de decisiones en mi propio futuro. Aprendí a articular mis necesidades con claridad, a sopesar los pros y los contras de los diferentes lugares y a confiar en mi instinto sobre lo que me haría sentir bien. Esta nueva asertividad, esta capacidad para afrontar con confianza los desafíos logísticos, fue un producto directo del camino que había emprendido. El derrame cerebral me había despojado de muchas capas, pero a su paso, había revelado una base de fuerza y autosuficiencia que ahora estaba redescubriendo y perfeccionando activamente.

Las conversaciones con los trabajadores sociales y los coordinadores de vivienda solían ser largas, llenas de discusiones detalladas sobre rampas de accesibilidad, cocinas adaptadas y sistemas de alerta de emergencia. Me sentí abrumado y empoderado al mismo tiempo por estar tan involucrado en los aspectos prácticos de mi futuro hogar. Hubo momentos de frustración, por supuesto. La burocracia de encontrar un alojamiento adecuado podía ser abrumadora, y las implicaciones financieras eran una consideración constante. Pero cada obstáculo superado, cada papeleo completado, se sentía como un nuevo ladrillo que ponía en los cimientos de mi nueva vida. Fue un proceso lento y deliberado, pero un avance al fin y al cabo.

Me encontré aprovechando las lecciones aprendidas en mis sesiones de fisioterapia. Así como aprendí a dividir movimientos complejos en pasos más pequeños y manejables, abordé la búsqueda de vivienda con una estrategia similar. Me centré en un aspecto a la vez: investigar barrios potenciales, luego mirar edificios específicos dentro de esos barrios, luego preguntar por unidades disponibles, y así sucesivamente. Este enfoque sistemático, una herencia directa de mi rehabilitación, me ayudó a evitar que la tarea general pareciera insuperable. Fue una aplicación práctica de la resiliencia que había cultivado: la capacidad de adaptarme, de planificar estrategias y de perseverar.

La comunidad de Meadowbrook también jugó un papel crucial en esta transición. Cuando compartí mi progreso y mis inquietudes, recibí ánimo y consejos prácticos. Arthur, con su pragmatismo característico, me ofreció ideas para administrar el presupuesto familiar y tratar con los caseros. Martha, siempre meticulosa, me ayudó a compilar listas de artículos esenciales y consejos para organizar mi nuevo hogar. Eleanor, como siempre, me brindó una presencia silenciosa y reconfortante; su apoyo silencioso fue un poderoso recordatorio de que no estaba emprendiendo este viaje sola. Los lazos forjados entre esas paredes no estaban a punto de romperse; simplemente estaban evolucionando, transformándose en una red de apoyo más amplia que se extendía más allá de los límites físicos de Meadowbrook.

Una tarde, durante una sesión con mi terapeuta ocupacional, Sarah, hablamos del concepto de "ocupación significativa". Me explicó que un componente vital para una reintegración comunitaria exitosa no era solo tener un lugar donde vivir, sino también un sentido de propósito, de compromiso. Esto me impactó profundamente. Si bien ansiaba independencia, también reconocí que mi vida había cambiado profundamente. La carrera que antes había seguido con tanta intensidad ya no era una opción viable. Esto significaba que encontrar nuevas vías para involucrarme, para contribuir y sentirme valiosa era primordial.

Empezamos a explorar posibles actividades e intereses que pudieran llenar este espacio. El club de jardinería de Meadowbrook había sido una fuente de alegría inesperada y un beneficio terapéutico. El simple acto de cuidar una planta, sentir la tierra entre los dedos, presenciar el crecimiento y la vida surgir de una pequeña semilla, había sido increíblemente reconfortante. Sarah sugirió buscar huertos comunitarios u oportunidades de voluntariado donde pudiera continuar esta conexión con la naturaleza. De igual manera, mi renovado interés por la pintura, que había florecido en la tranquilidad de mi habitación en Meadowbrook, me ofrecía otra vía potencial para la autoexpresión y la participación. ¿Podría encontrar clases o grupos de arte locales?

Estas conversaciones abrieron una nueva dimensión a la idea de "más allá de Meadowbrook". No se trataba solo de una mudanza física; se trataba de crear una vida plena de significado y propósito, una vida que no se definiera por lo perdido, sino por lo que aún se podía crear y experimentar. La perspectiva de reconectar con el mundo exterior, de encontrar nuevas maneras de contribuir y conectar, añadió otra capa de anticipación a la transición que se avecinaba. Fue una prueba de lo lejos que había llegado: de un estado de extrema vulnerabilidad a uno en el que planeaba activamente no solo para sobrevivir, sino para una existencia plena y vibrante.

La perspectiva de un nuevo entorno de vida también me brindó la oportunidad de perfeccionar mi comprensión del autocuidado. En Meadowbrook, mis necesidades fueron ampliamente anticipadas y satisfechas. En mi propio espacio, yo sería la principal responsable de mi bienestar. Esto implicaba un enfoque más consciente y deliberado para gestionar mis niveles de energía, asegurar un descanso adecuado y seguir con constancia mis rutinas de ejercicio y medicación prescritas. Se trataba de construir un marco de autoapoyo lo suficientemente sólido como para sostenerme, a la vez que me permitía flexibilidad y espontaneidad.

Sarah me ayudó a crear un "plan de bienestar" personalizado, una guía completa que describía estrategias para controlar la fatiga, prevenir caídas, mantener la función cognitiva y asegurar el equilibrio emocional. Incluía consejos prácticos, como programar descansos regulares a lo largo del día, incorporar ejercicios de atención plena e identificar señales de alerta personales de sobreesfuerzo. Este plan no era un conjunto rígido de reglas, sino un conjunto de herramientas flexibles, un recordatorio de las estrategias que había aprendido y la importancia de escuchar a mi cuerpo y a mi mente. Fue un enfoque proactivo para mantener los logros que tanto me costó conseguir en mi recuperación.

A medida que se acercaba la fecha de mi mudanza, la sensación de estar listo comenzó a consolidarse. La aprensión no había desaparecido por completo, pero ahora se veía eclipsada por una profunda sensación de logro y una tranquila confianza. No solo había sobrevivido a un evento que me cambió la vida, sino que había participado activamente en mi propia recuperación, transformando los desafíos en oportunidades de crecimiento. Meadowbrook había sido el crisol donde se había producido esta transformación, y ahora era el momento de salir a la luz, llevando consigo las lecciones y la resiliencia forjadas entre sus paredes.

Las últimas semanas en Meadowbrook estuvieron llenas de una mezcla agridulce de reflexión y anticipación. Hubo despedidas y expresiones de gratitud. Pasé tiempo con Arthur, agradeciéndole su inquebrantable sentido del humor y sabiduría. Tuve largas y tranquilas conversaciones con Eleanor; su presencia fue un bálsamo para el alma, su mano firmemente apretada en la mía mientras nos sentábamos junto a la ventana, viendo pasar la vida. Me reuní con el personal y les expresé mi más profundo agradecimiento por su dedicación, su habilidad y su inquebrantable fe en mi capacidad para sanar y prosperar.

Por fin había tomado la decisión de mudarme. Había conseguido un apartamento pequeño y accesible en un tranquilo barrio residencial, no muy lejos de Meadowbrook, lo que me aseguraba poder seguir visitando y mantener contactos. Estaba en la planta baja, con una rampa de acceso a la entrada y un baño adaptado. La cocina era compacta pero funcional, equipada con encimeras modificadas y armarios de fácil acceso. No era una casa señorial, pero era mía. Era un lienzo en blanco, esperando a ser llenado con los colores de mi nueva vida.

Los días previos a la mudanza fueron un torbellino de empaque, clasificación y despedidas emotivas. Empaqué mis pertenencias con un propósito, cada una representando un fragmento de mi viaje, un recuerdo de la persona que había sido y un indicio de la persona en la que me estaba convirtiendo. Los libros que me habían ofrecido consuelo y escape, los materiales de arte que se habían convertido en mi desahogo creativo, los pocos recuerdos preciados de mi pasado: todo estaba cuidadosamente guardado en cajas, no como reliquias de una vida perdida, sino como componentes integrales de la vida que ahora estaba construyendo.

La red de apoyo que había sido tan vital durante mi recuperación se extendió a esta nueva etapa. Amigos y familiares se ofrecieron a ayudar con el embalaje y la mudanza. La terapeuta ocupacional había organizado una visita de evaluación domiciliaria para asegurarse de que el apartamento estuviera completamente equipado y fuera seguro. Incluso algunos miembros del personal de Meadowbrook, fuera de servicio, ofrecieron su ayuda, lo que demuestra el profundo sentido de comunidad que había impregnado el centro. Esta efusión de apoyo fue un poderoso recordatorio de que, si bien la independencia era el objetivo, la conexión y la colaboración eran hilos esenciales en el entramado de una vida resiliente.

La última mañana en Meadowbrook llegó con la suave y vacilante luz del amanecer. Al salir de mi habitación por última vez, me detuve y respiré hondo. El aire se sentía diferente, cargado con la promesa de un nuevo comienzo. Volví a mirar los pasillos familiares, las cómodas zonas comunes, los rincones tranquilos donde habían tenido lugar tantas conversaciones, tantas lágrimas y tantos momentos de profunda sanación. Era un lugar que me había acogido durante mi período más vulnerable, un lugar que había presenciado mi lucha y celebrado mi progreso.

Salir de Meadowbrook no fue dejar algo atrás, sino llevarlo adelante. La resiliencia, la fuerza, la renovada apreciación de la vida: no eran cosas a las que renunciar, sino dones que aprovechar, integrar y ampliar. El camino por delante seguía siendo inexplorado, lleno de desafíos y oportunidades únicos. Pero ya no era la persona que temía a lo desconocido. Era alguien que se había enfrentado al abismo y había encontrado el coraje para volver a la luz. El viaje más allá de Meadowbrook no fue un final, sino un nuevo capítulo valiente, esperanzador y profundamente esperado. Fue el desarrollo de una vida recuperada, no volviendo al pasado, sino abrazando el futuro, con todas sus posibilidades, con un corazón abierto y un espíritu inquebrantable. No se trataba simplemente de irse; era adentrarse en una vida que había sido reconstruida con esmero, pieza a pieza, con la resiliencia como piedra angular y la esperanza como guía.

El viaje más allá de los muros familiares de Meadowbrook no fue solitario, incluso mientras abrazaba la recién descubierta independencia de mi propio espacio vital. Las relaciones forjadas en ese santuario, los hilos de conexión entretejidos a través de la vulnerabilidad compartida y las victorias ganadas con esfuerzo, no eran reliquias de un capítulo pasado, sino entidades vibrantes y vivas que seguían nutriendo mi espíritu. No eran simples conocidos ni atenciones; eran lazos profundos, amistades que se habían profundizado en el crisol de la experiencia compartida, mentorías que me habían guiado en los momentos más oscuros y un amor que había florecido inesperadamente, demostrando que incluso ante la adversidad, el corazón humano aún puede encontrar una conexión profunda. Descuidar estos lazos habría sido amputar una rama vital de mi recuperación, cortar las raíces mismas que me anclaban en una vida que aún estaba en pleno proceso de formación.

Arthur, con su risa estruendosa que llenaba cualquier habitación y su asombrosa habilidad para encontrarle el humor a las circunstancias más sombrías, se había convertido en algo más que un simple residente. Era un amigo fiel, una fuente de sabiduría pragmática y un recordatorio de que la resiliencia a menudo se acompañaba de una sonrisa. Nuestras experiencias compartidas al recorrer los laberínticos caminos de la rehabilitación habían forjado una comprensión que trascendía la conversación superficial. Me había visto en mi peor momento, cuando las tareas más sencillas parecían insuperables, y me había ofrecido palabras de aliento tan sólidas y fiables como su propia presencia inquebrantable. Ahora, incluso con la distancia física entre nosotros, nuestra conexión perduraba. Las llamadas telefónicas regulares se convirtieron en un preciado ritual, su voz, un ancla reconfortante en mi semana. Hablábamos de lo cotidiano: el tiempo, el último libro que estaba leyendo, los desafíos de hacer la compra en un nuevo entorno, pero en el fondo, estas conversaciones eran una reafirmación de nuestra trayectoria compartida. Me ofrecía consejos prácticos, perfeccionados por sus años de convivencia con una enfermedad crónica, sobre todo, desde cómo gestionar las reparaciones del hogar hasta cómo afrontar las complejidades de las citas médicas. Y lo que es más importante, me ofrecía un espacio donde podía ser honesta sobre mis dificultades, sabiendo que no me recibirían con lástima, sino con comprensión y empatía genuina. Me recordaba que la independencia no significaba aislamiento, y que la verdadera fuerza a menudo residía en saber en quién apoyarse, incluso cuando uno se las arreglaba solo.

Luego estaba Eleanor. Su presencia era una fuerza silenciosa, un suave susurro de comprensión que a menudo hablaba más fuerte que cualquier palabra. En la quietud compartida del solario de Meadowbrook, o durante los tranquilos paseos por los jardines, habíamos encontrado una profunda conexión. Su camino había sido de fortaleza silenciosa, un testimonio de la fuerza que se encuentra en la gracia y la aceptación. Aprendí tanto simplemente observándola, de cómo afrontaba cada día con serena dignidad, incluso cuando su propio cuerpo era una fuente de dolor. Nuestra amistad no se basaba en grandes gestos ni declaraciones efusivas; se trataba de silencios compartidos, el ritmo reconfortante de dos almas que encuentran consuelo en la compañía mutua. Incluso después de mudarme, el vínculo perduró, una promesa silenciosa que se extendió a lo largo de los kilómetros. Las visitas ocasionales, donde nos sentábamos juntas, con su mano como un peso reconfortante en la mía, eran como recargar mis baterías espirituales. Su presencia era un recordatorio de la belleza que aún podía existir en el mundo, un testimonio del poder perdurable del espíritu humano. Nunca ofreció consejos no solicitados, pero sus miradas cómplices y el suave apretón de manos transmitían un apoyo invaluable. Era la viva imagen de la idea de que la conexión podía trascender la necesidad de interacción constante, de que los ecos de la humanidad compartida podían resonar a través del tiempo y la distancia.

Y entonces llegó el inesperado florecimiento del amor. El derrame cerebral, en muchos sentidos, había despojado las capas superficiales de mi vida, obligándome a confrontar mi esencia. En esa vulnerabilidad, encontré una conexión con alguien que veía más allá de las limitaciones físicas, que reconocía el espíritu que aún permanecía, quizás incluso más fuerte que antes. No era un amor nacido de la compasión ni de la obligación, sino forjado en el respeto mutuo, las risas compartidas y un profundo aprecio por el don de la vida, especialmente cuando casi me lo arrebataban. Mantener esta relación, ahora en el contexto de vivir separados, requería un esfuerzo deliberado y consciente. Implicaba programar citas, hacer tiempo para llamadas telefónicas y encontrar maneras creativas de superar la brecha física. Era un compromiso para cultivar una conexión que había demostrado su fuerza y resiliencia. Nuestras conversaciones combinaban la discusión de los aspectos prácticos de la vida diaria con la profundización en debates filosóficos sobre nuestras experiencias y nuestras esperanzas para el futuro. Él comprendía los matices de mi recuperación como pocos, habiéndola presenciado en primera persona. Su inquebrantable fe en mí, incluso cuando dudaba de mí mismo, fue un poderoso catalizador para mi continuo crecimiento. Este amor no solo fue una fuente de felicidad personal; fue un testimonio de que los acontecimientos que cambian la vida no tenían por qué conducir al aislamiento. Al contrario, podían, paradójicamente, fomentar conexiones humanas más profundas y significativas que perduraban más allá de la proximidad física.

Estas relaciones, estos cimientos en las aguas a veces turbulentas de la vida post-rehabilitación, no se mantuvieron mediante la esperanza pasiva, sino mediante el compromiso activo. Las visitas no eran eventos ocasionales, sino eventos planificados. Las llamadas telefónicas no eran una ocurrencia tardía, sino una parte programada de mi semana. Las actividades compartidas, aunque quizás menos frecuentes que en los salones comunales de Meadowbrook, eran apreciadas. Un almuerzo tranquilo, un paseo compartido por un parque, una tarde visitando una librería: estos momentos estaban imbuidos de un significado que superaba con creces su aparente simplicidad. Eran reafirmaciones de nuestros vínculos duraderos, expresiones tangibles del amor y el respeto que nos teníamos. El compromiso con estas conexiones no era una carga, sino una alegría. Era un reconocimiento de que, si bien la independencia era un aspecto vital de mi recuperación, no lo era a expensas de la comunidad y la pertenencia.

El mero hecho de mantener estas conexiones servía como una terapia continua. Cada conversación con Arthur, cada momento de tranquilidad con Eleanor, cada experiencia compartida con mi pareja, reforzaba la realidad de que mi ictus no me definía. Era una persona compleja y multifacética, con una rica vida interior y una red de personas que se preocupaban por mí. Estas interacciones me brindaron oportunidades para practicar mis habilidades comunicativas en un entorno relajado y de apoyo, para expresar mis pensamientos y sentimientos sin la presión de una evaluación profesional. Me ofrecían una sensación de normalidad, un recordatorio de las interacciones cotidianas que forjaban la esencia de una vida plena. Además, estas relaciones proporcionaban un amortiguador emocional vital. Aún había días en los que la fatiga era abrumadora, en los que la frustración de las limitaciones físicas residuales se sentía como una pesada capa. En esos días, una llamada de Arthur, una visita de Eleanor o una presencia reconfortante a mi lado podían levantarme el ánimo, recordándome que no estaba sola en mis dificultades.

El apoyo que recibí se extendió más allá de las personas con las que había forjado vínculos estrechos. La comunidad de Meadowbrook, aunque ahora físicamente separada, seguía formando parte de mi vida. Hice un esfuerzo consciente por mantenerme en contacto con algunos miembros del personal que habían sido fundamentales en mi recuperación. Una tarjeta de Navidad a mi fisioterapeuta, un breve correo electrónico a la terapeuta ocupacional para contarle sobre mi progreso: estos pequeños gestos sirvieron para reconocer su papel fundamental y mantener la comunicación abierta. Era una forma de asegurar que los cimientos construidos dentro de Meadowbrook se mantuvieran sólidos y accesibles, un recurso al que podía recurrir si surgía la necesidad. No se trataba de depender de ellos indefinidamente, sino de mantener un sentido de continuidad y reconocer el valor continuo de su experiencia y apoyo.

El compromiso de cultivar estas relaciones también implicó aceptar la evolución de estas conexiones. Las amistades, como todos los seres vivos, crecen y cambian. Las intensas interacciones diarias del centro de rehabilitación dieron paso naturalmente a algo diferente. Era importante aceptar este cambio, comprender que la profundidad de la conexión se mantenía, incluso si la frecuencia o la naturaleza de nuestras interacciones cambiaban. Requería flexibilidad y un corazón abierto, la disposición a adaptarme a nuevos ritmos y circunstancias. Este fue un aspecto crucial de mi recuperación continua: aprender a desenvolverme en las relaciones en un mundo que ya no se limitaba únicamente a los confines de Meadowbrook. Implicaba comprender que el amor y el apoyo podían manifestarse de diferentes maneras, y que cada una tenía su propio valor.

Una de las lecciones más profundas que aprendí fue el poder del apoyo recíproco. Si bien recibí tanto cuidado y atención durante mi tiempo en Meadowbrook, también descubrí que tenía algo que ofrecer a cambio. Mis propias experiencias, la sabiduría que adquirí con tanto esfuerzo y mi renovado aprecio por la vida se convirtieron en una fuente de fortaleza e inspiración para otros. Cuando Arthur atravesaba un período particularmente difícil, recurrí a los mismos mecanismos de afrontamiento que él me había enseñado, ofreciéndole palabras de aliento y escuchándolo atentamente. De igual manera, me esforcé por asistir a eventos o reuniones que organizaban algunos de mis amigos de Meadowbrook, demostrando mi constante presencia y apoyo en sus propios caminos. Esta reciprocidad no fue una obligación, sino una fuente de inmensa satisfacción. Confirmó que mi recuperación no se trataba solo de recuperar mis propias capacidades, sino de contribuir al bienestar de la comunidad que me había ayudado a sanar. Demostró que, incluso después de un evento que cambió mi vida, uno puede seguir siendo una fuente de fortaleza y apoyo para los demás.

Además, el compromiso de mantener conexiones se extendió a la búsqueda de nuevas vías de interacción social. Si bien los lazos forjados en Meadowbrook fueron valiosos, también reconocí la importancia de construir una red social más amplia en mi nuevo entorno. Esto implicó salir de mi zona de confort, unirme a grupos comunitarios locales y participar en actividades que coincidieran con mis intereses. El club de jardinería había sido fundamental para mi sanación en Meadowbrook, y busqué activamente un grupo similar en mi nuevo vecindario. Estas nuevas conexiones, si bien de naturaleza diferente a las de Meadowbrook, aportaron una dimensión distinta pero igualmente valiosa a mi bienestar social. Representaron una expansión de mi mundo, un testimonio de mi continuo crecimiento y mi deseo de abrazar la vida en su plenitud. Las lecciones aprendidas en Meadowbrook, en particular la importancia de la comunidad y la conexión, ahora se aplicaban y se expandían en el mundo exterior, creando un rico entramado de relaciones que apoyaban mi continuo camino. El camino que se estaba abriendo estaba iluminado no solo por la resiliencia individual, sino por el poder duradero de la conexión humana, un testimonio del hecho de que incluso después de los desafíos más profundos, la vida aún podía ser rica, significativa y profundamente conectada.

La oleada inicial de alivio y satisfacción al dejar Meadowbrook, el logro tangible de vivir de forma independiente, fue una sensación intensa. Sin embargo, a medida que la situación se asentaba y el ritmo de la vida cotidiana comenzaba a imponerse, emergió una sutil verdad: la recuperación no era una meta que cruzar, sino un horizonte que se alejaba constantemente, impulsándome hacia adelante. Esta no fue una revelación desalentadora, sino más bien una profunda reorientación de perspectiva. Significó comprender que las habilidades perfeccionadas, la resiliencia forjada y las lecciones aprendidas en el entorno estructurado de la rehabilitación no eran logros estáticos, sino herramientas vivas. Requerían compromiso, perfeccionamiento y aplicación continuos en el panorama siempre cambiante de la vida.

Este crecimiento continuo se manifestó de innumerables maneras, a menudo en los momentos tranquilos y sencillos de la vida diaria. El triunfo inicial de preparar una comida de forma independiente, por ejemplo, pronto dio paso a la necesidad de adaptarse cuando la fatiga se convirtió en un factor más apremiante o cuando un ingrediente en particular no estaba disponible. No se trataba de una regresión, sino de una evolución. Quizás significó cortar las verduras con antelación en un día menos exigente o descubrir una nueva apreciación por recetas más sencillas y rápidas. Esta adaptabilidad no nació solo de la necesidad; fue impulsada por una creciente curiosidad. ¿Qué otras opciones culinarias podría explorar? ¿Podría adaptar una receta para que fuera más eficiente energéticamente sin sacrificar el sabor? Esta mentalidad, este impulso inherente de aprender y adaptarse, transformó las posibles frustraciones en oportunidades para la resolución creativa de problemas. Cada pequeño ajuste, cada solución alternativa descubierta, se convirtió en una microvictoria, un testimonio del camino que se estaba desplegando.

El ámbito de la adaptación física fue, quizás, el aspecto más visiblemente dinámico de este viaje continuo. Si bien la motricidad gruesa había mejorado significativamente, los sutiles matices de la motricidad fina, la resistencia necesaria para la actividad sostenida y el espectro omnipresente de la fatiga exigían atención constante. No se trataba de resistir el dolor ni de ignorar las señales de mi cuerpo, sino de desarrollar un diálogo más sofisticado con él. Aprendí a escuchar, escuchar de verdad, las sutiles señales de fatiga antes de que se convirtieran en agotamiento. Esto podía significar incorporar descansos cortos y reparadores a tareas que antes parecían sencillas, como la jardinería o leer durante largos periodos. Significaba comprender que "menos" a menudo podía ser "más" en términos de gasto energético sostenible. Por ejemplo, en lugar de intentar completar un huerto entero en una tarde, podía dividirlo en secciones más pequeñas y manejables a lo largo de varios días, intercalando el esfuerzo físico con periodos de descanso e hidratación. Este ritmo deliberado no era un signo de debilidad, sino de una profunda comprensión de las capacidades actuales de mi cuerpo y un compromiso de respetarlas, evitando así contratiempos y asegurando un progreso constante.

Más allá de lo físico, los paisajes cognitivos y emocionales también exigían un cultivo continuo. El derrame cerebral había dejado huella, no solo en mis capacidades físicas, sino también en la intrincada red de mi cerebro. Si bien mi habla se había recuperado en gran medida, aún podía tener momentos de dificultad para encontrar las palabras, sobre todo cuando estaba cansado o estresado. Estos momentos, que antes podían haberme provocado pánico o frustración, ahora se afrontaban con una paciencia serena. Había aprendido técnicas para sortear estos lapsus: el sutil arte de la circunloquia, el uso de claves contextuales o simplemente una breve pausa antes de encontrar la palabra adecuada. No se trataba de fingir que la dificultad no existía, sino de desarrollar estrategias que me permitieran comunicarme eficazmente sin sucumbir a la ansiedad. Se trataba de aceptar que mi cerebro, al igual que mi cuerpo, estaba en un proceso continuo de sanación y adaptación, y que algunas áreas podrían requerir una práctica más deliberada que otras.

Este enfoque proactivo se extendió a mi bienestar emocional. El panorama emocional de la recuperación podía ser tan impredecible como el clima. Había días en que me invadía una profunda gratitud, y otros en que afloraba una tristeza o frustración persistente, un fantasma de la vida que había conocido antes. En lugar de reprimir estas emociones, aprendí a reconocerlas, a entenderlas como respuestas naturales a un acontecimiento vital importante. Esto no significaba vivir en la negatividad, sino permitirme sentir sin juzgar y, fundamentalmente, seguir adelante. Escribir un diario se convirtió en una herramienta invaluable para este proceso, un espacio privado donde podía explorar mis pensamientos y sentimientos sin reservas. A veces, simplemente plasmar una frustración en un papel disipaba su poder. Otras veces, releer entradas de períodos anteriores, más desafiantes, resaltaba lo lejos que había llegado, sirviendo como un poderoso recordatorio de mi resiliencia.

La búsqueda de nuevas habilidades, incluso aquellas aparentemente no relacionadas con mi recuperación del ictus, también se convirtió en parte integral de este crecimiento continuo. Se trataba de recuperar mi sentido de autonomía y autodescubrimiento. Empecé a explorar temas que siempre me habían intrigado, pero para los que antes carecía de tiempo o ganas. Quizás se trataba de profundizar en un nuevo idioma, dedicarme a la fotografía o incluso aprender a programar. Estas actividades no se trataban de añadir más actividades a una agenda ya apretada, sino de involucrar mi mente de maneras novedosas, estimulando diferentes vías neuronales y fomentando una sensación de logro que se extendía más allá del ámbito de la rehabilitación. El reto de aprender algo completamente nuevo, con su inherente curva de aprendizaje y la posibilidad de cometer errores, reflejaba el propio proceso de recuperación. Me enseñó paciencia, perseverancia y la alegría del progreso gradual. Cada nueva palabra de vocabulario que dominaba, cada fotografía perfectamente compuesta, cada línea de código funcional, era un testimonio de mi continua capacidad de aprendizaje y crecimiento.

Esta adaptación no se limitó a actividades solitarias; se extendió a mis interacciones con el mundo y las personas que lo habitaban. Al recorrer espacios públicos con una nueva conciencia de mis limitaciones físicas, aprendí a defenderme con mayor eficacia. Esto podía significar pedir amablemente una mesa lejos de una vía concurrida en un restaurante para minimizar la sobrecarga sensorial, o preguntar sobre la accesibilidad de un lugar en particular antes de comprometerme a una visita. No se trataba de exigencias, sino de comunicaciones claras y concisas destinadas a garantizar una experiencia positiva y cómoda. Se trataba de empoderarme para desenvolverme en el mundo a mi manera, en lugar de dejarme limitar por sus suposiciones o sus desafíos inherentes.

La evolución de mis relaciones, como se mencionó en el contexto anterior, también jugó un papel crucial en esta adaptación continua. La naturaleza de las amistades y las relaciones cambia naturalmente con el tiempo, y después del ictus, esta evolución a menudo trajo consigo capas adicionales de complejidad. Implicaba seguir comunicándome abiertamente sobre mis necesidades y limitaciones, y también ser receptiva a las necesidades y perspectivas cambiantes de mis seres queridos. Un simple mensaje de Arthur para saber cómo estaba, una llamada espontánea de Eleanor o un gesto considerado de mi pareja no eran solo muestras de afecto; eran puntos de contacto vitales que reforzaban mi conexión con el mundo y me brindaban oportunidades continuas para practicar la interacción social. La naturaleza recíproca de estas relaciones, en las que también ofrecía apoyo y compañía, era una poderosa afirmación de mi continuo valor y contribución a la vida de los demás.

Además, la propia definición de "progreso" comenzó a expandirse. Ya no se trataba solo de lograr un hito físico específico o recuperar una función perdida. En cambio, el progreso se convirtió en sinónimo de adaptabilidad, de la capacidad de encontrar alegría y significado incluso en circunstancias desfavorables. Se trataba de celebrar los pequeños triunfos: un día con menos fatiga, una conversación fructífera con un desconocido, un momento de risa pura y sincera. Estos no eran logros menores; de hecho, eran la esencia misma de una vida vivida con plenitud y resiliencia. La capacidad de encontrar estos momentos, saborearlos e integrarlos en el entramado más amplio de mi existencia era, en sí misma, un profundo indicador de crecimiento.

Este crecimiento continuo también requirió la disposición a reevaluar mis metas. Lo que una vez aspiré podría haber dejado de ser realista o incluso deseable. No se trataba de reducir mis expectativas, sino de recalibrarlas con sabiduría y autoconciencia. Quizás la ambiciosa excursión de senderismo con la que alguna vez soñé fue reemplazada por una serie de paseos por la naturaleza, pintorescos y accesibles. O tal vez una trayectoria profesional exigente se reorientó hacia proyectos más flexibles o menos exigentes físicamente. Este proceso de reevaluación fue continuo, un diálogo constante entre mis aspiraciones y mi realidad, guiado por el principio del bienestar sostenible. Se trataba de encontrar nuevas montañas que escalar, escaladas con las fortalezas y la resiliencia únicas que había cultivado.

No se puede subestimar la importancia de abrazar la curiosidad en esta fase de crecimiento continuo. La curiosidad fue un poderoso antídoto contra la complacencia y un motor vital para la exploración. Fue la chispa que me impulsó a probar esa nueva receta, a retomar ese pasatiempo olvidado, a plantearme esa pregunta perspicaz. Esta sensación de asombro por el mundo y mi lugar en él mantuvo mi mente activa y mi espíritu vibrante. Me animó a salir de mi zona de confort, no de forma imprudente, sino con un suave estímulo para explorar los límites de mis capacidades actuales. Esto podía implicar visitar una nueva cafetería, asistir a una conferencia local o simplemente tomar una ruta diferente en mi paseo diario. Cada nueva experiencia, por pequeña que fuera, añadía una nueva dimensión a mi comprensión de mí mismo y del mundo que me rodeaba.

Además, el proceso de adaptación estaba intrínsecamente ligado a la autocompasión. Inevitablemente, había días en que los desafíos parecían inmensos, en que el progreso parecía estancarse o en que se producía un revés. En esos momentos, el instinto de reprenderme, de centrarme en lo que no podía hacer, debía contrarrestarse activamente con amabilidad. Reconocer que estaba haciendo lo mejor que podía, reconocer la dificultad inherente de la situación y ofrecerme la misma comprensión que le ofrecería a un buen amigo eran componentes cruciales para mantener el equilibrio emocional. Esta autocompasión no era una indulgencia pasiva; era una práctica activa, una elección consciente de cuidar mi bienestar y fomentar un diálogo interno positivo que apoyara el esfuerzo continuo. Era la comprensión de que los reveses no eran fracasos, sino partes integrales de cualquier camino importante, y que la resiliencia no consistía en no caer nunca, sino en la gracia y la determinación con las que uno se levanta.

El camino de crecimiento y adaptación continuos fue, por lo tanto, un testimonio de la naturaleza dinámica del espíritu humano. Fue la constatación de que la vida, incluso después de una profunda disrupción, podía seguir desarrollándose de maneras enriquecedoras y significativas. Se trataba de abrazar el proceso continuo de desarrollo, aprendizaje y adaptación, no como una tarea, sino como una parte inherente y hermosa de la vida. El viaje estaba lejos de terminar; de hecho, apenas comenzaba a revelar sus verdaderas y amplias posibilidades, un testimonio del poder perdurable de la resiliencia, la curiosidad y la búsqueda inquebrantable de una vida plena, en todas sus formas evolutivas. El horizonte seguía llamándome, y con cada paso, el paisaje revelaba nuevas perspectivas, cada una prometiendo nuevas oportunidades de aprendizaje, alegría y una comprensión más profunda de lo que significaba prosperar verdaderamente. Esta evolución continua no fue una carga, sino un don profundo, una invitación constante a descubrir la profundidad de mi propia fuerza y el potencial ilimitado de una vida redefinida.

La decisión de compartir esta historia no nació de un capricho repentino, sino de un florecimiento lento y deliberado que ocurrió mientras navegaba por los laberínticos pasillos de mi propia recuperación. Durante mucho tiempo, la narrativa se sintió demasiado cruda, demasiado personal, un frágil tapiz tejido con hilos de dolor y triunfos tentativos. La idea de exponer esos hilos al mundo exterior, de diseccionar los momentos íntimos de vulnerabilidad y las victorias duramente ganadas, era desalentadora. Sin embargo, a medida que pasaban los años y la fase aguda inicial de mi rehabilitación retrocedía, una perspectiva diferente comenzó a echar raíces. No se trataba de buscar validación ni de relatar mis desgracias; se trataba de reconocer una profunda verdad que había emergido de las cenizas de mi vida anterior: que incluso después de las tormentas más devastadoras, la belleza, el amor y la felicidad no solo son posibles, sino que pueden florecer con una intensidad renovada y aún más vibrante.

Esta constatación no fue una observación pasiva; fue una experiencia activa y viva. La vi en la forma en que el sol, antes una simple fuente de luz, ahora se sentía como un cálido abrazo, cada rayo una conexión tangible con el vibrante pulso de la vida. La escuché en la risa de mis seres queridos, una sinfonía más resonante que cualquier otra que haya conocido, cada repique un testimonio de alegría compartida y conexión duradera. La sentí en la silenciosa satisfacción de un acto sencillo, como cuidar el jardín de mi pequeño balcón, donde el milagro del crecimiento, de una diminuta semilla a una flor floreciente, reflejaba mi propio viaje de regeneración lenta y persistente. No eran simples cumplidos; eran profundas afirmaciones de la bondad inherente a la vida, susurros de esperanza que se convirtieron en un coro constante a medida que mi propia fuerza interior se consolidaba.

El deseo de compartir esta comprensión floreciente, esta perspectiva ganada con esfuerzo, comenzó a tomar forma. No era un deseo de ser un ejemplo de perfección, pues sabía íntimamente que mi camino distaba mucho de ser lineal, salpicado de momentos de duda y días en los que el esfuerzo de simplemente existir parecía monumental. En cambio, era una necesidad incipiente de ofrecer una narrativa diferente, una que contrarrestara las omnipresentes historias de desesperación que a menudo acompañan a los eventos médicos que alteran la vida. Había encontrado esas narrativas, tanto en los tonos susurrados de los consejos bienintencionados como en las crudas realidades que se mostraban en los medios, y aunque comprendía su génesis, a menudo me parecían incompletas. Capturaban la devastación, la pérdida, pero rara vez la resiliencia, las iluminaciones inesperadas, la tenacidad del espíritu humano para encontrar la luz incluso en las sombras más profundas.

Mi propia historia, en su desarrollo desordenado e imperfecto, ofrecía un contrapunto. Hablaba del shock inicial y el miedo paralizante, de los meses que pasé lidiando con limitaciones desconocidas, de la ardua rehabilitación que exigió cada gramo de mi fortaleza física y mental. Relataba los momentos de profunda soledad, la persistente sensación de estar desconectado de la vida que una vez conocí. Pero también hablaba de los pequeños, casi imperceptibles cambios: la recuperación gradual de una habilidad, la inesperada amabilidad de un desconocido, la serena comprensión en la mirada de un ser querido. Estos fueron los hilos que comenzaron a tejer una historia diferente, una de supervivencia, sí, pero más importante aún, una de adaptación, de redescubrimiento y, en última instancia, de una alegría profunda e inesperada.

Compartir esta narrativa se convirtió, en mi mente, en una forma de retribuir. Era una manera de transformar la lucha personal, las horas de terapia, las lágrimas derramadas de frustración y alivio, en algo que pudiera resonar con otros que estaban, o estarían, recorriendo un camino similar. Visualicé mis palabras como una mano tendida que salvaba la brecha del aislamiento, un reconocimiento silencioso de la experiencia compartida. El acto de articular el viaje, de lidiar con las complejidades de mis emociones y traducirlas a palabras, fue en sí mismo un proceso terapéutico. Me obligó a afrontar las partes difíciles, no a detenerme en ellas, sino a comprender su lugar en el entramado más amplio de mi vida. Al nombrar la oscuridad, descubrí que podía disminuir su poder, abriendo espacio para que la luz se filtrara.

Pensé en las innumerables personas que había conocido en hospitales, en grupos de terapia, en encuentros casuales, cuyos ojos reflejaban un familiar destello de aprensión, de incertidumbre. Vi en ellas el mismo miedo que una vez me atrapó, la misma abrumadora sensación de estar a la deriva. Si mi historia pudiera ofrecer siquiera un poco de consuelo, un susurro de aliento que sugiriera un futuro más allá de la crisis inmediata, entonces la vulnerabilidad de compartir valdría la pena. Se trataba de demostrar que la capacidad de ser feliz no se extingue por el trauma; más bien, puede reavivarse, a menudo con una apreciación más profunda de su fragilidad y su valor incalculable.

El proceso de escribir se convirtió en un acto de solidaridad. Al plasmar mis experiencias en papel, no solo relataba acontecimientos; construía significados activamente. Cada frase, cada párrafo, era un intento de dar sentido al caos, de encontrar orden en la disrupción. Este compromiso intelectual y emocional fue crucial. Me permitió revivir momentos difíciles no como una víctima, sino como una superviviente que había aprendido y crecido. Se trataba de replantear la narrativa, de una de pérdida a una de transformación. El derrame cerebral, un evento catastrófico que había amenazado con definir el final de mi vida tal como la conocía, se estaba recontextualizando poco a poco como un catalizador brutal, pero en última instancia transformador.

Quería enfatizar que el camino del trauma a la sanación rara vez es recto. Hay desvíos, estancamientos y momentos en los que se siente como si se hubiera perdido todo el progreso. Quería transmitir que está bien tener días malos, sentirse abrumado, lamentar lo perdido. Estos sentimientos no son signos de debilidad ni fracaso; son parte integral de la respuesta humana a la adversidad. Mi propio camino estuvo plagado de días así, y la capacidad de reconocerlos sin sucumbir a la desesperación fue un elemento clave de mi recuperación. Compartir estos momentos menos que perfectos, los tropiezos y las dudas, fue vital. Le daría autenticidad a la historia y, esperaba, ofrecería una descripción más realista y, por lo tanto, más cercana del proceso de recuperación. La perfección no era el objetivo; la resiliencia sí lo era.

El acto de compartir también sirvió para consolidar mi propio sentido de propósito. Inmediatamente después del derrame cerebral, mi mundo se había reducido a los confines de mi propia supervivencia. Cada pensamiento, cada acción, se centraba en las necesidades inmediatas de mi recuperación. A medida que volvía a recuperar algo de mi vida anterior, hubo un período de reorientación, de descubrir dónde encajaba en esta nueva realidad. La decisión de compartir mi historia me proporcionó una nueva dirección, una nueva vía para conectar con el mundo. Transformó mi experiencia personal en algo que podría tener un impacto más amplio, fomentando un sentido de conexión y humanidad compartida que se extendió mucho más allá de mi círculo más cercano.

No se trataba de buscar compasión ni atención. Se trataba de ofrecer un rayo de esperanza, un testimonio del poder perdurable del espíritu humano. Se trataba de demostrar que, si bien la vida puede cambiar irrevocablemente, no tiene por qué verse irrevocablemente disminuida. La capacidad de alegría, de amor y de conexión significativa persiste, y en muchos sentidos, puede verse amplificada por las mismas experiencias que amenazan con destrozarnos. Los desafíos que enfrenté habían despojado las capas superficiales de mi vida, obligándome a confrontar lo que realmente importaba. Al hacerlo, descubrí una profunda resiliencia y una capacidad de gratitud que de otro modo tal vez nunca habría encontrado.

La vulnerabilidad inherente a compartir una narrativa tan personal fue, paradójicamente, una fuente de fortaleza. Al abrirme, también me abrí a la conexión. Invité a otros a ver no solo la discapacidad, sino a la persona que la soportaba, la persona que había luchado, que se había adaptado y que, contra todo pronóstico, había reencontrado su camino a la vida con un renovado sentido de propósito y una profunda apreciación de su belleza. Fue una ofrenda de solidaridad, una declaración silenciosa de que nadie que enfrenta semejante travesía está realmente solo. Fue mi manera de contribuir a una conversación más amplia sobre la resiliencia, la esperanza y la increíble capacidad del corazón humano para sanar, crecer y amar, incluso después de haber sido profundamente quebrantado. El acto de compartir fue, en esencia, un acto de fe: fe en el poder de la narrativa, fe en la bondad de los desconocidos y, en definitiva, fe en la perdurable resiliencia del espíritu humano.

Los primeros años tras el derrame cerebral fueron una constante negociación con un cuerpo y una mente que me resultaban a la vez íntimamente familiares y completamente ajenos. Fue un período marcado por el ritmo implacable de la terapia: el progreso lentísimo para recuperar el control motor, los intentos, a menudo frustrantes, de reaprender las funciones cognitivas básicas, el agotamiento absoluto que se filtraba en cada fibra de mi ser. Sin embargo, en medio de este exigente régimen, comenzó a producirse un cambio sutil pero profundo. No fue una epifanía repentina, sino un despertar gradual, como el lento despliegue de una hoja de helecho bajo la luz moteada del sol. Empecé a notar, no solo las limitaciones, sino el destello persistente, casi desafiante, de vida que aún me quedaba.

Hubo momentos, pequeños y fácilmente ignorados, que comenzaron a acumularse, formando un naciente tapiz de esperanza. Recuerdo una tarde particularmente difícil durante la fisioterapia. Mi mano, aún torpe e inerte, forcejeaba con un simple juguete para apilar. La frustración me corroía, el familiar lamento de "¿por qué a mí?" resonaba en el gimnasio estéril. Pero entonces, con un esfuerzo decidido que parecía monumental, mis dedos lograron agarrar el aro de plástico y, con un suave movimiento, colocarlo sobre el cono. Fue una pequeña victoria, apenas perceptible para los demás, pero para mí, un evento trascendental. En ese momento, el mundo no sanó por arte de magia, sino que un rayo de luz atravesó la oscuridad. Fue un recordatorio tangible de que, incluso ante las adversidades más abrumadoras, el cuerpo, con suficiente persistencia y apoyo externo, poseía una increíble capacidad para adaptarse y reconstruirse. No se trataba de recuperar lo perdido, sino de forjar algo nuevo a partir de los pedazos.

Esta resiliencia emergente no fue solo un fenómeno físico. Se manifestó también en el ámbito emocional. El impacto y el dolor iniciales fueron profundos, un peso aplastante que amenazaba con asfixiarme. Hubo días en que el mero esfuerzo de existir parecía insuperable, en que el futuro se extendía como un paisaje desolador y árido. Pero a medida que me involucraba más profundamente en mi rehabilitación, y a medida que el sistema de apoyo que me rodeaba (mi familia, mis amigos, mis terapeutas) se convertía en una parte más integral de mi vida diaria, comencé a experimentar momentos de conexión inesperada e incluso de alegría. Una risa compartida con un compañero paciente en la sala de espera, una palabra de aliento de una enfermera que había visto innumerables dificultades similares, el simple consuelo de tomar la mano de un ser querido; no fueron grandes gestos, pero sí reafirmaron la vida. Fueron susurros que me recordaron que no estaba sola en este viaje, que incluso en mi vulnerabilidad, había una humanidad compartida, un hilo conductor de experiencias que nos unía.

El redescubrimiento del placer, en sus formas más sutiles, se convirtió en un elemento crucial de mi recuperación. El mundo, que antes parecía apagado y gris, poco a poco comenzó a recuperar su color. Una taza de té caliente, saboreada lentamente en una mañana tranquila, ofrecía una profunda sensación de consuelo. El aroma de la lluvia sobre la tierra seca tras una larga sequía evocaba una sensación de renovación. La melodía de una canción favorita, antes dada por sentada, ahora resonaba con una mayor riqueza emocional. Estas experiencias sensoriales, antes un simple ruido de fondo, se convirtieron en puntos focales, anclas en el mar a menudo turbulento de mi recuperación. Eran placeres sencillos, sí, pero en su simplicidad residía un inmenso poder. Eran recordatorios de la belleza que aún existía, de la bondad inherente del mundo que, durante un tiempo, se había sentido oscurecido por la sombra de mi enfermedad.

Este proceso continuo de adaptación y redescubrimiento no fue pasivo. Requirió un esfuerzo consciente y a menudo arduo para replantear mi perspectiva. Implicaba elegir activamente centrarme en lo que podía hacer, en lugar de en lo que no. Implicaba celebrar las pequeñas victorias y no obsesionarme con los reveses. Implicaba aprender a aceptar ayuda, a apoyarme en los demás, sin sentirme una carga. Este cambio de mentalidad fue quizás el aspecto más desafiante de mi rehabilitación, una constante batalla interna contra los patrones arraigados de autosuficiencia y la omnipresente narrativa de la pérdida.

Recuerdo haber asistido a una reunión de un grupo de apoyo al principio de mi recuperación. Rodeada de personas que enfrentaban sus propias batallas, sentí una mezcla de inquietud y una esperanza incipiente. Había historias de inmensas dificultades, de vidas que habían cambiado irrevocablemente. Pero también había una innegable corriente de resiliencia, de comprensión mutua y de una férrea determinación por encontrar sentido y alegría a pesar de las circunstancias. Escuchar a otros hablar, presenciar su valentía ante la adversidad, me proporcionó una poderosa validación externa para mis propias luchas y aspiraciones internas. Era un microcosmos de la verdad más amplia que estaba empezando a aceptar: que el espíritu humano, cuando se pone a prueba, posee una extraordinaria capacidad de perseverar, adaptarse e incluso prosperar.

El camino distaba mucho de ser lineal. Hubo días, incluso semanas, en que el progreso parecía estancarse, en que el esfuerzo de la vida diaria resultaba abrumador. Eran días de duda, de frustración, en que el espectro del "¿y si...?" acechaba con fuerza. Pero incluso en esos momentos de aparente regresión, la resiliencia subyacente persistía. Estaba en la silenciosa determinación de levantarse de la cama y afrontar el día, en el pequeño acto de pedirle apoyo a un amigo, en la inquebrantable convicción, por débil que fuera, de que mañana podría traer un amanecer diferente.

El concepto de "fuerza" también experimentó una redefinición radical. Ya no se trataba de la ausencia de miedo o debilidad, sino de la valentía para afrontarlos, reconocerlos y seguir adelante a pesar de todo. Se trataba de la vulnerabilidad, no como un déficit, sino como una profunda fuente de conexión y autenticidad. Permitirme ser visto en mi debilidad, expresar mis miedos y frustraciones, paradójicamente, forjó vínculos más fuertes con quienes me rodeaban. Invitó a la empatía y al apoyo, transformando el aislamiento en una experiencia compartida.

Este período de intenso enfoque en la recuperación comenzó a extenderse gradualmente. A medida que mis capacidades físicas y cognitivas mejoraron, el mundo fuera de la terapia comenzó a llamarme. No fue un simple regreso a mi vida anterior, pues esa vida, en su totalidad, ya no era accesible. Se trataba, en cambio, de forjar un nuevo camino, uno que incorporara las lecciones aprendidas y la resiliencia cultivada durante mis días más oscuros. Esto implicó un esfuerzo consciente por retomar actividades que me brindaran alegría y plenitud, aunque de forma adaptada. Mi amor por la lectura, por ejemplo, que había estado en pausa, se reavivó. Al principio, sostener un libro requería una inmensa concentración y, a menudo, un esfuerzo físico, pero el escape mental y la estimulación intelectual que proporcionaba fueron invaluables. Lenta y minuciosamente, encontré el camino de regreso a las historias, a mundos más allá de mi propia experiencia inmediata, y al hacerlo, redescubrí una parte de mí que había sentido perdida.

El desarrollo de nuevos intereses y aficiones también jugó un papel importante. Me sentí atraída por actividades terapéuticas y creativas, que me permitían expresarme y sentirme realizada. Mi pequeño jardín en el balcón, que había permanecido inactivo durante un tiempo, se convirtió en una fuente de inmensa satisfacción. El acto de cuidar las plantas, nutrirlas desde que eran pequeñas plántulas hasta que florecían, se convirtió en una metáfora de mi propio camino de crecimiento y recuperación. Cada nueva floración, cada vibrante hoja verde, era un testimonio del poder de la perseverancia y la belleza inherente de la vida. Fue una victoria personal y silenciosa, celebrada en la soledad de mi propio espacio, pero profundamente significativa.

Además, mis relaciones experimentaron una evolución sutil pero significativa. La dura experiencia del derrame cerebral actuó como un crisol, poniendo a prueba la fuerza y la profundidad de mis conexiones. Quienes permanecieron, y quienes surgieron como nuevas fuentes de apoyo, fueron personas que vieron más allá de la discapacidad, que reconocieron la perseverancia interior. Su inquebrantable fe en mi capacidad de recuperación, su disposición a adaptarse y su constante apoyo fueron invaluables. Fue a través de estas relaciones que realmente comencé a comprender el profundo impacto del amor y la conexión frente a la adversidad. Los momentos compartidos de risas, las conversaciones tranquilas, la simple presencia de seres queridos: todo esto se convirtió en la piedra angular sobre la que se construyó mi renovada sensación de felicidad.

El viaje fue, y sigue siendo, un testimonio de que las transformaciones más profundas de la vida a menudo surgen de las circunstancias más difíciles. El derrame cerebral, un evento devastador que amenazó con destrozar mi existencia, se convirtió en el catalizador de una mayor apreciación de la vida, una comprensión más profunda de la resiliencia y una fe inquebrantable en el poder perdurable del espíritu humano. Fue un camino marcado por la pérdida, sí, pero también por una abundancia de gracia inesperada, de triunfos silenciosos y de una felicidad duramente ganada que, en su recién descubierta profundidad y vitalidad, fue más valiosa que cualquier cosa que hubiera conocido. El camino se desplegó, no siempre como lo había planeado, pero siempre avanzando hacia un horizonte iluminado por la esperanza y un amor perdurable por el don de la vida misma.

Expresiones de gratitud

A mi extraordinario equipo médico, cuya inquebrantable experiencia y compasiva guía fueron la brújula que me guió por aguas inexploradas. A los terapeutas que pacientemente forjaron mi recuperación, transformando desafíos aparentemente insuperables en pasos alcanzables. A mi familia y amigos, la piedra angular de mi resiliencia, cuyo amor infinito, fe inquebrantable y apoyo incansable fueron el combustible constante de mi camino. Su presencia fue un recordatorio diario de que nunca estuve sola. Y a los compañeros guerreros que conocí en el camino, cuyas experiencias compartidas y coraje silencioso me ofrecieron una solidaridad silenciosa. Este libro es tan suyo como mío.

Hay momentos en la vida donde las palabras se quedan cortas, y este es uno de ellos. Este libro no existiría sin las personas que me acompañaron en el momento más oscuro de mi existencia y me ayudaron a encontrar la luz nuevamente.

A mi familia, por no soltarme nunca, ni siquiera cuando yo quise soltar todo. Por cada llamada, cada abrazo, cada "¿cómo estás?" genuino. Por esperarme con paciencia mientras yo encontraba el camino de regreso.

Mis amigos verdaderos, esos que se quedaron cuando otros se fueron. Los que aparecieron a las tres de la mañana, los que me escucharon repetir las mismas historias mil veces, los que me recordaron quién era yo cuando lo había olvidado por completo.

A los profesionales que me ayudaron a sanar: médicos, terapeutas, consejeros. Ustedes no solo salvaron mi vida, me enseñaron a reconstruirla. Gracias por su paciencia, su conocimiento y su humanidad.

A quienes me inspiraron sin saberlo: los autores cuyos libros me acompañaron en las noches más largas, los desconocidos que compartieron sus historias de superación, las pequeñas señales del universo que me recordaban que valía la pena seguir intentándolo.

A mis lectores, por darles a estas páginas la oportunidad de existir. Si mi historia te toca, aunque sea un poco, si te hace sentir menos solo en tu propia batalla, entonces este libro ya cumplió su propósito.

Y finalmente, a esa versión de mí que resistió, que no se rindió a pesar del dolor. A la parte de mí que siguió creyendo en un mañana mejor, incluso cuando parecía imposible.

Este libro es el testimonio de que siempre, siempre, se puede volver a vivir. Con gratitud infinita.

Apéndice

Esta sección está dedicada a proporcionar materiales complementarios que pueden mejorar la comprensión y el compromiso del lector con los temas explorados en este libro. Si bien la narrativa se centra en la experiencia personal, los lectores interesados en explorar los fundamentos científicos, terapéuticos o filosóficos de la recuperación y la resiliencia pueden encontrar recursos adicionales aquí. Esto podría incluir listas de lecturas recomendadas sobre neuro plasticidad, atención plena y crecimiento postraumático, así como información sobre organizaciones y redes de apoyo dedicadas a personas que atraviesan eventos médicos similares que alteran la vida. Las técnicas terapéuticas específicas que se discuten indirectamente en la narrativa, como la terapia cognitivo-conductual (TCC) o los ejercicios de terapia ocupacional, también podrían describirse brevemente o vincularse a recursos externos para una mayor exploración. El objetivo es ofrecer un puente entre la narrativa personal y un conocimiento más amplio y práctico, empoderando a los lectores con herramientas e información que se extienden más allá del alcance de las memorias en sí.

Neuro plasticidad: La notable capacidad del cerebro para reorganizarse mediante la formación de nuevas conexiones neuronales a lo largo de la vida. Esta es la base biológica fundamental para el aprendizaje y la recuperación tras una lesión.

Crecimiento postraumático (CPT): El cambio psicológico positivo que experimentan las personas después de un trauma, y que conduce a una mayor apreciación por la vida, mejores relaciones, nuevas posibilidades, una sensación de fortaleza personal y un cambio espiritual.

Resiliencia: El proceso de adaptarse eficazmente ante la adversidad, el trauma, la tragedia, las amenazas o fuentes significativas de estrés. Implica recuperarse de experiencias difíciles.

Rehabilitación Cognitiva: Proceso terapéutico destinado a mejorar el funcionamiento cognitivo afectado por una lesión o enfermedad cerebral. Esto puede incluir la memoria, la atención, la resolución de problemas y las funciones ejecutivas.

Terapia Ocupacional (TO): Una profesión de la salud centrada en el paciente, que se dedica a promover la salud y la calidad de vida a través de la ocupación. En la rehabilitación, la TO ayuda a las personas a recuperar las habilidades necesarias para la vida diaria y actividades significativas.

Determinación: Pasión y perseverancia por los objetivos a largo plazo. Es la tendencia a perseverar en proyectos futuros a largo plazo, manteniendo el esfuerzo y el interés a pesar de enfrentar reveses, fracasos, adversidades y estancamientos en el camino hacia el logro de una meta.

Glosario

Neuro plasticidad: La notable capacidad del cerebro para reorganizarse mediante la formación de nuevas conexiones neuronales a lo largo de la vida. Esta es la base biológica fundamental para el aprendizaje y la recuperación tras una lesión.

Crecimiento postraumático (CPT): El cambio psicológico positivo que experimentan las personas después de un trauma, y que conduce a una mayor apreciación por la vida, mejores relaciones, nuevas posibilidades, una sensación de fortaleza personal y un cambio espiritual.

Resiliencia: El proceso de adaptarse eficazmente ante la adversidad, el trauma, la tragedia, las amenazas o fuentes significativas de estrés. Implica recuperarse de experiencias difíciles.

Rehabilitación Cognitiva: Proceso terapéutico destinado a mejorar el funcionamiento cognitivo afectado por una lesión o enfermedad cerebral. Esto puede incluir la memoria, la atención, la resolución de problemas y las funciones ejecutivas.

Terapia Ocupacional (TO): Una profesión de la salud centrada en el paciente, que se dedica a promover la salud y la calidad de vida a través de la ocupación. En la rehabilitación, la TO ayuda a las personas a recuperar las habilidades necesarias para la vida diaria y actividades significativas.

Determinación:

Referencias

Si bien este libro es una narrativa personal, la trayectoria que describe se ve iluminada por décadas de investigación en neurociencia, psicología y medicina de rehabilitación. Los principios de la neuro plasticidad, la comprensión del crecimiento postraumático y la eficacia de diversas intervenciones terapéuticas cuentan con el respaldo de una extensa literatura científica. Para los lectores interesados en profundizar en la investigación que dichas transformaciones sustentan, se recomiendan las siguientes áreas de estudio: estudios sobre la recuperación de accidentes cerebrovasculares y la rehabilitación de lesiones cerebrales, investigación sobre la reducción del estrés basada en la atención plena (REBAP) y su impacto en el bienestar, y literatura psicológica sobre resiliencia, mecanismos de afrontamiento y la ciencia de la felicidad. Las revistas académicas especializadas en neurología, psicología de la rehabilitación y neurociencia conductual serán recursos valiosos para una comprensión más profunda de estos complejos campos.

Biografía del autor

El autor, escritor de ficción de formación, experimentó un evento médico que le cambió la vida profundamente y requirió un proceso desafiante y transformador de rehabilitación. Esta odisea personal, marcada por importantes obstáculos físicos y cognitivos, se convirtió en la fuente inesperada de una exploración más profunda de la resiliencia humana, el complejo proceso de recuperación y el profundo redescubrimiento de la alegría y el sentido de la vida. Basándose en su experiencia en la construcción narrativa y el desarrollo de personajes, el autor ha tejido su experiencia vivida en un relato conmovedor que ilumina el panorama interior de la adversidad y la fortaleza perdurable del espíritu humano. Este libro es un testimonio de la capacidad del autor no solo para perseverar ante circunstancias inimaginables, sino también para encontrar luz, conexión y una renovada apreciación de la belleza de la vida.